松江丛书

姜维公 主编

国家社会科学基金重大招标项目：中国古代的"中国"认同与中华民族形成研究（项目批准号：152DB027）阶段性成果

中国古代的"天下""中国"观

赵永春 著

长春出版社

全国百佳图书出版单位

图书在版编目（CIP）数据

中国古代的"天下""中国"观 / 赵永春著. -- 长春：长春出版社，2023.1
（松江丛书 / 姜维公主编）
ISBN 978-7-5445-6922-4

Ⅰ.①中… Ⅱ.①赵… Ⅲ.①中国历史-古代史-研究 Ⅳ.①K220.7

中国版本图书馆 CIP 数据核字（2022）第 215205 号

中国古代的"天下""中国"观

著　　者	赵永春
责任编辑	孙振波
封面设计	宁荣刚

出版发行	长春出版社
总 编 室	0431-88563443
市场营销	0431-88561180
网络营销	0431-88587345
地　　址	吉林省长春市长春大街309号
邮　　编	130041
网　　址	www.cccbs.net

制　　版	佳印图文
印　　刷	三河市华东印刷有限公司

开　　本	710毫米×1000毫米　1/16
字　　数	317千字
印　　张	18.75
版　　次	2023年1月第1版
印　　次	2023年1月第1次印刷
定　　价	88.00元

版权所有　盗版必究
如有图书质量问题，请联系印厂调换　　联系电话：13933936006

前　言

　　有关中国古代"天下""中国"观问题，是如何认识古代"世界"与"中国"、天下体系与中国体系、天下秩序与中国秩序，以及如何理解历史上的"中国"和中国历史疆域的大问题，也是我们研究中国历史、中国民族关系史、中外关系史都无法回避的问题，因此也成了中外史学界重点探讨的问题之一。然仁者见仁，智者见智，至今也没有形成对这一问题的统一认识。

　　我们对"中国"观的关注肇始于对中国历史疆域问题的关注。2002 年，笔者发表了《关于中国历史疆域问题的几点认识》（《中国边疆史地研究》2002 年第 3 期，《新华文摘》2003 年第 1 期转载）的文章，将我们于 1981 年发表的《关于处理中国历史上民族政权之间关系的几点看法》（《四平师院学报》1981 年第 4 期）一文中提出的中国历史疆域应该包括少数民族疆域的观点完整表述为："认识中国历史疆域应该以今天中国的疆域所包括的民族为出发点去上溯中国各个民族的历史和疆域，凡是今天生活在中国疆域内的民族以及历史上生活在今天中国疆域内而今天已经消失了的民族都是中华民族的组成部分，他们的历史（内向迁徙的外来民族作为中国民族的历史只能从他们迁入中国之后算起）都是中国历史的组成部分，他们在历史上活动的地区及其建立政权的疆域也都是中国历史上疆域的组成部分。"笔者随后又提出运用这一基本原则去认识中国历史疆域时需要把握的"历史共享""最早发现和占有""行政管辖""民族自我认同""民族发展变化"等五项具体原则。笔者不同意用今天中国疆域或 1840 年以前的清朝疆域去括套历史上的疆域，将中国历史上的疆域固定化；也不同意有人按照汉族及其政权的发展变化动态地认识中国各个历史时期的疆域；而主张按照多民族及其政权的发展变化动态地认识中国历史上各个历史时期的疆域。这一观点被刘清涛《60 年来中国历史疆域问题研究》（《中国边疆史地研究》2009 年第 3 期）一

中国古代的"天下""中国"观

文概括为"多民族共同范围说"。

虽然我们在提出这一观点时一再强调我们已经将今天的中国与历史上的中国进行了严格区分，但还是有人认为这种理论难以脱离以今推古、以今套古之嫌，不赞成用"倒推"的方法去研究中国历史疆域。为了解决这一问题，我们又开始把目光聚焦于历史本身（或称历史上的"当时"，或称历史现场）。我们一直在思考，历史上的一些民族为什么能够发展成为中华民族的一员，而另一些民族则没有发展成为中华民族的一员，一定会有一些蛛丝马迹可寻。在研究过程中，我们发现，那些成为中华民族一员的民族，在历史上均程度不同地存在着"中国"认同意识，正是这种"中国"认同意识，才使各族逐渐走到一起，共同凝聚形成了一个统一的中国，不仅为中国国号的奠定做出了贡献，也为中华民族的形成做出了贡献。而另外一些民族，或没有这种"中国"认同意识，或最初也有这种"中国"认同意识但后来发生了变化，最终没有融入中华民族之中，成了外国民族。于是，我们又开始了对中国古代"中国"观、"天下"观和"中国"认同问题进行研究的漫长旅程。

从 2009 年开始，我们撰写的《试论金人的"中国观"》（《中国边疆史地研究》2009 年第 4 期）、《试论辽人的"中国"观》（《文史哲》2010 年第 3 期）等论文陆续发表。2015 年，我们又承担了国家社会科学基金"中国古代的'中国'认同与中华民族形成研究"（重大招标项目，项目批准号 15ZDB027）、"中国古代的'中国'观与中国疆域形成研究"（项目批准号 15BZS002）等项目，加大力度对中国古代"天下""中国"观与"中国"认同问题进行探讨和研究，相继发表了《中国古代"天下""中国"观》等论文。

本书就是我们多年对中国古代"天下""中国"观等问题进行思考和探讨的论文选集，共收相关论文 12 篇。

《中国古代的"天下""中国"观》一文，主要对中国古代的"天下""中国"观进行探讨，认为在中国古代传统文化中，"天下"主要有三义：广义用来指称世界，中义用来指称九州、四海，狭义用来指称王朝国家；"中国"的内涵也主要有三义：广义用来指称九州、四海，中义用来指称王朝国家，狭义则用来指称华夏汉族和中原地区。中国古代，"天下"等于世界的观念，较少有人采信和应用，"天下"就成了一个等同于广义"中国"和中义"中国"的概念。无论是用"天下"指称广义的"中国"，还是用"天下"指称中义的"中国"，都不是由"中国"和"四夷"（或"中国"和"四裔"）所构成，而是由华夏汉族及其政权和四夷及其政权（或中原地区及其政权和四裔地区及其政权）所构成，都不是单一民族国家，而是多民族国家。这种"天下"等于"中国"的观念，到明清时期虽然发展到了高峰，但由于西方"天下"等于"五大洲"的观念开始传入中国，"天下"等于"世界"、"中国"只是"天下"之中一个国家的观念开始对中国人产生潜移默化的影响，"天下"和"中国"重合的观念开始走向瓦解，中华民国成立以后，"天下"和"中国"观念最终完成了分离。

《多民族的"中国"：中国古代的"中国"观》一文，是国家社会科学基金"中国古代的'中国'观与中国疆域的形成研究"项目成果的内容提要，主要认为中国古代的"中国"并非以指称华夏汉族的所谓"华夏中国""汉族中国"为主要内容，而是以指称王朝国家（政治学意义上的国家政权）为主要内容。中国古代在用"中国"一词指称王朝国家时，不仅指称华夏汉族建立的王朝国家，也指称少数民族建立的王朝国家。无论是以华夏汉族为统治者建立的王朝国家，还是以少数民族为统治者建立的王朝国家，都不是单一民族国家，而是多民族国家。中国古代的"中国"观念，经历了夏商西周时期"中国"观念的形成，秦汉时期"中国"观念初步发展，魏晋南北朝时期"中国"观念的多样化，隋唐时期"中国"观念的升华，辽宋夏金时期"中国"观念多元一体化的发展和演变，到了明清时期最后走向定型。

《从复数"中国"到单数"中国"——试论统一多民族中国及其疆域的形成》一文，对统一多民族的中国及其疆域的形成等问题进行了探讨，认为中国古代不仅存在华夏汉族及其政权称"中国"的现象，还存在少数民族及其政权自称"中国"的现象，也存在一些当时没有自称"中国"而被后来继承者称为"中国"的现象，致使中国古代不仅在秦统一之前存在复数"中国"的现象，而且在秦统一以后仍然存在复数"中国"的现象，经过秦汉、魏晋南北朝、隋唐、辽宋夏金的发展，到了元朝统一全国，复数"中国"开始过渡为单数"中国"，明朝时期虽然稍有反复，但到了清朝统一全国以后，复数"中国"又重新转化为单数"中国"，统一的多民族的"中国"及其疆

中国古代的"天下""中国"观

域最终形成和确立下来。

《中国历史不应等同于汉民族发展史》一文，主要对中国历史与华夏汉族历史的联系与区别进行了探讨，认为中国历史与华夏汉族历史虽然联系密切，但华夏汉族历史仅仅等同于华夏汉族一个民族的历史，而中国历史不仅包括华夏汉族一个民族的历史，也包括属于"中国"的各个少数民族的多民族的历史，不能用汉民族一个民族的发展史代替整个中国发展史。

《继承性中国：从后人看"中国"中认识"中国"》一文，主要对如何认识历史上"中国"的问题进行探讨，认为由于一些古人常常用华夏汉族代表"中国"以及历史上"多个民族"的"中国"应该包括哪些民族，不应该包括哪些民族，回到中国古代各个历史时期的"当时"（或称历史现场）去认识"中国"，有时很难认识清楚。而"从边疆看中国""从周边看中国"又容易被人误读成"从外国看中国"，也看不清楚当时的"中国"。不如从后人看"中国"中去认识"中国"。后人看"中国"，虽然也存在不同观点和认识，但如果我们从后人看"中国"所依据的"继承性中国"的原则去认识各个历史时期的"中国"，应该能够得出比较切合实际的结论。

《最早的"中国"：夏、商、西周时期的"中国"观》一文，对夏商西周时期的"中国"观进行了探讨，认为"中国"一词虽然最早见诸西周初年《何尊铭文》和《尚书·周书·梓材》等历史文献的文字记载，但借助文献对"中国"的追述，似"中国"观念在夏王朝建立时期就已经产生了。夏、商、西周时期的"中国"，并非仅仅指称天下中心的洛阳地区，还具有指称地理学意义上的京师和政治学意义上的国家政权的含义，但还没有用来指称华夏和华夏文化的意思。用以指称华夏和华夏文化的"中国"，到春秋战国时期才出现。

《多民族"中国"的构建：司马迁〈史记〉的"中国"观》一文，对司马迁《史记》的"中国"观进行了探讨，认为司马迁《史记》所使用的"中国"一词，虽然具有指称"一国之中心""中原""华夏汉族""文化"等含义，但主要的还是用来指称国家政权。书中称夏、商、周国家政权为"中国"，包括夏、商、周国家政权控制的各族人；虽然也称春秋战国时期中原各国为"中国"，但后来所称"中国"则包括楚国，并出现秦国以"中国"自居的现象；称秦汉为"中国"则包括秦汉国家政权管辖的各族人。书中所使用的"中国"一词,还用来指称"九州"和"十二州",将"中国"与"九州""十二州""天下""五服""四海之内"联系起来,也不是用"中国"单独指称华夏和汉族。书中不仅将华夏汉族说成是"炎黄子孙",还将少数民族说成是"炎黄子孙",构建了范围更大的"天下一体"的多民族的"中国"。

《试论辽人的"中国"观》一文,对以契丹为统治者建立辽朝的"中国"观进行了探讨,认为契丹人受其先祖鲜卑人以及隋唐契丹"化内人"的影响,建国之后即因袭鲜卑人附会自己为"炎黄子孙"、自称"中国"的观念,开始以"中国"自居。契丹人自称"中国"之初,并没有自称"正统",直到辽圣宗后期才萌生自称"中国正统"的思想意识。辽人在自称"中国"的同时,仍然称宋朝为"中国",在强调夷人懂礼是"中国"的同时,并不反对汉人懂礼也是"中国",在自称"正统"时,虽然存在不承认宋朝为"正统"(即将宋朝列入闰位)的现象,但仍然称宋朝是"中国",具有辽宋同为中国、华夷懂礼即同为中国以及"正统"与"非正统"都是"中国"的思想观念。

《试论金人的"中国观"》一文,对以女真人为统治者建立金朝的"中国"观进行了探讨,认为金人进入中原,即援引"中原即中国""懂礼即中国"等汉儒学说和理论,自称"中国"。金人在自称"中国"的同时,并没有将辽、宋排除在"中国"之外,实际上萌生了多统意识,即比较宽泛的"中国"意识,或称"大中国"意识。金章宗下诏"更定德运为土",虽然想放弃继辽之统,但并没有收到预期效果,继辽、继宋以及不论所继等不同意识在金人中仍有重要影响。在此基础之上,修端等人提出了以辽史和金史为《北史》,北宋史为《宋史》,南宋史为《南宋史》的修史方案,正式提出了辽、宋、金均为"正统"的多统思想,为元朝辽、宋、金"各与正统"思想的最终形成奠定了基础。

《金人的中国历史认同:以〈大金德运图说〉为中心的讨论》一文,主要对金人编成的《大金德运图说》一书中所体现的金人的中国历史认同观念进行了探讨,认为《大金德运图说》一书充分反映了金人对"中国"历史的认同观念。书中收录的德运承袭图,认同从神话传说人物伏羲至宋辽金时期的中国历史发展谱系。图中虽然因袭历史上将共工和秦王朝列入闰位的思想观念,却将共工和秦王朝排列在中国历史单线性发展谱系之中,上有所承,

中国古代的"天下""中国"观

下有所传，成为中国历史单线性发展不可或缺的环节。叙述三国时期的历史，虽认同魏国为正统，但将蜀、吴平行列在魏国两边，具有认同魏、蜀、吴三国都是"中国"的思想观念。叙述西晋以后的中国正统则分为东晋、南朝和十六国、北朝两个分支，在两个分支旁边标注有南燕、后燕、北燕、姚秦、赫连夏等少数民族政权，不仅将"五德终始"学说的单线性发展模式改为复线性发展模式，具有认同汉族和少数民族都可以称正统的思想观念，还具有正统和非正统都是"中国"的思想观念，充分反映了金人对多民族"中国"历史的认同意识。金章宗和宣宗时期的德运问题大讨论，出现继唐、继宋、继辽等观点的分歧，是"五德终始"学说这一单线性中国历史发展模式受到复线性中国历史发展实际挑战的产物，实质则是金人对唐朝历史、宋朝历史和辽朝历史均具有认同意识，促使"五德终始"学说这一单线性中国历史发展谱系的理论逐步走向终结。

《辽宋夏金时期"中国"认同的主要特征及其发展趋势》一文，主要对10至13世纪辽宋夏金"中国"认同的主要特征及其发展趋势进行了探讨和研究，认为辽宋夏金时期，各个政权均自我认同为"中国"、自我认同为"正统"，虽然没有得到他者的完全认同，但出现了部分他者逐渐认同的发展趋势。辽夏金在自我认同为"中国"的同时，也认同宋朝为"中国"，但在是否认同宋朝为"正统"的问题上存在不同认识：辽人不承认宋朝为"正统"，夏人则承认宋朝为"正统"，金人承认北宋为"正统"，但在是否承认南宋为"正统"的问题上存在不同认识。宋人既不认同辽夏金为"中国"，也不认同辽夏金为"正统"。宋金后期，金人中出现一部分人承认辽宋金都是"正统"的现象，宋人中也出现个别人承认金朝为"中国"的现象。元修辽宋金三史，在辽宋夏金出现复数"中国"和"多统"思想的基础上，承认了辽宋金都是"中国"、都是"正统"的历史地位，打破了少数民族不能称"中国"、不能称"正统"的单线性发展模式，创立了"中国"和"正统"的多线性发展模式。辽宋夏金均自我认同为"中国"并得到部分他者认同的发展趋势，说明中国古代的"中国"极具魅力、极具吸引力，不仅成为汉族及其政权引以为自豪的自称，也成为少数民族试图跻身"天下中心"和"文化中心"行列所向往的对象。正是这一魅力，才使各个民族和政权逐步凝聚到"中国"这一旗帜之下，形成了统一的多民族的"中国"。

前　言

　　《二十世纪五六十年代中国民族理论构建的探索与反思》一文，主要对与中国古代"天下""中国"观具有一定联系的民族问题进行探讨和研究，认为二十世纪五六十年代所进行的民族形成问题大讨论，虽然具有未对斯大林的民族理论机械地生搬硬套，大胆地否定斯大林有关民族形成于"资本主义上升时代"和民族四个特征"只要缺少一个，民族就不成为其民族"的民族理论，构建了我们自己的"民族形成于古代"民族理论等成绩，但却存在对民族可以区分为广义民族和狭义民族认识不足的缺陷，混淆了华夏民族、汉民族和中华民族的区别。该文认为应该将民族区分为广义民族和狭义民族两种。"狭义民族"是指具备斯大林所说的民族四大特征或中央民族工作会议提出的民族六大特征的具体的某一个民族共同体，如华夏族、汉族等；广义民族则是指具有或某种程度具有民族特征的包括两个狭义民族以上的多个狭义民族的人们共同体。华夏、汉族属于狭义民族，中华民族则属于广义民族中的"国族"。20 世纪，顾颉刚和费孝通等人有关"中华民族是一个"还是由"多元"构成"一体"的讨论，混淆了狭义民族和广义民族的区别。顾颉刚所讨论的是广义民族中的"国族"，费孝通所强调的民族是多个则是指狭义民族，双方所讨论的"民族"不是同一层次上的"民族"，当然不会形成一致认识。但双方所持观点都没有错误，一个强调的是广义民族中的"国族"是一个，一个强调的则是一个国家内部的狭义民族是多个。

　　以上是我们对中国古代"天下""中国"观的一些思考，由于水平所限，可能会有这样或那样的问题和错误，敬请读者批评指正。

赵永春
2022 年 3 月

目 录

中国古代的"天下""中国"观 …………………………… 001

多民族的"中国":中国古代的"中国"观 …………………… 045

从复数"中国"到单数"中国"
　　——试论统一的多民族的中国及其疆域的形成 …………… 055

中国历史不应等同于汉民族发展史 ……………………………… 076

继承性中国:从后人看"中国"中认识"中国" ………………… 098

最早的"中国":夏、商、西周时期的"中国"观 ……………… 125

多民族"中国"的构建:司马迁《史记》的"中国"观 ………… 140

试论辽人的"中国"观 …………………………………………… 165

试论金人的"中国观" …………………………………………… 197

金人的中国历史认同:以《大金德运图说》为中心的讨论 …… 216

辽宋夏金时期"中国"认同的主要特征及其发展趋势 ………… 243

二十世纪五六十年代中国民族理论构建的探索与反思 ………… 266

后　记 …………………………………………………………… 286

目 录

中国古代的"天下""中国"观

有关中国古代"天下""中国"的观念问题,是如何认识古代"世界"与"中国"、天下体系与中国体系、天下秩序与中国秩序,以及如何理解历史上的"中国"和中国历史疆域的大问题,因此,早已成为学界最为引人关注的话题之一,先后出版了众多引起中外学界普遍关注的研究成果①。这些

---

① 有关中国古代"天下""中国"观讨论的论著众多,主要有:邢义田:《天下一家——中国人的天下观》,收入刘岱总主编《中国文化新论·根源篇》,台湾联经出版公司,1981年;邢义田:《从古代天下观看秦汉长城的象征意义》,《燕京学报》新第13期,北京大学出版社,2002年;罗志田:《先秦的五服制与古代的天下中国观》,《学人》第10辑,江苏文艺出版社,1996年,收入氏著《民族主义与近代中国思想》,东大图书股份有限公司,1998年;姚大力:《中国历史上的民族关系与国家认同》,《中国学术》2002年第4辑,收入氏著《北方民族史十论》,广西师范大学出版社,2007年;李扬帆:《"天下"观念考》,《国际政治研究》2002年第1期;陈玉屏:《略论中国古代的"天下""国家"和"中国"观》,《民族研究》2005年第1期;何新华:《试析古代中国的天下观》,《东南亚研究》2006年第1期;甘怀真编:《东亚历史上的天下与中国概念》,台大出版中心,2007年;张文:《论古代中国的国家观和天下观——边境与边界形成的历史坐标》,《中国边疆史地研究》2007年3期;李大龙:《"中国"与"天下"的重合:古代中国疆域形成的历史轨迹》,《中国边疆史地研究》2007年3期;李大龙:《从"天下"到"中国":多民族国家疆域理论解构》,人民出版社,2015年;于逢春:《疆域视域中"中国""天下""中原王朝"与"中央政权"之影像》,《云南师范大学学报》2010年第1期;赵汀阳:《天下体系:世界制度哲学导论》,中国人民大学出版社,2011年;李克建:《"天下"与"一统":认识中国古代国家观的基本维度》,《广西民族大学学报》2015年第4期;王永平:《从"天下"到"世界":汉唐时期的中国与世界》,中国社会科学出版社,2015年;胡阿祥:《四海与天下:中国人的天地观》,《唯实》2016年第9期;陈进国:《内含天下的中国与外延中国的天下——评赵汀阳〈惠此中国:作为一个神性概念的中国〉》,《江海学刊》2017年第6期;赵现海:《中国古代的"天下秩序"与"差序疆域"》,《江海学刊》2019年第3期;吕文利:《中国古代的"天下"表达与边界实践》,《西南民族大学学报》2020年第7期;渡边信一郎:《中国古代的王权与天下秩序——从日中比较史的视角出发》,徐冲译,中华书局,2008年;王柯:《从"天下"国家到民族国家:历史中国的认知与实践》,上海人民出版社,2020年,等等,不一一介绍。

中国古代的"天下""中国"观

成果，虽然认为古代的"天下"与"中国"有着千丝万缕的联系，但多数成果仍然认为中国古代的"天下"是指世界，由"中国"和"四夷"或由"中国"和"四裔"所构成，认为"中国"的概念仅指华夏汉族及其政权或中原及其政权，"中国"只是"天下"的一部分，等等。其实，中国古代对"天下"和"中国"的认知，还有与此不尽相同的认识，即认为，中国古代的"天下"，主要有三义，广义用来指称世界，中义用来指称九州、四海，狭义用来指称王朝国家；中国古代"中国"的内涵虽然很多，但如果从多层次视角来认识的话，也主要有三义，广义用来指称九州、四海，中义用来指称王朝国家，狭义则用来指称华夏汉族、中原地区和京师等。古人用"天下"指称世界（大九州）的内涵少有人在实际中应用，又没有用"天下"指称华夏汉族和中原地区相当于狭义"中国"的内涵，因此，古人所说的"天下"，就成了一个用以指称广义"中国"和中义"中国"的概念，成为古人实际应用中等同于"中国"的概念。古人用中义的"天下"指称九州、四海的广义的"中国"，虽是一个地域概念，但并非由"中国"和"四夷"（或"中国"和"四裔"）所构成，而是由华夏汉族及其政权和四夷及其政权（或中原地区及其政权和四裔地区及其政权）所构成，包括九州、四海之内的所有华夷及其政权；古人用狭义的"天下"指称王朝国家的中义的"中国"，虽是一个国家政权的概念，但不仅包括华夏汉族建立的王朝国家，也包括少数民族建立的王朝国家，不仅包括华夏汉族王朝国家管辖下的少数民族，也包括少数民族王朝国家管辖下的各族人民，也不是单一民族国家，而是多民族国家。这种"天下"等于"中国"的观念，到明清时期虽然发展到了高峰，但由于西方"天下"等于"五大洲"的观念开始传入中国，"天下"等于"世界"、"中国"只是"天下"之中一个国家的观念开始对中国人产生潜移默化的影响，"天下"等同于"中国"的观念开始走向瓦解，中华民国成立以后，"天下"和"中国"观念最终完成了分离。

有关中国古代的"天下"实际上是一个等同于"中国"的概念，并不是我们现在才提出来的新观念，而是早在1972年日人安部健夫就提出来了。安部健夫认为中国古代的"天下"所指的范围不是我们所谓的世界，而是

"中国"①，但并没有引起学界的普遍重视。因此，笔者不避浅陋，拟就这一问题谈点不成熟的看法。不正确之处，敬请读者批评指正。

一、"天下"与九州、四海"中国"观

中国古代确实提出了"天下"等于世界的观念，但采信者较少，更多的人则是用"天下"指称"中国"。中国古代用"天下"指称"中国"，分为两个层次，第一个层次是用"天下"指称九州、四海之"中国"，这方面的史料有很多。

据史书记载，战国时期的邹衍，是较早将"天下""九州"和"中国"连在一起进行讨论的学者之一②。他说：

> 儒者所谓中国者，于天下乃八十一分居其一分耳。中国名曰赤县

---

① 日人安部健夫认为中国古代的"天下"有狭义和广义之分，狭义的"天下"指"中国"，或指某一个政权的统治范围；广义的"天下"则指世界。他认为中国古代"天下"一词绝大多数都是狭义的，指"中国"或指某一政权的具体的统治疆域。而将"天下"视为世界则是一种非常态的观念（安部健夫：《中国人の天下观念——政治思想史的试论》，哈佛・燕京・同志社东方文化讲座委员会，1956年，收入氏著《元代史の研究》，创文社，1972年。宋文杰中译本载《西北民族论丛》第十五辑，2017年）。安部健夫将中国古代的"天下"区分为广义和狭义两种，并认为中国古代的"天下所指的'范围'不是我们所谓世界，而是中国"，"占据优势地位的是墨家和儒家的中国＝天下这一概念"（参见日人小野泰教：《安部健夫〈中国人的天下观念〉的意义及课题——在日本学者视野中的中国天下概念》，《中国儒学》第七辑，2012年），称"中国儒家思想的中心当然是'中国即天下'"，"'天下＝中国'的思维方式占压倒性的优势"，无疑是一种具有远见卓识的认识。但十分遗憾的是，他所说的广义的"天下"，不仅包括邹衍所说的"大九州"的世界，也包括"中国＋蛮夷＝世界"的世界，所说"中国"又回到了仅指华夏汉族及其政权或中原及其政权的老路子上来，而忽略了他在文章中偶尔披露的古人还有用"天下"指称某一政权统治疆域的并非单一民族"中国"的论述。

② 安部健夫认为"天下"是一个战国时期形成的概念，是由墨家创造的。参见安部健夫：《中国人的天下观念——政治思想史的讨论》，宋文杰译，《西北民族论丛》第十五辑，2017年。

中国古代的"天下""中国"观

神州。赤县神州内自有九州，禹之序九州是也，不得为州数。中国外如赤县神州者九，乃所谓九州也。于是有裨海环之，人民禽兽莫能相通者，如一区中者，乃为一州。如此者九，乃有大瀛海环其外，天地之际焉。①

邹衍的意思是说，"天下"分为九个大州，而儒者所说的"九州"即是"中国"，也称"赤县神州"，只是"天下"九个大州之中的一个州，在"天下九州"之中像"中国九州"这样的州在"中国九州"之外还有八个，合起来为九个，称"九州"（被后人称为"大九州"）。"中国九州"虽也分为九州，但不过是"天下"九个大州的八十一分之一（应该是"小九州"中的一个州是"大九州"的八十一分之一，"小九州"是"大九州"的九分之一）而已，所称"九州"被后人称为"小九州"。邹衍又认为被称为"中国"的"九州"（小九州），四面有海围绕着；被称为"天下"的九州（大九州），四面有更大的海围绕着。在邹衍所构建的"天下九州"（大九州）和"中国九州"（小九州）体系之中，"大九州"是"天下"，指世界；而"小九州"则是指"中国"，只是"天下"的一部分。

邹衍对"天下"的构想，是他当时对世界的一种认知，虽然也有一定的道理，并为汉代的一些"大夫"所引用②，但由于时代和科技等条件的限制，大多数人对邹衍的"天下"构想，尤其是他的"天下九州"（大九州）学说，并不赞同，如汉代的桓宽、王充等即认为邹衍"所言迂怪虚妄"③ 等。后人

---

① 司马迁：《史记》卷七四《孟子荀卿列传》，中华书局，1959年，第2344页。

② 桓宽撰，王利器校注：《盐铁论校注》卷九《论邹第五十三》记载，大夫在和文学进行辩论时曾引用邹衍的话说："所谓中国者，天下八十一分之一，名曰赤县神州，而分为九州。绝陵陆不通，乃为一州，有大瀛海圜其外。此所谓八极，而天地际焉。"见中华书局1992年版，第551页。

③ 司马迁：《史记》卷七四《孟子荀卿列传》司马贞索隐，中华书局，1959年，第2345页。

虽然多数没有采纳邹衍的"大九州"的"天下"学说①，但对其所说的"中国九州"（小九州）学说则少有人怀疑，多认为，邹衍所说的"中国九州"（小九州）即是"禹之序九州"，就是《尚书·禹贡》所记载的"九州"②，也是时人和后人通常所说的"九州"，并称这一"九州"（小九州）为"天下"③。

如《礼记·月令》称："凡在天下九州之民者，无不咸献其力。"④即将"天下"与"九州"并举，视"九州"为"天下"。汉代王充《论衡》称，邹衍之书，言《禹贡》九州，方今天下九州也，在东南隅，名曰赤县神州⑤，明确将邹衍用"大九州"指称的"天下"改写成用《禹贡》九州的"小九州"即"赤县神州"来指称"天下"。唐徐彦为《春秋公羊传》"吴在是，则天下诸侯莫敢不至也"作疏称："据九州之内言之，亦得谓之天下矣。"⑥即认为《公羊传》所说的"天下诸侯"是指九州之内诸侯，明确称"天下"为

---

① 姚大力认为，邹衍所说的"大九州"的"天下"，"为中国所不了解的外部世界留出了足够的空间和知识框架，从表面上看这是一个开放系统，但它与中国人的生存状态没有什么关联。除了被记载在正史外国传里，以及在偶尔接触到据说是出产在那里的奇珍异兽时会稍稍想起它们外，它们对中国人来说其实并不是一种真实的存在"（《北方民族史十论·中国历史上的民族关系与国家认同》，广西师范大学出版社，2007年，第266页）。

② 顾颉刚、史念海认为"'九州'一名辞，虽已见于春秋时铜器《齐侯镈钟》及《诗·商颂》（作"九有""九围"等），但整个九州每州之名称及疆域之分划，则恐为战国以后之安排"。认为"今日所见之《禹贡》为记禹时九州贡赋及治水刊山之书，虽非禹时实录，然亦足代表战国时代人之古代地理观念"。参见《中国疆域沿革史》，商务印书馆，2000年，第13页。

③ 谈晟广即认为"'九州'在后世成为总括'天下'的一个代名词"。参见氏著《重识何尊：揭秘最早的"中国"》，《中国文化报》2019年10月13日第005版。

④ 郑玄注，孔颖达疏：《礼记注疏》卷十七《月令》，中华书局《十三经注疏》本，1980年，第1384页。

⑤ 王充著，黄晖校释：《论衡校释》卷十一《谈天篇》，中华书局1990年版，第473页。

⑥ 公羊高等传，何休解诂，徐彦疏：《春秋公羊传注疏》卷二八哀公十三年，中华书局《十三经注疏》本，1980年，第2352页。

中国古代的"天下""中国"观

"九州之内"。宋陈埴称《禹贡》"分天下为九州,又分为五服"①,认为《尚书·禹贡》记载的"九州"是将"天下"划分为"九州","天下"和"九州"就成了同义词。元脱脱等人编写的《辽史》称《禹贡》"九州"为"帝尧画天下为九州"②。明章潢称"禹平水土,分天下为九州,别五服"③,也称《禹贡》"九州"为"天下"。可见,后人很少有人称邹衍所说的"大九州"为"天下",而是称邹衍所说的《禹贡》九州("小九州")为"天下"。

如上所述,邹衍称"禹之序九州"是属于"赤县神州"的"中国",这里所说的"天下"也就成了"中国"的代名词。"天下""九州""中国"就有了相同的意思。古人正是取"天下""九州"等于"中国"这一内涵,经常称"天下"为中国九州。如唐人《初学记》曾引用《河图》曰:"凡天下有九区,别有九州。中国九州名赤县,即禹之九州也。"④ 将"禹之九州"(即"天下九州")明确说成是"中国九州"。用"天下"指称"九州"并指称"中国"的意思是很明显的。唐孔颖达为《毛诗·大雅》"内奰于中国,覃及鬼方"作疏称"中国是九州"⑤。又为《尚书·梓材》"皇天既付中国民"作疏称"今大天已付周家治九州之中国民矣"⑥。均称"中国"为"九州"。《尚书·禹贡》称"九州攸同……成赋中邦",唐孔颖达疏称"'九州'即是'中邦',故传以'九州'言之"⑦。"中邦"即是"中国",后人则有直称"成

---

① 陈埴:《木钟集》卷五《书》,文渊阁《四库全书》台北商务印书馆影印本,1986年,第703册,第657页。

② 脱脱等:《辽史》卷三七《地理志一》,中华书局,1974年,第437页。

③ 章潢:《图书编》卷三四《舆地图总考》,文渊阁《四库全书》台北商务印书馆影印本,1986年,第969册,第668页。

④ 徐坚等:《初学记》卷五《地理上·总载地第一》,中华书局,1962年,第87页。

⑤ 毛亨传、郑玄笺,孔颖达疏:《毛诗注疏》卷十八《大雅·荡之什》,中华书局《十三经注疏》本,1980年,第553页。

⑥ 孔子编,孔安国传,孔颖达疏:《尚书注疏》卷十四《周书·梓材》,中华书局《十三经注疏》本,1980年,第208页。

⑦ 孔子编,孔安国传,孔颖达疏:《尚书注疏》卷六《夏书·禹贡》,中华书局《十三经注疏》本,1980年,第152页。

赋中邦"为"成赋中国"者①。这也是以"九州"为"中国"的意思。"九州"为"天下","九州"为"中国","天下"也就具有了等同于"中国"的意思。

等同于"天下"的"中国九州",也就是《禹贡》九州,都包括哪些地区和人民,这在当时就是一个有争议的话题。虽然有人认为,在中国古代"天下""九州""中国"这一体系之中,"九州""中国"仅指华夏汉族及其政权或中原和中原政权,"天下"是由"中国"和"四夷"或由"中国"和"四裔"所构成,但从上述"天下"等于"九州"、等于"中国"的体系来看,中国古代的"天下"并非由"中国"和"四夷"或由"中国"和"四裔"所构成,而是由华夏汉族及其政权和四夷及其政权、或由中原及其政权和四裔及其政权所构成,用"天下"指称"九州"的"中国",不仅仅是指称华夏汉族及其政权或中原及其政权的概念,而是一个以华夏汉族为主包括少数民族及其政权的概念。

如在被称为"天下"和"中国"的《尚书·禹贡》"九州"②之中,就不

---

① 司马迁:《史记》卷二《夏本纪》,中华书局,1959年,第75页。
② 《尚书·禹贡》记载的"九州",是指"禹别九州","冀州既载""济河惟兖州""海岱惟青州""海岱及淮惟徐州""淮海惟扬州""荆及衡阳惟荆州""荆河惟豫州""华阳黑水惟梁州""黑水西河惟雍州"的冀、兖、青、徐、扬、荆、豫、梁、雍的"九州"(《尚书注疏》卷六《夏书·禹贡》,中华书局《十三经注疏》本,1980年,第146-150页),学界多认为《尚书·禹贡》所记"九州"为尧任用大禹治水之后所划分的"九州",即"芒芒禹迹,画为九州"(左丘明等传,杜预注,孔颖达疏:《春秋左传注疏》卷二九襄公四年,中华书局《十三经注疏》本,1980年,第1933页)之"九州"。中国古代除了《尚书·禹贡》记有"九州"以外,《尚书·舜典》还记有冀、兖、青、徐、扬、荆、豫、梁、雍、幽、并、营"十二州",称舜"十二州";《尔雅·释地》记有冀、豫、雍、荆、扬、兖、徐、幽、营"九州",多谓殷"九州";《周礼·职方》记有扬、荆、豫、青、兖、雍、幽、冀、并"九州",多谓周"九州";《吕氏春秋·有始览》记有豫、冀、兖、青、徐、扬、荆、雍、幽"九州",多谓战国"九州"。这些史书所记载的"九州"或"十二州",虽然州数和州名有所不同,但所包括的范围并无实质性差别,所表达的意思也是一致的,都认为"九州"是"天下",是"中国",表达了古人对"天下"地理或国家地理的一种建构或认知,并非历史上真正实施过的行政区划。因此,本文所说的"九州",如果没有特殊说明的话,均为以《尚书·禹贡》禹之"九州"为代表的包括《尚书·舜典》"十二州"、《尔雅·释地》"九州"、《周礼·职方》"九州"、《吕氏春秋·有始览》"九州"和邹衍所说"中国""九州"("小九州")的统称。

中国古代的"天下""中国"观

仅仅指称华夏汉族及其政权或中原及其政权。《尚书·禹贡》在其构建的冀、兖、青、徐、扬、荆、豫、梁、雍的禹之"九州"体系之中，冀州是中心，为"帝都"①之所在。有关冀州的地域范围，《尚书·禹贡》并没有明确表述，但冀州条下有"岛夷皮服，夹右碣石，入于河"等记载。孔安国传称"海曲谓之岛，居岛之夷还服其皮，明水害除"。又引"马云：'岛夷，北夷国'"。孔颖达疏称"此居岛之夷，常衣鸟兽之皮，为遭洪水，衣食不足，今还得衣其皮服，以明水害除也"。又引"王肃云：'岛夷，东北夷国名也'"，又称"渤海北距碣石五百余里"，均谓禹治水已达"岛夷皮服"之地，遂将"岛夷皮服"之地划归冀州。按此构想，则知冀州地域范围十分广远，已达"岛夷皮服"的东北夷之地，并非全部在中原范围之内，亦非全部在华夏族地域范围之内，应该包括"岛夷皮服"的北方和东北的少数民族地区。《尚书·禹贡》在"九州"中的青州条下还有"嵎夷既略""莱夷作牧"等记载。孔颖达疏称"嵎夷、莱夷、和夷为地名，淮夷为水名，岛夷为狄名"。孔安国传称"莱夷，地名，可以放牧"。是说这些被称为"夷"的地方可以放牧，与中原地区以农耕为主的华夏民族还是有所不同，说明青州地区也应该包括嵎夷、莱夷等少数民族地区。徐州条下有"淮夷蠙珠暨鱼"等记载。有人认为"淮夷是二水之名"，郑玄则认为此句的意思是"淮水之上夷民献此珠与鱼也"，认为淮水之上有夷民。按此理解，徐州境内也不完全是华夏人，还应该包括淮水之上的夷民。扬州条下有"岛夷卉服"等记载，孔安国传称"南海岛夷，草服葛越"。孔颖达疏引正义曰："上传海曲谓之岛，知此岛夷是南海岛上之夷也。"说明扬州境内也不完全是华夏人居住之地，应该包括南海岛上之夷。雍州条下有"三危既宅，三苗丕叙"的记载，孔安国传称"西裔之山已可居三苗之族，大有次叙，美禹之功"。孔颖达疏称"三危为西裔之山"。雍州条下还有"织皮昆仑，析支渠搜，西戎即叙"等记载，孔安国传称"织皮毛布，有此四国，在荒服之外，流沙之内，羌髳之属，皆就次叙，美禹之功及戎狄也"。孔颖达疏还称"此四国，昆仑也，析支也，渠也，搜也，四国皆是戎狄也。末以西戎总之，此戎在荒服之外，流

---

① 孔颖达为《禹贡》作疏称"冀州，帝都，于九州近北，故首从冀起"，中华书局《十三经注疏》本，1980年，第146页。

沙之内""美禹之功，远及戎狄"①。说明雍州境内也不完全是华夏人居住之地，应该包括西裔的戎狄。墨子曾说"昔者禹之湮洪水，决江河而通四夷九州也"②，将禹平水土称之为"通四夷九州"，将"四夷"与"九州"并列，显然是认为大禹治水时已达四夷之地。"芒芒禹迹，画为九州"③ 的"九州"，也应该包括禹治水时所达到的四夷之地。可见，《禹贡》"九州"之"中国"，并非仅仅限于中原，亦非仅仅限于华夏，也应该包括一些四夷之地。沈长云认为《禹贡》"九州"是战国时期形成的观念，"扬州，是越国的领土"，"荆州，是楚国的地域"，"楚国西面的巴蜀地区称作梁州"，"雍州，属秦国"，④即认为"九州"包括被人们视为戎蛮的越、楚、秦等地。

学界一般认为《尚书·禹贡》所记"九州"，与《周礼·职方》《吕氏春秋》等书所记"九州"，为同一体系，统称为"九州"。与《尚书·禹贡》所记"天下""九州"不仅仅指中原或华夏居住区一样，《周礼·职方》所记载的扬、荆、豫、青、兖、雍、幽、冀、并的"天下""九州"，也不仅仅指中原或华夏居住区。如称扬州"其山镇曰会稽……其浸五湖"。贾公彦疏引"越传曰，禹到越，望苗山，会诸侯，爵有德，封有功者，更名苗山曰会稽山，因疾死，葬焉"⑤。称会稽山在越地。《墨子》称"南为江、汉、淮、汝，东流之，注五湖之处，以利荆、楚、干、越与南夷之民"。清孙诒让诂引"毕云：'江、淮、汝在荆，五湖在越也'"⑥，称《周礼·职方》所说扬州"其浸五湖"的"五湖"在越地。是知，《周礼·职方》所称的扬州包括吴越

---

① 孔子编，孔安国传，孔颖达疏：《尚书注疏》卷六《夏书·禹贡》，中华书局《十三经注疏》本，1980年，第146-151页。

② 墨翟著，孙诒让诂：《墨子间诂·后语下》，上海商务印书馆，1935年，第482页。

③ 左丘明等传，杜预注，孔颖达疏：《春秋左传注疏》卷二九襄公四年，中华书局《十三经注疏》本，1980年，第1933页。

④ 沈长云：《"九州"初谊及"禹划九州"说产生的历史背景》，《西华师范大学学报》2019年第1期。

⑤ 郑玄注，贾公彦疏：《周礼注疏》卷三三《夏官·职方氏》，中华书局《十三经注疏》本，1980年，第862-863页。

⑥ 墨翟著，孙诒让诂：《墨子间诂》卷四《兼爱中第十五》，上海商务印书馆，1935年，第72页。

中国古代的"天下""中国"观

等南夷之地。《周礼·职方》称"九州"中的荆州"其山镇曰衡山"。据先秦史书所载,"荆"与"楚"常常连称,如《毛诗·商颂》称"挞彼殷武,奋伐荆楚""维女荆楚,居国南乡"。毛亨传称"荆楚,荆州之楚国也"。孔颖达疏称"荆是州名,楚是国名,故云荆州之楚也"。郑玄笺曰:"维女楚国,近在荆州之域,居中国(此"中国"指中原或华夏,并非指称"九州"之"中国")之南方。"①均认为,被人们视为夷蛮的楚国属于荆州,说明荆州之地也有夷蛮。荆州的镇山衡山也不在中原华夏之地,如《春秋左传》称,襄公三年(前570年)"楚子重伐吴,为简之师,克鸠兹,至于衡山"。杜预注称"鸠兹,吴邑,在丹阳、芜湖县东"②。谓鸠兹在吴国境内,衡山自然也在吴国境内。按此理解,荆州应该包括被人们视为夷蛮的吴国和楚国等地。《周礼·职方》称"九州"中的幽州"其山镇曰医无闾",郑玄注称"医无闾在辽东"③。是知,幽州也包括辽东之地。我们再从"周公斥大九州"④来看,《周礼·职方》所记载的西周"九州"的范围只能比《尚书·禹贡》所记载的禹"九州"的范围大,而不能小于《尚书·禹贡》所记载的禹"九州"。可见,后人在为《周礼·职方》作注时,虽然有人用"中国"指称华夏或中原,但《周礼·职方》所记"九州"原意则不仅仅指中原或华夏民族的"中国"之地,"九州中国"与中原、华夏并非完全是一个概念。

吕不韦《吕氏春秋》释"九州",也与春秋战国时期的列国相比附,称"何谓九州?河、汉之间为豫州,周也;两河之间为冀州,晋也;河、济之间为兖州,卫也;东方为青州,齐也;泗上为徐州,鲁也;东南为扬州,越

---

① 毛亨传、郑玄笺,孔颖达疏:《毛诗注疏》卷二〇《商颂·殷武》,中华书局《十三经注疏》本,1980年,第627页。

② 左丘明等传,杜预注,孔颖达疏:《春秋左传注疏》卷二九襄公三年,中华书局《十三经注疏》本,1980年,第1930页。

③ 郑玄注,贾公彦疏:《周礼注疏》卷三三《夏官·职方氏》,中华书局《十三经注疏》本,1980年,第863页。

④ 左丘明等传,杜预注,孔颖达疏:《春秋左传注疏》卷五桓公二年,孔颖达疏引正义之文,中华书局《十三经注疏》本,1980年,第1744页。

也；南方为荆州，楚也；西方为雍州，秦也；北方为幽州，燕也"①。认为"九州"之中的豫州、冀州、兖州、青州、徐州、幽州六州为被人们视为中原华夏的周、晋、卫、齐、鲁、燕等国之地，而扬州、荆州、雍州三州则为被人们视为戎蛮的越、楚、秦等国之地，则吕不韦《吕氏春秋》所释"九州"亦不完全为中原华夏所有。

汉孔安国为《尚书》"徂兹淮夷、徐戎并兴"作注称"今往征此淮浦之夷、徐州之戎，并起为寇。此戎夷帝王所羁縻统叙，故错居九州之内"。唐孔颖达疏称"淮夷是淮浦之夷，徐戎是徐州之戎""徐州、淮浦，中夏之地而得有戎夷者，此戎夷，帝王之所羁縻而统叙之，不以中国之法齐其风俗，故得杂错居九州之内。此伯禽之时有淮浦者，淮浦之夷并起，《诗》美宣王命召穆公平淮夷，则戎夷之处中国久矣"②。均称淮浦之夷、徐州之戎"错居九州之内"，并称此"戎夷之处中国久矣"。称"九州"之内也有戎夷。

《春秋左传》昭公二十二年（前520年）称"晋籍谈、荀跞帅九州之戎及焦瑕温原之帅，以纳王于王城"，晋杜预注"九州戎，陆浑戎，十七年灭，属晋"③。哀公四年（前491年）称"士蔑乃致九州之戎，将裂田以与蛮子而城之"，晋杜预注称"九州戎在晋阴地陆浑者"④，认为九州戎即是晋国境内的陆浑戎。杜预虽称这里所说的"州，乡属也"，并非"九州"的州，但晋国在"九州"之内，晋国的戎，也是九州之内的戎。这也可以说明"九州"之内有"戎狄"等少数民族，"九州"之内并非全部为华夏族所有。"九州"应该是由华夏和戎夷所构成。

战国时期，邹衍称其所构建的"中国九州"（小九州）为"禹之序九州"的"九州"。如前所述，禹之"九州"并非仅仅指华夏或中原之地，那么，

---

① 吕不韦等著，许维遹集释，梁运华整理：《吕氏春秋集释》卷一三《有始览》，中华书局《新编诸子集成》本，2009年，第278页。

② 孔子编，孔安国传，孔颖达疏：《尚书注疏》卷二〇《周书·费誓》，中华书局《十三经注疏》本，1980年，第254页。

③ 左丘明等传，杜预注，孔颖达疏：《春秋左传注疏》卷五〇昭公二十二年，孔颖达疏引正义之文，中华书局《十三经注疏》本，1980年，第2100页。

④ 左丘明等传，杜预注，孔颖达疏：《春秋左传注疏》卷五七哀公四年，孔颖达疏引正义之文，中华书局《十三经注疏》本，1980年，第2158页。

中国古代的"天下""中国"观

邹衍所说的"小九州"的"中国",也不应该仅仅指华夏或中原之地。另从邹衍所说的被称为"中国"的"小九州""有裨海环之"来看,邹衍所说的"中国九州"也不会仅仅指华夏或中原之地。唐孔颖达为《尚书》"肇十有二州"作疏时,曾称"天地之势,四边有水,邹衍书说'九州之外有瀛海环之',是九州居水内,故以州为名,共在一洲之上,分之为九耳"①。称邹衍所说"中国""九州"(小九州)居水内,四边有水。孔颖达又为《毛诗》"溥天之下,莫非王土。率土之滨,莫非王臣"作疏称:"古先圣人谓中国为九州者,以水中可居曰洲,言民居之外皆有水也。"又引邹衍的话说"中国名赤县,赤县内自有九州,禹之序九州是也。其外有瀛海环之",称"是地之四畔皆至水也,滨是四畔近水之处,言'率土之滨',举其四方所至之内,见其广也"②。即称邹衍所说"中国""九州""其外有瀛海环之","中国""九州"四畔皆至水。不仅称其所说"小九州"是"中国""赤县神州",还认为"中国"这一"赤县神州"的"小九州"已经到达"瀛海环之"的四海的边上,也就是说,邹衍所说的"中国""九州"(小九州)远达四海,无疑具有称"中国""九州"为四海之内的意思。这与中国古代有些人常常称"四海之内九州"③"九州四海,相似如一"④"中国是九州"⑤等"中国"为

---

① 孔子编,孔安国传,孔颖达疏:《尚书注疏》卷三《舜典》,中华书局《十三经注疏》本,1980年,第129页。

② 毛亨传、郑玄笺,孔颖达疏:《毛诗注疏》卷一三《小雅·北山》,中华书局《十三经注疏》本,1980年,第463页。

③ 郑玄注,孔颖达疏:《礼记注疏》卷一一《王制》,中华书局《十三经注疏》本,1980年,第1323页。

④ 慎到撰,钱熙祚校:《慎子·逸文》,《丛书集成新编》本第20册,台湾新文丰出版社公司,1985年,第492页。许富宏《慎子集校集注》本,据《列子·汤问篇》张湛注,将"九州四海"改作"虽在夷貊",又称《绎史》引作"虽在夷狄"(见中华书局《新编诸子集成》本,2003年,第94页),虽认为慎到原文并非称"九州四海",但并不影响我们对这一问题的理解,因为将"虽在夷貊"或"虽在夷狄"改为"九州四海"之人,无疑具有视"九州四海"为至"夷貊"或"夷狄"之地的意思,认为"九州四海"包括"夷貊"或"夷狄",更有利于我们对此问题的理解。

⑤ 毛亨传、郑玄笺,孔颖达疏:《毛诗注疏》卷一八《大雅·荡之什》,中华书局《十三经注疏》本,1980年,第553页。

"四海之内"的认识相一致。中国古代,"四海"与"天下"同义[①],"四海之内"为"中国",也就有了用"天下"指称"九州""中国"之义。按照这种认识,"九州""中国"已远达四海之滨,也不会仅仅指华夏或中原之地,无疑具有指称以华夏汉族为主包括少数民族及其地区的意思。

以上可以看出,古人所使用的"天下"一语,常常与"九州"连称,并用来指称"九州中国"。这一"天下九州"的范围,并不限于华夏汉族或中原之地,常常笼统地包括四裔的"四夷"。足见,中国古代的"天下"概念,并没有仅仅指称华夏汉族和中原地区的内涵,也不是由"中国"和"四夷"或由"中国"和"四裔"所构成,而是由华夏汉族和四夷或中原和四裔所构成。既然这一"天下"的概念并非仅仅指称华夏汉族或中原地区的概念,那么,用这一"天下"指称的"九州中国",也就成了不是仅仅指称华夏汉族或中原地区的概念,也成了用以指称包括华夏汉族和四夷的概念。

二、"天下"与王朝"中国"观

中国古代用"天下"指称"中国"的第二个层次,是用"天下"指称王朝"中国"。中国古代,狭义的"天下"用来指称王朝国家,是一个国家政权的概念。古人不仅称华夏汉族为统治者建立的王朝国家为"天下",也称以少数民族为统治者建立的王朝国家为"天下"。无论是以华夏汉族为统治者建立的王朝国家,还是以少数民族为统治者建立的王朝国家,都不是单一民族国家,而是多民族国家。因此,狭义的用来指称王朝国家的"天下",也没有用以指称华夏汉族和中原地区的内涵。狭义的用来指称王朝国家的"天下",与中义的指称王朝国家的"中国"内涵相同。因此,用以指称王朝国家的"中国",也不是由中国和四夷或中国和四裔所构成,而是由华夏汉

---

① 庄周《庄子·逍遥游》称"尧治天下之民,平海内之政"(庄周撰,张默生新释、张翰勋校补:《庄子新释》,齐鲁书社,1993年,第85—86页),即称尧所治理的"天下"为"海内";《管子》称齐桓公曾说"周公旦辅成王而治天下,仅能制于四海之内矣"(管仲等撰,黎翔凤校注、梁运华整理:《管子校注》卷一六《小问第五十一》,《新编诸子集成》本,中华书局,2004年,第964页),称周公辅助成王所治理的"天下"为"四海之内",等等。

中国古代的"天下""中国"观

族和四夷或中原和四裔所构成①。

西周以后,见诸史书记载的国王,也被称作"天子"。"天子",顾名思义,指天的儿子。古人认为,"天子者,与天地参,故德配天地"②。"天"或"天帝"至高无上,地上(天之下)的国王是上天的儿子,"受命于天"③,"天胙之以天下"④。也就是说,地上的国王是被"上天"或"天帝"派到地上,代替上天管理地上的人民和土地,地上的土地和人民是上天赐予的。因此,国王(天子)代替上天管理人民和土地所及之处就被称为"天下"。《郭店楚简》就有"尧生于天子而有天下"⑤之语,即是说,尧做了天子,代替上天管理天下人民和土地,就是有天下。所说"天下"无疑是指天子管理之地。《礼记·曲礼》称"君天下曰天子"⑥,认为做了"天下"的国君就是"天子",所说"天下"也是指"天子"管辖地区。《礼记·郊特牲》称"天子之所以治天下也"⑦,也是说,天子所治理的地区就是"天下"。《墨子》称"天子又总天下之义,以尚同于天"⑧,谓天子管理天下,要符合天的意志,也将天子管理的土地和人民说成是"天下"。汉代赵岐为《孟子》"天下国

---

① 那些主张以华夏汉族为"中国"、以中原地区为"中国"的认识,则与此种认识完全不同。如果这些人也承认王朝国家是"中国"的话,毫无疑问,在如何认识王朝国家的问题上,这些人所使用的"中国"概念,就出现了"中国"里面又包含有"中国"的自相矛盾的说法。

② 郑玄注,孔颖达疏:《礼记注疏》卷五〇《经解》,中华书局《十三经注疏》本,1980年,第1610页。

③ 郑玄注,孔颖达疏:《礼记注疏》卷五四《表记》,中华书局《十三经注疏》本,1980年,第1643页。

④ 左丘明著,陈桐生译注:《国语》卷三《周语下》,中华书局,2013年,第106页。

⑤ 刘钊:《郭店楚简校释·唐虞之道》,福建人民出版社,2005年,第149页。

⑥ 郑玄注,孔颖达疏:《礼记注疏》卷四《曲礼下》,中华书局《十三经注疏》本,1980年,第1260页。

⑦ 郑玄注,孔颖达疏:《礼记注疏》卷二六《郊特牲》,中华书局《十三经注疏》本,1980年,第1452页。

⑧ 墨翟著,孙诒让诂:《墨子间诂》卷三《尚同下第十三》,上海商务印书馆,1935年,第61页。

家"作注时称"天下谓天子之所主"①，认为"天子"所主管地区就是"天下"。后人也称"天下者，天所与之天下"②"有天下者称天子""天子系乎天，君与天一体也"③，"君者，天下之义"④，都将"天子"治理和统领的地区称为"天下"。

"天子"管理人民和土地的组织形式是什么？中国古代的"天子"也称国王，后世称皇帝，显然，"天子"代替上天管理人民和土地的组织形式，已经是有了国王，有了人民，有了土地，有了管理国家的机构以及军队、法律、监狱等国家机器。这样的组织形式，似应称为国家⑤，中国古代的国家主要是指王朝国家。这些王朝国家在古代常常被称为"天下"或"天下国家"⑥。《荀子》所称"壹天下，建国家"⑦，就应该是这个意思。《晋书》称"凡帝王皆因本国之名以为天下之号"⑧，认为各个王朝都以自己王朝国家的名号（国号）为"天下"的名号。这些被称为"天下"的各个王朝国家，在

---

① 赵岐注，孙奭疏：《孟子注疏》卷七上《离娄上》，中华书局《十三经注疏》本，1980年，第2718页。

② 《明英宗实录》卷一九二，景泰元年五月辛未条，台北"中央研究院"历史语言研究所，1962年校印本，第4021页。

③ 张廷玉等：《明史》卷二三一《顾宪成传》，中华书局，1974年，第6030页。

④ 《明太祖实录》卷五一，洪武三年四月己巳条，台湾"中央研究院"历史语言研究所1962年校印本，第1005页。

⑤ 英国学者安东尼·吉登斯根据世界各国历史发展状况，将国家分为传统国家、绝对主义国家（16—17世纪出现于欧洲）、现代民族国家三种类型（参见安东尼·吉登斯著，胡宗泽、赵立涛译，王铭铭校：《民族—国家与暴力》，生活·读书·新知三联书店，1998年）。笔者以为国家可以分为古代国家、近代国家和现代国家三种类型。中国古代所建立的以国号为代表的各个民族所建立的王朝和政权，都已经"按地区来划分它的国民"，并且完成了"公共权力的设立"，有国王，有人民，有土地，具备国家形态。虽与近代民族国家有所不同，但与近代欧美诸国所倡导的以主权、人民和领土三要素判断"国家"的主张也相去不远，仍然可以称之为古代国家或王朝国家。

⑥ 郑玄注，孔颖达疏：《礼记注疏》卷五二《中庸》，中华书局《十三经注疏》本，1980年，第1629页。

⑦ 荀况著，王先谦集解，沈啸寰、王星贤点校：《荀子集解》卷三《非十二子篇第六》，中华书局《新编诸子集成》本，1988年，第92页。

⑧ 房玄龄等：《晋书》卷三七《安平献王孚传》，中华书局，1974年，第1083页。

中国古代的"天下""中国"观

中国古代历史上均自称"中国",或被他人认同为"中国"①。于是,用以指称各个王朝国家的"天下"就与各个王朝自我认同或被他人认同的"中国"出现了重合,"天下"就有了等同于"中国"的意思。

确实,中国古代的各个王朝国家,包括少数民族建立的王朝国家,都称自己的王朝国家为"天下",也称自己的王朝国家为"中国"。

(一)以汉族为统治者建立的王朝国家都称自己的国家为"天下",也称自己的国家为"中国"

1. 先秦时期,在用"天下"一词指称"九州中国"的同时,还用"天下"一词指称夏、商、周王朝国家之"中国"

据《韩非子》记载,秦穆公时,由余曾说"昔者尧有天下……尧禅天下,虞舜受之……舜禅天下而传之于禹"②,"禹死,将传天下于益","启与友党攻益而夺之天下"③,将尧、舜、禹领有的夏王朝国家称为"天下",并将争夺夏王朝的领导权称之为争夺"天下"。《孟子》记载,"万章曰:'尧以天下与舜,有诸?'孟子曰:'否。天子不能以天下与人。''然则舜有天下也,孰与之?'曰:'天与之'"④。意思是说,尧不能将"天下"交给舜,舜有"天下",是上天所赐。所说的"天下",也就是指尧、舜所领有的夏王朝,"天下"与"夏王朝国家"就成了一个相同的概念。《孟子》又记载"尧崩,三年之丧毕,舜避尧之子于南河之南。天下诸侯朝觐者,不之尧之子而之舜"⑤,"舜既为天子矣,又帅天下诸侯以为尧三年丧"⑥。这两条史料所说

---

① 参见赵永春《从复数"中国"到单数"中国"——试论统一多民族中国及其疆域的形成》,《中国边疆史地研究》2011年第3期;《中国古代"中国不是一个国家"论辨》,《社会科学辑刊》2017年第3期。

② 韩非撰,王先慎集解、钟哲点校:《韩非子集解》卷三《十过第十》,《新编诸子集成》本,中华书局,1998年,第70-71页。

③ 韩非撰,王先慎集解、钟哲点校:《韩非子集解》卷一四《外储说右下第三十五》,《新编诸子集成》本,中华书局,1998年,第340页。

④ 赵岐注,孙奭疏:《孟子注疏》卷九下《万章章句上》,中华书局《十三经注疏》本,1980年,第2737页。

⑤ 赵岐注,孙奭疏:《孟子注疏》卷九下《万章章句上》,中华书局《十三经注疏》本,1980年,第2737页。

⑥ 赵岐注,孙奭疏:《孟子注疏》卷九上《万章章句上》,中华书局《十三经注疏》本,1980年,第2735页。

的"天下诸侯",都是指夏王朝领有的诸侯,所说"天下"也是指夏王朝国家。《管子》又称"昔者桀有天下,而用不足"①,《韩非子》则认为"桀以醉亡天下"②,所说"天下"无疑是指以夏桀为国王的夏王朝。夏王朝是"中国",不仅是古人的普遍认同,也是今天中外学者的普遍认同。古人称夏王朝为"天下"就是称夏王朝这一"中国"国家为"天下"的意思。这里的"天下"和夏王朝"中国"就成了同义词。

《慎子》称"尧舜之有天下也,四海之内皆治""桀纣之有天下也,四海之内皆乱"③,称尧、舜、夏桀、商纣领有土地和人民是"有天下",就是称夏王朝国家和商王朝国家为"天下"。《管子》称:"汤平治天下,及纣而乱之。"④ 即称以商汤和商纣为国王的殷商王朝为"天下"。《韩非子》记载:"汤以伐桀,而恐天下言己为贪也,因乃让天下于务光。而恐务光之受之也,乃使人说务光曰:'汤杀君而欲传恶声于子,故让天下于子。'务光因自投于河。"⑤ 称商汤曾假意将"天下"让给务光,所说"天下"无疑是指商王朝。《韩非子》记载:"昔者纣为天子,将率天下甲兵百万,左饮于湛溪,右饮于洹溪。"⑥ 这里所说的纣"率天下甲兵",也是指纣率领的殷商王朝的甲兵,所说"天下"也是指殷商王朝。《宋书》称:"商人后改天下之号曰殷。"⑦ 明确称殷商王朝是"天下"。商王朝国家是"中国",这里所说的"天下",就有了指称殷商"中国"的意思。

---

① 管仲等撰,郭沫若集校:《管子集校》四《地数第七十七》,《郭沫若全集》历史编第八卷,人民出版社,1985年,第177页。

② 韩非撰,王先慎集解、钟哲点校:《韩非子集解》卷七《说林上第二十二》,《新编诸子集成》本,中华书局,1998年,第176页。

③ 慎到著,许富宏集校集注:《慎子集校集注》,《新编诸子集成》本,2003年,第94页。

④ 管仲等撰,郭沫若集校:《管子集校》一《中匡篇第十九》,《郭沫若全集》历史编第五卷,人民出版社,1984年,第177页。

⑤ 韩非撰,王先慎集解、钟哲点校:《韩非子集解》卷七《说林上第二十二》,《新编诸子集成》本,中华书局,1998年,第170页。

⑥ 韩非撰,王先慎集解、钟哲点校:《韩非子集解》卷一《初见秦第一》,《新编诸子集成》本,中华书局,1998年,第11页。

⑦ 沈约:《宋书》卷二七《符瑞志上》,中华书局,1974年,第764页。

中国古代的"天下""中国"观

《左传·昭公》称"周文王之法曰'有亡荒阅',所以得天下也","武王克商,光有天下"①。《礼记·中庸》又记载:"子曰:无忧者,其惟文王乎。以王季为父,以武王为子。父作之,子述之。武王缵大王、王季、文王之绪,壹戎衣而有天下,身不失天下之显名,尊为天子,富有四海之内。"② 认为周文王、周武王治国有方,灭亡商朝建立西周王朝是"有天下",无疑是称西周王朝国家为"天下"。《礼记·大传》称:周武王伐商,牧野之战以后,"设奠于牧室,遂率天下诸侯"祭奠祖先,追尊"王大王亶父、王季历、文王昌,不以卑临尊也"③。所称"天下诸侯"无疑是指西周领有的诸侯。《礼记·明堂位》又称:西周"武王崩,成王幼弱,周公践天子之位,以治天下。六年,朝诸侯于明堂,制礼作乐,颁度量,而天下大服"。又称:周公还政于成王以后,"成王以周公为有勋劳于天下,是以封周公于曲阜"④。即称周公所治理的西周王朝是"天下",并认为周公治理有方,"天下大服"。这几条史料所说的"天下",无疑都是指西周王朝治理的地区,也就是指西周王朝国家。西周是"中国",这里的"天下"就成了"中国"的同义词。

2. 以华夏汉族为统治者建立的西汉和东汉王朝国家称西汉和东汉为"天下",也称西汉和东汉为"中国"

汉高祖刘邦曾称"提三尺剑取天下者朕也"⑤,又曾置酒洛阳南宫,与群臣讨论"吾所以有天下者何?项氏之所以失天下者何?"并认为"三者(指张良、萧何、韩信),皆人杰也,吾能用之,此吾所以取天下也"⑥,还曾下诏说"吾立为天子,帝有天下,十二年于今矣。与天下之豪士贤大夫共定天

---

① 左丘明等传,杜预注,孔颖达疏:《春秋左传注疏》卷四四昭公七年、卷五二昭公二十八年,中华书局《十三经注疏》本,1980年,第2048、2119页。

② 郑玄注,孔颖达疏:《礼记注疏》卷五二《中庸》,中华书局《十三经注疏》本,1980年,第1628页。

③ 郑玄注,孔颖达疏:《礼记注疏》卷三四《大传》,中华书局《十三经注疏》本,1980年,第1506页。

④ 郑玄注,孔颖达疏:《礼记注疏》卷三一《明堂位》,中华书局《十三经注疏》本,1980年,第1488页。

⑤ 司马迁:《史记》卷一〇八《韩长孺传》,中华书局,1959年,第2860页。

⑥ 司马迁:《史记》卷八《高祖本纪》,中华书局,1959年,第381页。

下，同安辑之"①。董仲舒也说"今陛下并有天下，海内莫不率服"②。三国时期许靖等人也曾说"夫汉者，高祖本所起定天下之国号也"③。均用"天下"指称汉王朝国家。王莽篡汉也称"即真天子位，定有天下之号曰新"④，称王莽所建"新"王朝为"天下"。汉王朝在称自己的国家为"天下"的同时，也称汉王朝国家为"中国"，如汉武帝时，晁错曾上书讨论西汉与匈奴的形势，认为"今匈奴地形技艺与中国异。上下山阪，出入溪涧，中国之马弗与也；险道倾仄，且驰且射，中国之骑弗与也；风雨罢劳，饥渴不困，中国之人弗与也"，"匈奴之长技三，中国之长技五"⑤。所说"中国"都是指西汉王朝国家。东汉建武二十七年（51年），臧宫与马武曾上书光武帝刘秀，称"匈奴贪利，无有礼信，穷则稽首，安则侵盗，缘边被其毒痛，中国忧其抵突。虏今人畜疫死，旱蝗赤地，疫困之力，不当中国一郡"⑥，所说"中国"也是指东汉王朝国家。两汉王朝既称自己所建立的国家为"天下"，又称自己所建立的国家为"中国"，"天下"就具有了指称"中国"的意思。

3. 三国均称自己所建王朝国家为"天下"，并被后人称为"中国"，也具有用"天下"指称"中国"的含义

三国时期，虽然称"天下三分"⑦，多以魏、蜀、吴三国共为"天下"，但有时也分别称三国各自所建王朝国家为"天下"。如称曹魏建国为"魏有天下"⑧。魏国中书监刘放在魏明帝曹叡病危时，曾问魏明帝说："陛下气微，若有不讳，将以天下付谁？"⑨刘放问魏明帝死后，将"天下"交给谁？所说

---

① 班固：《汉书》卷一下《高帝纪下》，中华书局，1962年，第78页。
② 班固：《汉书》卷五六《董仲舒》，中华书局，1962年，第2511页。
③ 陈寿：《三国志》卷三二《蜀书·先主刘备传》，中华书局，1959年，第888页。
④ 班固：《汉书》卷九九上《王莽上》，中华书局，1962年，第4095页。
⑤ 班固：《汉书》卷四九《晁错传》，中华书局，1962年，第2281页。
⑥ 范晔：《后汉书》卷一八《臧宫传》，中华书局，1965年，第695页。
⑦ 陈寿：《三国志》卷一四《魏书·刘晔传》，中华书局，1959年，第446页。
⑧ 陈寿：《三国志》卷二一《魏书·吴质传》引《魏略》，中华书局，1959年，第607页。
⑨ 习凿齿，汤球、黄奭辑佚，柯美成汇校通释：《汉晋春秋通释》卷二《季汉》，人民出版社，2015年，第255页。另见《三国志》卷三《魏书·明帝纪》，中华书局，1959年，第113页。

中国古代的"天下""中国"观

"天下"无疑是指魏明帝管理的魏王朝国家。偏居西南的蜀汉政权也称自己的国家为"天下",如后主刘禅在延熙元年(238年)册封张皇后的册文中就说"朕统承大业,君临天下"①,后主刘禅称自己继承刘备的事业,做了"天下"的君主,所说"天下"无疑是指蜀汉王朝国家。偏居东南的吴国也称自己的国家为"天下",如嘉禾二年(233年),吴大帝孙权因"魏辽东太守公孙渊,遣校尉宿舒、阆中令孙综称藩于权,并献貂马",大悦,发布诏书称"其大赦天下,与之更始。其明下州郡,咸使闻知"②。其大赦范围不会超出吴国境内,所说"天下"也是指吴国。三国时期,虽然只有魏国称"中国",蜀汉和孙吴政权没有称"中国",但后世皆称三国为"中国",因此,三国各自所称之"天下",均具有与"中国"等同的含义。

4. 以汉族为统治者建立的两晋南朝都称自己的国家为"天下",也被后人称为"中国","天下"也具有指称"中国"的含义

西晋统一全国以后,也称自己的国家为"天下"。如《晋书》称西晋武帝司马炎"泰始中,帝博选良家以充后宫,先下书禁天下嫁娶"③,西晋武帝司马炎为了选娶良家女子,下诏书禁止"天下"嫁娶的范围不会超过西晋统治范围,所说"天下"就是指西晋国家。又称泰始四年(268年),"文明皇后崩及武元杨后崩,天下将吏发哀三日止"④。为文明皇后和武元杨后发哀的"天下将吏",也是指西晋王朝境内的将吏,所说"天下"也是指西晋王朝。

东晋时期,"天下"一词虽然主要用于指称属于"四海""九州"的东晋和十六国的整体范围,但也用来指称各个政权。如西晋灭亡,司马睿率众南迁,在大族王敦与从弟王导等人拥立下,建立东晋政权,"时人为之语曰:'王与马,共天下'"⑤,认为司马氏与王氏共有"天下"。所说的"天下",无疑是指东晋国家。

南朝时期,虽也用"天下"一词指称属于"四海""九州"的南朝和北

---

① 陈寿:《三国志》卷三四《蜀书·张皇后传》,中华书局,1959年,第907页。
② 陈寿:《三国志》卷四七《吴书·吴主孙权传》,中华书局,1959年,第1138页。
③ 房玄龄等:《晋书》卷三一《武元杨皇后传》,中华书局,1974年,第953页。
④ 房玄龄等:《晋书》卷二〇《礼志中》,中华书局,1974年,第616页。
⑤ 房玄龄等:《晋书》卷九八《王敦传》,中华书局,1974年,第2554页。

中国古代的"天下""中国"观

朝,但也用"天下"一词指称南朝的各自建立的王朝国家。据不完全统计,记载南朝宋国历史的史书《宋书》,共出现"宋有天下"2次,"大赦天下"57次,"明令天下"1次,"班下天下"1次;记载南朝齐国历史的史书《南齐书》共出现"齐有天下"2次,"我新有天下"1次,"大赦天下"6次,"班于天下"1次;记载南朝梁国历史的史书《梁书》,共出现"梁有天下"2次,"高祖有天下"1次,"高祖光有天下"1次,"朕有天下"1次,"大赦天下"33次;记载南朝陈国历史的《陈书》,共出现"陈有天下"1次,"高祖之有天下"1次,"大赦天下"25次,"诏颁天下"1次,等等。说明南朝的各个政权都称自己建立的王朝国家为"天下"。

以汉族为统治者建立的两晋和南朝,都自称"中国"和被后人称为"中国"。如王衍在西晋"八王之乱"时,曾对东海王越说:"中国已乱,当赖方伯,宜得文武兼资以任之。"① 即称西晋"八王之乱"为"中国已乱",希望得文武兼资之人拯救"中国",所说"中国"即指西晋。东晋偏安江南,虽然较少自称"中国",但一直被后人称为"中国"和"中国正统"。刘宋时期的柳元景在元嘉北伐时,曾俘虏一些为北魏卖命的"河内人",这些"河内人"曾对柳元景说:"非敢背中国也。"② 称其为北魏所逼,并非要背叛"中国",所说"中国"具有指称刘宋之意。南齐、南梁、南陈时期,称"中国"的史料开始增多。天竺道人曾称萧道成即南齐之位为"中国有圣主受命"③,即称萧齐为"中国"。南梁时,萧纪于蜀地称帝以后,徐陵在所上奏表中称"行灾中国"④,即用"中国"一词指称南梁。南陈慈训太后在所下废弃陈伯宗帝位之令中称"世祖文皇帝克嗣洪基,光宣宝业,惠养中国"⑤,即称南陈王朝为"中国"。

两晋和南朝既称所建王朝国家为"天下",又称所建王朝国家为"中

---

① 房玄龄等:《晋书》卷四三《王戎传附从弟衍传》,中华书局,1974年,第1237页。

② 沈约:《宋书》卷七七《柳元景传》,中华书局,1974年,第1985页。

③ 萧子显:《南齐书》卷五八《扶南国传》,中华书局,1972年,第1014、1015、1017页。

④ 姚思廉:《梁书》卷五《梁元帝萧绎纪》,中华书局,1973年,第129页。

⑤ 姚思廉:《陈书》卷四《废帝陈伯宗纪》,中华书局,1972年,第69页。

中国古代的"天下""中国"观

国","天下"也具有指称"中国"之意。

5. 以汉族为统治者建立的隋唐王朝既称自己所建王朝国家为"天下",又称自己所建王朝国家为"中国"

隋唐都称自己建立的王朝国家为"天下"。《隋书》仅"隋有天下"就出现5次,还有"我大隋之有天下"1次,"代周有天下"1次,"高祖初有天下"1次,隋文帝称"朕之有天下"1次,炀帝称"我有天下"1次,都是称隋朝国家为"天下"的意思。《新唐书》称"唐兴,高祖改郡为州,太守为刺史,又置都督府以治之。然天下初定,权置州郡颇多。太宗元年,始命并省,又因山川形便,分天下为十道……景云二年(711年),分天下郡县,置二十四都督府以统之"①。《旧唐书》称"开元二十一年(733年),分天下为十五道"②。明确称唐朝管辖的郡县为"天下"。

隋唐在称自己建立王朝国家为"天下"的同时,也称自己建立的王朝国家为"中国"。如隋炀帝时,高颎不满意隋炀帝对突厥"启民可汗恩礼过厚",曾对太府卿何稠说:"此虏颇知中国虚实、山川险易,恐为后患。"③ 即称隋朝国家为"中国"。唐人王方庆辑《魏郑公谏录》称"高丽等三蕃僧,求学至中国"④,称高丽等三蕃僧到唐朝求学为到"中国"求学,用唐朝指称"中国"的意思非常明显。可见,隋唐在称自己所建立的王朝国家为"天下"的同时,也称隋唐王朝国家为"中国","天下"和"中国"成了一个相同的概念。

6. 以汉族为统治者建立的宋朝在称自己所建王朝国家为"天下"的同时也称自己所建王朝国家为"中国"

辽宋夏金时期,虽然也用"天下"指称属于"四海""九州"的辽宋夏金等各个政权的全部范围,但仍以"天下"指称各个王朝国家作为"天下"一词的主要用法。如《宋史》称"建隆元年春正月乙巳,大赦,改元,定有

---

① 欧阳修等:《新唐书》卷三七《地理志一》,中华书局,1975年,第959-960页。
② 刘昫等:《旧唐书》卷三八《地理志一》,中华书局,1975年,第1385页。
③ 魏征等:《隋书》卷四一《高颎传》,中华书局,1973年,第1184页。
④ 王方庆辑:《魏郑公谏录》卷四《对高丽等三蕃僧求学》,丛书集成新编影印畿辅丛书本,台北新文丰出版公司,1985年,第77页。

天下之号曰宋"①，称宋朝国号为"天下之号"。又称"至道三年，分天下为十五路，天圣析为十八，元丰又析为二十三""宋有天下三百余年"②等，明确称宋朝所控制的疆域为"天下"。

宋朝在称自己所建王朝国家为"天下"的同时也称宋朝国家为"中国"。如北宋大臣苏洵曾说"国家分十八路，河朔、陕右、广南、川峡实为要区。何朔、陕右，二虏之防，而中国之所恃以安"③，即称北宋天圣以后所设"十八路"管辖地区为"中国"。南宋高宗时，尚书右丞朱胜非曾说：高丽"与金为邻，而与中国隔海"④，即称宋朝为"中国"。

宋人称宋朝为"天下"，又称宋朝为"中国"，"天下"与"中国"也重合在一起。

7. 以汉族为统治者建立的明王朝也称自己所建立的王朝国家为"天下"，又称为"中国"

明朝虽称包括北元在内的"四海""九州"为"天下"，但认为明朝"继正统而有天下，四海九州罔不臣服"⑤，仍以"天下"指称明朝国家为主要内容。据《明实录》记载，明神宗时，兵部武选司主事谭纶曾称"今天下武职冒滥"⑥，即是称明朝武官的选拔比较冒滥，用"天下"指称明朝的意思非常明显。刑科给事中李学一曾建议"宜令天下有司每岁发春先清狱囚"⑦，也是建议明朝的各个机构在每年春天先清狱囚，也是用"天下"指称明朝。《明史》中用"天下"指称明朝的史料更是举不胜举，据不完全统计，共出现：

---

① 脱脱等：《宋史》卷一《太祖纪》，中华书局，1977年，第4页。
② 脱脱等：《宋史》卷八五《地理志一》，中华书局，1977年，第2094-2095页。
③ 苏洵著，曾枣庄、金成礼笺注：《嘉祐集笺注》卷四《衡论·重远》，上海古籍出版社，1993年，第100页。"何朔"，宋刻本作"河朔"，是。此处作"何"，误。
④ 李心传：《建炎以来系年要录》卷十八，建炎二年十月甲寅条，中华书局，1988年，第357页。
⑤ 《明太祖实录》卷八四，洪武六年八月乙亥条，台北"中央研究院"历史语言研究所，1962年校印本，第1497页。
⑥ 《明神宗实录》卷六，隆庆六年十月丙子条，台北"中央研究院"历史语言研究所，1962年校印本，第235页。
⑦ 《明神宗实录》卷九，万历元年正月乙巳条，台北"中央研究院"历史语言研究所，1962年校印本，第334页。

中国古代的"天下""中国"观

"颁诏天下"8次、"颁行天下"9次、"颁示天下"14次、"颁之天下"2次、"诏告天下"10次、"诏示天下"3次、"诏于天下"3次、"布告天下"8次、"布于天下"1次、"榜示天下"4次、"天下有司"8次、"天下诸司"4次、"天下庶官"3次、"天下诸路"1次、"天下州郡"2次、"天下郡县"5次、"天下郡邑"4次、"天下州县"3次、"天下学校"11次、"天下儒士"1次、"天下名士"1次、"天下进士"1次、"天下贡士"2次、"天下生员"1次、"天下举子"1次、"天下宗室"1次、"天下臣民"11次、"天下军民"2次、"天下官田"1次、"天下户籍"1次、"天下户口"4次、"天下钱粮"1次、"天下税粮"2次、"天下税课"2次、"天下租税"1次、"天下田租"3次、"天下田赋"7次、"天下钱谷"2次、"天下府库"2次、"天下仓库"1次、"天下库藏"5次、"天下王府"1次、"天下诸王"1次、"天下宗藩"1次、"巡行天下"5次、"大赦天下"21次、"诏赦天下"21次,"天下国家"连称2次,明确用"天下"指称明朝国家。

明王朝在称自己的国家为"天下"的同时,也称自己的国家为"中国"。如《明宣宗实录》记载,大臣范济曾在上疏中说:"天命我国家,混一天下,物阜民安,九夷八蛮朝贡中国。"[①] 称九夷八蛮朝贡明朝为朝贡"中国",称明朝为"中国"的意思是明显的。文中所说"天下"无疑是"中国"的同义语,明确称明朝所统一的"天下"是"中国"。

(二) 以少数民族为统治者建立的王朝国家也称自己的国家为"天下",又称为"中国"

中国古代不仅以华夏汉族为统治者建立的王朝国家称自己的国家为"天下",为"中国",以少数民族为统治者建立的王朝国家也称自己的国家为"天下",为"中国"。

1. 秦王朝既称"天下"又称"中国"

秦王朝是由西戎发展而来,常常被视为以少数民族为统治者建立的王朝国家。被一些人视为"夷翟"[②] 的秦王朝国家被称为"天下"的史料很多,

---

[①] 《明宣宗实录》卷六,洪熙元年闰七月甲寅条,台北"中央研究院"历史语言研究所,1962年校印本,第152页。

[②] 司马迁:《史记》卷五《秦本纪》,中华书局,1959年,第202页。

如称"秦并海内,兼诸侯,……南面而王天下"①"秦兼天下,建皇帝之号"②"秦兼天下,则置丞相,而贰之以御史大夫"③"秦兼天下,罢侯置县"④"分天下为三十六郡"⑤"秦兼天下,币为二等"⑥"秦兼天下,废王道,立私议,灭《诗》《书》而首法令"⑦"秦既兼天下,使蒙恬将兵略地,西逐诸戎,北却众狄,筑长城以界之,众羌不复南度"⑧,等等,都称秦王朝为"天下"。"秦威服四夷,故夷人率谓中国人为秦人"⑨,又称秦王朝为"中国"。于是,称秦王朝为"天下"的"天下",也就具有了与"中国"等同的内涵。

2. 十六国和北朝也称自己的国家为"天下",为"中国"

十六国时期,"天下"一词虽然主要用于指称属于"四海""九州"的东晋和十六国的整体范围,但也用来指称各个政权。

以匈奴人为统治者建立的汉赵政权就称自己的国家为"天下"。如元熙元年(304年)匈奴人刘渊即汉王位,建立汉国,"改晋永兴元年为元熙元年,大赦天下"⑩。匈奴人刘渊所赦"天下"的范围,当在汉国境内,用"天下"指称汉国的意思是很明显的。刘渊养子刘曜在晋阳战役中受重伤,傅武以马授刘曜,称"天下何可一日无大王也"⑪,让刘曜骑马逃生。靳准曾劝刘

---

① 司马迁:《史记》卷六《秦始皇本纪》,中华书局,1959年,第283页。
② 班固:《汉书》卷一九上《百官公卿表上》,中华书局,1962年,第722页。
③ 范晔:《后汉书》卷四九《仲长统传》,中华书局,1965年,第1657页。
④ 崔寔撰,孙启治校注:《政论校注》,中华书局,2012年,第118页。
⑤ 房玄龄等:《晋书》卷一四《地理志上》,中华书局,1974年,第406页。
⑥ 班固:《汉书》卷二四下《食货志下》,中华书局,1962年,第1152页。
⑦ 班固:《汉书》卷六四上《吾丘寿王传》,中华书局,1962年,第2796页。
⑧ 范晔:《后汉书》卷八七《西羌·羌无弋爰剑》,中华书局,1965年,第2876页。
⑨ 司马光:《资治通鉴》卷四七《汉世三十九》,章和二年十月乙亥条,胡三省注,中华书局,1956年,第1518页。
⑩ 崔鸿撰,汤球辑:《十六国春秋辑补》卷二《前赵录》,丛书集成初编本,中华书局,1985年,第8页。
⑪ 房玄龄等:《晋书》卷一〇二《刘聪载记》,中华书局,1974年,第2663页。

中国古代的"天下""中国"观

聪子刘粲早居东宫之位，"使天下知早有所系望也"①。刘聪欲立中常侍王沉养女为左皇后，尚书令王鉴等谏称，王者之后，"生承宗庙，母临天下"，应该选择"世德名宗"②为皇后。这三条史料所说的"天下"都是指继刘渊之后的刘聪汉国政权。光禄大夫游子远因前赵国王刘曜杀巴酋徐库彭导致"四山羌、氐、巴、羯"叛乱，上表谏诤，刘曜又要杀游子远，刘雅、朱纪、呼延晏等又向刘曜谏曰"若子远朝诛，臣等亦暮死，以彰陛下过差之咎。天下之人皆当去陛下蹈西海而死耳，陛下复与谁居乎"③。所说"天下之人"就是指前赵国家之人。其后，刘曜又以侍中乔豫、和苞上疏谏起酆明观、建陵霄台、营寿陵，特下书封乔豫、和苞"并领谏议大夫，可敷告天下，使知区区之朝，思闻过也"④。所敷告之"天下"，也是指前赵国家。

以羯族为统治者建立的后赵也称"天下"。如后赵皇帝石勒曾"临石季龙第"，表示以后要为石季龙修造房子，石季龙免冠拜谢，石勒曰："与王共有天下，何所谢也。"⑤ 这里，石勒称其与石季龙"共有天下"的"天下"，无疑是指后赵国家。石季龙即位以后，曾在一次所下诏书中说"先帝创临天下"⑥，则是指石勒等人所创临的"天下"，无疑也是指后赵国家。又，侍中韦謏曾因石季龙"畋猎无度，晨出夜归，又多微行"而上书规谏石季龙"不可忽天下之重，轻行斤斧之间"⑦。韦謏所说石季龙"不可忽天下之重"的"天下"，也是指后赵国家。石季龙和大臣们"议立太子"时，大司农曹莫认为"天下业重，不宜立少"⑧，所说"天下"也是指后赵国家。

慕容鲜卑建立的前燕、后燕、北燕等政权也称自己的国家为"天下"。如前燕文明帝慕容皝曾说："孤方取天下，何乃降人乎？"⑨ 称自己所取政权

---

① 房玄龄等：《晋书》卷一〇二《刘聪载记》，中华书局，1974年，第2670页。
② 房玄龄等：《晋书》卷一〇二《刘聪载记》，中华书局，1974年，第2676页。
③ 房玄龄等：《晋书》卷一〇三《刘曜载记》，中华书局，1974年，第2686页。
④ 房玄龄等：《晋书》卷一〇三《刘曜载记》，中华书局，1974年，第2689页。
⑤ 房玄龄等：《晋书》卷一〇五《石勒载记下》，中华书局，1974年，第2750页。
⑥ 房玄龄等：《晋书》卷一〇六《石季龙载记上》，中华书局，1974年，第2764页。
⑦ 房玄龄等：《晋书》卷一〇六《石季龙载记上》，中华书局，1974年，第2772页。
⑧ 房玄龄等：《晋书》卷一〇七《石季龙载记下》，中华书局，1974年，第2785页。
⑨ 房玄龄等：《晋书》卷一〇九《慕容皝载记》，中华书局，1974年，第2818页。

为"天下"。前燕景昭帝慕容儁病危时,曾有意将皇帝之位传给自己的弟弟慕容恪,慕容恪不受,曰:"陛下若以臣堪荷天下之任者,宁不能辅少主也。"① 表示自己不继承大位,但可以辅佐少主管理"天下",所说"天下"也是指前燕政权。慕容暐继任前燕国王以后,慕舆根曾以"暐既庸弱",劝慕容恪废主自立曰:"定天下者,殿下之功也,兄亡弟及,先王之成制,过山陵之后,可废主上为一国王。"② 慕舆根称慕容恪"定天下"有大功,是指慕容恪对前燕政权建立有大功,所说"天下"就是指前燕政权。后燕也称自己的政权为"天下"。据《十六国春秋》记载,后燕国王慕容熙曾于建始元年(407年)正月,"大赦天下"③,大赦范围在后燕境内,所说"天下"就是指后燕政权。北燕也称自己的政权为"天下"。如北燕国王冯跋病危时,"命太子翼摄国事,勒兵听政",宋夫人有意立自己的儿子为国王,讨厌太子翼听政,称"上疾将廖,奈何便欲代父临天下乎"④,意思是说,皇帝的病很快就会痊愈,太子为何这么着急继位呢。所说"天下"就是指北燕政权。

以氐族为统治者建立的前秦也称自己的国家为"天下"。如前秦建立不久,中书监胡文、中书令王鱼就曾对前秦国主苻生说,占卜显示"不出三年,国有大丧",苻生曰:"皇后与朕对临天下,亦足以塞大丧之变。"⑤ 苻生说他与皇后"对临天下"的"天下",无疑是指前秦政权。前秦大臣薛赞、权翼也曾对苻坚说"今主上昏虐(指苻生),天下离心"⑥,劝苻坚谋取大位。所说"天下离心",也是指前秦上下离心,"天下"一词仍指前秦政权。苻坚

---

① 崔鸿撰,汤球辑:《十六国春秋辑补》卷二七《前燕录五》,丛书集成初编本,中华书局,1985年,第212页。房玄龄等:《晋书》卷一一〇《慕容儁载记》,中华书局,1974年,第2842页。

② 房玄龄等:《晋书》卷一一一《慕容暐载记》,中华书局,1974年,第2848页。

③ 崔鸿撰,汤球辑:《十六国春秋辑补》卷四七《后燕录六》,丛书集成初编本,中华书局,1985年,第367页。

④ 崔鸿撰,汤球辑:《十六国春秋辑补》卷九九《北燕录二》,丛书集成初编本,中华书局,1985年,第684页。

⑤ 崔鸿撰,汤球辑:《十六国春秋辑补》卷三二《前秦录二》,丛书集成初编本,中华书局,1985年,第246页。房玄龄等:《晋书》卷一一二《苻生载记》,中华书局,1974年,第2873页。

⑥ 房玄龄等:《晋书》卷一一三《苻坚载记上》,中华书局,1974年,第2884页。

中国古代的"天下""中国"观

即位,统一北方以后,又要出兵灭亡东晋,他与群臣议曰:"东南一隅,未宾王化……今欲起天下兵以讨之。"苻坚在这里所说的"天下兵",当指前秦全国兵力。许多大臣不同意苻坚出兵灭晋,但苻坚一意孤行,坚持出兵。淝水之战被东晋打败以后,苻坚对张夫人说"朕若用朝臣之言,岂见今日之事邪,当何面目复临天下乎"①,称自己没有脸面再做"天下"之主了。所说"天下"也是指前秦国家。

以羌族为统治者建立的后秦也称"天下"。如后秦皇帝姚苌在病危时,意欲让太尉姚旻、尚书左仆射尹纬等辅政,说:"吾气力转微,将不能复临天下,卿等善相吾子。"②姚苌说自己"不能复临天下",就是说自己无法再做"天下"之主了,所说"天下",无疑是指后秦政权。姚兴继位后秦皇帝以后,曾有意进图南凉,尚书郎韦宗称南凉王秃发傉檀是个人才,且有"山河之固,未可图也",姚兴曰:"勃勃以乌合之众,尚能破之,吾以天下之兵,何足克也。"③ 所说"天下之兵",应是指后秦全国的兵力。姚兴还曾想亲自率军伐魏,司隶姚显劝阻道:"陛下天下之镇,不宜亲行。"④ 称姚兴镇守国家为镇守"天下",也是称后秦为"天下"的意思。

偏居西南一隅的成汉政权也称"天下"。李雄时期,国家初建,"国用不足,故诸将每进金银珍宝,多有以得官者"。丞相杨褒谏曰:"陛下为天下主,当网罗四海,何有以官买金邪?"⑤ 称成汉国王李雄为"天下主",所说"天下"无疑是指成汉政权。

偏居西北的南凉也称"天下"。如后凉王吕光曾遣使授河西鲜卑秃发乌孤"征南大将军、益州牧、左贤王",秃发乌孤不受,称"吾将顺天人之望,为天下主"⑥,秃发乌孤在这里所说的"天下主",就是指秃发乌孤即将建立

---

① 房玄龄等:《晋书》卷一一四《苻坚载记下》,中华书局,1974年,第2911、2918页。

② 崔鸿撰,汤球辑:《十六国春秋辑补》卷五〇《后秦录二》,丛书集成初编本,中华书局,1985年,第386页。

③ 房玄龄等:《晋书》卷一二六《秃发傉檀载记》,中华书局,1974年,第3151页。

④ 房玄龄等:《晋书》卷一一七《姚兴载记上》,中华书局,1974年,第2981页。

⑤ 房玄龄等:《晋书》卷一二一《李雄载记》,中华书局,1974年,第3040页。

⑥ 房玄龄等:《晋书》卷一二六《秃发乌孤载记》,中华书局,1974年,第3142页。

南凉政权之主,所说"天下"就是指南凉政权。

以匈奴铁弗部赫连勃勃为统治者建立的大夏国,也称"天下"。史称赫连勃勃建国之后,"发岭北夷夏十万人,于朔方水北、黑水之南营起都城。勃勃自言:'朕方统一天下,君临万邦,可以统万为名'"①。意思是说,赫连勃勃统一天下,君临万邦,因此为他新建的都城取名为统万城。所说的"天下"就是指大夏国。

学界一般称由鲜卑人建立的北魏、东魏、西魏、北齐、北周为北朝。北朝时期虽也用"天下"一词指称属于"四海""九州"的南朝和北朝,但也用"天下"一词指称北朝的各个政权。据统计,记载北魏、东魏、西魏历史的《魏书》共出现"魏有天下"3次,"魏氏之有天下"1次,"陛下帝有天下"1次,"大赦天下"82次,"申下天下"1次,"普告天下"1次,"布告天下"2次,"宣告天下"2次,"班布天下"1次,"班宣天下"1次,"班于天下"2次,"班之天下"2次,"颁示天下"1次;记载北齐历史的《北齐书》,共出现"王有天下"1次,"大赦天下"4次,"诏颁天下"1次,"班于天下"1次,"班告天下"1次;记载北周历史的《周书》,共出现"周有天下"1次,"大赦天下"16次,"颁于天下"1次,"班告天下"1次,"班于天下"1次。均称各个王朝建国称帝为"有天下",大赦境内为"大赦天下",向国内颁布政令为"班于天下""班之天下""班告天下""诏颁天下""布告天下"等,说明北朝的各个政权都称自己的王朝国家为"天下"。

十六国和北朝(北魏、东魏、西魏、北齐、北周)在称自己的国家为"天下"的同时,也称自己的国家为"中国"。如匈奴人刘渊在建立汉政权时,即以两汉和蜀汉的继承人自居,称"太祖高皇帝""是我祖宗","追尊刘禅为孝怀皇帝,立汉高祖以下三祖五宗神主而祭之"②,就是以"中国"自居的一种表现。羯族人石勒建立后赵,大臣徐光曾说"陛下既苞括二都,为中国帝王"③,明确称后赵石勒为"中国帝王"。前燕皇帝慕容儁曾对东晋使

---

① 房玄龄等:《晋书》卷一三〇《赫连勃勃载记》,中华书局,1974年,第3205页。

② 房玄龄等:《晋书》卷一〇一《刘元海载记》,中华书局,1974年,第2649-2650页。

③ 房玄龄等:《晋书》卷一〇五《石勒载记下·石弘》,中华书局,1974年,第2753页。

中国古代的"天下""中国"观

者说"汝还白汝天子，我承人乏，为中国所推，已为帝矣"①！明确称自己已经当上了中国皇帝。前秦皇帝苻坚在派遣吕光率兵进攻西域时曾嘱咐吕光说"西戎荒俗，非礼义之邦。羁縻之道，服而赦之，示以中国之威，导以王化之法，勿极武穷兵，过深残掠"②，即是称前秦为"中国"。东魏孝静帝初年，大臣李谐出使南梁时，曾对南梁大臣范胥说："帝王符命，岂得与中国比隆？紫盖黄旗，终于入洛。"③ 意思是说，南梁怎么能与鲜卑人建立的魏国相比呢，正统自然应该归于以洛阳为首都的魏国。李谐在这里所说的"中国"，无疑是指包括北魏、东魏、西魏在内的魏国。《万历野获编》称北齐神武帝娶柔然阿那瓌次女以及北齐和北周争相与突厥和亲为"中国娶夷女"④，明确称鲜卑人建立的北齐、北周等政权为"中国"。

可见，十六国和北朝时期，各个政权都称自己的国家为"天下"，又都称自己的国家为"中国"，"天下"和"中国"在指称王朝国家的意义上无疑出现了重合。

3. 辽夏金元称自己的国家为"天下"，也称自己的国家为"中国"

辽夏金时期，虽然也用"天下"指称属于"四海""九州"的辽宋夏金等各个政权的全部范围，但仍以"天下"指称各个政权，并且作为"天下"一词的主要用法。如《辽史》称辽太祖"简天下精锐，聚之腹心之中"⑤，成立腹心部。又说"太宗选天下精甲三十万为皮室军"⑥ 等。辽太祖和辽太宗选拔精锐建立腹心部和皮室军，一定是在辽朝控制范围之内选拔，所说"天下"无疑是指辽朝国家。辽圣宗曾于太平五年（1025年）下令"禁天下服用

---

① 司马光：《资治通鉴》卷九九《晋纪二十一》，永和八年十一月丁卯条，中华书局，1956年，第3131页。

② 房玄龄等：《晋书》卷一一四《苻坚载记下》，中华书局，1974年，第2911、2914页。

③ 魏收：《魏书》卷六五《李平传附李谐传》，中华书局，1974年，第1460-1461页。

④ 沈德符：《万历野获编·补遗》卷一《宗藩·亲王娶夷女》，中华书局，1959年，第806-807页。

⑤ 脱脱等：《辽史》卷三五《兵卫志中》，中华书局，1974年，第402页。

⑥ 脱脱等：《辽史》卷四六《百官志二》，中华书局，1974年，第738页。

明金及金线绮"①，辽兴宗曾"诏天下言治道之要"②，萧孝穆"表请籍天下户口以均徭役"③，所禁服、下诏和表请"籍天下户口"的范围都在辽朝统治范围之内，所说"天下"都是指辽朝国家。西夏也称自己的国家为"天下"，如西夏主李秉常曾派遣都罗重进出使宋朝，对宋朝说"上方以孝治天下，奈何反教小国之臣叛其君哉"④，称西夏皇帝"以孝治天下"，应该是称西夏国家为"天下"。《金史》称金朝建国为"金源氏有天下"⑤"金有天下百十有九年"⑥"金有天下百余年"⑦等；皇帝称其当上皇帝为"朕得天下"⑧"朕为天下主"⑨等；皇帝称其管理国家或与群臣共同管理国家为"朕治天下"⑩"朕与卿等共治天下"⑪"宰相总天下事"⑫"枢密掌天下兵"⑬，大理寺"掌审断天下奏案"⑭，劝农使司"掌劝课天下力田之事"⑮等等；称其在全国进行大赦为"大赦天下"⑯；称其向全国发布政令为"诏天下"⑰"颁之天下"⑱"颁谕天下"⑲等；称金朝国家派遣官员巡视地方为"按行天下"等，如"命

---

① 脱脱等：《辽史》卷一七《圣宗纪八》，中华书局，1974年，第197页。
② 脱脱等：《辽史》卷一〇三《萧韩家奴传》，中华书局，1974年，第1446页。
③ 脱脱等：《辽史》卷八七《萧孝穆传》，中华书局，1974年，第1332页。
④ 脱脱等：《宋史》卷四八六《夏国传下》，中华书局，1977年，第14008页。
⑤ 脱脱等：《金史》卷一二六《元好问传》，中华书局，1975年，第2742页。
⑥ 脱脱等：《金史》卷二《太祖纪》，中华书局，1975年，第42页。
⑦ 脱脱等：《金史》卷二一《历志上》，中华书局，1975年，第441页。
⑧ 脱脱等：《金史》卷二《太祖纪》，中华书局，1975年，第40页。
⑨ 脱脱等：《金史》卷一三二《徒单贞传》，中华书局，1975年，第2826页。
⑩ 脱脱等：《金史》卷六《世宗纪上》，中华书局，1975年，第141页。
⑪ 脱脱等：《金史》卷一〇五《杨伯雄传》，中华书局，1975年，第2319页。
⑫ 脱脱等：《金史》卷七三《宗尹传》，中华书局，1975年，第1676页。
⑬ 脱脱等：《金史》卷一五《宣宗纪中》，中华书局，1975年，第341页。
⑭ 脱脱等：《金史》卷五六《百官志二》，中华书局，1975年，第1278页。
⑮ 脱脱等：《金史》卷五五《百官志一》，中华书局，1975年，第1243页。
⑯ 脱脱等：《金史》卷八十《济安传》，中华书局，1975年，第1797页。
⑰ 脱脱等：《金史》卷八七《仆散忠义传》，中华书局，1975年，第1939页。
⑱ 脱脱等：《金史》卷四五《刑志》，中华书局，1975年，第1023页。
⑲ 脱脱等：《金史》卷六四《元妃李氏师儿传》，中华书局，1975年，第1531页。

中国古代的"天下""中国"观

秉德黜陟天下官吏"①"世宗选能吏八人按行天下"②"遣吏部郎中蒲察儿虎等十人分行天下"③ 等等；称全国户口物资等为天下户口和物资，如称"大定初，天下户才三百余万""明昌六年十二月，奏天下女直、契丹、汉户七百二十二万三千四百"④"天下见在金千二百余铤""天下常平仓总五百一十九处"⑤"天下岁入二千万贯以上"⑥ "天下仓廪盈溢"⑦ "大括天下骡马"⑧ "禁天下酒曲"⑨ 等等。均称金朝国家为"天下"。

以蒙古族为统治者建立的元朝也称自己的政权为"天下"。《元史》记载"元有天下"4次，"元之天下"1次，"昔我太祖艰难以成帝业，奄有天下"1次，"以武功定天下"3次，"世祖既定天下"2次，"世祖兼有天下"1次，"分天下为十八道"1次，"总天下兵马"4次，"大赦天下"16次，"赦天下"40次，"诏释天下囚"1次，"决天下囚"3次，"诏天下"60次，"诏告天下"6次，"诏颁天下"1次，"诏谕天下"9次，"谕天下"2次，"颁行天下"9次，"颁之天下"1次，"颁天下"4次，"敕天下"6次，"诏示天下"2次，"示天下"8次，"播告天下"2次，"诞告天下"1次，"明告天下"1次，"诏谕天下"9次，"谕天下"2次，"戒喻天下"1次，"治天下"24次，"御天下"2次，"巡行天下"3次。明确称元朝国家为"天下"。

辽夏金元在称自己的国家为"天下"的同时，也称自己的国家为"中国"。如辽道宗时期，大臣刘辉曾上书说"西边诸番为患，士卒远戍，中国之民疲于飞挽，非长久之策"⑩，所说"中国"，就是指契丹，表明辽人已经明确地自称"中国"了。榆林窟第15窟西夏天赐礼盛国庆五年（1073年）

---

① 脱脱等：《金史》卷一二〇《裴满达传附忽睹传》，中华书局，1975年，第2615页。
② 脱脱等：《金史》卷九七《李完传》，中华书局，1975年，第2155页。
③ 脱脱等：《金史》卷四四《兵志》，中华书局，1975年，第994页。
④ 脱脱等：《金史》卷四六《食货志一》，中华书局，1975年，第1035、1036页。
⑤ 脱脱等：《金史》卷五〇《食货志五》，中华书局，1975年，第1116、1121页。
⑥ 脱脱等：《金史》卷八九《梁肃传》，中华书局，1975年，第1985页。
⑦ 脱脱等：《金史》卷七《世宗纪中》，中华书局，1975年，第166页。
⑧ 脱脱等：《金史》卷五《海陵纪》，中华书局，1975年，第114页。
⑨ 脱脱等：《金史》卷八九《梁肃传》，中华书局，1975年，第1982页。
⑩ 脱脱等：《辽史》卷一〇四《刘辉传》，中华书局，1974年，第1455页。

汉文题记"愿惠聪等七人……并四方施主……免离地狱,速转生于中国"①,即是称西夏为"中国"。金称"中国"的史料很多,海陵王统治时期,梁珫曾劝海陵王出兵伐宋,有大臣上疏说"议者言珫与宋通谋,劝帝伐宋,征天下兵以疲弊中国"②,意思是说,梁珫劝皇帝伐宋,并非为金国着想,而是与宋朝通谋意欲把金朝搞糟的行为。因为,出兵攻宋就要征全国之兵,使国家疲弊不堪。这条史料所说的"天下"和"中国",无疑都是指金朝国家,既说明金人早已自称金朝国家为"中国",也说明金人在这里所使用的"天下"和"中国"是一相同的词汇,具有"天下"与"中国"等同的意思。元朝大臣魏初曾说"高丽、安南使者入贡,以观中国之仪"③等,也称元朝国家为"中国"。

可见,辽夏金元都称自己的国家为"天下",又都称自己的国家为"中国",所说"天下"和"中国"的内涵也是相同的。

4. 清朝在称自己的国家为"天下"的同时,也称自己的国家为"中国"

以满族为统治者建立的清朝,统一"天下",将"四海""九州"之"天下"与王朝国家之"天下"合而为一,也用"天下"指称清朝国家。清朝用"天下"指称清朝国家的史料很多,有关颁诏天下、颁告天下、颁行天下、颁示天下、颁之天下、诏告天下、诏示天下、诏于天下、布告天下、榜示天下、敕谕天下、天下有司、天下诸司、天下庶官、天下郡国、天下诸路、天下州郡、天下郡县、天下郡邑、天下州县、天下学校、天下府学、天下儒士、天下名士、天下进士、天下贡士、天下贡生、天下生员、天下举子、天下武举、天下武职、天下文职、天下宗室、天下臣民、天下军民、天下田土、天下官田、天下户籍、天下户口、天下贡赋、天下田粮、天下钱粮、天下税粮、天下税课、天下租税、天下租赋、天下田租、天下田赋、天下钱谷、天下府库、天下仓库、天下库藏、天下王府、天下诸王、天下宗藩、巡行天下、大赦天下、诏赦天下等史料,比比皆是,且多有"天下国家"连称

---

① 史金波:《西夏佛教史略·附录一·榆林窟汉文题记》,宁夏人民出版社,1988年,第305页。
② 脱脱等:《金史》卷一三一《梁珫传》,中华书局,1975年,第2808页。
③ 宋濂等:《元史》卷一六四《魏初传》,中华书局,1976年,第3858页。

中国古代的"天下""中国"观

者,并称"天下之事"为"天下国家之事",明确用"天下"指称清朝国家。

清王朝在称自己的国家为"天下"的同时,也称自己的国家为"中国"。如乾隆皇帝曾对臣下在外交文书中写有劝缅甸"归汉"一语,大为不满,认为大清王朝"或称天朝,或称中国"①,但不能用"汉"指称大清王朝。说明,清王朝也称自己的国家为"中国"。

明清时期,将先秦以来形成的"天下"等同于"中国"的观念,发展到了最高峰。

三、中国古代用"天下"指称的各个王朝的"中国",都不是单一民族国家

新清史等学者,总是依据一些汉儒称华夏汉族为"中国"的观念,认为中国古代的"中国"是华夏汉族一个民族的"中国",视中国古代的"中国"为华夏汉族单一民族国家,不承认少数民族是"中国",不承认中国是多民族国家。其实,中国古代的"中国"具有多重含义②,不仅仅用来指称华夏汉族及其国家,也用来指称少数民族及其国家。本文所论述的中国古代"天下"等于"中国"的观念,就是与一些汉儒用"中国"指称"华夏汉族"和"中原"的观念完全不同的观念。这不仅表现在华夏汉族建立的王朝国家称"天下"、称"中国",少数民族建立的王朝国家也称"天下"、称"中国",中国不仅仅指华夏汉族及其政权方面;还表现在用"天下"指称的各个王朝的"中国",都不是由"中国"和"四夷"所构成,而是由"华夏汉族"和"四夷"所构成,都不是单一民族国家,而是多民族国家等方面。

1. 中国古代用"天下"指称华夏汉族建立的王朝"中国",都是多民族

---

① 《清高宗实录》卷七八四,乾隆三十二年五月庚午条,中华书局,1985年,第643页。

② 中国古代的"中国"一词含义很多,既有用以指称"京师""中原""华夏汉族"的含义,又有用以指称"文化中心""国家政权"等含义。有一些人专取用"中国"指称"华夏汉族"和"中原"的含义,认为只有华夏汉族才是"中国",少数民族不是"中国"。如果我们取古人用"天下"指称"中国"的含义去认识古代的"中国",则情况完全不同。

中国古代的"天下""中国"观

国家，不是单一民族回家

被称作"天下""中国"的夏王朝，是由炎帝集团、黄帝集团融合被视为少数部族的蚩尤集团建立起来的王朝国家，甚至有人认为炎帝、黄帝也是出自西北的氐羌或北狄①，"舜，东夷之人"②"大禹出于西羌"③等等。虽然有些记载属于传说，但也说明夏王朝并非由单一民族建立的国家。商王朝也是这样，有人认为，商人源于东夷④，后来进入中原，建立商王朝，成为众所公认的中国王朝。有大量东夷等少数民族成为商王朝的组成部分，说明被称为"天下""中国"的商王朝，也不是单一民族国家。

被称为"天下""中国"的西周王朝，更不是单一民族国家。如《孟子》等书就说西周"文王生于岐周，卒于毕郢，西夷之人也"⑤，认为西周文王等人为西夷之人。《毛诗·小雅》称"溥天之下，莫非王土。率土之滨，莫非

---

① 参见刘起釪：《周姬姜与氐羌的渊源关系》（《华夏文明》第二辑，北京大学出版社，1990年）、《炎黄二帝时代地望考》（《炎黄春秋》增刊1994年第1期）；刘毓庆：《黄帝族的起源迁徙及炎黄之战的研究》（《山西大学学报》2008年5期）、《上党神农氏传说与华夏文明起源》（人民出版社，2008年）；徐中舒：《先秦史论稿·周人出于白狄说》（巴蜀书社，1992年）、沈长云：《上古史探研·周人北来说》（中华书局，2002年）。

② 司马迁《史记》卷一《五帝本纪》唐张守节正义引周处《风土记》，中华书局，1959年，第31页。孟子也称"舜生于诸冯，迁于负夏，卒于鸣条，东夷之人也"，见《孟子》卷八上《离娄章句下》，中华书局十三经注疏本，1980年，第2725页。

③ 陆贾撰，王利器校注：《新语校注》卷上《术事第二》，中华书局，1986年，第43页。《史记·六国年表》也称"禹兴于西羌"，范晔《后汉书》引《帝王纪》曰："夏禹生于石纽，长于西羌，西夷之人也。"也有人认为"大禹出于东夷"，见李昉等：《太平御览》卷四六四《人事部·辩下》。

④ 关于商人起源，学界虽然认识不一，但认为商人起源于东北辽水发源一带（即今内蒙古赤峰一带）的观点逐渐为大多数学者所接受。

⑤ 赵岐注，孙奭疏：《孟子注疏》卷八上《离娄章句下》，中华书局《十三经注疏》本，1980年，第2725页。也有人认为"文王生于东夷"，见陆贾撰《新语》卷上《术事第二》；崔鸿《十六国春秋》卷一《前赵录·刘渊》；《十六国春秋》卷一三《后赵录·石勒》；房玄龄等《晋书》卷六三《邵续传》；《晋书》卷一〇一《刘元海传》；《晋书》卷一〇八《高瞻传》，等等。

035

中国古代的"天下""中国"观

王臣"①。所说"溥天之下",就是"天下"的意思,"王土"则是指国王管理的土地,国王管有土地就是国家。这条史料所说的国王,当主要指西周国王。西周王朝是"中国",这条史料所说的"天下"也就具有"中国"的含义。我们再从"率土之滨,莫非王臣"来看,这个被称为"天下"的西周"中国",应该包括"率土之滨"的土地和人民,即包括四方至水(滨)的四海以内地区及其那里的人民。毫无疑问,这里用"天下"指称的西周"中国",不同于一些人用"中国"指称"中原"和"华夏"的"中国",是一个包括"率土之滨"等少数民族的"中国"。

被称为"天下""中国"的两汉王朝,也是多民族国家。汉王朝在西南地区设置犍为、牂柯、越嶲、沈黎、汶山、益州等郡,在南方设置南海、苍梧、郁林、和浦、交趾、九真、日南、儋耳、珠崖等郡,在东北地区设置乐浪、玄菟、临屯、真番等郡,将这些地区的少数民族纳入自己直接管辖范围。史书记载,两汉时期,守卫京师的军队有"越骑""长水宣曲胡骑""池阳胡骑""乌桓胡骑"等②,都是由少数民族组成的军队。据陈连庆研究,"西汉一朝所使用的少数民族士兵,包括匈奴兵、西域兵、南越兵、西南夷兵和羌胡兵"③。越人进入中原者有很多,在闽越发兵围东越时,东越曾请求汉朝出兵相助,并"请举国徙中国,乃悉举众来,处江淮之间"④,大量越人进入中原。匈奴人进入中原者更是无法统计。说明两汉王朝境内有很多少数民族,两汉也是多民族国家。

三国时期的蜀汉政权将西南少数民族纳入自己国家控制范围,孙吴政权控制了东南少数民族,曹魏政权则将北方少数民族纳入国家管辖范围。西晋接管了原来三国控制的少数民族。东晋和南朝的宋、齐、梁、陈都控制了南方的少数民族,都不是单一民族国家。

---

① 毛亨传、郑玄笺,孔颖达疏:《毛诗注疏》卷一三《小雅·北山》,中华书局《十三经注疏》本,1980年,第463页。

② 参见班固《汉书》卷一九《百官公卿表》;《汉书》卷六六《刘屈氂传》;《汉书》卷九九《王莽传上》;范晔《后汉书》卷一三《隗嚣传》;《后汉书》卷三九《刘般传》;《后汉书》卷一一七《百官志四》,等等。

③ 陈连庆:《西汉与新莽时期的少数民族士兵》,《史学集刊》1984年第2期。

④ 司马迁:《史记》卷一一四《东越传》,中华书局,1959年,第2980页。

中国古代的"天下""中国"观

被称为"天下""中国"的隋王朝，是从北朝脱胎而来的王朝，接管了原来北朝以鲜卑人为代表的各个少数民族。隋文帝杨坚虽被视为汉族人，但杨坚家族在北周时期就已经被赐鲜卑普六茹之姓，杨坚本人又娶鲜卑独孤氏为妻，杨坚家族已经混入大量少数民族血统。因此，宋末元初人郑思肖曾说"普六茹坚小字那罗延，僭称隋，僭谥文帝，普六茹译姓曰杨，夺伪周宇文辟之土，而并僭陈之天下，本夷狄也"①，称隋文帝杨坚为"夷狄"。足见，被称为"天下""中国"的隋王朝并非汉民族一个民族建立的国家，而是多民族建立的国家。

被称为"天下""中国"的唐王朝，也是这样，境内有大量少数民族。唐朝皇帝李渊、李世民虽然被视为汉族，但其家族西魏时就已被赐姓大野氏，唐高祖李渊的母亲为鲜卑独孤氏（隋文帝独孤皇后的姐姐），也就是说，李渊身上有一半少数民族的血统。李渊又娶鲜卑纥豆陵氏窦氏（北周上柱国窦毅与北周武帝的姐姐襄阳长公主所生之女）为妻，所生之子李世民也娶鲜卑长孙氏为妻，到了李世民的儿子唐高宗李治之时，已经很少汉人血统了。说他们是汉族人可以，说他们是少数民族恐怕也不错。因此，南宋人朱熹就认为"唐源流出于夷狄"②，宋末元初的郑思肖也说"李唐为《晋·载记》凉武昭王李暠七世孙，实夷狄之裔"③。唐朝境内有大批鲜卑等各族人，像李光弼、李抱玉、李多祚、李怀光、李惟简、阿史那忠、阿史那社尔、哥舒翰、白元光、契苾何力、尉迟恭、尉迟胜、仆固怀恩、王思礼等少数民族名臣名将不计其数。

被称为"天下""中国"的宋王朝也是多民族国家。宋太祖、太宗平定南方以后，将南方统称为"蛮""獠"（主要有苗族、壮族、黎族、瑶族、畲族等）的少数民族纳入宋朝统治范围。荆湖北路的辰、沅、靖诸州以及广南西路、广南东路的桂阳、连州、贺州、韶州等地散居有大量瑶族，广南西路主要有"僮"或"撞"（壮族）等族聚居，琼、崖、儋、万等州居有大量黎

---

① 郑思肖：《心史·杂文·古今正统大论》，上海广智书局光绪三十一年本，第107页。
② 黎靖德：《朱子语类》卷一三六《历代三》，中华书局，1994年，第3245页。
③ 郑思肖：《心史·杂文·古今正统大论》，上海广智书局光绪三十一年本，第106页。

中国古代的"天下""中国"观

人,荆湖北路、荆湖南路和夔州路有大量苗族聚居,矩州、姚州等地有邛部蛮(彝人)聚居,等等。这些少数民族都在宋朝所设置的路、府、州、县直接管辖之下,与汉族一起构成宋朝臣民。宋太宗出兵灭亡北汉以后,将以沙陀人为统治者建立的北汉臣民变成宋朝臣民,同时,北方的契丹、女真等民族也大量流入宋境,致使宋朝境内的少数民族呈现出逐步增加之趋势。

被称为"天下""中国"的明王朝也是包括大量少数民族的多民族王朝。明王朝接管了宋元以来对南方各族的管辖,又将进入中原的蒙古以及西域各族全部接管过来,北方虽有北元势力,但"北房归附者相继"①,有大量蒙古和女真等各族人迁入中原,仅洪武四年(1371),就"以沙漠遗民三万二千八百六十户"屯田北平府②,到正统元年(1436),"京师达人(主要指蒙古人,也包含女真人),不下万余,较之畿民三分之一"③。明朝在太祖朱元璋时期,就已经建立起"东戍辽海,南镇诸番,西控戎夷,北屯沙漠"的"天下一统"④的大帝国,境内生活有苗、瑶、壮、彝、藏、畏兀、鞑靼、瓦剌、兀良哈、女真等众多少数民族。明太宗曾称"太祖高皇帝削平祸乱,统御华夷"⑤。可见,被称为"天下""中国"的明王朝也不是由"中国"和"四夷"构成,而是由汉族和四夷所构成,多民族国家的性质,也是很明显的。

2. 中国古代用"天下"指称少数民族建立的王朝"中国",也是多民族国家,也不是单一民族国家

中国古代,不仅以华夏汉族为统治者建立的王朝国家称"天下",称"中国",不是单一民族国家,以少数民族为统治者建立的王朝国家也称"天

---

① 《明太祖实录》卷七一,洪武五年正月庚午条,台北"中央研究院"历史语言研究所1962年校印本,第1321页。

② 《明太祖实录》卷六六,洪武四年六月壬午条,台北"中央研究院"历史语言研究所1962年校印本,第1246页。

③ 《明英宗实录》卷二五,正统元年十二月壬戌条,台北"中央研究院"历史语言研究所1962年校印本,第510页。

④ 《明太祖实录》卷六五,洪武四年五月乙卯条,台北"中央研究院"历史语言研究所1962年校印本,第1225页。

⑤ 《明太宗实录》卷二一,永乐元年秋七月庚寅条,台北"中央研究院"历史语言研究所1962年校印本,第398页。

下"，称"中国"，也不是单一民族国家，而是多民族国家。

学界一般认为，称"天下""中国"的秦王朝，是由西戎发展而来，因此，被一些人视为"夷翟"①。后来，"秦吞海内""混一华夷"②，将春秋战国时期的华夏族和少数民族全部纳入秦王朝统治范围。秦王朝在"平定天下"过程中，虽然灭亡楚国，设有黔中、闽中等郡；"降越君，置为会稽郡"③；"略定杨越，置桂林、南海、象郡"④ 等郡，将那里的南蛮、西南夷等少数民族全部纳入秦王朝直接统辖范围，但境内仍然以华夏族为多，并与其他各族一起成为后来汉族前身。恐怕这就是后来有很多人视秦王朝为"华夏中国"的根本原因。

十六国时期，北方以少数民族为统治者建立的王朝国家，也称"天下"，称"中国"，这些政权也不是由某一个民族建立的单一民族国家。如以匈奴为统治者建立的汉和前赵政权，"既有人数众多的以农业为主的汉族，又有从汉代以来陆续内迁、仍以游牧或畜牧为生的六夷部落"⑤，是个多民族国家。以羯族为统治者建立的后赵继承前赵，境内也有大批汉人及其他各族人民居住，也是一个多民族国家。以慕容鲜卑为统治者建立的前燕政权，在进入中原之前的慕容廆统治时期，就已经有大量汉人流入，所谓"九州之人，塞表殊类，襁负万里，若赤子之归慈父，流人之多旧土十倍有余"⑥。那时的流人（主要是汉人）就已多旧土（指土著）"十倍有余"，可以想见，进入中原并控制中原地区的汉人以后，境内汉人的数量会更多。以氐族为统治者建立的前秦，灭亡前燕，东攻西拓，南逼东晋，将大量汉人及其他各族人纳入国家统治范围，建立起一个号称"天下""中国"远近闻名的多民族国家。北朝的北魏、东魏、西魏、北齐、北周也都是多民族国家，且境内汉人占有大多数，已成为学界普遍共识。

以契丹族为统治者建立的辽王朝也称"天下"，称"中国"，也不是契丹

---

① 司马迁：《史记》卷五《秦本纪》，中华书局，1959年，第202页。
② 魏收：《魏书》卷一〇六上《地形志二上》，中华书局，1974年，第2455页。
③ 司马迁：《史记》卷六《秦始皇本纪》，中华书局，1959年，第234页。
④ 司马迁：《史记》卷一一三《南越列传》，中华书局，1959年，第2967页。
⑤ 周伟洲：《汉赵国史》，山西人民出版社，1986年，第190页。
⑥ 房玄龄等：《晋书》卷一〇九《慕容皝载记》，中华书局，1974年，第2823页。

中国古代的"天下""中国"观

一个民族建立的单一民族国家。史称,契丹政权建立前后,就有大量汉人和其他各族人加入,后来,流入契丹的汉人就更多了。到了契丹占有燕云十六州的汉人地区以后,汉人就成了契丹社会的主要民族。五代时入辽的胡峤在其所撰《陷虏记》中称辽初的上京(今内蒙古赤峰市巴林左旗南波罗城)地区"有绫锦诸工作、宦者、翰林、伎术、教坊、角抵、秀才、僧、尼、道士等,皆中国人(中原人,主要指汉人),而并、汾、幽、蓟之人尤多"①。《贾师训墓志铭》称原为奚、霫聚居的中京(今内蒙古宁城西大明城)等地"汉民杂居者半",原来渤海国控制的东京(今辽宁辽阳)等地"汉民更居者众"②。辽王朝虽然是以契丹为统治者建立的王朝,但汉人占总人口的大多数,其政权的"中国"性也是很明显的。

以女真人为统治者建立的金王朝,汉人也占绝大多数。女真人灭辽以后,接收了原辽朝等地汉人,汉人数量在金政权境内迅速增长。史载,太宗居于上京(今黑龙江省哈尔滨市阿城区)"供奉使唤,南人(即汉人)居半"③。到了金人灭亡北宋,与南宋划淮河为界,将淮河以北的汉人纳入金政权统治区域以后,汉族人口就在金朝全部人口中占有绝大多数。可见,金朝虽为女真人建立的王朝,实则是一个以汉人为主体、包括其他各族的多民族王朝。

以蒙古族为统治者建立的元王朝,将"北逾阴山,西极流沙,东尽辽左,南越海表"④的广大地区纳入国家控制范围。应该说,元朝时期,是少数民族最为活跃时期,"蒙古、色目人听就便散居内地"⑤"回回遍天下"⑥,

---

① 胡峤:《陷虏记》,赵永春辑注:《奉使辽金行程录》(增订本),商务印书馆,2017年,第9页。
② 陈述辑校:《全辽文》卷九《贾师训墓志铭》,中华书局,1982年,第254页。
③ 徐梦莘:《三朝北盟会编》卷九八,引赵子砥《燕云录》,上海古籍出版社,1987年,第726页。
④ 宋濂等:《元史》卷五八《地理志》,中华书局,1976年,第1345页。
⑤ 赵翼:《陔余丛考》卷一八《元制蒙古色目人随便居住》,商务印书馆,1957年版,第355页。
⑥ 张廷玉等:《明史》卷三三二《西域四·撒马儿罕传》,中华书局,1974年,第8598页。

且蒙古人控制国家主要权力，等等。有些人据此就认为元朝并非为"中国"政权。其实，元朝虽是以蒙古人为统治者建立的政权，但境内汉人仍占全国人口的绝大多数，汉人仍然是元朝的主体民族，主导元朝历史的发展和走向。少数民族则逐渐走向"汉化"，到了元朝末年，境内的"契丹、高丽、女直、竹因歹、术里阔歹、竹温、竹赤歹、渤海"①，已被称为"汉人八种"，完全变成了汉人。可见，被称为"天下""中国"的元王朝仍然是以汉人为主体包括其他少数民族的多民族国家，这恐怕也是元朝属于"中国"的一个原因吧。

清王朝也是这样，在"东极三姓所属库页岛，西极新疆疏勒至于葱岭，北极外兴安岭，南极广东琼州之崖山"②的广大地域之内，生活有满、蒙、藏、汉、回、哈萨克、布鲁特（柯尔克孜）、布哈拉（乌孜别克）、塔吉克、塔塔尔、俄罗斯、西喇伟古尔（今裕固族）、撒拉（又称撒拉尔）、彝、僮（壮族）、黎、苗、瑶、畲、土家、毛南、仡佬、末些（纳西族）、哈尼、羌、锡伯、索伦（鄂温克）、达斡尔、鄂伦春、赫哲等各族人民。满族虽为统治民族，但仍在全国人口数中占少数，仍是少数民族。汉族虽是被统治民族，但人口数量占绝大多数，仍是主体民族。清王朝不仅在自称"天下"的同时自称"中国"，还沿袭中国传统制度，接续中国传统文化，成为中国传统及其文化的传承人，致使中国文明并未因为满族是清朝统治者而中断，反而使中国文明绵延不断延续和传承下来，并得到了进一步发扬光大。尤其是，清王朝将各民族凝聚在一起，建立起一个以汉族为主体包括众多少数民族的统一的多民族国家，为中华民族的形成做出了重大贡献，功莫大焉。

可见，中国古代用"天下"指称的王朝"中国"，不仅包括华夏汉族建立的王朝"中国"，也包括少数民族建立的王朝"中国"，"中国"并非仅指华夏汉族及其政权或中原及其政权。无论是华夏汉族建立的王朝"中国"，还是少数民族建立的王朝"中国"，都不是单一民族国家，而是多民族国家，华夏汉族在这些王朝国家之中一直占有多数，是各个王朝"中国"的主体民族，并主导着中国历史的走向。

---

① 陶宗仪：《南村辍耕录》卷一《氏族·汉人八种》，中华书局，1959年，第14页。
② 赵尔巽等：《清史稿》卷五四《地理志》，中华书局，1977年，第1891页。

中国古代的"天下""中国"观

四、结　语

归纳史书记载，可以看出，古人所说的"天下"，主要有三义，广义是指"大九州"的"世界"，中义是指"小九州"（即通常所说的"九州"）、"四海"，狭义是指各个王朝国家。古人所说"中国"的内涵虽然很多，但如果从多层次视角来认识的话，也主要有三义，广义用来指称"小九州"（即通常所说的"九州"）、"四海"，中义用来指称各个王朝国家，狭义则用来指称华夏汉族、中原和京师。

"天下"与"中国"，在理论上似乎是两个完全不同的概念，但在中国古代的实际应用中，则成了两个互相重合的概念。春秋战国时期，邹衍虽然提出了"天下"等于"大九州"即"天下"等于"世界"的广义"天下"的学说，但限于时人对世界的认知，较少有人采信。更多的人则是用"天下"指称小九州（即通常所说的"九州"）、"四海"之"中国"和王朝国家之"中国"。再加上古人所说的"天下"并没有用以仅仅指称华夏汉族和中原地区的狭义"中国"的内涵，"天下"一词就成了用以指称广义"中国"和中义"中国"的概念。也就是说，在实际应用层面，古人所表述的"天下"就是一个等同于"中国"的概念。

中国古代，用"天下"指称"中国"的第一个层次，是用"天下"指称"九州""四海"之"中国"。实际上是采纳战国时期邹衍所说的"小九州"为"赤县神州"之"中国"的学说，并用邹衍所说的"小九州"（中国九州）与《禹贡》的"天下""九州"相比附，视"天下"为"九州"，视"九州"为"中国"。古人用"天下"指称"九州""中国"的"天下"概念，并非由"中国"和"四夷"或"中国"与四裔所构成，而是由华夏汉族及其政权和四夷及其政权，或由中原及其政权和四裔及其政权所构成，是一个包括华夷及其政权的"华夷一体"的概念，也是一个多民族或多民族政权（复数"中国"）的概念。这种中义的"天下"等于"九州中国"的广义"中国"的概念，与一些人所说的"中国"等于华夏汉族及其政权或等于中原及其政权的概念完全不同，是一个包括华夷及其政权的多民族和多民族国家的概念。按照这种"天下"等于"九州中国"的观念去认识中国古代的"中国"，我们会对中国古代的"中国"形成一种新的认知。这种新的认知，与学者们多认为中国是由多民族凝聚而成的认知完全吻合。

中国古代,用"天下"指称"中国"的第二个层次,是用"天下"指称王朝"中国"。狭义的"天下"用来指称王朝国家,各个王朝国家也称"中国"(中义的中国),于是,狭义的"天下"与中义的"中国"又出现了重合。这种用"天下"指称王朝"中国"的用法,是古人使用"天下"一词最为普遍的用法。日人安部健夫认为中国古代的"天下所指的'范围'不是我们所谓世界,而是中国"的认识就是从这个意义上说的。古人用"天下"指称的王朝国家,虽是一个国家政权的概念,但不是由"中国"和"四夷"或"中国"与四裔所构成,而是由华夏汉族和四夷或中原和四裔所构成。这一方面表现为中国古代用"天下"指称的王朝国家,不仅包括以华夏汉族为统治者建立的王朝国家,也包括以少数民族为统治者建立的王朝国家。另一方面则表现在,不管是以华夏汉族为统治者建立的王朝国家,还是以少数民族为统治者建立的王朝国家,都自称"天下"自称"中国",都不是由"中国"和"四夷"或"中国"和"四裔"所构成,而是由华夏汉族和四夷或中原和四裔所构成,也不是单一民族国家,而是多民族国家。用这一"天下"等于王朝"中国"的"中国"观念去认识中国古代的"中国",也与一些人所说的"中国"等于华夏汉族及其政权或等于中原及其政权的概念完全不同。

中国古代用"天下"指称"九州中国"和用"天下"指称王朝"中国",即"天下"等于"中国"的观念,是中国古代使用"天下"一词时所赋予的最为普遍的常态的思想观念,也就是说,中国古代的"天下"主要是一个与"中国"重合在一起的观念,并非一个"天下"等于"世界","中国"只是"天下"一部分的观念。中国古代用"天下"指称的"中国",也不是一个仅指华夏汉族及其政权或中原及其政权的概念,而是一个包括九州之内华夷及其政权的观念。因此,在中国古代边疆问题研究中,没有必要用"天下边疆"来取代"中国边疆"一词。

中国古代的这种"天下"等于"中国"的观念,到明清时期发展到了高峰,同时,又在与西方国家接触增多,受西方"天下"观念影响的情况下,出现了"天下"与"中国"观念逐渐走向分离之趋势。据《明史》记载:明朝"万历时,其国人(意大里亚人)利玛窦至京师,为《万国全图》,言天下有五大洲。第一曰亚细亚洲,中凡百余国,而中国居其一;第二曰欧罗巴

中国古代的"天下""中国"观

洲,中凡七十余国,而意大里亚居其一;第三曰利未亚洲,亦白余国;第四曰亚墨利加洲,地更大,以境土相连,分为南北二洲;最后得墨瓦腊泥加洲为第五。而域中大地尽矣。其说荒渺莫考,然其国人充斥中土,则其地固有之,不可诬也"[1]。称明朝万历年间,西方传教士利玛窦将"天下有五大洲"学说介绍到中国。当时,中国虽然有人视其为沿袭战国时期邹衍所提出的"大九州"的学说,荒诞不经,但后经庞迪我、熊三拔、艾儒略、南怀仁、汤若望等人的附和,尤其是林则徐《四洲志》、魏源《海国图志》、梁廷枏《海国四说》等将"天下"有"五大洲"的"天下观"进一步介绍给国人以后,开始引起国人的广泛关注,"天下"等于世界,"中国"只是"天下"之中的一个国家的观念开始逐步流行,中国古代原有的"天下"等于"中国"的观念受到新的"天下观"的挑战并开始逐步走向分离,到中华民国成立以后,"天下"等于世界与"中国"仅是世界中一个国家的观念,为国人普遍接受,最终完成了"天下"与"中国"概念的分离,并一直影响到现在。

(本文发表于《社会科学》2021年第4期,中国人民大学复印报刊资料《历史学》2021年第8期全文转载)

---

[1] 张廷玉等:《明史》卷三二六《外国七·意大里亚》,中华书局,1974年,第8459页。

多民族的"中国"：中国古代的"中国"观

学界对中国古代的"中国"观虽然多有研究，但新清史一派学者，仍然主张以华夏汉族和非华夏汉族作为区分"中国"和"非中国"的标准，认为只有华夏汉族才是中国，不承认少数民族是"中国"。众所周知，中国古代"中国"一词的含义很多，不仅具有指称华夏汉族的含义，还具有指称京师、中原、文化、国家政权、"继承性中国"的含义等多种。实际上，中国古代的"中国"并非以指称华夏汉族的所谓"华夏中国""汉族中国"为主要内容，而是以指称王朝国家（政治学意义上的国家政权）为主要内容。中国古代在用"中国"一词指称王朝国家时，不仅指称华夏汉族建立的王朝国家，也指称少数民族建立的王朝国家。无论是以华夏汉族为统治者建立的王朝国家，还是以少数民族为统治者建立的王朝国家，都不是华夏汉族的单一民族国家，而是多民族国家。无数事实证明，中国古代用以指称王朝国家的"中国"，都不是单一民族的"中国"，而是多民族的"中国"。清朝乾隆皇帝不准人们称清朝国家为"汉"，但允许人们称清朝国家为"中国"，作为多民族国家称谓的"中国"与作为单一民族称谓的"华夏汉族"和单一民族国家称谓的"华夏中国""汉族中国"的概念最终完成了分离，中国古代的"中国"观念最后走向定型。

中国古代"中国"观念的发展，主要经历了六个时期：

一、"中国"观念的萌芽与形成

先秦时期是"中国"观念萌芽与形成时期。学界普遍认为，记载西周初

中国古代的"天下""中国"观

年史事的《何尊铭文》中出现的"宅兹中国"①和《尚书·周书·梓材》中出现的"皇天既付中国民"②，是目前见诸文字记载的最早出现的"中国"一词。文中所说的"中国"，已经具有指称天下中心的洛阳地区（即后来所说的中原地区）、一国之中心的京师以及政治学意义上的国家政权等多重含义，而以指称国家政权为主要内容。

最早见诸西周初年文字记载的"中国"，一定是在社会上流传一段时期之后才会用文字记录下来，说明"中国"观念的产生，应该在西周初年以前。一些考古工作者根据"中"和"地中"（也称土中，指地之中心）等观念的出现，认为最早的"中国"或出现于陶寺文化时期，或出现于庙底沟文化、二里头文化时期③，等等。如果我们借助于文献对"中国"的追述，将"中国"观念最早出现的时间确定在夏王朝建立时期，应该是符合历史实际的。

最早见诸文字记载的"中国"和最早出现于夏代的"中国"观念，还没有用来指称华夏和华夏文化的意思，并非一个仅仅指称华夏族的种族概念，也不是一个指称华夏文化的文化概念，而是一个主要用来指称国家政权的概念。

到了春秋战国时期，"中国"一词在原来用以指称天下中心的中原、一国中心的京师和国家政权的基础上，出现了用以指称华夏族的种族含义和指

---

① 马承源：《何尊铭文初释》，《文物》1976年第1期。

② 孔子编，孔安国传，孔颖达疏：《尚书注疏》卷一四《周书·梓材》，中华书局《十三经注疏》上册，1980年，第208页。

③ 参见许宏：《最早的中国》，科学出版社，2009年；许宏：《二里头文明：最早的"中国"》，《社会科学报》2015年7月2日；张春海：《最早的中国》，《中国社会科学报》2015年7月3日；何驽：《陶寺圭尺"中"与"中国"概念由来新探》，《三代考古》，科学出版社，2011年；石耀辉：《陶寺就是尧都就是最早的"中国"》，《山西党史校报》2015年4月25日；高江涛：《陶寺所在晋南当为"最初中国"》，《中国社会科学报》2018年7月16日；张国硕：《也谈"最早的中国"》，《中原文物》2019年5期；韩建业：《早期中国：中国文化圈的形成和发展》，上海古籍出版社，2015年；韩建业：《庙底沟时代与"早期中国"》，《考古》2012年第3期；韩建业：《最早中国：多元一体早期中国的形成》，《中原文物》2019年5期；孙庆伟：《传说时代与最早中国》，《遗产》2019年第1期；孙庆伟：《"最早的中国"新解》，《中原文物》2019年第5期。

称华夏文化的文化含义,并在其基础之上产生了"贵中国(华夏)、贱夷狄""内中国(华夏)、外夷狄"等思想观念。但同时又产生了不以地域和华夏种族区分中国和夷狄、而以"礼"区分中国和夷狄的思想观念,并认为"中国(华夏)"和"四夷"并非固定不变的,而是处在不断发展变化之中。其中尤以"诸侯用夷礼则夷之,夷而进于中国则中国之"的华夷可以互相转化的观念,影响最大。

春秋战国时期的"华夷互化"虽然对华夏和夷狄来说是平等的,只要懂"礼"就是中国华夏,不懂"礼"就是夷狄,但他们所强调的"礼"主要的还是用来指称华夏文化之礼,亦即周公制礼作乐时所构建的"礼",并以此之"礼"泛指华夏文化而不包括夷狄文化,实质还是"贵华夏、贱夷狄"的思想观念在其中起到支配作用。受其观念影响,春秋战国时期形成了重视中国华夏文化,崇拜中国华夏文化,向往中国华夏文化的风气,"中国"认同观念随之而萌生。

二、"中国"观念初步发展和"中国"认同观念的形成

秦汉时期是"中国"观念初步发展和"中国"认同观念形成时期。秦汉时期,"中国"一词,虽然也具有指称天下之中心的中原地区、一国之中心的京师、秦朝以前的华夏族和两汉形成的汉族、华夏和汉族文化的文化等内涵,但主要的还是用来指称秦、西汉、东汉以及历史上的王朝国家。

秦朝将春秋战国时期的秦、楚、吴、越等戎蛮统一整合为秦朝一国统治之下的臣民,在称其国为"秦"的同时,也称之为"中国",并获得少数民族的认同。如宋末元初胡三省为《资治通鉴》作注时就称"秦威服四夷,故夷人率谓中国人为秦人"[1],明人于慎行也说"汉初,朔方匈奴亦称中国为秦人"[2]。等等。这就使由西戎发展而来的秦朝"中国"与华夏"中国"呈现出很大不同。由西戎发展而来的秦朝"中国",不仅包括华夏和中原地区各族

---

[1] 司马光:《资治通鉴》卷四七《汉世三十九》,章和二年十月乙亥条胡三省注,中华书局,1956年,第1518页。

[2] 于慎行:《穀山笔麈》卷一三《称谓》,中华书局,1984年,第148页。

中国古代的"天下""中国"观

人,也包括受秦朝管辖的黔中、闽中、南海、桂林、象郡等边郡的少数民族,初步建立起一个多民族的"中国"。

西汉和东汉时期使用的"中国"一词,也以指称两汉王朝国家以及历史上的王朝国家为主要内容。两汉虽然是以汉族为统治者建立的"中国",但与仅仅指称"汉族"和"中原"的"中国"仍然存在很大差异。两汉"中国"不仅包括汉族人、中原地区各族人,还包括边地的少数民族,即包括受汉王朝管辖的犍为、牂柯、越巂、沈黎、汶山、益州、南海、苍梧、郁林、合浦、交趾、九真、日南、儋耳、珠崖、乐浪、玄菟、临屯、真番等边郡的少数民族,也是一个多民族的"中国"。

两汉时期,不仅称两汉王朝国家为"中国",还在先秦时期出现的"华夷同祖"和"九州中国"等观念的基础上,进一步完善了华夷都是炎黄子孙以及用"中国"一词指称"九州""十二州""天下""五服""四海之内"的观念,又构建了一个比两汉王朝国家管辖范围还大的"中国",更是一个包括少数民族并体现"中国"共同体意识的"中国"。

秦汉时期,在先秦时期"贵中国、贱夷狄"思想影响下,形成了"中国"的优越感,并以其巨大魅力吸引了中原和边地各族人们的向心力和凝聚力,"中国"认同观念正式形成。

三、"中国"观念的多样化发展和演变

魏晋南北朝时期是"中国"观念多样化发展演变时期。三国时期,受"中原中国"观念的影响,人们只称以汉族为统治者建立的据有中原地区的魏国为"中国",而没有称同样是以汉族为统治者建立的蜀国和吴国为"中国",蜀汉和孙吴两个王朝国家甚至被魏国等称为"二虏"[1]"二贼"[2]等,不仅使原来的"华夏中国""汉族中国"观念遇到了新的挑战,也使原来的"中国"观念进一步复杂化起来。

---

① 陈寿:《三国志》卷一四《魏书·刘放传附孙资传》裴松之注引《资别传》,中华书局,1959年,第458页。

② 房玄龄等:《晋书》卷一《高祖宣帝纪》,中华书局,1974年,第5页。

多民族的"中国":中国古代的"中国"观

受三国时期"中原中国"观念的影响,东晋也称"中原"为"中国",而没有自称"中国"的强烈愿望,甚至出现了东晋离开中原就是"自弃中华"①的说法。而东晋以后的继承者宋、齐、梁、陈则出现断断续续自称"中国"的现象。如果我们从宋、齐、梁、陈自称"中国"的次数逐渐增多等情况分析,可以说南朝时期又出现了由"中原中国"向"汉族中国"转化的趋势。无论是由"中原中国"还是由"汉族中国"指称的王朝国家,都不是单一民族国家,而是多民族国家。

与东晋和南朝并立的十六国和北朝,虽然多数是由少数民族为统治者建立的王朝国家,但他们进入中原以后,也拾取"中原中国"和"礼别华夷"的"文化中国"等观念而自称"中国"和"中国正统"。如匈奴人刘渊、刘曜建立的汉赵政权,羯族人石勒建立的后赵政权,慕容鲜卑建立的五燕政权,氐人苻坚建立的前秦政权等,都以"中国"自居。十六国时期,还出现一些不在中原的少数民族政权也自称"中国"的现象,如匈奴人赫连勃勃建立的大夏政权,并未控制中原,却以炎黄子孙自居,声称自己建立大夏政权是"复大禹之业"②,明确标榜自己是夏王朝"中国"的继承者;西凉也没有控制中原,也曾自称"中国";巴氐李寿建立的"成汉"政权,也没有控制中原,也以两汉和蜀汉"中国"的继承者自居。十六国时期,少数民族政权纷纷自称"中国","华夏中国""汉族中国"的观念又受到少数民族政权的挑战。

魏晋南北朝时期在各族争相自称"中国"之时,虽然存在南朝和北朝互不认同的情况,但华夷都是"炎黄子孙"的"华夷同祖"观念则得到了进一步张扬,并成为后来南北统一的思想基础。

魏晋南北朝时期,偏安一隅的汉族政权自称"中国"的愿望并不强烈,而少数民族则争先恐后地宣称自己是"中国",在"中原中国""汉族中国"观念中夹杂着崇尚华夏汉族文化的"文化中国"观念,促使中国古代的"中国"观念进一步多样化发展起来。

---

① 司马光:《资治通鉴》卷一〇〇《晋纪二十二》升平二年十月条,中华书局,1956年,第3172页。

② 房玄龄等:《晋书》卷一三〇《赫连勃勃载记》,中华书局,1974年,第3206页。

四、"中国"观念进一步升华

隋唐五代时期是"中国"观念进一步升华时期。隋唐时期,"汉族中国"的观念虽然获得了重新回归,但隋唐使用的"中国"一词仍然以指称隋唐王朝国家为主要内容。由于隋唐是在继承北朝和南朝的基础上发展而来,因此,他们很注意对北朝和南朝多民族及其文化的整合,对他们直接继承的鲜卑等各个民族有着深入的了解和宽容大度的包容,并视那些进入各级领导机构的少数民族官员以及列入隋唐户籍的少数民族(化内人)为隋唐"中国"中的一员,可证隋唐用以指称王朝国家的"中国",也不是一个单一汉民族的"中国",而是一个多民族的"中国"。

隋唐时期,又在对各个民族充分理解和"爱之如一"思想观念和施政方针指导下,对春秋战国时期出现的"礼别华夷"和"华夷互化"的"中国"观念作了进一步阐释和发挥。韩愈将孔子作《春秋》的主要思想概括为"诸侯用夷礼则夷之,进于中国则中国之"[①]。皇甫湜提出了"所以为中国者,以礼义也,所以为夷狄者,无礼义也,岂系于地哉。杞用夷礼,杞即夷矣。子居九夷,夷不陋矣"[②] 的观点。陈黯著《华心》,称"苟以地言之,则有华夷也;以教言,亦有华夷乎?夫华夷者辨在乎心,辨心在察其趣向。有生于中州而行戾乎礼义,是形华而心夷也;生于夷域而行合乎礼义,是形夷而心华也……盖华其心而不以其地也"[③]。程晏作《内夷檄》,也称"四夷之民长有重译而至,慕中华之仁义忠信。虽身出异域,能驰心于华,吾不谓之夷矣。中国之民长有倔强王化,忘弃仁义忠信,虽身出于华,反窜心于夷,吾不谓之华矣。窜心于夷,非国家之窜尔也,自窜心于恶也。岂止华其名谓之华,夷其名谓之夷邪?华其名有夷其心者,夷其名有华其心者。是知弃仁义忠信于中国者,即为中国之夷矣。不待四夷之侵我也,有悖命中国,专倨不王,弃彼仁义忠信,则不可与人伦齿,岂不为中国之夷乎!四夷内向,乐我仁义

[①] 韩愈:《韩昌黎全集》卷一一《原道》,世界书局,1935年,第174页。

[②] 皇甫湜:《皇甫持正集》卷二《东晋元魏正闰论》,台湾商务印书馆影印文渊阁四库全书本,1982年,第1078册,第73页。

[③] 陈黯:《华心》,董诰等辑:《全唐文》卷七六七,中华书局,1983年,第7986页;另见李昉等:《文苑英华》卷三六四《辨论二》,中华书局,1966年,第364页。

忠信，愿为人伦齿者，岂不为四夷之华乎？记吾言者，夷其名尚不为夷矣，华其名反不如夷其名者也"①。也提出了少数民族懂礼即是"中国"，而"中国"之民忘弃仁义忠信就是夷狄的思想观念。中国古代的"中国"观念得到了进一步升华。

隋人和唐人在论述历史上的"中国"时，不仅仅用"中国"指称华夏汉族建立的政权，也用来指称少数民族建立的政权，形成了为隋唐所继承的各个政权都是"中国"（即"继承性中国"）的思想观念，并遵循其思想观念，以为高句丽之地"周为箕子之国，汉家玄菟郡耳"②，也在隋唐继承中国历史遗产的范围之内。隋唐所提出的这种"继承性中国"的思想观念，对后世产生了重要影响。

可见，隋唐时期所使用的隋唐王朝国家的"中国"观念、"礼别华夷"的"中国"观念和"继承性中国"的观念，都不是单一民族和国家的观念，而是多民族"中国"的观念。

五、"中国"观念多元一体化

辽、宋、西夏、金时期是"中国"观念由多元向一体化发展时期。辽、宋、西夏、金民族政权并立时期，所使用的"中国"一词，也以指称王朝国家为主要内容。这一时期，不仅以汉族为统治者建立的两宋王朝自称"中国"和"中国正统"，以契丹、党项、女真族为统治者建立的辽、西夏、金也自称"中国"和"中国正统"，"华夏中国""汉族中国"观念继续受到少数民族政权的挑战。

辽、西夏、金在自我认同为"中国"的同时，也认同宋朝是"中国"，但在是否认同宋朝为"正统"的问题上则存在不同认识。辽人认同宋朝为"中国"，但不认同宋朝为"正统"；西夏既认同宋朝为"中国"，又认同宋朝为"正统"；金人认同宋朝为"中国"，但只认同北宋为"正统"，不认同南

---

① 程晏：《内夷檄》，董诰等辑：《全唐文》卷八二一，中华书局，1983年，第8650页。

② 刘昫等：《旧唐书》卷一九九《高丽传》，中华书局，1975年，第5321页。

宋为"正统",后来也有人从多统实际出发,在认同金朝为"正统"的同时,也认同南宋为"正统"。

宋人既不认同辽、西夏、金为"中国",也不认同辽、西夏、金为"正统"。宋金后期,金人中出现一部分人认同辽、宋、金都是"中国",都是"正统"的思想观念,宋人中也出现一些个别人依据金人据有中原地区的历史实际而称金朝为"中国"的思想观念。

辽、宋、西夏、金在当时分属于不同的王朝国家,具有多元性质,但他们都自称"中国",都具有"中国"认同意识,在对"中国"的认同意识方面,表现出高度的一致性。"中国"观念呈现出由多元走向一体的发展趋势。

六、"中国"观念走向定型

元、明、清时期是"中国"观念走向定型时期。元、明、清所使用的"中国"一词,虽然仍有多重含义,但都以指称元、明、清以及历史上的王朝国家为主要内容,也是一个多民族国家的概念。

元朝时期,不仅汉族称元朝国家为"中国",蒙古等少数民族也称元朝国家为"中国"。如蒙古人完泽和蒙古化的西域康里人不忽木,在元世祖欲发兵征伐安南时说:"蛮夷小邦,不足以劳中国。"[①] 成宗时期的蒙古人哈剌哈孙在有人主张出兵征服八百媳妇国时说:"山峤小夷,辽绝万里,可谕之使来,不足以烦中国。"[②] 完泽、哈剌哈孙等人所说的"中国",都是指元王朝国家。说明元朝时期,蒙古人和色目人也认同元朝为"中国"。

元人用"中国"一词指称的元朝国家,主要是指元朝本部的国家,即元朝所承袭的辽、宋、西夏、金以及吐蕃的国家,并不包括蒙古西征建立的伊利汗国(又称伊儿汗国、伊尔汗国)和金帐汗国(又称钦察汗国)等国家。

元人还按照辽、宋、金"各与正统"的思想观念确立了三史修史方案,修成了中国正史《辽史》《宋史》和《金史》,表明元人具有认同辽、宋、金等政权都是中国历史发展谱系成员的思想观念,并具有元王朝意欲在承袭

---

① 宋濂等:《元史》卷一六七《张立道传》,中华书局,1976年,第3917页。
② 宋濂等:《元史》卷一三六《哈剌哈孙传》,中华书局,1976年,第3293页。

辽、宋、金的基础上，将元王朝纳入中国历史发展谱系的强烈愿望。

明人虽然声称重建汉族国家，但用以指称明朝国家政权的"中国"，也不是仅仅指称汉族一个民族的国家，而是包括明朝境内各个民族的多民族国家。与明朝并立的北元政权，也声称自己是大元"中国"的继承人，甚至以自己手握元朝传国玺而炫耀自己的政权是比明朝更具正统性的正统政权。

清朝是以满族为统治者建立的王朝，也主要用"中国"一词指称清王朝国家政权和历史上的王朝国家。乾隆皇帝不准人们称清朝国家为"汉"，但允许人们称清朝国家为"中国"[①]，对"中国"与"汉"的概念进行了明确区分，认为"汉"仅仅是汉民族、汉文化的称谓，而"中国"一词作为清朝国家的代名词，则成了多民族国家即"中国"（中华民族）共同体的称谓，"中国"与"汉族中国"的概念最终完成了分离，中国古代的"中国"观念最后走向定型。

明清王朝都非常重视"继承性中国"观念的应用，朱元璋在与高丽和安南进行领土交涉时，均按"继承性中国"原则，以继承中国历史上各个王朝领土的史实而据理力争。清朝更是按照"继承性中国"的原则，不允许为自己所继承的各个政权的领土分离出去，也不强行将原来不属于自己所继承的各个政权的领土纳入进来，并按照历史中国的领土管辖情况，将周边非汉民族划分为"内藩"和"外藩"两大部分，视"内藩"为"中国"之内属，视"外藩"为"中国"之外围，明确了"中""外"的划分，完成了从复数"中国"向单数"中国"的转化，统一的多民族的"中国"（中华民族共同体）及其疆域最终形成和确立下来。

以上可以看出，中国古代各个民族所形成的"中国"认同意识，在中华民族和中国疆域形成过程中起到了不可忽视的作用。正由于中国古代的少数民族及其所建政权均有自称"炎黄子孙"、自称"中国"的中国认同意识，才不愿意走上与"中国"分离的道路。如属于北元的漠北喀尔喀蒙古遭遇噶

[①] 乾隆三十二年（1767年）五月，乾隆对臣下与缅甸往来文书中写有劝缅甸"归汉"之语，十分不满，谓"传谕外夷，立言亦自有体，乃其中有数应归汉一语，实属舛谬。夫对远人颁述朝廷，或称天朝，或称中国，乃一定之理。况我国家中外一统，即蛮荒亦无不知大清声教，何忽撰此归汉不经之语，妄行宣示，悖诞已极"，见《清高宗实录》卷七八四，乾隆三十二年五月庚午条，中华书局，1985年，第643页。

中国古代的"天下""中国"观

尔丹攻击不投俄罗斯而举族内迁；漠西蒙古中的土尔扈特部不远万里，历尽艰辛，从俄国额济勒河（伏尔加河）下游回归中国，就充分体现了这些民族的"中国"认同意识。正由于中国古代各个民族都有"中国"认同意识，才使各个民族逐渐凝聚到"中国"这一共同旗帜之下，才形成了统一的多民族的中国及其疆域，为中华民族共同体的形成做出了重要贡献。

（本文为国家社科基金"中国古代的'中国'观与中国疆域形成研究"项目结项成果的内容提要，以《从多民族视角考察古代"中国"观》为题，发表于《中国社会科学报》2021年10月11日。原文除个别之处文中夹注外，均未出注，收入本书时，部分引文补充了注释）

从复数"中国"到单数"中国"
——试论统一的多民族的"中国"及其疆域的形成

学界对中国历史疆域问题认识不一,主要原因还是"以谁代表中国"的问题没有形成共识,有人主张以汉族及其政权代表中国,有人主张以中原王朝代表中国,也有人主张以中原统一王朝的疆域代表中国的疆域等等。笔者认为应该以华夏汉族和各个少数民族及其政权共同代表中国。按照这种观点认识问题,中国古代社会无疑存在一种"多中国"现象。罗志田先生曾依据春秋战国时期周、卫、齐、鲁、晋、宋、郑等国都称"中国"的现象指出"居天下之中的'中国'概念","有一个由复数到单数的过程","'中国'实是一个外沿未严格界定的实体和概念"。这种认识无疑具有远见卓识,颇能给人以启发。但他同时又认为:"到中国的概念变为单数时,大致已是夷夏以地分的局势基本固定之后了。"到了秦统一以后,"复数的诸夏已成为单数的统一之华夏,夷夏关系由以众对众变为以一对众"。也就是说,到了秦统一之后,复数的"中国"就已经变成了单数的"中国",并将"中国"限定在"华夏人居住"的"政教所及之区"[①],恐怕还有进一步研究的余地。因为,秦统一以后各个政权仍然没有用"中国"一词作为自己政权的国号,"中国"一词既是地域概念,又用来指称政权,同时又是一种美称,因此,不仅汉族及其政权自称"中国",少数民族及其政权也自称"中国","中国"的概念仍然存在复数现象,如魏、蜀、吴三国,五代十国时期的"十国"等,都存在复数"中国"的现象,应该说,直至元朝,"中国"才由复数转

---

① 罗志田:《先秦的五服制与古代的天下中国观》,《学人》第10辑,江苏文艺出版社,1996年;收入氏著《民族主义与近代中国思想》,东大图书股份有限公司1998年,第1-34页。

中国古代的"天下""中国"观

变为单数,明朝时期稍有反复,到了清朝,作为单数概念的"中国"最终确定下来。本文试图对这一问题做进一步探讨,以便为探讨统一的多民族的"中国"以及中国历史疆域形成问题提供一种新的思路。不正确之处,敬请专家学者批评指正。

一、中国古代少数民族及其政权多自称"中国"

中国古代"中国"一词的含义很多,但并没有出现用"中国"一词作为国号的政权,说明"中国"一词在古代主要的并非仅仅是一个政权的名称[①],并非为某一个民族或政权所独有。

中国古代,华夏和汉族虽然都没有建立一个以"中国"为国号的政权,但他们大多自称"中国",这已经成为大家所熟知的事情。同时,少数民族及其政权也积极地认同于中原政权及其华夏和汉族政权,常常以华夏、汉族政权的继承者自居,也自称"中国"。

司马迁在《史记·匈奴列传》中曾说"匈奴,其先祖夏后氏之苗裔也,曰淳维",《索隐》称"乐产[②]《括地谱》云'夏桀无道,汤放之鸣条,三年而死。其子獯粥妻桀之众妾,避居北野,随畜移徙,中国(中原)谓之匈奴'。其言夏后苗裔,或当然也"[③]。《汉书》《后汉书》沿袭司马迁的说法,胡三省《资治通鉴》音注也说"匈奴,淳维之后,本夏后氏之苗裔"[④]。均认为匈奴是夏桀之子的直接后裔,也就是夏后氏大禹的后裔,禹是黄帝的后裔,匈奴也就成了黄帝的后裔。司马迁等人有关匈奴人是"炎黄子孙"的说法,恐非完全杜撰,应该是采自于匈奴人自己的认识。见诸其后的记载,完全可以证明这一点。据《晋书》记载,魏晋十六国时期,建立汉政权的一支匈奴人即认同司马迁等人关于"匈奴,其先祖夏后氏之苗裔"的说法,以

---

① 参见赵永春:《中国古代的"中国"与"国号"的背离与重合》,《学习与探索》2008年第4期。

② 乐产:《资治通鉴》注作"乐彦"。

③ 司马迁:《史记》卷一一〇《匈奴列传》,中华书局,1959年,第2879页。

④ 司马光:《资治通鉴》卷六《秦纪一》,始皇帝三年条,中华书局,1956年,第205-206页。

从复数"中国"到单数"中国"——试论统一的多民族的"中国"及其疆域的形成

"汉高祖以宗女为公主,以妻冒顿,约为兄弟,故其子孙遂冒姓刘氏"①,"自谓其先本汉室之甥"②。因此,匈奴人刘渊在建立政权之时,拒绝其叔父刘宣恢复"呼韩邪之业"的建议,特定国号为"汉",声称"汉有天下世长,恩德结于人心","吾又汉氏之甥,约为兄弟,兄亡弟绍,不亦可乎?且可称汉",就是以汉高祖刘邦的传人自居,要继承两汉之统,光大两汉之业,"遂立汉高祖以下三祖五宗神主而祭之"③。

匈奴人赫连勃勃建立政权之时,也"自以匈奴夏后氏之苗裔也",特定国号为"大夏"。他曾明确表示"朕大禹之后,世居幽朔",建立大夏政权,目的就是要"复大禹之业"④。赫连勃勃强调自己是"大禹之后",要"复大禹之业",完全把自己说成是黄帝的后人,视自己所建政权为"中国"。

羯族人石勒建立后赵,"据赵旧都"⑤,是以战国时期被人们视为"中国"的华夏人建立的赵国为继承对象⑥,并按照"五德终始"学说,以继承西晋金德为水德自居,试图跻身为"中国正统"之行列。据《晋书》记载,石勒曾担心:"吴蜀未平,书轨不一,司马家犹不绝于丹杨,恐后之人将以吾为不应符箓。"完全道出了他意欲为"中国正统"的意愿。徐光曾劝慰石勒说"魏承汉运,为正朔帝王,刘备虽绍兴巴蜀,亦不可谓汉不灭也。吴虽跨江东,岂有亏魏美?陛下既苞括二都,为中国帝王,彼司马家儿复何异玄德,李氏亦犹孙权。符箓不在陛下,竟欲安归"?明确表示石勒没有完成全国统一,也可以称"中国帝王"⑦。说明羯族人石勒建立的后赵政权,一直以"中

---

① 房玄龄等:《晋书》卷一〇一《刘元海载记》,中华书局,1974年,第2645页。

② 司马光:《资治通鉴》卷七五《魏纪七》,嘉平三年八月条,中华书局,1956年,第2391页。

③ 房玄龄等:《晋书》卷一〇一《刘元海载记》,中华书局,1974年,第2649-2650页。

④ 房玄龄等:《晋书》卷一三〇《赫连勃勃载记》,中华书局,1974年,第3202、3205页。

⑤ 房玄龄等:《晋书》卷一〇四《石勒载记上》,中华书局,1974年,第2721页。

⑥ 司马光:《资治通鉴》卷九八胡三省在为"赵人"做注时称"赵人,谓中国人也",虽非为羯人石勒建立后赵做注,但所论"赵人"为"中国人"的精神应该是一致的。

⑦ 房玄龄等:《晋书》卷一〇五《石勒载记下·石弘》,中华书局,1974年,第2753页。

中国古代的"天下""中国"观

国"自居。

据《晋书·慕容廆载记》记载,十六国时期建立五燕政权的慕容鲜卑"其先有熊氏之苗裔,世居北夷,邑于紫蒙之野,号曰东胡"。《十六国春秋·前燕录》则更加具体地说"昔高辛氏游于海滨,留少子厌越以君北夷,邑于紫蒙之野,世居辽左,号曰东胡",慕容鲜卑即是东胡之后,也就是高辛氏之后。有熊氏即黄帝,高辛氏帝喾是黄帝的后代,东胡族是帝喾少子厌越的后代,也就是黄帝的后代,由东胡族分出来的鲜卑族自然也就是黄帝之后了。以"炎黄子孙"自居的慕容鲜卑后来建立燕国,声称"远遵周室,近准汉初"①,即以周初封召公奭于燕建立燕国和汉初封卢绾于燕重建燕国为继承对象。慕容儁"自谓获传国玺,改元元玺",并对东晋使者说"汝还白汝天子,我承人乏,为中国所推,已为帝矣"②!后来又按照"五德终始"学说,以继承后赵水德为木德自居,也希望跻身于"中国正统"行列。

建立前秦政权的氐人也声称"其先盖有扈之苗裔,世为西戎酋长"③,有扈氏为大禹之后,也就是说氐人也称自己为黄帝的后人。苻坚建立前秦以后,也按"五德终始"学说,以继承慕容燕木德为运,确立自己政权为火德,也标榜自己的政权为"中国"正统。《晋书·鸠摩罗什传》记载,苻坚听说天竺佛教徒鸠摩罗什很有才学,"密有迎罗什之意,会太史奏云:'有星见外国分野,当有大智人辅中国'"。《晋书·苻坚载记下》记载,苻坚派兵"讨定西域,苻融以虚耗中国,投兵万里之外,得其人不可役,得其地不可耕,固谏以为不可"。这两条史料所说的"中国",都是指占据中原地区的前秦。

《晋书·姚弋仲载记》记载,建立后秦的羌人"其先有虞氏之苗裔",有虞氏即帝舜,他们认为"禹封舜少子于西戎,世为羌酋"。卢水胡人沮渠蒙逊也说,羌人"姚氏舜后,轩辕之苗裔也"④,轩辕即黄帝,说明不但羌人把黄帝看成了自己的始祖,就是其他少数民族也承认羌人是黄帝的后裔。羌人

---

① 房玄龄等:《晋书》卷一〇五《慕容廆载记》,中华书局,1974年,第2810页。
② 司马光:《资治通鉴》卷九九《晋纪二十一》,永和八年十一月丁卯条,中华书局,1956年,第3131页。
③ 房玄龄等:《晋书》卷一一二《苻洪载记》,中华书局,1974年,第2867页。
④ 房玄龄等:《晋书》卷一二九《沮渠蒙逊载记》,中华书局,1974年,第3198页。

从复数"中国"到单数"中国"——试论统一的多民族的"中国"及其疆域的形成

姚苌建立后秦,也是以秦为继承对象,寓有继承华夏、汉族政权为"中国"之意。

拓跋鲜卑建立北魏,更是以"炎黄子孙"自居,标榜自己是"中国"正统。《魏书·序纪》称"昔黄帝有子二十五人,或内列诸华,或外分荒服,昌意少子,受封北土,国有大鲜卑山,因以为号"。建立北魏政权的拓跋鲜卑人以黄帝之子昌意少子为自己的直接祖先,他们认为"黄帝以土德王,北俗谓土为托,谓后为跋"[1],因称自己为鲜卑拓跋氏。拓跋鲜卑人建立以"魏"为国号的北魏政权,是因为"魏者,大名,神州之上国也",胡三省注称"战国之时,魏为大国。中国谓之神州"[2]。显然是以战国时期华夏人建立的魏国和三国时期汉人建立的曹魏为继承对象,是自称"中国"的一种表现。何德章认为拓跋鲜卑以"魏"为国号,按"五德终始"学说,先以继承苻秦火德为土德自居,后改为承晋金德为水德,都是为了与晋争夺中华正统[3],所论甚是。北魏自称"中国",不但得到境内人士的认可,也得到北方少数民族的赞同。如,蠕蠕(柔然)豆仑可汗时,"其臣侯医垔、石洛候数以忠言谏之,又劝与国通和,勿侵中国"[4],这里所说的"中国",就是指拓跋鲜卑建立的北魏政权。西魏末年"突厥以(史)宁所图必破,皆畏惮之,咸曰:'此中国神智人也'"[5],所说"中国"应该指宇文泰建立的西魏政权,说明蠕蠕、突厥等少数民族承认鲜卑人建立的北魏、西魏等政权是中国。

五代十国时期,以沙陀人为统治者建立的后唐、后晋、后汉也都自称"中国"。沙陀人李克用、李存勖以唐朝的继承者自居,特定国号为"唐";沙陀人石敬瑭建立后晋,以先秦时期华夏人建立的晋国以及汉人建立的西晋、东晋为继承对象,后晋大臣景延广曾对契丹说"先皇帝北朝所立,今天子中国自册,可以为孙,而不可为臣"[6],认为石敬瑭是契丹所立,石重贵则

---

[1] 魏收:《魏书》卷一《序纪》,中华书局,1974年,第1页。
[2] 司马光:《资治通鉴》卷一一〇《晋纪三十二》,隆安二年六月丙子条,中华书局,1956年,第3471页。
[3] 参见何德章:《北魏国号与正统问题》,《历史研究》1992年第3期。
[4] 魏收:《魏书》卷一〇三《蠕蠕传》,中华书局,1974年,第2296页。
[5] 令狐德棻等:《周书》卷二八《史宁传》,中华书局,1971年,第468页。
[6] 欧阳修:《新五代史》卷二九《晋臣·景延广传》,中华书局,1974年,第322页。

中国古代的"天下""中国"观

是"中国"自立,完全以"中国"自居,已经成为学界普遍认同的事实;沙陀人刘知远"居于太原,及得中国,自以姓刘,遂言为东汉显宗第八子淮阳王昺之后,国号曰汉"①,也以"中国"自居;建立北汉的沙陀人刘崇"以(汉)高祖之业一朝坠地"②,欲绍袭后汉高祖刘知远之业,建立北汉政权,而后汉高祖刘知远则是绍袭两汉建立后汉政权,因此,刘崇欲绍袭后汉高祖之业,也是以继承汉人建立的两汉之业而自居,视自己的政权为"中国"。

宋辽金时期,契丹人建立的辽政权,自称是"中国"。《辽史·刘辉传》曾记载,辽道宗时期,太子洗马刘辉曾上书说,"西边诸番为患,士卒远戍,中国之民疲于飞挽,非长久之策。为今之务,莫若城于盐泺,实以汉户,使耕田聚粮,以为西北之费"③。刘辉在这里所使用的"中国"一词,就是指辽人,主要指契丹人,而"诸蕃"一词则指辽朝周边的少数民族。契丹人为了表明自己是中国正统王朝,用契丹文字称自己建立政权的国号为"大中央契丹辽国"或"大中央辽契丹国",所使用的"大中央"一语就是"大中国"的意思④。契丹自称"中国",不但得到以后各个朝代的承认,也得到境外各个政权的承认。姚从吾先生曾指出,"大陆邻邦,如俄罗斯、波斯(伊朗)等国,称我国为 Ki-tan 或 Ki-tai","确是导源于第十第十一世纪建立辽朝的契丹,或西辽(喀剌契丹)"。又说,"蒙古文中'中国'与'乞塔'有时不分,更与'契丹'有关。至于英文德文 China 以外,在诗歌或书名中,有时也称我国叫 Cathay 或 Kathay,它的意思是指'古代北中国',自然也是契丹

---

① 司马光:《资治通鉴》卷二八六《后汉纪一》,胡三省注,中华书局,1956年,第 9327 页。
② 司马光:《资治通鉴》卷二九〇《后周纪一》,中华书局,1956年,第 9454 页。
③ 脱脱等:《辽史》卷一〇四《刘辉传》,中华书局,1974年,第 1455 页。
④ 辽朝的国号,有时称辽,有时称契丹。据刘凤翥先生研究,在汉字文献称国号为契丹的时期,在契丹文字中记录的国号是"大中央契丹辽国",在汉字文献称国号为辽的时期,在契丹文字中记录的国号是"大中央辽契丹国",刘凤翥认为,"大中央契丹辽国"和"大中央辽契丹国"中"中央"的"中"也可视为"中国"的"中"。(参见刘凤翥:《从契丹文字的解读探讨辽代中晚期的国号》,《辽金契丹女真史研究》2006年第2期)

的转译"① 等等②。

与辽宋大体处于同一时期的回鹘人建立的喀喇汗王朝（黑汗王朝），其统治者自称"桃花石汗"，也是自称"中国"之汗的意思③。喀喇汗王朝学者麻赫默德·喀什噶里（又译马哈茂德·喀什噶里、马合木·喀什噶里等）编写的《突厥语大词典》在对"桃花石"进行释义时，曾用"上秦"指称宋朝，"中秦"指称契丹，"下秦"指称喀喇汗王朝控制的喀什噶尔等地④。胡三省《资治通鉴注》称"汉时匈奴谓中国人为秦人"⑤，又说"秦威服四夷，故夷人率谓中国人为秦人"⑥，麻赫默德·喀什噶里称宋朝、契丹和喀喇汗王朝为"秦"，就是称这几个政权为"中国"的意思。

党项族李元昊建立的西夏，以"夏"为国号，也是袭用历史上"夏"的国号，寓有继承华夏、汉族政权之意。王炯、彭向前认为，西夏文献中记载的西夏国号"大白高国""白高大夏国"即是西夏按照"五德终始"学说，以"继唐王朝土德之后取金德为正统"⑦的意思，表明西夏也以中国正统自居。

金人也自称"中国"。《金史》一书，"中国"一词共出现14次，除了3次指中原地区以外，其余均指金朝。如《完颜纲传》记载，依附于宋朝的吐蕃族系人青宜可等"以宋政令不常，有改事中国之意"⑧，《独吉思忠传》记

---

① 姚从吾：《契丹汉化的分析——从契丹汉化看国史上东北草原文化与中原农业文化的合流》，《大陆杂志》1952年第4卷第4期。

② 参见赵永春、李玉君：《辽人自称"中国"考论》，《社会科学辑刊》2010年第5期。

③ 关于桃花石的语源和语义，人们认识不一，主要有"大魏""唐家""大贺氏""拓跋""天子""敦煌或太岳""大汗""大汉"等多种说法。多数学者认为是"拓跋"之意。

④ 麻赫默德·喀什噶里编，校仲彝等译：《突厥语大词典》，民族出版社，2002年。

⑤ 司马光：《资治通鉴》卷二二《汉纪十四》，征和四年三月丁巳条，胡三省注，中华书局，1956年，第739页。

⑥ 司马光：《资治通鉴》卷四七《汉世三十九》，章和二年十月乙亥条，胡三省注，中华书局，1956年，第1518页。

⑦ 王炯、彭向前："五德终始说"视野下的西夏国名"大白高国"》，《青海民族学院学报》2009年3期。

⑧ 脱脱等：《金史》卷九八《完颜纲传》，中华书局，1975年，第2175页。

中国古代的"天下""中国"观

载,独吉思忠说:"宋虽羁栖江表,未尝一日忘中国,但力不足耳。"①所说的"中国"都是指金朝。金人自称"中国",虽不为大多数宋人所接受,但也有人依据中原即中国的理念,承认金人占据的中原地区是中国,并引申金朝为中国。如陈亮就曾在上孝宗皇帝书中,劝皇帝不要"忘君父之大仇,而置中国于度外",建议宋朝经略荆襄,"以争衡于中国"②。所使用的"中国"一词,也是指中原地区及占据中原地区的金朝。③

蒙古族建立的元朝也自称"中国",如元世祖忽必烈在给日本的国书中就有"朕惟日本自昔通好中国"等语④,称包括元朝在内的中国历史上的各个政权为"中国",而将日本、高丽、安南、缅国、占城、暹国、爪哇等国列为"外夷"。

满族建立的清朝更是自称"中国",康熙二十八年(1689年),清朝在同沙俄签订《中俄尼布楚议界条约》时,正式使用"中国"一词代替"大清"。此后,"中国"一词正式成为大清的代名词。

可见,在中国历史上,被汉人视为"夷狄"不是"中国"的少数民族,并没有认为"中国"一词应该为汉人所独有,他们曾依据"中国"一词的不同概念,根据自己的需要,在不同时期取"中国"一词的不同含义而自称"中国",表明他们也是"中国"的一部分。这应该是中国自秦统一之后仍然存在一定程度的"复数"现象的一种表现。

二、为后来"中国"所继承的政权,也被称为"中国"

中国古代有一些政权当时没有自称"中国",但他们为后来的"中国"所继承,仍被称为"中国"。

据目前掌握的资料显示,夏朝和商朝并没有出现文字记载的"中国"一词,也就是说没有见到夏朝和商朝自称"中国"的文字记载。1963年陕西宝

---

① 脱脱等:《金史》卷九三《独吉思忠传》,中华书局,1975年,第2064页。
② 陈亮:《陈亮集》卷一《书疏·上孝宗皇帝第一书》,中华书局,1974年,第4、8页。
③ 参见赵永春:《试论金人的"中国"观》,《中国边疆史地研究》2009年第4期。
④ 宋濂等:《元史》卷二〇八《外夷·高丽传》,中华书局,1976年,第4618页。

从复数"中国"到单数"中国"——试论统一的多民族的"中国"及其疆域的形成

鸡出土《何尊铭文》,记载周武王克商,廷告上天曰:"余其宅兹中或(国),自之乂民。"《尚书·周书·梓材》记载周成王说"皇天既付中国民,越厥疆土于先王"。这两则史料是目前所发现的最早出现"中国"一词的史料,多数学者将这两则史料中的"中国"一词释为"指以洛阳为中心的地区",即京师之意,不过是一个地域概念而已。也就是说,西周时期虽然开始出现"中国"一词,但主要指"京师"以及以洛阳为中心的中原地区。夏商虽然没有见到自称"中国"的直接的文字记载,但后来的各个朝代皆以夏、商、周三代为典型的"中国",以尧、舜、禹、汤、文、武为中国圣人,并无疑义。孟子曾说:"舜生于诸冯,迁于负夏,卒于鸣条,东夷之人也。文王生于岐周,卒于毕郢,西夷之人也。地之相去也,千有余里,世之相后也,千有余岁,得志行乎中国,若合符节。先圣后圣,其揆一也。"[①] 明确将舜及其后人所建夏朝、文王及其后人所建西周称"中国",称舜和周文王是"中国"圣人,同时认为舜和周文王分别是"东夷"和"西夷"之人,并没有将"东夷""西夷"等少数民族排除到中国之外。

春秋战国时期,地处中原地区的周、卫、齐、鲁、晋(韩、赵、魏)、宋、郑等政权被视为"中国",秦、楚、吴、越等政权则被看成是夷狄,不是"中国"。到了秦朝"以兵灭六王,并中国"[②] 以后,按照五德终始学说,以其代周火德为水德,自称"中国"正统,不但秦朝被视为"中国"[③],就连被秦朝所继承的春秋战国时期的秦、楚、吴、越等政权也被视为"中国"了。

三国时期,由于魏国据有中原,被看成是中国,蜀国虽然声称继承汉

[①] 《孟子》卷八上《离娄下》,中华书局《十三经注疏》本,1980年,第2725页。
[②] 司马迁:《史记》卷二七《天官书》,中华书局,1959年,第1348页。
[③] 颜师古在为班固《汉书·西域传下》"秦人"作注时称"谓中国人为秦人,习故言也"。欧洲多称中国为China或Cina,一般认为,Cina又译作脂那、至那、支那、震旦等,卫匡国、姚从吾、刘镇清等人均认为China或Cina是"秦"字的转译(参见忻剑飞:《世界的中国观——近二千年来世界对中国的认识史纲》,《学林出版社》,1991年,第39页;姚从吾:《契丹汉化的分析——从契丹汉化看国史上东北草原文化与中原农业文化的合流》,《大陆杂志》第4卷第4期,1952年;刘镇清:《China和Cathay词源新探》,《华侨大学学报》2000年第4期),说明秦朝以后,"秦人"已经成了"中国"的代名词。

中国古代的"天下""中国"观

室,但并没有自称"中国",吴国更被视为边鄙,也没有自称"中国"。据晋陈寿所撰《三国志》及裴松之注中所出现"中国"一词,共有109次,除38次指中原和历史上中原政权、秦朝和汉朝以外,均指曹魏政权。如魏明帝"青龙中,营治宫室,百姓失农时",陈群上疏称:"今中国劳力,亦吴、蜀之所愿。"① 所说"中国"即指曹魏。高堂隆也曾在上疏皇帝书中说:"今吴、蜀二贼,非徒白地小虏、聚邑之寇,乃据险乘流,跨有士众,僭号称帝,欲与中国争衡。"② 所说"中国"亦指曹魏。诸葛亮曾对孙权说:"若能以吴、越之众与中国抗衡,不如早与之绝。"③ 称曹魏为"中国"。说明三国时期的蜀汉政权并没有自称"中国"。吴国大将周瑜曾说,曹魏"舍鞍马,仗舟楫,与吴越争衡,本非中国所长。又今盛寒,马无藁草,驱中国士众远涉江湖之间,不习水土,必生疾病"④,所说"中国"就是指曹魏。说明三国时期的吴国也未自称"中国"。三国时期,蜀、吴虽然没有自称"中国",但后来的各个政权在用"中国"一词指称政权时,皆承认魏、蜀、吴三国都是"中国",少有疑义,甚至在魏蜀吴三国何为正统的争论中,多有主张"蜀正魏闰"⑤之说者⑥,说明蜀、吴的继承者均承认其政权为"中国"。

西晋政权占据中原,自称"中国",东晋政权南迁后,离开中原,仍称中原地区及其政权为"中国",也没有自称"中国"的强烈愿望。如《晋书·五行志下》记载"元帝太兴初,有女子其阴在腹,当脐下,自中国来至江东,其性淫而不产",认为其女子从"中国"来到东晋,显然这里的"中国"一词并非指东晋。《晋书·济南惠王遂传》记载,遂曾孙勋曾乘"石季龙(石

---

① 陈寿:《三国志》卷二二《魏书·陈群传》,中华书局,1959年,第637页。
② 陈寿:《三国志》卷二五《魏书·高堂隆传》,中华书局,1959年,第714页。
③ 陈寿:《三国志》卷三五《蜀书·诸葛亮传》,中华书局,1959年,第915页。
④ 陈寿:《三国志》卷五四《吴书·周瑜传》,中华书局,1959年,第1261页。
⑤ 永瑢等:《四库全书总目提要》卷四五《史部·三国志》,中华书局,1965年,第403页。
⑥ 宋代曾出现魏蜀吴三国何为正统讨论高潮,北宋立国中原,在其没有完成统一"十国"之时,与曹魏相似,"故北宋诸儒,皆有所避,而不伪魏",北宋统一"十国"之后,特别是南宋偏居南方,与当年的蜀汉相似,所以"纷纷起而帝蜀"。南宋以后,多主张"蜀正魏闰",以三国时期的蜀汉政权为中国正统。

从复数"中国"到单数"中国"——试论统一的多民族的"中国"及其疆域的形成

虎)死,中国乱"之机,"遣部将刘焕攻长安"等地;《晋书·蔡谟传》也说"石季龙死,中国大乱","朝野咸谓当太平复旧",蔡谟"独谓不然";《晋书·孙绰传》记载"大司马桓温欲经纬中国"等等,所说"中国"均指中原地区,并非指东晋政权。投靠前燕的汉人贾坚曾对东晋大臣荀羡说"晋自弃中华"[1],也认为东晋南渡之后不属于"中国"。东晋政权虽然没有自称"中国",但后继政权皆称其政权为"中国"。唐朝房玄龄等撰《晋书》将东晋皇帝列入《帝纪》,将十六国皇帝列入《载记》,就是承认东晋政权的"中国正统"地位的一种表现。宋人司马光虽然标榜分裂时期不必区分正统和非正统,但他在《资治通鉴》一书中仍以东晋年号为纲以统目,也是承认东晋政权为"中国正统"的意思。

南朝梁沈约所撰《宋书》,使用"中国"一词共21次,主要指中原或以中原为主的历代政权,仅有二次指称南朝刘宋政权。梁萧子显所撰《南齐书》使用"中国"一词9次,主要指称华夏汉族及其政权为"中国",四次兼有指称刘宋和萧齐之意。唐姚思廉所撰《梁书》"中国"一词出现24次,多与诸夷相对时使用,当指包括南梁在内的"中国"各个政权;姚思廉所撰《陈书》"中国"一词出现4次,主要指称华夏汉族及其政权,兼有指称南梁和南陈之处。唐李延寿所撰《南史》仅有陈本纪中引用梁帝策文中使用"中国"一次,当指中原。南朝各个政权虽然较少直接称自己的政权为"中国",但后世没有任何人说南朝不是"中国",《宋书》《南齐书》《梁书》《陈书》《南史》一直被列入中国正史"十三史""二十一史""二十二史""二十三史""二十四史"系列,足以说明后人不仅承认南朝是"中国",还承认他们是"中国正统"。

五代十国时期仍以中原和中原政权为"中国",认为五代属于"中国",而"十国皆非中国有也""四夷、十国,皆非中国之有也"[2]。十国等政权也称地处中原地区的"五代"为"中国",并没有自称"中国"。如《旧五代史》和《新五代史》均未称前后蜀为"中国",谓后唐庄宗曾遣李严"以名

---

[1] 司马光:《资治通鉴》卷一〇〇《晋纪二十二》,升平二年十月条,中华书局,1956年,第3172页。

[2] 欧阳修:《新五代史》卷七一《十国世家年谱第十一》,中华书局,1974年,第873、881页。

中国古代的"天下""中国"观

马入蜀,市珍奇以充后宫,而蜀法严禁以奇货出剑门,其非奇物而出者,名曰'入草物',由是严无所得而还",唐庄宗大怒曰:"物归中国,谓之'入草',王衍其能免为'入草人'乎?"① 庄宗即以后唐为"中国",没有称王衍控制的蜀国为"中国"。《旧五代史》和《新五代史》也未称南唐为"中国",谓南唐"尝遣使私赂北戎(指契丹),俾为中国之患,自固偷安之计"②。周世宗赐其将佐书也称,南唐"必若自淮以南,画江为界,尽归中国,犹是远图"③。均以五代为"中国",未见称南唐为"中国"之记载。《新五代史》称"吴越钱镠使者常泛海以至中国"④,又说"钱氏兼有两浙几百年","常贡奉中国不绝"⑤,将钱镠所建吴越政权划到了"中国"之外。《旧五代史》还称,后唐"庄宗亦不能以道制御远方,南海贡亦不至,自是与中国遂绝"。认为南汉"妄自尊大","呼中国帝王为洛州刺史"⑥,也没有称南汉为"中国"。那时,南汉也认为中原的五代是"中国",如南汉将领邵廷琄曾对其主刘𬬮说"汉乘唐乱,居此五十年,幸中国有故,干戈不及,而汉益骄于无事,今兵不识旗鼓,而人主不知存亡","劝𬬮修兵为备,不然,悉珍宝奉中国,遣使以通好"⑦,也是以中原地区的五代和北宋为"中国",没有自称"中国"。《旧五代史考异》称"杨氏据江、淮,故闽中与中国隔越,审知每岁朝贡,

---

① 欧阳修:《新五代史》卷二六《唐臣传第十四·李严传》,中华书局,1974年,第284页。

② 薛居正:《旧五代史》卷一三四《僭伪列传第一·李璟传》,中华书局,1976年,第1787页。

③ 薛居正:《旧五代史》卷一一六《周书七·世宗纪第三》,中华书局,1976年,第1546页。

④ 欧阳修:《新五代史》卷三〇《汉臣传第十八·刘铢传》,中华书局,1974年,第335页。

⑤ 欧阳修:《新五代史》卷六七《吴越世家第七·钱俶》,中华书局,1974年,第843页。

⑥ 薛居正:《旧五代史》卷一三五《僭伪列传第二·刘陟传》,中华书局,1976年,第1808-1809页。

⑦ 欧阳修:《新五代史》卷六五《南汉世家第五·刘𬬮》,中华书局,1974年,第818页。

从复数"中国"到单数"中国"——试论统一的多民族的"中国"及其疆域的形成

泛海至登莱抵岸",也没有说王审知所建的闽政权是"中国"[1]。可见,五代十国时期的"十国"并没有自称"中国",但他们都为后来的"中国"所继承,都承认他们是"中国",少有疑义者。

以上可以看出,中国古代不仅存在少数民族及其政权自称"中国"的现象,也存在一些没有自称"中国"而被后来继承者称为"中国"的现象。在这些没有自称"中国"而被后来继承者称为"中国"的民族和政权中,不仅有少数民族及其政权,也有华夏汉族及其政权,如夏、商以及三国时期的蜀国和吴国、五代十国时期的"十国"等等,他们当时都没有自称"中国",但人们一致认为他们都是"中国"。其实,中国古代自汉代以后,"汉"就成了"中国"的代名词,如宋人朱彧曾说"汉威令行于西北,故西北呼中国为汉,唐威令行于东南,故蛮夷呼中国为唐"[2]。胡三省为《资治通鉴》作注时说:"鲜卑谓中国人为汉"[3],称"汉家威加四夷,故夷人率谓中国人为汉人,犹汉时匈奴谓汉人为秦人也"[4],又说"汉时匈奴谓中国人为秦人,至唐及国朝则谓中国为汉,如汉儿、汉人之类,皆习故而言"[5],又在为契丹"朝廷制度,并用汉礼"作注时说"北方谓中国为汉"[6]等等,说明汉代以后多谓"中国为汉"。这就是有些汉人政权在当时没有自称"中国"而人们仍然承认他们是"中国"的主要原因。人们承认这些政权是"中国",还有一个重要原因就是这些政权后来皆被"中国"所继承,成为"中国"形成的一个远源或近源。也就是说,在中国古代历史上,凡是为"中国"所继承,并成为

---

[1] 薛居正:《旧五代史》卷一三四《僭伪列传第一·王审知传》,中华书局,1976年,第1792页。

[2] 朱彧撰,李伟国校点:《萍洲可谈》卷二,商务印书馆《丛书集成初编》本,1935年,第25页。

[3] 司马光:《资治通鉴》卷一六七《陈纪一》,永定二年十一月甲午条胡注,中华书局,1956年,第5180页。

[4] 司马光:《资治通鉴》卷二〇二《唐纪十八》,调露元年七月己卯条胡注,中华书局,1956年,第6391页。

[5] 司马光:《资治通鉴》卷二二《汉纪十四》,征和四年六月丁巳条,中华书局,1956年,第739页。

[6] 司马光:《资治通鉴》卷二八五《后晋纪六》,开运三年十二月己卯条,中华书局,1956年,第9325页。

中国古代的"天下""中国"观

"中国"形成的一个远源或近源的民族及其政权,均属于历史上的中国民族和政权,都是历史中国的一部分。正由于此,秦汉以后的"中国"仍然存在复数现象。

三、中国古代复数"中国"向单数"中国"的演进

长期以来,人们习惯于说"中国自古以来就是一个统一的多民族国家"。孙祚民坚决反对这一提法,认为"任何一个国家和民族都有其形成和发展的历史,而不是、也不可能是从一开始出现就成为一个永远不变的'定型',相反,今天我们伟大祖国的疆域这样辽阔广大,是在长时期历史发展过程中逐渐形成的"。他认为,在中国形成统一的多民族的国家这个过程未完成以前,不能把当时一些还作为独立的民族国家如匈奴、突厥、契丹、女真、蒙古等,说成同属于一个国家。孙祚民虽然反对"中国自古以来就是一个统一的多民族国家"的提法,但他又主张"以'汉族'或'王朝'来'代替中国'"[①],如果按照他这一主张去认识中国历史的话,似乎说"中国自古以来就是一个统一的多民族国家"并没有什么大错,因为按照他的观点,夏、商、周时期只有夏、商、周才是"中国",夏、商、周以外的"方国"并不是"中国",那么,作为"中国"的夏、商、周应该是一个统一的国家,夏、商、周在形成过程中也吸收了包括蚩尤集团在内的许多少数民族,将夏、商、周说成是多民族的国家,似乎也不错。夏、商、周距今已有四五千年的历史,不谓不古,因此,说"中国自古以来就是一个统一的多民族国家"似乎是一个正确的论题。如果我们不仅仅以华夏、汉族及其所建政权来代表"中国",而从今天中国是一个多民族国家、历史上各少数民族均自称"中国"以及即使有一些政权没有自称"中国"但被后来继承者称为"中国"等方面认识问题的话,说"中国自古以来就是一个统一的多民族国家"倒是有

---

① 孙祚民:《中国古代史中有关祖国疆域和少数民族的问题》,《文汇报》1961年11月4日;《再论中国古代史中有关祖国疆域和少数民族的问题》,《文汇报》1962年8月2日;《处理历史上民族关系的几个重要准则:读范文澜〈中国历史上的民族斗争与融合〉》,《历史研究》1980年第5期;《建国以来中国民族关系史若干理论问题研究评议》,《东岳论丛》1987年第1期。

从复数"中国"到单数"中国"——试论统一的多民族的"中国"及其疆域的形成

些问题了。

因为夏、商、周时期,在夏、商、周之外还存在一些"方国"势力。据说,夏国建立前后,与夏国并存的部落或国家尚有"万邦""万国"等等。如《初学记》卷九《帝王部·赞·挚虞〈黄帝赞〉》称,"黄帝在位","垂衣而治,万国乂安";《尚书·尧典》云"协和万邦",《大禹谟》称"野无遗贤,万邦咸宁";《左传》哀公七年记载"禹合诸侯于涂山,执玉帛者万国";《战国策·齐策》说"古大禹之时,诸侯万国";《吕氏春秋·用民》说"当禹之时,天下万国"等等。可见,夏国建立之时,"方国"众多,达到万数。后经"诸侯相兼",方国不断减少,"逮汤受命,其能存者三千余国,方于涂山,十损其七","至周克商,制五等之封,凡千七百七十三国,又减汤时千三百矣","其后诸侯相并,当春秋时,尚有千二百国","至于战国,存者十余"[1],后逐步形成七个主要诸侯国。史书所记载的这些"国",虽然有很多不具备国家形态,不过是一些部落或部族而已,但当时已有"国"之称,我们不妨仍称他们为"国"。在这些众多的国家之中,夏、商、周不过是其中最大、最具影响力的一个"国"而已,如果我们仅仅将夏、商、周视为"中国",而将其他"方国"视为外国的话,毫无疑问,"中国"是统一的,并非分裂的。如果我们将其他"方国"按照少数民族多自称"中国"以及这些方国后来为"中国"所继承也应该称"中国"来认识问题的话,那么,这一时期的"中国"无疑是复数,也就是说,当时存在多个"中国"的现象。如果我们按照由一个政权或一个中央政府管辖才算统一的话,毫无疑问,这一时期的"中国"不是一个统一的政权,而是多个"中国"同时并立。到了春秋战国时期,这种复数"中国"的现象不仅表现在地处中原地区的宋、卫、鲁、晋(韩、赵、魏)、郑等政权均称"中国"的多个"中国"之中,也应该表现在后来为"中国"所继承的秦、楚、燕、齐等边疆民族和政权之中。

秦汉时期,东征南讨,完成了对中原及其南方的统一,以中原地区为核心的"中国"的疆域扩展到前所未有的程度。吕振羽据此指出"从商周以来,我国就是一个多民族国家,这是没有争论的。从秦汉以来,由于有三国、十六国、南北朝、五代十国、辽金与两宋的分裂局面,还有像南诏、大

---

[1] 范晔:《后汉书》志一九《郡国一》,中华书局,1965年,第3387页。

中国古代的"天下""中国"观

理那些独立政权的存在，等等，有的同志便认为我国只是个多民族的国家，而不是统一的多民族国家。我们认为我国自秦汉以来就是一个统一的多民族国家，因为在这一长的时期中，社会历史发展的过程或总的趋势，是统一而不是分裂"[1]。翁独健在谈到"中国自古以来就是一个统一的多民族国家"的提法问题时也说，"'自古以来'，到底'古'到什么时候？这个'古'，一般是指秦汉"[2]。谷苞也认为"自秦汉以来，中国就是一个统一的多民族国家"[3]。这些学者都认为自秦汉时期开始，中国就是一个统一的多民族国家，秦汉距今两千多年，不谓不古，因此，说"中国自古以来就是一个统一的多民族国家"是从秦汉时期开始的，也是可以的。应该说，吕振羽、翁独健等学者的论述有一定道理。但这里仍然存在一个对"统一"如何理解的问题？如果认为大部分统一或基本上统一就算统一的话，说"中国自古以来就是一个统一的多民族国家"从秦汉开始无疑是一个毋庸置疑的命题，但若从"中国"只有在一个政权或一个中央政府管辖下才算统一的话，这一命题仍然存在一些问题。因为，秦汉自称"中国"，这已成为学界的普遍认同，但同时我们还不能忽略与秦汉在北方对峙的匈奴政权也自称"炎黄子孙"，且为后来的"中国"所继承，也应该属于"中国"的情况。匈奴虽然属于"中国"，但他们并不归秦汉中央政府所管辖，两个"中国"并未实现统一，因此，这时期的"中国"也存在复数现象。

魏晋南北朝时期，"中国"又进入分裂和民族政权并立时期。三国时期，蜀国和吴国虽然没有自称"中国"，但他们都为"中国"所继承，魏蜀吴三国都是"中国"并没有人怀疑。东晋十六国时期，东晋是"中国"，进入中原地区的十六国也自称"中国"。南北朝时期，南朝是"中国"，北朝也自称"中国"。这些政权后来都为"中国"所继承，因此，我们应该承认这些政权都是"中国"。如是，则魏晋南北朝时期的"中国"，也存在复数现象。

隋唐时期是中国古代历史发展的一个重要时期，以中原地区为核心的

---

[1] 吕振羽：《中国历史上民族关系的几个问题》，《学术月刊》1963年第1期。

[2] 翁独健：《民族关系史研究中的几个问题》，《中央民族学院学报》1981年第4期；《再谈民族关系史研究中的几个问题》，《民族研究》1985年第3期。

[3] 谷苞：《中华民族多元一体格局赖以形成的基本条件》，《西北民族研究》1993年第1期。

从复数"中国"到单数"中国"——试论统一的多民族的"中国"及其疆域的形成

"中国"地区出现了进一步扩张之趋势,因此,多数学者认为隋唐时期"中国"是统一的,因为地处边疆地区的一些少数民族及其政权均向隋唐称臣,他们要接受隋唐政府的册封,与隋唐政权是不平等的,可以称之为隋唐的地方政权。按此理解,隋唐应该是统一的。隋唐时期虽然建立了属国属部体系,但还是没有解决两个中央或多个中央并存的问题,仍然存在多政府多中央的问题。尤其是隋唐时期的吐蕃政权,仍具有一定的独立性,严格说来,隋唐时期的吐蕃并不归隋唐中央政府所管辖,仍然存在两个政权或多个政权并立的现象。吐蕃虽然不接受隋唐中央政府的管辖,但他们的祖先与古羌族有着十分密切的关系,甚至于有人说,吐蕃是由古羌族发展而来。古羌族与"炎黄子孙"有一定联系,传说"大禹出于西羌"[①],将西羌说成是大禹的后人,吐蕃也就与大禹之后有了联系。即使这一时期的吐蕃没有自称"中国",但他们为后来的"中国"所继承,也就成了"中国"形成过程中的一个来源,自然也就成了"中国"。如是,则隋唐时期的"中国"也是复数,"中国"并未完成由一个中央和皇帝所管辖的统一。

五代十国时期,中国历史再次进入分裂和民族政权并立时期,这次分裂也不是中外分裂,而是中国内部的分裂。当时,后梁、后唐、后晋、后汉、后周政权自称"中国",而吴、南唐、吴越、楚、闽、南汉、前蜀、后蜀、荆南等政权则没有自称"中国",但这些政权多为汉族所建立,且为后来的"中国"所继承,因此,人们对这些政权的"中国"属性并没有任何怀疑,均认为这些政权是"中国","中国"仍为复数。辽宋夏金时期,宋人自称"中国",辽人、夏人、金人也自称"中国",不是"中国"内部分裂,也是"中国"民族政权并立,"中国"仍然是复数。

以蒙古族为统治者建立的元朝,也以中国继承者自居。元世祖忽必烈曾在他建元和改国号的诏书中说"建元中统"以"见天下一家之义"[②],改国号为大元是"绍百王而纪统"[③]。这些诏书虽然出自汉人之手,但以元世祖的名

[①] 陆贾撰,王利器校注:《新语校注》卷上《术事第二》,中华书局,1986年,第43页。《盐铁论》卷五《国疾》称"禹出西羌";《后汉书》卷八三《逸民·戴良传》也说"大禹出西羌",唐李贤注引《帝王纪》曰:"夏禹生于石纽,长于西羌,西夷之人也。"
[②] 宋濂等:《元史》卷四《世祖纪一》,中华书局,1976年,第65页。
[③] 宋濂等:《元史》卷七《世祖纪四》,中华书局,1976年,第138页。

中国古代的"天下""中国"观

义下发，也应该是经过元世祖同意的，也能代表元世祖的一些思想和观念。元世祖在这些诏书中明确提出了"天下一家"的思想，并表示"绍百王而纪统"，就是要继承中国传统，无疑是以"中国之主"自居的表现。元世祖忽必烈在给日本的国书中称："日本密迩高丽，开国以来，时通中国，至于朕躬，而无一乘之使以通和好。"① 后"有日本僧告其国遣人刺探国事者"，铁木儿塔识曰："刺探在敌国固有之，今六合一家，何以刺探为。设果有之，正可令睹中国之盛。"② 刘宣在劝谏元世祖罢征日本时也说："日本僻在海隅，与中国相悬万里。"③ 所说"中国"都是指元朝。那时，虽然有人仍然抱着汉族和汉族政权是"中国"的观念不放，不承认元朝是"中国"，要"驱逐胡虏，恢复中华"④，但后人多承认元朝是"中国"，明人所修《元史》以及近人所修《新元史》被列入中国正史"二十一史""二十二史""二十三史""二十四史"和"二十五史"系列就是最好的证明。《元史·地理志》称"自封建变为郡县，有天下者，汉、隋、唐、宋为盛，然幅员之广，咸不逮元。汉梗于北狄，隋不能服东夷，唐患在西戎，宋患常在西北。若元，则起朔漠，并西域，平西夏，灭女真，臣高丽，定南诏，遂下江南，而天下为一。故其地北逾阴山，西极流沙，东尽辽左，南越海表"。吐蕃正式成为元朝控制下的一个区域，成为中国中央政府统辖的一部分，实现了中国的大统一。复数"中国"第一次变成了单数"中国"。

元朝时期，复数"中国"第一次变成了单数"中国"，统一的多民族的"中国"正式形成。到了明朝，这种统一的多民族的"中国"，又出现一些反复。元朝灭亡后，一部分蒙古人退回大漠，仍然使用"元"的国号，后来分裂为瓦剌、鞑靼等，虽然他们声称"今方普天率土，天朝皇明为尊，实上天之元子，为华夷之正主，九夷八蛮，各受封贡"⑤，赞成明朝有关"华夷一

---

① 宋濂等：《元史》卷六《世祖纪三》，中华书局，1976年，第111页。
② 宋濂等：《元史》卷一四〇《铁木儿塔识传》，中华书局，1976年，第3373页。
③ 宋濂等：《元史》卷一六八《刘宣传》，中华书局，1976年，第3952页。
④ 《明太祖实录》卷二六，台北"中央研究院"历史语言研究所，1962年校印本，第402页。
⑤ 郑振铎辑：《玄览堂丛书初集·北狄顺义王俺答谢表》，正中书局，1981年，第22页。

从复数"中国"到单数"中国"——试论统一的多民族的"中国"及其疆域的形成

家"的说法①，并承认明朝天子为"华夷之正主"，但他们自称为"大汗"，另立中央的倾向是十分明显的，单数的"中国"又回复到复数"中国"的状态。

以满族为统治者建立的清朝，也自称"中国"②，并于顺治元年（1644年）灭亡明朝；康熙二十年（1681年）平定三藩之乱；二十二年（1683年）统一台湾，加强对南海诸岛的统辖；二十八年（1689年）与沙俄签订《中俄尼布楚条约》，划定中俄东段边界；三十六年（1697年）平定准噶尔变乱；五十五年（1716年）平定策妄阿拉布坦变乱；雍正元年（1723年）平定青海罗卜藏丹津变乱，设青海办事大臣；雍正五年（1727年）设驻藏大臣；同年与沙俄签订《布连斯奇条约》《阿巴哈依图界约》《色楞格界约》；六年（1728年）与沙俄签订《恰克图条约》，划定中俄中段边界及规定通商办法等；同年与安南勘定国界；雍正十年（1732年）平定噶尔丹策零变乱；十一年（1733年）设乌里雅苏台将军，科布多参赞大臣；乾隆二十二年（1757年）平定阿睦尔撒纳变乱；二十四年（1759年）平定天山南路回部大小和卓的变乱，完成了国家的统一；二十七年（1762年）在新疆设伊犁将军并编成"乾隆内府舆图"（又名"清内府一统舆地秘图""乾隆十三排图"）③；二十九年（1764年）编成《大清一统志》500卷，明确了大清统治的疆域和范围；五十七年（1792年）打败廓尔喀的入侵，尽复西藏失地。经过乾隆皇帝

---

① 明太祖朱元璋曾在北元蒙古之主爱猷识理达腊病逝，遣使致祭时说："帝王以天下为一家，彼不出覆载之外，何远之有？"（严从简著、余思黎点校：《殊域周咨录》卷一六《鞑靼》，中华书局，1993年，第527页）；明成祖朱棣也曾遣使赍敕往谕瓦剌蒙古马哈木等曰："夫天下一统，华夷一家，何有彼此之间。"（参见《明太宗实录》卷三〇，永乐二年四月辛未条，台北"中央研究院"历史语言研究所1962年校印本，第533页）。

② 参见郭成康：《清朝皇帝的中国观》，《清史研究》2005年4期；黄兴涛：《清代满人的"中国认同"》，《清史研究》2011年第1期。

③ 关于"乾隆内府舆图"的绘制时间，学界存在不同说法。高儁以及《中国地图史纲》的作者认为绘成于1760年，翁文灏认为绘成于1760年或以后，李约瑟认为绘成于1769年，福克司认为绘成于1770年。《中国地理学史》则认为乾隆二十五年（1760年）至二十七年（1762年）绘成，笔者赞成《中国地理学史》的说法。

中国古代的"天下""中国"观

所建立的"十全武功"①，清政府最终完成和巩固了国家的统一，并在以前各朝对"华夷一体"中的"夷狄"未做严格区分的基础上②，根据历史发展变化的实际，将"夷狄"明确地划分出了"内藩"和"外藩"两大部分，并视"内藩"为"中国"之内属，视"外藩"为"中国"之外围，明确了"中""外"的划分，使复数的"中国"在明朝一度出现反复的情况下又重新转化为单数的"中国"，统一的多民族的"中国"及其疆域最终形成和确立下来。

综上所述，可以看出，中国古代不仅存在少数民族及其政权自称"中国"的现象，也存在一些当时没有自称"中国"而被后来继承者称为"中国"的现象。如夏、商并没称自己的政权为"中国"，但后人皆以夏、商、周为"中国"最具典型的代表者；三国时期的蜀国和吴国在当时没有自称"中国"，但后人均以其为汉族建立的政权，与曹魏并称"中国"；五代十国时期的十国在当时也没有自称"中国"，但后人也以他们多为汉族建立的政权，与五代并称"中国"，等等。这就使秦朝以后的"中国"仍然表现为复数。这些复数的"中国"经过秦汉、魏晋南北朝、隋唐、辽宋夏金的发展，到了元朝统一全国开始过渡为单数"中国"，明朝时期，元朝所形成的单数"中国"又出现一些反复，到了清朝统一全国，复数"中国"又重新转化为单数"中国"，统一的多民族的"中国"及其疆域最终形成和确立。笔者虽然赞成以清朝统一全国作为统一的多民族的"中国"及其疆域形成和确立的标志，但不赞成用这一时期的中国疆域将中国历史上的疆域固定下来，主张"以今天中国疆域所包括的民族为出发点去上溯中国各个民族的历史和疆

---

① 乾隆皇帝所称"十全武功"为"平准噶尔为二，定回部为一，扫金川为二，靖台湾为一，降缅甸、安南、各一，即今二次受廓尔喀降，合为十"，见《清实录·高宗纯皇帝实录》卷一四一四《御制十全记》，中华书局1985年影印本，第1018页。

② 清代以前各朝对"华夷一体"中的"夷狄"也有所区分，如"五服"之内和"五服"之外，《禹贡》"九州"和邹衍"大九州"等，但没有十分明确和严格的划分。

从复数"中国"到单数"中国"——试论统一的多民族的"中国"及其疆域的形成

域",动态地去认识中国各个历史时期的不断发展变化的疆域①。

(本文原载《中国边疆史地研究》2011年第3期,中国人民大学复印报刊资料《历史学》2012年第2期全文转载,收入李大龙、刘清涛主编《中国疆域形成与发展的理论探索》一书)

---

① 参见赵永春:《关于中国历史疆域问题的几点认识》,《中国边疆史地研究》2002年3期,《新华文摘》2003年第1期转载;《认识中国历史疆域的几个原则》,《高句丽历史问题研究论文集》延边大学出版社,2005年;《关于中国历史疆域理论界定的再思考——兼答殷丽萍〈论中国历史疆域的理论界定〉一文的质疑》,《东北边疆历史与文化研究》,吉林人民出版社,2009年。

中国古代的"天下""中国"观

中国历史不应等同于汉民族发展史

关于何谓中国的问题,学界虽然几经讨论,但还是有人主张用华夏汉族及其政权代表"中国",认为少数民族及其政权不是"中国"。国外学者宣称只有华夏汉族才是"中国",大力宣扬"长城以外非中国""汉族以外非中国",等等。新清史学者也用汉族代表中国,认为"清帝国和中国并非同义词,而是一个超越了'中国'的帝国"[1]等等。国内一些学者虽然没有公开说只有华夏汉族是中国,少数民族不是中国,但字里行间仍然宣传华夏汉族是中国的观点,有关"华夏中国""汉族中国"的说法又成为流行语言,甚至有人说"高句丽不必是'唐王朝管辖下的地方政权',吐蕃也不在当时'中国(大唐帝国)版图',现在的东北、西藏虽然在中华人民共和国政府控制范围内,但是,历史上它们却并不一定全是古代中国的领土"[2],显然是在用汉人所建立的唐王朝代表中国,认为不受唐王朝管辖的少数民族不是中国。按此逻辑,辽金不受宋朝管辖,辽金的领土不在宋朝版图之内,辽金也不是中国。这种思路,无疑是将汉族王朝等同于中国,视"中国"为汉民族单一民族国家,汉族以外的少数民族自然就不是中国了。于是,"崖山之后无中国",元朝是中国吗,清朝是中国吗?又成了人们比较关心的扑朔迷离的疑问。

不可否认,在中国古代历史上,汉族人数最多,文明起源最早,文化发展最快,一直是中国历史发展进程中的主体民族,并主导中国历史走向,但

---

[1] Evelyn S. Rawski(罗友枝):*The Last Emperors: A Social History of the Qing Imperial Institutions*, Univ. of California press, 1998. 转引自葛兆光:《宅兹中国》,中华书局,2011年,第21页。

[2] 葛兆光:《宅兹中国》,中华书局,2011年,第32页。

我们不能用华夏汉族发展史代替整个中国发展史。因为，汉族发展史仅仅是汉民族一个民族的发展史，而中国历史则是包括各个少数民族发展的历史。也就是说，中国不是一个单一民族国家，而是包括各个少数民族的多民族国家。在中国古代历史上，"中国"一词并非仅仅指称华夏汉族及其政权，还有指称"中原"的地理含义、指称"诸侯用夷礼则夷之，夷而进于中国则中国之"（即"懂礼即中国"）的文化含义、指称政权的"国家"含义，以及后来政权称历史上以中原地区为主且有相互递嬗关系或没有递嬗关系但为自己政权所继承（即继承性"中国"）的多个政权为"中国"的含义，等等。按照这些"中国"的含义去认识中国历史，可以看出，中国古代的"中国"一直与少数民族有着千丝万缕的联系，"中国"绝不仅仅是华夏汉民族一个民族的"中国"，而是包括各个少数民族的多民族的"中国"。

一、具有"中原"含义的"中国"，包括进入中原地区的少数民族

在中国古代，"中国"一词具有指称"中原"的含义，虽然主要是一个地理概念，但也有用以指称在这一地区生活的人们，亦即"中原之人"的意思，也就是说，应该包括进入中原地区的少数民族。

有人认为，炎帝、黄帝出自西北的氐羌或北狄[①]，后来进入中原，与中原土著居民融合形成华夏民族。古代文献也记载说"大禹出于西羌"[②]，后来

[①] 刘起釪：《周姬姜与氐羌的渊源关系》（《华夏文明》第二辑，北京大学出版社，1990年）、《炎黄二帝时代地望考》〔《炎黄春秋》（增刊）1994年第1期〕；刘毓庆《黄帝族的起源迁徙及炎黄之战的研究》（山西大学学报2008年5期）、《上党神农氏传说与华夏文明起源》（人民出版社，2008年）；徐中舒《先秦史论稿·周人出于白狄说》（巴蜀书社，1992年）；沈长云《上古史探研·周人北来说》，中华书局，2002年。

[②] 陆贾撰，王利器校注：《新语校注》卷上《术事第二》，中华书局，1986年，第43页。范晔《后汉书》引《帝王纪》曰："夏禹生于石纽，长于西羌，西夷之人也。"也有人认为"大禹出于东夷"（见李昉等《太平御览》卷四六四《人事部·辩下》），孟子曰："舜生于诸冯，迁于负夏，卒于鸣条，东夷之人也。"（《孟子》卷八上《离娄章句下》，中华书局《十三经注疏》本，1980年，第2725页）。

中国古代的"天下""中国"观

进入中原，建立夏王朝，成了中国圣人。商人源于东夷①，后来进入中原，建立商王朝，成为众所公认的中国王朝。西周"文王生于岐周，卒于毕郢，西夷之人也"②，后来进入中原，建立西周王朝，成为中国人所羡慕和赞赏的典型的"中国"王朝。可见，夏商周时期，就有大量少数民族的先人进入中原，与中原土著居民即华夏族先人融合形成了华夏族，并逐步发展和壮大了华夏民族，成为众所公认的"中国"民族的主体。毫无疑问，我们所说的"中国"就应该包括这些进入中原并成为"中国"民族始祖的少数民族。

春秋战国时期，进入中原的少数民族更多。如：唐孔颖达为《毛诗》"混夷"作疏时曾称"其患中国之混夷"，又引《采薇序》"西有混夷之患"，称"是患夷者，患中国之夷，故患夷则混夷也"③。认为有大量的夷人进入中原，成为"中国之夷"，并称这些"中国之夷"为"混夷"。晋杜预为《左传》"犬戎"作注时称"西戎别在中国者"，唐孔颖达疏引《正义》称"西方曰戎，知犬戎是西戎别在中国者也"④。认为西戎的一部分进入中原地区以后称"犬戎"，后来成为"中国"的一部分。孔颖达为《左传》"卫人及狄盟"作疏时，引用刘炫的话说："春秋时戎狄错居中国。"⑤ 又为"楚子诱戎蛮子杀之"作疏时，引用《正义》的话说："四夷之名，在西曰戎，春秋之时，错居中国。"又引用杜言的话说"'河南新城县东南有蛮城'，则是内地之戎，

---

① 关于商人起源，学界虽然认识不一，但认为商人起源于东北辽水发源一带（即今内蒙古赤峰一带）的观点逐渐为大多数学者所接受。

② 赵岐注，孙奭疏：《孟子注疏》卷八上《离娄章句下》，中华书局《十三经注疏》本，1980年，第2725页。也有人认为"文王生于东夷"，见陆贾撰：《新语》卷上《术事第二》；崔鸿：《十六国春秋》卷一《前赵录·刘渊》、《十六国春秋》卷一三《后赵录·石勒》；房玄龄等：《晋书》卷六三《邵续传》、《晋书》卷一〇一《刘元海传》、《晋书》卷一〇八《高瞻传》，等等。

③ 毛亨传、郑玄笺，孔颖达疏：《毛诗注疏》卷一六《大雅·皇矣》，中华书局《十三经注疏》本，1980年，第520页。

④ 左丘明传，杜预注，孔颖达疏：《春秋左传注疏》卷一一闵公二年，中华书局《十三经注疏》本，1980年，第1787页。

⑤ 左丘明传，杜预注，孔颖达疏：《春秋左传注疏》卷一七僖公三十二年，中华书局《十三经注疏》本，1980年，第1832页。

在楚北也"①。称春秋战国时期进入中原的四夷与华夏族杂错居住在一起,称他们"错居中国",也就成了"中国"。说明春秋时期有大量的蛮夷戎狄进入中原,后来都成为"中国"的一部分。

秦人原来也是西戎之人,后来进入中原,统一各国,按"中国"指称"中原"的含义,也成了中国。两汉时期,进入中原的少数民族有很多,拱卫京师的军队有"越骑""长水宣曲胡骑""池阳胡骑""乌桓胡骑"等②,都应该是由少数民族组成的军队。据陈连庆研究,"西汉一朝所使用的少数民族士兵,包括匈奴兵、西域兵、南越兵、西南夷兵和羌胡兵"③。越人进入中原者有很多,史书记载,在闽越发兵围东越时,东越即请求汉朝出兵相助,并"请举国徙中国,乃悉举众来,处江淮之间"④,大量进入中原。匈奴人进入中原者更是无法统计,除上述进入中原地区的匈奴兵以外,还有赫赫有名的匈奴人金日磾等人,都成了"中国人"的一分子。

三国两晋南北朝时期,匈奴、鲜卑、羯、氐、羌等少数民族纷纷进入中原,并在中原地区建立政权。匈奴人刘渊建立汉、刘曜建立前赵、赫连勃勃建立大夏,羯人石勒建立后赵,氐人苻健建立前秦,羌人姚苌建立后秦,鲜卑人慕容皝建立前燕、慕容垂建立后燕、慕容德建立南燕、拓跋什翼犍建立代国、拓跋珪建立北魏、宇文泰拥立元宝炬建立西魏、高欢拥立元善见建立东魏、高洋建立北齐、宇文觉建立北周,等等。如果按中原就是"中国"理解,这些进入中原的少数民族建立的政权都应该是"中国"。

人们都认为,建立隋王朝的杨坚家族和建立唐王朝的李渊、李世民家族都是汉族,其实,杨坚家族和李渊、李世民家族都与少数民族有着千丝万缕的联系。杨坚家族在北周时期被赐鲜卑姓普六茹,杨坚本人又娶鲜卑独孤氏为妻,因此,宋末元初人郑思肖曾说"普六茹坚小字那罗延,僭称隋,僭谥

---

① 左丘明传,杜预注,孔颖达疏:《春秋左传注疏》卷四七昭公十六年,中华书局《十三经注疏》本,1980年,第2078页。
② 参见班固:《汉书》卷一九《百官公卿表》、《汉书》卷六六《刘屈氂传》、《汉书》卷九九《王莽传上》;范晔:《后汉书》卷一三《隗嚣传》、《后汉书》卷三九《刘般传》、《后汉书》卷一一七《百官志四》,等等。
③ 陈连庆:《西汉与新莽时期的少数民族士兵》,《史学集刊》1984年第2期。
④ 司马迁:《史记》卷一一四《东越传》,中华书局,1959年,第2980页。

中国古代的"天下""中国"观

文帝，普六茹译姓曰杨，夺伪周宇文辟之土，而并僭陈之天下，本夷狄也"[1]，谓隋文帝杨坚为"夷狄"。唐朝皇帝李渊、李世民家族，也与少数民族密不可分，李氏家族在西魏时被赐姓大野氏，唐高祖李渊的母亲为鲜卑独孤氏（隋文帝独孤皇后的姐姐），也就是说，李渊身上有一半少数民族的血统。李渊又娶鲜卑纥豆陵氏窦氏（北周上柱国窦毅与北周武帝的姐姐襄阳长公主所生之女）为妻，所生之子李世民也娶鲜卑长孙氏为妻，到了李世民的儿子唐高宗李治之时，已经很少汉人血统了。如果我们将李渊、李世民的身世再向前追述的话，恐怕李世民身上少数民族的血统会更多。基于此种认识，宋人朱熹才说"唐源流出于夷狄"[2]，宋末元初郑思肖也说"李唐为《晋·载记》凉武昭王李暠七世孙，实夷狄之裔"[3]。退一步讲，即使杨坚、李渊、李世民不算夷狄，但他们所继承的后周本来就是鲜卑人掌控的天下，入隋以后，自然有大批鲜卑等少数民族进入中原，成为"中国"不可或缺的臣下之民。

五代十国时期，在占据中原地区的后梁、后唐、后晋、后汉、后周五个朝代之中，就有三个朝代即后唐、后晋、后汉的建立者是少数民族沙陀人，可以想见，进入中原地区的少数民族不会很少。与五代同时兴起的辽王朝，有大量契丹等少数民族进入燕（今北京）云（今山西大同）等中原地区。继起的女真人，灭亡北宋，占据整个中原地区。史书记载，"金人据有中原，诸州皆屯戍女真、契丹军"[4]，"犹虑中原士民怀二王之意，始创屯田军，及女真、奚、契丹之人，皆自本部徙居中州，与百姓杂处"[5]，将女真等少数民族大量迁往中原地区，并依据"中原即中国"的理念，标榜自己就是"中国"。这些进入中原的少数民族到元朝时都被称为汉人了。

元朝时期，有大量的蒙古等少数民族进入中原，并很自豪地以"中国"自居。明朝虽然恢复了汉人统治，但仍然接收了原来中原地区包括众多少数

---

[1] 郑思肖：《心史·杂文·古今正统大论》，上海广智书局光绪三十一年本，第107页。
[2] 黎靖德：《朱子语类》卷一三六《历代三》，中华书局，1994年，第3245页。
[3] 郑思肖：《心史·杂文·古今正统大论》，上海广智书局光绪三十一年本，第106页。
[4] 徐梦莘：《三朝北盟会编》卷一一九，上海古籍出版社，1987年，第871页。
[5] 李心传：《建炎以来系年要录》卷一三八，绍兴十年十月条，中华书局，1988年，第2225－2226页。

民族的各族人民，同时，又将大量蒙古和女真等各族人迁入中原，仅洪武四年（1371），就"以沙漠遗民三万二千八百六十户"屯田北平府①，到正统元年（1436），"京师达人（主要指蒙古人，也包含女真人），不下万余，较之畿民三分之一"②，中原地区并没有成为汉民族一个民族独自居住的地区，仍然是多民族聚居区。清朝统一全国，更有大量的少数民族进入中原，据说，满族入关时，从盛京（今辽宁沈阳，当时盛京管辖整个东北）迁移北京的人流，"凡经三十五六日，男女相踵，不绝于道"③，后来，进入中原的少数民族更是无法计算。

可见，中国古代各个历史时期的"中原"地区都不仅仅是汉人聚居区，而是有大量少数民族杂居期间。因此，用一国之中心或天下之中心的"中原"地区指称"中国"时，不仅指称中原地区的汉族人，也包括进入中原地区的少数民族，这个含义的"中国"概念，仍然是一个多民族的概念。

二、具有"懂礼"含义的"中国"，包括"懂礼"有文化的少数民族

中国古代"中国"一词，除了具有指称汉族和中原的含义以外，还有在"天下中心"的基础上派生出"文化中心"的含义。一般认为，"中国"懂文明，知礼义，有教养，文化水平最高。古人认为，中国与四夷文化差异最突出的表现是是否懂"礼"，所行合乎"礼"的要求即是"中国"，不符合"礼"的要求，即是夷狄。韩愈曾说："孔子之作《春秋》也，诸侯用夷礼则夷之，（夷而）进于中国则中国之"④，也就是说，不管你原来的种族如何，

---

① 《明太祖实录》卷六六，洪武四年六月壬午条，台北"中央研究院"历史语言研究所1962年校印本，第1246页。

② 《明英宗实录》卷二五，正统元年十二月壬戌条，台北"中央研究院"历史语言研究所1962年校印本，第510页。

③ 稻叶岩吉著、杨成能译：《满洲发达史》引《鞑靼物语》，东亚印刷株式会社奉天支店1940年版，第266页。

④ 韩愈撰、马其昶校注：《韩昌黎文集校注》卷一《原道》，上海古籍出版社，1986年，第17页。

中国古代的"天下""中国"观

只要遵循"中国"之礼就是"中国"（华夏汉族），遵循夷礼就是夷狄。因此，"中国"（华夏汉族）和四夷是可以互相变化的。春秋时期的吴国，虽然是西周正统姬姓周太伯及其后人所建，但由于他们没有奉行"中国"之礼，也不是中国。"晋变而为夷狄，楚变而为君子"①，晋虽然被视为"中国"，但不奉行"中国"之礼，就变成了夷狄；楚虽然属于夷狄，但奉行"中国"之礼，就变成了"中国"。中国古代历史上像这样发生民族变化的事例很多，少数民族变成"中国"（华夏汉族）的事例，更是屡见不鲜。因此，按"懂礼"的含义去认识"中国"，也应该包括"懂礼"的有文化的少数民族。

春秋战国时期，西方的秦还被视为西戎，南方的楚、吴、越还被视为南蛮，但经过春秋战国时期的文化交融，到了秦朝统一全国，都变成了"中国"华夏。两汉以后，北方的匈奴不断进入中原，受汉族文化影响，本民族特征逐渐消失，到了隋唐时期，全部变成了汉人。乌桓、鲜卑也是这样，进入中原以后，受汉族文化影响，与汉族文化差异逐渐缩小，到了隋唐时期也变成了汉人。

隋唐时期，在民族不断发展变化（即民族融合）的基础上，对不以地域论民族、不以种族论民族而以文化论民族的思想理论又有了进一步的发展和提高。如，皇甫湜曾说，"所以为中国者，以礼义也，所以为夷狄者，无礼义也，岂系于地哉。杞用夷礼，杞即夷矣"②。陈黯曾作《华心》说，"苟以地言之，则有华夷也；以教言之，有华夷乎？夫华夷者辨在乎心，辨心在察其趣向。有生于中州而行戾乎礼义，是形华而心夷也；生于夷域而行合乎礼义，是形夷而心华也"③。程晏也作《内夷檄》称，"四夷之民长有重译而至，慕中华之仁义忠信。虽身出异域，能驰心于华，吾不谓之夷矣。中国之民长有倔强王化，忘弃仁义忠信，虽身出于华，反窜心于夷，吾不谓之华矣。窜心于夷，非国家之窜尔也，自窜心于恶也。岂止华其名谓之华，夷其名谓之

---

① 董仲舒撰、凌曙注：《春秋繁露》卷二《竹林第三》，中华书局，1975 年，第 43 页。

② 皇甫湜：《皇甫持正集》卷二《东晋元魏正闰论》，台湾商务印书馆影印文渊阁四库全书本，1982 年，第 1078 册，第 73 页。

③ 陈黯：《华心》，见李昉等《文苑英华》卷三六四《辩论二》，中华书局，1966 年，第 364 页。

夷邪？华其名有夷其心者，夷其名有华其心者。是知弃仁义忠信于中国者，即为中国之夷矣。……四夷内向，乐我仁义忠信，愿为人伦齿者，岂不为四夷之华乎"①？他们都认为，不论地域和种族，只要其行为合乎礼义，就是华，就是"中国"，中国人如果不懂礼义就是"中国之夷"，四夷的行为合乎礼义，就是"四夷之华"。不以地域论民族，不以种族论民族，而以文化论民族，符合隋唐时期匈奴、乌桓、鲜卑、羯、氐、羌融入汉族，以及边疆民族心向华夏的历史发展大势。

唐朝以后逐步兴起的契丹人也接受了这种"懂礼即为中国"的以文化论"中国"的思想观念。史书记载，"大辽道宗朝，有汉人讲《论语》，至'北辰居所而众星拱之'，道宗曰：'吾闻北极之下为中国，此岂其地邪？'至'夷狄之有君'，疾读不敢讲。则又曰：'上世獯鬻、猃狁，荡无礼法，故谓之夷。吾修文物彬彬，不异中华（中国），何嫌之有！'卒令讲之"②。即主张按"礼法""文物"亦即文明区分中国（中华）和四夷，认为契丹文明已同中华无异，不再属于夷狄，并在此基础之上，明确自称"中国"③。确实，契丹文化经过与汉文化的交融，文化差异逐渐缩小，契丹人与汉人逐渐融合，本民族特征逐渐消失，到了元朝，成为"四等人"中的"汉人"，已经完全变成汉人了。

女真人也是这样，他们进入中原以后，极力反对按种族、按地域区分中国和四夷，也主张按文化区分贵贱和尊卑，即主张按文化区分中国和四夷。史书记载，金朝皇帝完颜亮"读《晋书》至《苻坚传》"，曾"废卷失声而叹曰：'雄伟如此，秉史笔者不以正统帝纪归之，而以列传第之，悲夫'"。对史家修《晋书》时没有把建立雄伟事业的苻坚放到记载皇帝之事的《本纪》中去写，而是放到与将相大臣同等地位的《载记》中去写，大为不满。完颜亮还对蔡松年等人说："朕每读《鲁论》，至于'夷狄虽有君，不如诸夏

---

① 董诰等辑：《全唐文》卷八二一，中华书局，1983年，第8650页。
② 洪皓：《松漠纪闻》，赵永春辑注《奉使辽金行程录》，商务印书馆，2017年，第318页。
③ 参见赵永春：《试论辽人的"中国"观》，《文史哲》2010年第3期。

中国古代的"天下""中国"观

之亡也',朕窃恶之,岂非渠以南北之区分、同类之比周而贵彼贱我也。"①极力反对按地区、按种族区分贵贱尊卑,主张按文化区分贵贱尊卑,认为少数民族如果取得"雄伟"的事功,也应该与汉人同等看待。由于女真人也主张以文化论中国,认为女真人有文化,也不比汉人差,因此,明确自称为"中国"②。进入中原地区的女真人,也像契丹人一样,经过与汉族等各民族的融合,到了元朝时期,都变成了"四等人"中的汉人。

元朝时期,虽然有一些人出现"蒙古化"倾向,但仍以"汉化"为主流。"元时,蒙古、色目人听就便散居内地"③,不仅有大量蒙古人通过学习汉文化,减少与汉人的差距,变成了汉人,也有大量其他少数民族将本民族文化融入汉文化之中,逐渐泯灭了民族界限,也变成了汉人。陈垣《元西域人华化考》一书即统计出132位具有儒学、文学、礼学等文化素养并逐步"华化"的西域各族人④。陶宗仪在其所著《南村辍耕录》里记载了"汉人八种",即包括"契丹、高丽、女直、竹因歹、术里阔歹、竹温、竹赤歹、渤海"⑤,清人钱大昕认为《元史·镇海传》记载的"'只温'盖即'竹温'之转欤"⑥,唐长孺据王国维《观堂集林·元朝秘史之主因亦儿坚考》,认为"《辍耕录》之竹因歹、竹温、竹亦歹者并即'主因'之异译",术里阔歹"疑即主儿只(女真)之异译"⑦。不管怎么说,都反映了元朝时期有大量少数民族由于受汉文化影响而变成汉人的历史事实。

明朝时期,除了接收原来元朝进入中原地区的蒙古人,还不断接收北元等北方和东北地区的少数民族,这些少数民族进入中原之后,在汉文化的影

---

① 徐梦莘:《三朝北盟会编》卷二四二,引张棣《正隆事迹记》,上海古籍出版社,1987年,第1740页。

② 参见赵永春:《试论金人的"中国"观》,《中国边疆史地研究》2009年第4期。

③ 赵翼:《陔余丛考》卷一八《元制蒙古色目人随便居住》,商务印书馆,1957年,第355页。

④ 陈垣:《元西域人华化考》,上海古籍出版社,2000年,第131页。

⑤ 陶宗仪:《南村辍耕录》卷一《氏族·汉人八种》,中华书局,1959年,第14页。

⑥ 钱大昕:《十驾斋养新录》卷九《汉人八种》,陈文和主编《嘉定钱大昕全集·柒》,江苏古籍出版社,1997年,第244页。

⑦ 唐长孺:《山居存稿》,武汉大学出版社,2013年,第479页。

响下，逐步放弃了本民族的一些生活习俗，也通过文化的发展变化而变成了汉人。满族在入关之初，保留有本民族的文化特征，后来，清朝统治者虽然一再强调"国语骑射"，保持本民族文化，并推行一些试图将一些人"满化"的政策，也出现一些人"满化"趋势，但最终仍然阻挡不住"汉化"的洪流，大批满族人习用汉族文化和风俗习惯，逐渐放弃本民族的风俗习惯，变成了汉人。

可见，中国古代用"中国"一词指称"懂礼"等文化时，更是超越了种族界限，不仅包括那些逐渐采纳汉文化并逐渐融入汉族之中的少数民族，也包括那些没有融入汉族之中但也"懂礼"，有文化的少数民族。用"中国"一词指称"懂礼"等文化时，"中国"绝非华夏汉族所独有。

三、指称汉族政权和中原政权的"中国"，包括受汉族国家政权或中原国家政权管辖的少数民族

中国古代常常用"中国"一词指称政权，主要指称华夏汉族政权和中原政权。当用"中国"一词指称华夏汉族国家政权或中原国家政权时，也包括受汉族国家政权或中原国家政权管辖的少数民族。

由于受"汉族中国"和"中原中国"的影响，古人常常认为周边的少数民族不是"中国"，但在周边少数民族接受"汉族中国"或"中原中国"管辖之后，又说这些民族和地区纳入"中国"或者进入"中国"，也成了"中国"的一部分，承认这些受汉族政权或中原政权管辖的少数民族是"中国"。如，春秋战国时期，常常不承认南方的楚国是"中国"，后来，秦始皇灭亡楚国，设置黔中、闽中等郡，又进军岭南，设置南海、桂林、象等郡，将这些地区的少数民族统一纳入秦朝国家政权管辖之下。秦朝称"中国"，这些受秦朝国家政权管辖的地区及其少数民族也就成了"中国"的一部分。汉代也是这样，在西南地区设置犍为、牂柯、越巂、沈黎、汶山、益州等郡，在南方设置南海、苍梧、郁林、合浦、交趾、九真、日南、儋耳、珠崖等郡，在东北地区设置乐浪、玄菟、临屯、真番等郡，对这些地区进行直接管辖，这些地区及其少数民族也就成了汉朝国家政权管辖地区的臣民。汉朝称"中国"，这些地区的少数民族也就成了"中国"。也就是说，用"中国"一词指

中国古代的"天下""中国"观

称秦王朝和汉王朝国家政权时,不仅仅指称秦王朝和汉王朝管辖下的汉族人民,也包括秦王朝和汉王朝管辖下的少数民族,在这里,"中国"一词与汉族是不等同的,"中国"和汉族并非一个完全相同的概念。

隋唐国家的"中国"与汉族也不是一个概念。史书记载,唐朝武则天时期,王方庆"拜广州都督。广州地际南海,每岁有昆仑乘舶以珍物与中国交市"[1],认为"地际南海"的广州属于"中国","中国"不是指中原的地理概念,也不是指汉民族的民族概念,而是指唐朝国家政权管辖范围的概念。唐朝的广州为隋南海郡,属岭南道,有大量少数民族居住,唐朝时期的"中国"应该包括这些少数民族。李华撰《东都圣善寺无畏三藏碑》称,善无畏"其先自中天竺回","路出吐蕃"即至"中国西境"[2],也是用"中国"指称唐朝国家政权管辖范围,包括唐朝管辖下的"西境"的少数民族。韩愈在其所作《送郑尚书序》中讲了"耽浮罗、流求、毛人、夷亶之州,林邑、扶南、真腊、于陀利之属"等"海外杂国"之后说,"外国之货日至,珠香象犀玳瑁奇物,溢于中国,不可胜用"[3]。这里所说的"外国之货日至",无疑是指"海外杂国"的货物运至与"海外杂国"接壤的"中国"等地,即将包括与"海外杂国"接壤地区在内的唐朝说成是"中国","中国"也是指唐朝国家管辖范围,包括与"海外杂国"接壤地区的少数民族。宋人江少虞引《倦游录》说"南蕃呼中国为唐",并说"太宗泊明皇擒中天竺王,取龟兹为四镇,以至城郭诸国皆列为郡县。至今广州胡人,呼中国为唐家"[4]。明人于慎行也说"东南海夷称中国为唐人"[5],又说"唐开元、天宝间,中国强盛,自长安西门,西尽唐境,万二千里","所谓万二千里,盖包西域属国而言"[6]。可见,用"中国"指称隋唐国家政权时,并非仅仅指隋唐境内的汉民

---

[1] 刘昫等:《旧唐书》卷八九《王方庆传》,中华书局,1975年,第2897页。

[2] 李华:《东都圣善寺无畏三藏碑》,董浩等辑《全唐文》卷三一九,中华书局,1983年,第3239页。

[3] 韩愈撰,马其昶校注:《韩昌黎文集校注》,上海古籍出版社,1986年,第284页。

[4] 江少虞:《宋朝事实类苑》卷七七《安边御寇·南蕃呼中国为唐》,上海古籍出版社,1981年,第1009页。

[5] 于慎行:《谷山笔麈》卷一三《称谓》,中华书局,1984年,第148页。

[6] 于慎行:《谷山笔麈》卷一二《形势》,中华书局,1984年,第135页。

族，也是指包括西域在内的受隋唐国家政权管辖的少数民族。隋唐是"中国"，这里作为国家概念的"中国"与汉族是不能等同的，仍然是一个多民族国家的概念。

宋朝"中国"也是多民族国家。北宋大臣苏洵曾说"国家分十八路，河朔、陕右、广南、川峡实为要区。何朔、陕右，二虏之防，而中国之所恃以安"①。苏洵所视河朔、陕右、广南、川峡等"中国"的边疆地区，有大量少数民族居住。北宋神宗时期，"朝廷遣沈起、刘彝相继知桂州，以图交趾"。"岭南进士徐百祥屡举不中第，阴遗交趾书"，称"百祥才略不在人后，而不用于中国，愿得佐大王下风。今中国欲大举以灭交趾，兵法：'先人有夺人之心'，不若先举兵入寇，百祥请为内应"。"于是交趾大发兵入寇，陷钦、廉、邕三州"。"朝廷命宣徽使郭逵讨交趾，交趾请降，曰：'我本不入寇，中国人呼我耳'"②。岭南进士徐百祥认为自己有才略，但屡试不中，不得重用，因此对"中国"怀恨在心，挑拨交趾说"今中国欲大举以灭交趾"，劝交趾先发制人，进攻"中国"。徐百祥在这里所说的"中国"，就是指北宋国家政权。交趾听了徐百祥的话，发兵进攻中国，被中国打败，请降，曰："我本不入寇，中国人呼我耳。"称徐百祥为"中国人"。徐百祥是岭南人，交趾所说的北宋"中国"，无疑是包括"岭南"等地区在内的"中国"，文中称交趾进攻"中国"攻陷"钦、廉、邕"等州，即视"钦、廉、邕"等州为"中国"之地。宋代的岭南地区，有大量少数民族居住，这条史料所说的"中国"就包括岭南地区及其在其地生活的少数民族。宋神宗也说过："中国兼燕、秦、楚、越万里之地，古所以胜外敌之国皆有之。"③ 所说"中国"，包括"燕、秦、楚、越"等地，"中国"不是指"中原"，也不仅仅指汉族，应该是指包括"燕、秦、楚、越"等地少数民族在内的整个宋朝国家。南宋时，宗室赵与时在其成书于南宋嘉定十七年（1224年）的《宾退录》一书中

---

① 苏洵著，曾枣庄、金成礼笺注：《嘉祐集笺注》卷四《衡论·重远》，上海古籍出版社，1993年，第100页。"何朔"，宋刻本作"河朔"，是。此处作"何"，误。

② 司马光：《涑水记闻》卷一三，中华书局，1989年，第248页。

③ 李焘：《续资治通鉴长编》卷二六二，神宗熙宁八年四月戊寅条，中华书局，1986年，第6401页。

中国古代的"天下""中国"观

称"汉儋耳郡，本朱崖之地，唐为儋州，本朝为昌化军。中国极南之地也"①，视汉朝的儋耳郡、唐朝的儋州、宋朝的昌化军（朱崖之地）为中国极南之地。据文中之意分析，赵与时所说的"中国"，应该有指汉朝、唐朝和"本朝"的意思。据《宋史·地理志》记载，北宋熙宁六年（1073年）改儋州为昌化军，绍兴六年（1136年）改为昌化县，绍兴十四年（1144年）复为昌化军。可知赵与时在这里所称的"本朝"，或指北宋，或指南宋，或指两宋。再据赵与时主要活动于南宋时期分析，"本朝"当主要指绍兴十四年以后的南宋王朝。所说"中国"的含义与此相同，也应该指称南宋王朝。南宋"中国"的昌化军，本汉朝的儋耳郡，有大量少数民族居住。

明朝"中国"也包括大量少数民族。史书记载，洪武十四年（1381年），思明府称安南脱峒二县兵攻思明府永平等寨，安南则称思明府攻其脱峒等处，明太祖朱元璋乘安南国王遣使来贡时，以书谴责安南国王，"言其作奸肆侮、生隙构患、欺诳中国之罪。复敕广西布政使司，自今安南人贡并勿纳"②。明太祖谴责安南国王"欺诳中国"，应该是指安南称思明府攻其脱峒等地，无疑是将思明府等地说成是"中国"之地。思明府是与安南接壤的边疆地区，少数民族不在少数。明成祖朱棣也曾对安南说"广西思明府亦奏尔夺其禄州、西平州、永平寨之地，此乃中国土疆，尔夺而有之，肆无忌惮，所为如此，盖速亡者也"③。明确称"禄州、西平州、永平寨"等地为"中国土疆"，自然包括其地的少数民族。洪武三十年（1397年），明太祖针对"礼部奏诸番国使臣客旅不通"之事，称"洪武初，海外诸番与中国往来使臣不绝，商贾便之。近者安南、占城、真腊、暹罗、爪哇、大琉球、三佛齐、渤尼、彭亨、百花、苏门答剌、西洋邦哈剌等凡三十国，以胡惟庸谋乱，三佛齐乃生间谍，给我使臣，至彼爪哇国王闻知其事，戒饬三佛齐礼送还朝。是

---

① 赵与时《宾退录》卷四，上海古籍出版社，1983年，第54页。
② 《明太祖实录》卷一三七，洪武十四年六月丙辰条，台北"中央研究院"历史语言研究所1962年校印本，第2169页。
③ 《明太宗实录》卷三三，永乐二年八月壬申条，台北"中央研究院"历史语言研究所1962年校印本，第583页。

后使臣商旅阻绝,诸国王之意遂尔不通"①。明太祖朱元璋在这里所说的"中国",与"海外诸番"并举,指称明朝国家政权之意非常明显,所说"中国"无疑包括与"海外诸番"接壤的边疆少数民族地区。永乐元年(1403年)九月,礼部尚书李至刚奏:"日本国遣使入贡,已至宁波府。凡番使入中国,不得私载兵器、刀槊之类鬻于民。"②称日本使者进入宁波府为进入"中国","中国"应该包括宁波府(春秋时越国之地)等边疆少数民族地区。宋应星在《天工开物》中称,"凡宝石皆出井中,西番诸域最盛,中国惟出云南金齿卫与丽江两处"③,称云南金齿卫与丽江为"中国","中国"无疑应该包括云南金齿卫与丽江等边疆少数民族地区,"中国"与汉族并非完全等同的概念,"中国"仍然是指多民族国家。

可见,中国古代用"中国"一词指称华夏汉族国家政权时,也包括受汉族国家政权管辖的少数民族,"中国"无疑是一个多民族国家的称谓。至于辽、金、元、清以少数民族为统治者在中原建立的王朝,境内的少数民族更是不计其数。这些以少数民族为统治者在中原建立的政权,都自称"中国"④,并没有将"中国"等同于汉族国家政权,进一步强化了"中国"是一个多民族国家政权、并非汉民族一个民族的国家政权的特质。清朝乾隆皇帝,就曾在强调清朝是"中国"的同时,极力反对将"中国"等同于汉民族国家的行为。如,乾隆三十二年(1767年),有大臣在与缅甸往来文书中写有劝缅甸"归汉"等话语,乾隆阅后,大为不满,谓"传谕外夷,立言亦自有体,乃其中有数应归汉一语,实属舛谬。夫对远人颂述朝廷,或称天朝,或称中国,乃一定之理。况我国家中外一统,即蛮荒亦无不知大清声教,何

---

① 《明太祖实录》卷二五四,洪武三十年八月丙午条,台北"中央研究院"历史语言研究所1962年校印本,第3671页。
② 《明太宗实录》卷二三,永乐元年九月己亥条,台北"中央研究院"历史语言研究所1962年校印本,第426-427页。
③ 宋应星:《天工开物》卷下《珠玉第十八·宝》,崇祯刻本,第58页A面。
④ 参见赵永春等:《中国古代东北民族的"中国"认同》,黑龙江人民出版社,2015年。

忽撰此'归汉'不经之语，妄行宣示，悖诞已极"①。认为大清王朝可以称"中国"，可以称"天朝"，但不能用"汉"来代替，批评那些用"汉"代替"大清"的做法是"悖诞已极"。确实，"汉"只能是指"汉族"或"汉文化"，而"中国"（大清王朝）则是指包括汉族在内的多民族国家，"汉"是不能代表大清王朝或"中国"的。因此，乾隆皇帝将大臣劝缅甸"归汉"视为"不经之语"，明确表达了清朝国家并非汉民族一个民族的国家而是多民族的"中国"国家的思想观念。

四、具有"继承性中国"含义的"中国"，包括为"中国"所继承的各个少数民族

中国古代的"中国"一词，还有"继承性中国"的含义，即后来的政权称历史上以中原地区为主且有相互递嬗关系或没有递嬗关系但为自己政权所继承的多个政权为"中国"的含义，"中国"的这一含义，更是与少数民族及其政权密不可分。

由于中国古代"中国"的含义较多，有时看不清楚什么是"中国"，于是，有人提出通过"从边疆看中国""从周边看中国"来解决"何谓中国"的问题。由于中国古代疆域模糊，"内外"模糊，也就是说很不容易说清楚哪些属于"边疆"，哪些属于"周边"，于是，"从边疆看中国""从周边看中国"，就很容易被人误读成为"从外国看中国"②。何为"内"、何为"外"都说不清楚，怎么能从"边疆"和"周边"看清楚"中国"呢？不如从"后人看中国"中去寻找答案，因此，笔者曾提出中国古代曾存在"继承性中国"的观点，即中国古代存在"后来政权称历史上以中原地区为主且有相互递嬗

---

① 《清高宗实录》卷七八四，乾隆三十二年五月庚午条，中华书局，1985年，第643页。

② 外国人多将华夏汉族政权等同于"中国"，认为少数民族不是"中国"，今日亦然。因此，"从周边看中国"，不用看就知道结果，那就是只有汉族及其政权才是中国，少数民族及其政权不是中国。

关系或没有递嬗关系但为自己政权所继承的多个政权为'中国'"的情况①。

"后来政权称历史上以中原地区为主且有相互递嬗关系或没有递嬗关系但为自己政权所继承的多个政权为'中国'"（继承性中国），即是"后人看中国"的意思。"后人看中国"，即是从后往前看中国的意思，实际上是一种上溯中国历史和疆域的方法，也就是所谓的"倒推法"或"逆推法"②，是人们研究历史常用的一种方法③。

比如，中国的原始社会并未出现"中国"一词，也就是说，那个时候还没有"中国"观念的诞生。但后人都认为"元谋人""蓝田人""北京人"是中国猿人，仰韶文化、良渚文化、大汶口文化、红山文化是中国的原始文化。其实，在这些猿人及原始文化遗址中并未发现带有"中国"字样的器物，但人们还是称这些原始文化为"中国原始文化"，无疑是通过这些猿人和原始文化后来都为"中国"所继承的历史事实而运用"倒推"的研究方法而得出来的结论。实际上，那些反对用"倒推"的方法认识中国历史的学者，也承认"北京人"等猿人是中国猿人，也承认仰韶文化等原始文化是中国原始文化，口中反对"倒推"，而实际也在运用"倒推"的研究方法去认识中国的原始文化。

夏、商时期也没有见诸文字记载的夏人和商人称自己的国家为"中国"的情况。目前，人们普遍认为1963年在陕西宝鸡出土的《何尊铭文》上记载的周武王克商廷告上天所说的"宅兹中或（国）"与《尚书·周书·梓材》记载的周成王所说的"皇天既付中国民"，为最早出现"中国"一词的史料，并将那时出现的"中国"一词释为"京师""王畿"等等。说明，夏、

---

① 赵永春：《中国古代的"中国"与"国号"的背离与重合——中国古代"中国"国家观念的演进》，《学习与探索》2008年第4期。

② 孙祚民赞成研究中国历史用"上溯法"，但不赞成研究中国历史疆域用"上溯法"（《建国以来中国民族关系史若干理论问题研究评议》，《东岳论丛》1987年第1期）。其实，中国历史和中国历史疆域是紧密联系在一起的，很难将二者区分开来。

③ 历史就是讲过去的事，讲过去的事就是要回头看各个历史时期的事。我们所说的"中国历史"，"中国"都是指当时的"中国"，"历史"则是指当时"中国"的"昨天"，研究中国历史就是要研究当时"中国""昨天"的事。因此，研究历史不能不采用"上溯法"。

中国古代的"天下""中国"观

商时期"中国"一词还没有见诸文字记载①，到了西周初年，"中国"一词才正式见诸文字记载。也就是说，我们现在还没有看到夏、商自称"中国"的文字记载，但后来的各个朝代皆以夏、商、周三代为典型的"中国"，以尧、舜、禹、汤、文、武为"中国"圣人，就是通过"倒推"历史的研究方法而得出来的结论。那些反对"倒推"历史的学者也承认夏、商、周是"中国"，实际上也在运用"倒推"历史的研究方法，没有必要再去大张旗鼓地反对"倒推"历史的研究方法。如果我们能将夏、商、周的历史"倒推"为"中国"历史，为什么不能将夏禹、周文王最初生活的西夷和东夷地区的方国也"倒推"为"中国"历史呢？同样是"倒推"，厚此薄彼是不是有些不公平呢！有人说"从来都没有自古以来的中国，没有自古以来的中国疆域。最早的'中国'就是'华夏'，'天子祭天下名山大川'，大致就是华夏天下的初始范围"②。承认"华夏"是最早的"中国"，恐怕也是"倒推"出来的，如果能将华夏族建立的夏、商、周"倒推"为"中国"，也应该将后来为"中国"所继承的夏、商、周旁边的方国"倒推"为"中国"，如果将夏、商、周及夏、商、周旁边的方国都"倒推"为"中国"，好像说中国"自古以来"就是多民族国家，不算是什么问题吧。如果我们只允许别的国家说"自古以来"，我们自己不能说"自古以来"，那么，中国的领土岂不都成了"侵略"别国领土而来，那样说的话，恐怕与史实不相符合吧。

---

① 当然，也有人认为"中国"称谓始于商朝：如胡厚宣即认为，商也称中商，"当即后世中国称谓的起源"（见胡厚宣：《论五方观念及中国称谓之起源》，《民国丛书》第一编《甲骨学商史论丛初集》，上海书店出版社，1989年，第4页）；田倩君也认为商称大邑商就是称中国之义，"准此'中国'称谓的起源定然是从商代开始的"（见田倩君：《"中国"与"华夏"称谓之寻源》，《大陆杂志》1966年第31卷第1期）。也有人认为"中国"称谓始于夏朝，如翁独健等人即认为"中国这一概念，最早应产生于夏"，见翁独健主编：《中国民族关系史纲要》，中国社会科学出版社，2000年，第5—6页；赵永春、迟安然认为如果从后来文献追述夏王朝为"中国"的文字记载来分析，夏代就已经出现了"中国"观念，见《最早的"中国"：夏、商、西周时期的"中国"观》，《西南民族大学学报》2021年第6期。这些学者虽然认为"中国"称谓始于商朝或夏朝，但夏朝和商朝并未出现文字记载的"中国"，主要还是靠后来追溯得出来的结论。

② 邹思聪：《靠不住的"自古以来"与走不出的"边疆中国"》，《经济观察报书评》公众号，2017年3月21日。

春秋战国时期，只有地处中原地区的周、卫、齐、鲁、晋（韩、赵、魏）、宋、郑等政权被视为"中国"，秦、楚、吴、越等政权则被看成是夷狄，不是"中国"。到了秦始皇统一中国以后，春秋战国时期的各个国家都为秦王朝所继承，就都成了秦王朝历史的组成部分。秦朝称"中国"，春秋战国时期各个国家的历史也就都成了秦朝历史（即中国历史）的组成部分，这就是我们今天都将春秋战国的历史写进中国历史的原因。承认春秋战国的历史是中国历史的组成部分，也是通过"倒推"的研究方法得出来的结论。

三国时期，人们一直称魏国为"中国"，蜀国虽然声称继承汉室，但没有自称"中国"。如诸葛亮曾对孙权说，"若能以吴、越之众与中国抗衡，不如早与之绝"①，称魏国为"中国"，没有称蜀国为"中国"，也没有称吴国为"中国"。但后来的各个政权都承认三国是"中国"，没有疑义。蜀、吴二国的历史作为中国历史的组成部分，不是当时的说法，也是"倒推"历史的结果。

东晋十六国和南北朝时期，"何谓中国"，也是一个很难说清楚的问题。十六国时期的后赵按照"五德终始"的正统学说，标榜继承西晋金德而自以为水德，自称"中国"正统。前燕皇帝慕容儁自谓获得象征"正统"王朝的"传国玺"，宣称自己是"中国"皇帝②，又以后赵水德政权的继承者自居而确定前燕政权为木德。前秦明确自称"中国"③，并以继承前燕的木德而自以火德为运，标榜自己是继承前燕"中国"的正统王朝。北魏以及后来分裂的东魏、西魏和北齐、北周政权自称"中国"的史料更是屡见不鲜。十六国和北朝争相自称"中国"，不承认东晋和南朝为"中国"，说东晋"自弃中华"④，称

---

① 陈寿：《三国志》卷三五《蜀书·诸葛亮传》，中华书局，1982年，第915页。

② 司马光：《资治通鉴》卷九九《晋纪二十一》，永和八年十一月丁卯条，中华书局，1956年，第3131页。

③ 前秦攻克凉州以后，商议讨伐西边的氐、羌，秦王苻坚曰："彼种落杂居，不相统壹，不能为中国大患，宜先抚谕，征其租税，若不从命，然后讨之。"（《资治通鉴》卷一〇四《晋纪》，太元元年十二月条，中华书局，1956年，第3280页）将氐、羌不能成为前秦大患说成是不能成为"中国大患"，所说"中国"无疑是指前秦。说明前秦已经以"中国"自居了。

④ 司马光：《资治通鉴》卷一〇〇《晋纪二十二》，升平二年十月条，中华书局，1956年，第3172页。

中国古代的"天下""中国"观

南朝为"岛夷";东晋和南朝由于离开了中原地区,虽然较少直接称自己的政权为"中国",但他们也不承认十六国和北朝是"中国",称他们为"夷""索虏",等等。隋朝统一全国以后,按"五德终始"的正统学说,确定隋朝继承北周"木德"而为"火德",北周是北魏、西魏、东魏、北齐的继承者,北魏又是继后赵、前燕、前秦而发展起来的政权,如此推算,隋朝就成了十六国和北朝的继承者。史书透露,隋王朝在宣称自己继承了十六国和北朝的同时,又以灭亡南朝陈国为由,标榜自己是东晋和南朝的继承者。如此一来,东晋十六国和南北朝的历史就都成了隋王朝历史的组成部分,隋王朝称"中国",东晋十六国和南北朝的历史也就成了中国历史的组成部分。唐朝也是这样,他们标榜自己是隋王朝的继承者,并将隋王朝的历史接过来变成自己的历史。唐朝李延寿将南北朝历史改写成《南史》和《北史》,承认为隋唐所继承的南北朝各个政权都是"中国"。后来唐朝又将《魏书》《北齐书》《周书》《宋书》《南齐书》《梁书》《陈书》《南史》《北史》等书列入中国历史"正史"系列,形成中国正史"十三史"之说,也是唐朝对东晋十六国和南北朝历史都是"中国"历史的承认。可见,当时很难说清楚"何谓中国"的东晋十六国和南北朝的历史作为中国历史的组成部分,是隋唐根据自己继承了东晋十六国和南北朝的历史而确立的,无疑是根据隋唐这一继承者的身份"倒推"出来的。

五代十国时期,只称五代为"中国","四夷、十国皆非中国"[1]。十国等政权也称"五代"为"中国",并没有自称"中国"[2]。后来,十国为北宋所继承,都成了北宋历史的组成部分,北宋称"中国","十国"历史也就成了中国历史的组成部分。

虽然辽、金、元都自称"中国",但不为宋人以及一部分汉儒所承认。元人则以辽、宋、夏、金继承者自居,分别撰写《辽史》《宋史》和《金史》,确立了"三国各与正统,各系其年号"[3] 的编撰体例,承认了辽金的

---

[1] 欧阳修:《新五代史》卷七一《十国世家年谱第十一》,中华书局,1974年,第881页。

[2] 参见赵永春:《从复数"中国"到单数"中国"——试论统一的多民族的"中国"及其疆域的形成》,《中国边疆史地研究》2011年第3期。

[3] 权衡撰,任崇岳笺证:《庚申外史笺证》卷上,中州古籍出版社,1991年,第44页。

"中国正统"地位，不仅将辽、宋、金历史纳入本国历史组成部分，还将西藏纳入中央直接管辖范围，吐蕃藏族的历史也就成了中国历史的组成部分①。这就是我们说唐代吐蕃虽然不受唐朝管辖但仍属于"中国"的原因，也是我们在写中国少数民族藏族的历史时，没有仅仅从元朝开始写，而是将整个藏族历史都写进中国少数民族历史的原因②。

明太祖朱元璋最初不承认元朝是"中国"，但很快就转到承认元朝并进而承认辽、金、十六国、北朝是"中国"的立场上来。他曾谴责高丽王说："朕观累朝征伐高丽者，汉伐四次，为其数寇边境，故灭之。魏伐二次，为其阴怀二心，与吴通好，故屠其所都。晋伐一次，为其侮慢无礼，故焚其宫室，俘男女五万口奴之。隋伐二次，为其寇辽西缺蕃礼，故讨降之。唐伐四次，为其弑君并兄弟争立，故平其地置为九都督府。辽伐四次，为其弑君并反复寇乱，故焚其宫室，斩乱臣康兆等数万人。金伐一次，为其杀使臣，故屠其民。元伐五次，为其纳逋逃、杀使者及朝廷所置官，故兴师往讨，其王甯耽罗捕杀之。原其衅端皆高丽自取之也，非中国帝王好吞并而欲土地者也。"③ 明确地将辽、金、元帝王与汉、魏、晋、隋、唐的帝王并列而共同称为"中国帝王"，无疑是承认辽、金、元都是"中国"的意思。朱元璋还曾谴责日

---

① 笔者认为，一些民族或政权在其为后来"中国"所继承之前，未被外国政权管辖过，其民族后来为"中国"所继承，属于各个民族共同凝聚为"中国"的一个部分或称一个分支，其民族从其为"中国"所继承之日开始，就成了"中国"民族。"中国"在继承这些民族和政权的同时，也继承了这些民族及其政权的历史，该民族及其政权的历史也就成了中国历史的组成部分。这与那些从外国迁入中国的民族有所不同，那些从外国迁入中国的民族，如19世纪以来迁入中国的朝鲜族、16世纪初从越南等地迁入中国的京族、18世纪以后从西伯利亚等地迁入中国的俄罗斯族以及19世纪初从伏尔加河流域迁入中国的塔塔尔族，等等，这些民族作为中国民族的历史，只能从他们迁入中国之后算起，迁入中国之前的历史不属于中国历史范围，不是中国历史的组成部分。

② 20世纪五六十年代由中国国家民族事务委员会主持编写的中国55个少数民族简史（民族问题五种丛书之一），就是按照这一"继承性中国"的原则编写的，每一个少数民族简史都是中国少数民族简史的一部分，也就是说，各个少数民族的历史都是中国历史的组成部分。

③ 郑麟趾：《高丽史》卷一三七《辛禑传》，朝鲜民主主义人民共和国科学院，1958年，第756页。

中国古代的"天下""中国"观

本国王说:"若叛服不常,构隙中国,则必受祸。如吴大帝、晋慕容廆、元世祖皆遣兵往伐,俘获男女以归。"① 认为日本"构隙中国",才导致晋慕容廆、元世祖等出兵讨伐,将十六国时期的慕容鲜卑建立的前燕(慕容廆是十六国时期前燕政权的奠基人,被称为前燕高祖)和元朝都作为日本"构隙中国"的对象,称慕容鲜卑建立的前燕和元朝为"中国"的意思是非常明显的。明太祖朱元璋还以元朝继承者自居,组织学者编撰《元史》,后来又将《辽史》《金史》和《元史》一并列入中国正史系列,形成中国正史"二十一史"之说②。可见,明朝不仅仅将汉、魏、隋、唐等汉族王朝视为本国历史的组成部分,也将慕容燕、辽、金、元等以少数民族为统治者建立的王朝视为本国历史的组成部分,明朝称"中国",慕容燕、辽、金、元的历史也就都成了中国历史的组成部分。

清朝以明朝和蒙古政权继承者自居而自称"中国",他们将明朝历史、蒙古民族历史和满族历史纳入本国历史组成部分,也就是将明朝历史、蒙古民族历史和满族历史纳入了中国历史组成部分。后来虽然有人不承认清朝是"中国",并试图重建"汉族中国",但很快就转到承认清朝是"中国",重建汉、满、蒙、回、藏"五族共和"的多民族"中国"的立场上来,明确了中华民国继承清朝中国的疆域和人民的历史实际。如此一来,清朝历史就成了中华民国历史的组成部分,也就成了中国历史的组成部分。这种认识,已经成为学界的普遍共识。

可见,中国古代"后来政权称历史上以中原地区为主且有相互递嬗关系或没有递嬗关系但为自己政权所继承的多个政权为'中国'"(即"继承性中国")时,不仅包括华夏汉族及其政权,也包括少数民族及其政权,充分体现了中国是一个多民族国家的特点。这种从"后人看中国"中去认识中国,不但不会造成"时代错乱",相反则更容易认清历史上的"中国"。

综上所述,可以看出,在中国古代历史上,汉族人数最多,文明起源最早,文化发展最快,一直主导中国历史走向,但不能用汉族一个民族的发展

---

① 《明太祖实录》卷一三八,洪武十四年七月戊戌条,台北"中央研究院"历史语言研究所1962年校印本,第2174页。

② 参见钱大昕:《十驾斋养新录》卷六《十七史》《监本二十一史》,陈文和主编《嘉定钱大昕全集·柒》,江苏古籍出版社,1997年,第148页。

史代替多民族的中国发展史。因为，中国古代"中国"一词除了具有指称华夏汉族及其政权的含义以外，还有指称"中原"的含义，应该包括进入中原地区的少数民族；还有指称"诸侯用夷礼则夷之，夷而进于中国则中国之"（即"懂礼即中国"）的文化含义，应该包括"懂礼"的有文化的少数民族；还有指称"国家"政权的含义，应该包括受汉族国家或中原国家政权管辖的少数民族；中国古代，后来政权也称历史上以中原地区为主且有相互递嬗关系或没有递嬗关系但为自己政权所继承的多个政权为"中国"，即中国古代的"中国"还有"继承性中国"的含义，更是与少数民族及其政权密不可分。可见，中国古代的"中国"并非仅仅是汉民族一个民族的"中国"，而是一个多民族的"中国"。汉民族仅仅指称一个单一的民族，而"中国"则不仅仅包括汉民族，也包括属于"中国"的少数民族。认识汉民族的历史，仅仅认识汉民族一个民族的发展史就可以了，而认识中国历史则需要认识属于"中国"的各个民族的历史，不能用汉民族发展史代替整个中国发展史。如果我们所写的汉民族发展史的书籍和中国发展史的书籍，是一个样子，称汉族发展史也行，称中国发展史也行，那就是混淆了汉族发展史和中国发展史的区别。毫无疑问，中国发展史不应该仅仅书写汉民族一个民族的发展史，而应该书写属于"中国"的各个民族的发展史。然而，历史上除了华夏汉民族以外，哪些少数民族的历史属于中国历史，哪些少数民族的历史不属于中国历史，如果仅仅从历史时期的"当时"去看的话，很难看清楚，不如借助于"后人看中国"的认识，从"继承性中国"的内涵中去认识中国各个历史时期的各个民族的历史，即从"后人看中国"中认识"中国"，才能得出比较切合实际的结论。采用这种"倒推"历史的方法去研究中国历史，不仅不会造成"时代错乱"，相反倒更容易看清楚历史上的"中国"。

（本文与马溢澳合作，原载《东岳论丛》2018年第11期，中国人民大学复印报刊资料《历史学》2019年第2期全文转载，《高等学校文科学术文摘》2019年第1期学术卡片栏目摘录论点）

中国古代的"天下""中国"观

继承性中国：从后人看"中国"中认识"中国"

关于何谓"中国"的问题，学界虽然有人主张用华夏汉族及其政权（即所谓的"华夏中国""汉族中国"）代表"中国"，认为少数民族及其政权不是"中国"，但更多的人则认为中国是一个多民族国家，不能用华夏汉族一个民族代表"中国"，而应该用多个民族共同代表"中国"。"多个民族"，应该包括哪些民族，不应该包括哪些民族，是一个十分棘手的问题。如果我们回置到中国古代各个历史时期的"当时"去认识"中国"的话，由于那个"当时"还处于统一的多民族"中国"的形成过程之中，内外分野尚不清晰，再加上"当时"并立的各个民族及其政权存在复杂的利益关系，常常互不认同，一时很难看清楚谁是"中国"，谁不是"中国"。于是，有人又提出通过"从边疆看中国""从周边看中国"来解决"何谓中国"的问题。由于中国古代疆域模糊，"内外"模糊，"从边疆看中国""从周边看中国"，很容易被人误读成为"从外国看中国"[①]。如果是"从外国看中国"的话，不用看就知道结果，那就是只有华夏汉族及其政权才是"中国"，少数民族及其政权不是"中国"，今日亦然。因此，不如从后人看"中国"中去认识"中国"。后人看"中国"，虽然也存在不同认识，但如果我们从后人看"中国"所依据的"继承性中国"的原则去认识各个历史时期的"中国"，应该能够得出比较切合实际的结论。

"继承性中国"，是指"后来政权称历史上以中原地区为主且有相互递嬗关系或没有递嬗关系但为自己政权所继承的多个政权为'中国'"[②]的认识，

[①] 其实，我们如果能够弄清楚何谓"中国边疆"、何谓"中国周边"的问题，何谓"中国"的问题也就解决了，根本用不到再去"从边疆看中国""从周边看中国"了。

[②] 赵永春：《中国古代的"中国"与"国号"的背离与重合——中国古代"中国"国家观念的演进》，《学习与探索》2008年第4期。

也就是后人按照继承关系看历史上"中国"的意思,实际上是一种运用"上溯"的研究方法去认识历史上的"中国"和疆域的研究方法,也就是所谓的"倒推法"或"逆推法"①,是人们研究历史常用的一种方法②。

由于历史上以汉族为统治者建立的统一政权的"中国性"没有争议,因此,本文仅以颇有争议的先秦时期、魏晋南北朝时期、五代十国辽宋金元时期的"中国"为例,对后人看"中国"问题做一简要探讨和论述。不正确之处,敬请读者批评指正。

一、后人看先秦时期的"中国"历史

先秦时期的"中国",都应该包括哪些民族和地域?这是一个长期以来就存在争议的问题。要解决这一问题,还是应该从后人看"中国"的智慧中去寻找。

(一) 后人看原始社会时期的"中国"历史

中国的原始社会并未出现"中国"一词,也就是说,那个时候还没有"中国"观念的诞生。但后人都认为"元谋人""蓝田人""北京人"是中国猿人,仰韶文化、河姆渡文化、良渚文化、大汶口文化、龙山文化、红山文化等"满天星斗"的文化都是中国的原始文化。其实,在这些猿人及原始文化遗存中并未发现带有"中国"字样的器物,并不能说明这些原始文化的主人在"当时"就已经以"中国"自居了,但人们还是称这些猿人和原始文化遗存为中国猿人和中国原始文化遗存,无疑是通过这些猿人和原始文化都为后来"中国"所继承的历史事实而运用"倒推"的研究方法而得出来的结

---

① 孙祚民赞成研究中国历史用"上溯法",但不赞成研究中国历史疆域用"上溯法"(《建国以来中国民族关系史若干理论问题研究评议》,《东岳论丛》1987年第1期)。其实,中国历史和中国历史疆域是紧密联系在一起的,很难将二者区分开来。

② 历史就是讲过去的事,讲过去的事就是要回头看各个历史时期的事。我们所说的"中国历史","中国"都是指当时的"中国","历史"则是指当时"中国"的"昨天",研究中国历史就是要研究当时"中国""昨天"的事。因此,研究历史不能不采用"上溯法"。似乎今日世界各国在认识本国历史及其疆域时,也没有办法回避"上溯法"这种研究历史和疆域的方法。

中国古代的"天下""中国"观

论。实际上,那些反对用"倒推"的方法认识中国历史的学者①,也赞成有关"'中国'从上古时代起,就是由水稻、小米、牛羊多种生产与生活方式,由东北辽河红山文化、南方良渚文化、山东大汶口文化、长江中游与汉水如石家河文化等不同类型文化共同构成"②的说法。也承认"北京人"等猿人是中国猿人,也承认红山文化、良渚文化、大汶口文化等原始文化是中国原始文化。该作者在以前讲到"高句丽不必是'唐王朝管辖下的地方政权',吐蕃也不在当时'中国(大唐帝国)版图'"③时曾说,"现在的东北……虽然在中华人民共和国政府控制范围内,但是,历史上它们却并不一定全是古代中国的领土"④。作者原来认为唐朝时期,东北不是中国的领土,在这里,又赞成地处东北的红山文化是中国原始文化之一的说法,显然是一种自相矛盾的说法,而认为东北红山文化是中国原始文化之一的说法,毫无疑问,是运用"倒推"的研究方法得出来的结论。其实,作者经常使用"追溯'华夏/中国'历史形成过程""不从现存中国来逆向追溯'中国'的合法性,而是从曲折变迁中回顾'中国'的形成过程"⑤等词语,不知"追溯'中国'历史形成过程"和"回顾'中国'的形成过程"与"倒推""逆向追溯"有什么区别?在笔者看来,"追溯""回顾"和"倒推"并无区别,三者所说完全是一回事。如是,那些口中反对"倒推""逆向追溯"的学者,实际上也在运用"倒推"和"逆向追溯"的研究方法去认识"中国"的原始文化和多民族"中国"的形成过程,"追溯"和"回顾"历史的研究方法似乎是无法回避的。

(二)后人看夏、商、周时期的"中国"历史

夏、商时期并没有出现文字记载的"中国",也无法回置到当时去讨论夏商是不是"中国"的问题。目前,人们普遍认为1963年在陕西宝鸡出土

---

① 参见葛兆光:《切勿以现代中国疆域倒推中国历史》,《我读》微信公众号,2017年6月4日。
② 葛兆光:《〈说中国〉解说》,许倬云:《说中国·一个不断变化的复杂共同体》附录,广西师范大学出版社,2015年,第235-236页。
③ 其实,唐朝皇帝早就明确地说过"辽东故中国地",即认为高句丽之地早就属于"中国"。见《新唐书》卷二二〇《高丽传》,中华书局,1975年,第6189页。
④ 葛兆光:《宅兹中国》,中华书局,2011年,第32页。
⑤ 葛兆光:《〈说中国〉解说》,许倬云:《说中国·一个不断变化的复杂共同体》附录,广西师范大学出版社,2015年,第232页。

的《何尊铭文》上记载的周武王克商廷告上天所说的"宅兹中或（国）"与《尚书·周书·梓材》记载的周成王所说的"皇天既付中国民"，为最早出现"中国"一词的史料。说明，夏、商时期，还没有出现夏商当时人自称"中国"的文字记载①，到了西周初年，"中国"一词才正式见诸文字记载。也就是说，我们如果按照所谓的回置到特定历史时期去认识"当时"的"中国"的话，根本无法认定夏、商是不是"中国"，是不是我们应该说夏、商不是"中国"，夏、商的历史不能写进中国历史了呢？我们的回答是否定的。因为夏、商、周均为后来的"中国"所继承，后人依据"继承性中国"的原则，均以夏、商、西周三代为典型的"中国"，以尧、舜、禹、汤、文、武为"中国圣人"。如孟子曾说："舜生于诸冯，迁于负夏，卒于鸣条，东夷之人也。文王生于岐周，卒于毕郢，西夷之人也。地之相去也千有余里，世之相后也千有余岁，得志行乎中国，若合符节。先圣后圣，其揆一也。"② 将虞舜和周文王说成是"中国圣人"。唐朝韩愈曾称，中国圣人之道，"尧以是传之舜，舜以是传之禹，禹以是传之汤，汤以是传之文、武，文、武以是传之周公、孔子，书之于册，中国之人世守之"③，即以尧、舜、禹、汤、文、武为"中国圣人"。宋人欧阳修也谓"尧、舜之相传，三代之相代，或以至公，或

---

① 当然，也有人认为"中国"称谓始于商朝：如胡厚宣即认为，商也称中商，"当即后世中国称谓的起源"（见胡厚宣：《论五方观念及中国称谓之起源》，《民国丛书》第一编《甲骨学商史论丛初集》，上海书店出版社，1989年，第4页）；田倩君也认为商称大邑商就是称中国之义，"准此'中国'称谓的起源定然是从商代开始的"（见田倩君：《"中国"与"华夏"称谓之寻源》，《大陆杂志》1966年第31卷第1期）。也有人认为"中国"称谓始于夏朝，如翁独健等人即认为"中国这一概念，最早应产生于夏"，见翁独健主编：《中国民族关系史纲要》，中国社会科学出版社，2000年，第5-6页；赵永春、迟安然认为如果从后来文献追述夏王朝为"中国"的文字记载来分析，夏代就已经出现了"中国"观念，见《最早的"中国"：夏、商、西周时期的"中国"观》，《西南民族大学学报》2021年第6期。这些学者虽然认为"中国"称谓始于商朝或夏朝，但夏朝和商朝并未出现文字记载的"中国"，主要还是靠后来追溯得出来的结论。

② 赵岐注，孙奭疏：《孟子》卷八上《离娄章句下》，中华书局《十三经注疏》本，1980年，第2725页。

③ 韩愈：《韩昌黎全集》卷二十《序二·送浮屠文畅师序》，上海世界书局，1935年，第286页。

中国古代的"天下""中国"观

以大义,皆得天下之正,合天下于一",都是"中国"的正统王朝[1]。李石也称"中国圣人,尧、舜、文、武、周公、孔子之道,三纲五常,可以修身,可以治人,粲然人伦具矣"[2],也称尧、舜、文、武、周公、孔子为"中国圣人"。我们现在还没有见到夏、商出现"中国"一词的文字记载,也没有按照回置到当时的原则看到夏商人自称"中国"的文字记录,所见文字记载,都是后人称夏、商、周是"中国"的文字记录。我们现在认为夏商周是"中国",无疑是通过后人看"中国"所依据的夏、商、周均为后来的"中国"所继承的原则,"倒推"历史而得出来的结论。

有人认为,夏、商、周的先人炎帝和黄帝出自西北的氐羌或北狄[3],后来进入中原,与中原土著居民融合形成华夏民族。古代文献也记载说"大禹出于西羌"[4],后来进入中原,建立夏王朝,成了中国圣人。商人源于东夷[5],后来进入中原,建立商王朝,成为众所公认的中国王朝。西周"文王

---

[1] 欧阳修:《文忠集》卷五九《原正统论》,文渊阁《四库全书》台北商务印书馆影印本,1986年,第1102册,第452页。

[2] 李石:《方舟集》卷九《论·释老论》,文渊阁《四库全书》台北商务印书馆影印本,1986年,第1149册,第621页。

[3] 刘起釪:《周姬姜与氐羌的渊源关系》(《华夏文明》第二辑,北京大学出版社,1990年)、《炎黄二帝时代地望考》〔《炎黄春秋》(增刊)1994年第1期〕;刘毓庆《黄帝族的起源迁徙及炎黄之战的研究》(山西大学学报2008年5期)、《上党神农氏传说与华夏文明起源》(人民出版社,2008年);徐中舒:《先秦史论稿·周人出于白狄说》(巴蜀书社,1992年);沈长云:《上古史探研·周人北来说》(中华书局,2002年)。顾颉刚在《中华民族是一个》中也认为"在商朝,西边的周国本是夷人(或是羌的一部)",《顾颉刚全集》36《宝树园文存》,中华书局,2015年,第95页。

[4] 陆贾撰,王利器校注:《新语校注》卷上《术事第二》,中华书局,1986年,第43页。范晔《后汉书》引《帝王纪》曰:"夏禹生于石纽,长于西羌,西夷之人也。"也有人认为"大禹出于东夷"(见李昉等:《太平御览》卷四六四《人事部·辩下》),孟子曰"舜生于诸冯,迁于负夏,卒于鸣条,东夷之人也"(《孟子》卷八上《离娄章句下》,中华书局《十三经注疏》本,1980年,第2725页)。

[5] 关于商人起源,学界虽然认识不一,但认为商人起源于东北辽水发源一带(即今内蒙古赤峰一带)的观点逐渐为大多数学者所接受。

生于岐周，卒于毕郢，西夷之人也"①，后来进入中原，建立西周王朝，成为中国人所羡慕和赞赏的典型的"中国"王朝。

我们能够运用后人看"中国"所依据的"继承性中国"原则，将夏、商、周的历史"倒推"为"中国"历史，为什么不能将也为后来"中国"所继承的夏禹、周文王等人最初生活的西夷和东夷地区的方国也"倒推"为"中国"历史呢？同样是"倒推"，厚此薄彼是不是有些不公平呢！

后人确实多以夏、商、周为"中国"，而少有将夏、商、周旁边的方国也说成是"中国"者。但细检史料，仍然可以发现，还是有人将夏、商、周旁边的少数民族或方国纳入"中国"历史范围之中。比如，后人皆以为《禹贡》"分天下为九州，又分为五服"②。将"天下"划分为"九州"，又分为"五服"，"天下""九州"和"五服"就成了一回事，"天下"就是"九州"，也等同于"五服"。唐人《初学记》曾引用《河图》曰："凡天下有九区，别有九州。中国九州名赤县，即禹之九州也。"③将"禹之九州"（即天下九州）明确说成是"中国九州"。王充《论衡》中有"方今天下"一语，黄晖校释"谓中国九州"，即称"天下"为"中国九州"。王充《论衡》在记载邹衍"大九州"学说时使用过"天下"（"禹之九州"）一语，黄晖校释"谓中国也"④，称"天下"为"中国"，"天下"和"中国"在这里也成了同义词。《禹贡》"天下"为"禹之九州"，"禹之九州"又称"中国九州"，在这里，"天下""九州""中国"完全出现了重合。据《禹贡》记载，禹划分"天下"

---

① 《孟子》卷八上《离娄章句下》，中华书局《十三经注疏》本，1980年，第2725页。也有人认为"文王生于东夷"，见陆贾撰：《新语》卷上《术事第二》；崔鸿：《十六国春秋》卷一《前赵录·刘渊》、《十六国春秋》卷一三《后赵录·石勒》；房玄龄等：《晋书》卷六三《邵续传》、《晋书》卷一〇一《刘元海传》、《晋书》卷一〇八《高瞻传》，等等。

② 陈埴：《木钟集》卷五《书》，文渊阁《四库全书》台北商务印书馆影印本，1986年，第703册，第657页；章潢：《图书编》卷三四《舆地图总考》也称"禹平水土，分天下为九州，别五服"，文渊阁《四库全书》台北商务印书馆影印本，1986年，第969册，第668页，等等。

③ 徐坚等：《初学记》卷五《地理上·总载地第一》，中华书局，1962年，第87页。

④ 王充著，黄晖校释：《论衡校释》卷一一《谈天篇》，中华书局，1990年，第477、480页。

中国古代的"天下""中国"观

为"九州"时,又分"天下"为甸、侯、绥、要、荒"五服"。一般认为"蛮夷要服,戎狄荒服"①,即认为五服中的"要服"和"荒服"是"蛮夷"和"戎狄"的少数民族居住地区。分"天下"为"五服","天下"是"中国","五服"也就成了"中国"。"五服"包括"要服"和"荒服"的少数民族地区,也就成了"中国"包括"要服"和"荒服"的少数民族地区。宋人章如愚曾说,"禹之治水,东及莱牧,西及岛夷,可以及皮卉服之夷,其迹远矣。……九州之域既载治水之所及五服之内,复明王化之所止,后世不能知之。夷狄羁縻皆入中国图籍,则《禹贡》之书又所以示王者略外之文也"②。即认为"禹之九州"为"五服之内","皆入中国图籍",包括岛夷、皮卉服夷等少数民族。"禹之九州"即是"中国九州",也就成了"中国"包括"五服之内"的岛夷、皮卉服夷等少数民族。唐人陈子昂称"中国要荒内,人寰宇宙荣"③,即称要服荒服之内为"中国"。李百药曾说"天下五服之内尽封诸侯"④,宋人叶梦得也说"五服之内皆诸侯也"⑤"五服之内无有不朝"⑥,等等,都是说"五服之内"是"中国"的意思。按照后人《禹贡》"天下""九州""五服"即"中国"的观念,夏、商、周时期的"中国",无疑应该包括要服、荒服之地即夏、商、周旁边的岛夷、皮卉服夷等为后来"中国"所继承的少数民族。

有人说"从来都没有自古以来的中国,没有自古以来的中国疆域。最早的'中国'就是'华夏','天子祭天下名山大川',大致就是华夏天下的初

---

① 《荀子》卷一二《正论篇第十八》,中华书局《新编诸子集成》本,1988年,第329—330页。

② 章俊卿:《群书考索续集》卷四《经籍门·夏书》,正德十三年建阳刘氏慎独书斋刊本,第16页B面。

③ 陈子昂:《夏日晖上人房别李参军崇嗣并序》,彭定求等编:《全唐诗》(增订本)卷八三,中华书局,1999年,第898页。

④ 吴兢:《贞观政要》卷三《封建第八》,上海古籍出版社,1978年,第102页。

⑤ 叶梦得:《春秋考》卷七《桓公》,文渊阁《四库全书》台北商务印书馆影印本,1986年,第149册,第355页。

⑥ 叶梦得:《春秋三传谳·春秋榖梁传谳》卷四《闵公》,文渊阁《四库全书》台北商务印书馆影印本,1986年,第149册,第791页。

始范围"①。承认"华夏"是最早的"中国",恐怕也是"倒推"出来的。能将华夏族建立的夏、商、周"倒推"为"中国",为什么就不能根据后人看"中国"所依据的"继承性中国"原则,将后来为"中国"所继承的夏、商、周旁边的方国"倒推"为"中国"呢?如果将夏、商、周及夏、商、周旁边的方国都"倒推"为"中国",又将原始社会的元谋猿人、北京猿人"倒推"为"中国"猿人,红山文化、良渚文化、大汶口文化"倒推"为"中国"原始文化,好像说中国"自古以来"就是多民族国家,不算是什么问题吧。如果我们只允许别的国家说"自古以来",我们自己不能说"自古以来",那么,中国的领土岂不都成了"侵略"别国领土而来,那样说的话,恐怕与史实不符吧。

(三)后人看春秋战国时期的"中国"历史

春秋战国时期,"诸夏"被视为"中国"。如杜预为《春秋左传》"诸夏亲昵"中的"诸夏"作注时称"中国也",孔颖达疏称"华、夏,皆谓中国也。中国而谓之华夏者,夏,大也,言有礼仪之大,有文章之华也"②。因称地处中原地区由"诸夏"建立的周、卫、齐、鲁、晋(韩、赵、魏)、宋、郑等政权为"中国",而视秦、楚、吴、越等政权为夷狄,不是"中国"。如认为"秦辟陋西戎,未同中国"③,认为春秋战国时期的秦属于西戎,不是"中国"。"楚虽荆蛮,渐自通于诸夏,国转强大,与中国抗衡"④,楚也不是"中国",而是"荆蛮"。何休在为《春秋公羊传》"南夷与北狄交,中国不绝若线"一语作注时称"南夷谓楚""北夷谓狄"⑤,也说楚不是"中国"。吴国

---

① 邹思聪:《靠不住的"自古以来"与走不出的"边疆中国"》,《经济观察报书评》公众号,2017年3月21日。

② 杜预注,孔颖达疏:《春秋左传注疏》卷一一闵公元年,中华书局《十三经注疏》本,1980年,第1786页。

③ 杜预注,孔颖达疏:《春秋左传注疏》卷一七僖公二十九年,中华书局《十三经注疏》本,1980年,第1830页。

④ 范宁集解,杨士勋疏:《春秋穀梁传注疏》卷七僖公元年,中华书局《十三经注疏》本,1980年,第2391页。

⑤ 何休注,徐彦疏:《春秋公羊传注疏》卷一〇僖公四年,中华书局《十三经注疏》本,1980年,第2249页。

中国古代的"天下""中国"观

也不被人们视为"中国",如唐人徐彦为《春秋公羊传》作疏称"吴为夷狄,数伐中国而败之"①。越国也没有被人们视为"中国",汉何休为《春秋公羊传》"有蜮"作注时称,"蜮者,臭恶之虫也",为"南越盛暑所生,非中国之所有"②,越也不是"中国",等等。按照这种说法,春秋战国之时,只有诸夏建立的周、卫、齐、鲁、晋(韩、赵、魏)、宋、郑等政权是"中国",秦、楚、吴、越等政权不是"中国",是不是我们讲"中国"历史时,就应该回置到当时的历史时空中去认识"当时"的历史,只将诸夏建立的周、卫、齐、鲁、晋(韩、赵、魏)、宋、郑等政权视为中国的历史,而将秦、楚、吴、越等政权的历史视为"外国史"或者"世界史"而不能写入中国历史之中呢?我们还是看看后人对这段历史的认识吧。

后人确实有人仍然将春秋战国时期诸夏在中原地区建立的政权视为"中国",而将秦、楚、吴、越等政权视为戎狄,不承认他们是"中国"。如宋人洪迈在《容斋随笔》中叙述"周世中国地"时称:"成周之世,中国之地最狭,以今地里考之,吴、越、楚、蜀、闽皆为蛮;淮南为群舒;秦为戎。河北真定、中山之境,乃鲜虞、肥、鼓国。河东之境,有赤狄、甲氏、留吁、铎辰、潞国。洛阳为王城,而有杨拒、泉皋、蛮氏、陆浑、伊雒之戎。京东有莱、牟、介、莒,皆夷也。杞都雍丘,今汴之属邑,亦用夷礼。邾近于鲁,亦曰夷。其中国者,独晋、卫、齐、鲁、宋、郑、陈、许而已,通不过数十州,盖于天下特五分之一耳。"③ 洪迈显然是只将春秋战国时期的"诸夏"在中原地区建立的政权视为"中国",而将蛮、夷、戎、狄统统视为不是"中国"。

应该说,像洪迈这样的认识,确实很多。但我们也应该看到,后人对于春秋战国时期的历史,还出现一些与此不同的认识。如春秋战国时期的蛮、夷、戎、狄为统一的秦王朝继承以后,就都成了秦王朝历史的组成部分,秦

---

① 何休注,徐彦疏:《春秋公羊传注疏》卷二八哀公十三年,中华书局《十三经注疏》本,1980年,第2351页。
② 何休注,徐彦疏:《春秋公羊传注疏》卷九庄公二十九年,中华书局《十三经注疏》本,1980年,第2241页。
③ 洪迈:《容斋随笔》卷五《周世中国地》,这里所说的"周世"和"成周",据文中所述"洛阳为王城"来看,应该指东周,即春秋战国时期。

继承性中国：从后人看"中国"中认识"中国"

王朝就没有将自己祖先的历史即春秋战国时期秦国的历史说成是外国历史，而是看成自己祖国历史的一个组成部分。同时，秦朝也将被自己灭亡（继承）的各个政权的历史纳入秦国历史的组成部分。秦朝统一全国以后，一直以"中国"自居，后人也常常"谓中国人为秦人"①"汉初，朔方匈奴亦称中国为秦人"②。秦朝是"中国"，那么，秦朝将春秋战国时期各国统一纳入本国统治之下，又将春秋战国时期各个国家的历史纳入本国历史的组成部分，也就是将春秋战国时期各个政权的历史都纳入了中国历史的组成部分。春秋战国时期，人们虽然称楚国为"荆蛮"，但也有人称战国后期的楚国为"中国"。如义渠君朝于魏时曾说"中国无事"，张守节《正义》释曰："中国谓关东六国。"③ 春秋战国时期被视为"荆蛮"的楚国的屈原，也没有人视其为蛮夷，并作为中国历史上杰出人物之一，世世代代传颂下来，至今也没有人说屈原不是"中国"人，就是认为春秋战国时期的蛮夷楚国为后来"中国"继承的一种表现。孔颖达为《春秋左传》注疏引刘炫的话云："春秋时戎狄错居中国。"④ 又为正义称"四夷之名，在西曰戎，春秋之时，错居中国"，又引杜预言"河南新城县东南有蛮城"，称"则是内地之戎，在楚北也"⑤，即认为春秋之时，已有"内地之戎"。"内地之戎"应该是"中国之戎"的意思。"中国之戎"就是"中国"也包括有少数民族的意思。汉代王充也曾说"古之戎狄，今为中国"⑥，意思是说，春秋战国时期的戎狄，到了秦汉时期都变成了"中国"，这些为后来"中国"所继承的戎狄的历史也就成了中国历史的组成部分。

---

① 班固：《汉书》卷九六《西域传下》颜师古注，中华书局，1962年，第3913-3914页。

② 于慎行：《谷山笔麈》卷一三《称谓》，中华书局，1984年，第148页。

③ 司马迁：《史记》卷七〇《张仪列传》，中华书局，1959年，第2303页。

④ 杜预注，孔颖达疏：《春秋左传注疏》卷一七僖公三十二年，中华书局《十三经注疏》本，1980年，第1832页。

⑤ 杜预注，孔颖达疏：《春秋左传注疏》卷四七昭公十六年，中华书局《十三经注疏》本，1980年，第2078页。

⑥ 王充著，黄晖校释：《论衡校释》卷一九《宣汉篇》，中华书局，1990年，第823页。

中国古代的"天下""中国"观

西汉司马迁对春秋战国历史的认识更值得寻味。他把春秋战国时期被人们视为蛮、夷、戎、狄的秦、楚、吴、越等，说成与夏、商、周一样，都是炎黄子孙，构建了春秋战国时期华夏与蛮、夷、戎、狄都是"中国"的历史。如司马迁称"秦之先，帝颛顼之苗裔"[①]"楚之先祖出自帝颛顼高阳。高阳者，黄帝之孙，昌意之子也"[②]。认为春秋战国时期的秦和楚的先人都是黄帝的孙子高阳氏颛顼的后人，即都是炎黄子孙。司马迁又称建立句吴的吴太伯与周文王的父亲季历是兄弟，周武王灭商后分封已君荆蛮句吴的吴太伯之后周章为君，建立吴国，又分封周章的弟弟虞仲为君，建立虞国（属中国），"中国（中原）之虞与荆蛮句吴兄弟也"[③]。属于荆蛮的吴国与属于中国的虞国都是炎黄子孙周太王后人建立的政权，属于蛮夷的吴国也就成了炎黄子孙。司马迁又说"越王句践，其先禹之苗裔，而夏后帝少康之庶子也"[④]。夏后氏的禹是黄帝玄孙（也有人认为是黄帝的九世孙）。司马迁将越王句践说成是禹后，也就是将被人们视为夷蛮的越说成了炎黄子孙。司马迁又说"匈奴，其先祖夏后氏之苗裔也，曰淳维。唐虞以上有山戎、猃狁、荤粥，居于北蛮，随畜牧而转移"。唐司马贞为之作"索隐"，引乐产《括地谱》云"夏桀无道，汤放之鸣条，三年而死。其子獯粥妻桀之众妾，避居北野，随畜移徙，中国（中原）谓之匈奴"[⑤]。将匈奴的先人即春秋战国时期的山戎、猃狁、獯鬻等说成是夏桀之子的直接后裔，也就是夏后氏大禹的后裔，禹是黄帝的后裔，匈奴的先人即春秋战国时期的山戎、猃狁、獯鬻自然也就成了炎黄子孙。可见，司马迁将春秋战国时期的华夏和蛮、夷、戎、狄都说成是炎黄子孙。"炎黄子孙"是"中国"的代称之一，将春秋战国时期的蛮、夷、戎、狄说成是炎黄子孙，就是将春秋战国时期的蛮、夷、戎、狄说成是"中国"的意思，应该是司马迁将春秋战国时期的历史视为中国历史的一种表现。

司马迁正是按照这一思想，将春秋战国时期的诸夏政权和四夷政权都写

---

① 司马迁：《史记》卷五《秦本纪》，中华书局，1959年，第173页。
② 司马迁：《史记》卷四〇《楚世家》，中华书局，1959年，第1689页。
③ 司马迁：《史记》卷三一《吴太伯世家》，中华书局，1959年，第1446—1475页。
④ 司马迁：《史记》卷四一《越王句践世家》，中华书局，1959年，第1739页。
⑤ 司马迁：《史记》卷一一〇《匈奴列传》，中华书局，1959年，第2879—2880页。

进他的《史记》之中，他将被人们视为戎狄之秦写入"本纪"，将被人们视为蛮夷之楚、吴、越列入"世家"，又将被人们视为戎夷的匈奴及其先人山戎、猃狁、獯鬻写入"列传"。且在篇章安排上，一视同仁，并不区分"华夏"和"夷狄"，而是将不同地区的"华夏"和"夷狄"杂错编入一编之中，如将《秦本纪》《秦始皇本纪》列于《周本纪》之后、《项羽本纪》之前；将《吴太伯世家》列为世家第一放在《平准书》之后、《齐太公世家》之前，将《楚世家》《越王句践世家》列在《晋世家》之后、《郑世家》之前；将《匈奴列传》放在《李将军列传》之后、《卫将军骠骑列传》之前，将《南越列传》《东越列传》《朝鲜列传》《西南夷列传》放在《平津侯主父列传》之后、《司马相如列传》之前。并没有将春秋战国时期的秦、楚、吴、越等蛮、夷、戎、狄视为外国，而统一写入一书之中，与诸夏帝王和大臣错综并列。恐怕这就是后来人们都将春秋战国时期的秦、楚、吴、越等历史写进"中国史"，而不是写入"外国史"（或称"世界史"）的原因吧。

可见，承认春秋战国时期秦、楚、吴、越的历史是中国历史的组成部分，也是因为秦、楚、吴、越均为后来的"中国"所继承，人们依据"继承性中国"的原则，通过"倒推"的研究方法而得出来的结论。

二、后人看魏晋南北朝时期的"中国"历史

（一）后人看三国时期的"中国"历史

三国时期，人们一直称魏国为"中国"。如魏国大臣高堂隆曾说："今吴、蜀二贼，非徒白地小虏、聚邑之寇，乃据险乘流，跨有士众，僭号称帝，欲与中国争衡。"[①] 称魏国为"中国"，视吴蜀为"二贼"。蜀国虽然声称继承汉室，但没有自称"中国"，如诸葛亮曾对孙权说："若能以吴、越之众与中国抗衡，不如早与之绝。"[②] 称魏国为"中国"，没有称蜀国和吴国为"中国"。吴国大臣黄盖也曾说："用江东六郡山越之人，以当中国百万之众，

[①] 陈寿：《三国志》卷二五《魏书·高堂隆传》，中华书局，1959年，第714页。
[②] 陈寿：《三国志》卷三五《蜀书·诸葛亮传》，中华书局，1959年，第915页。

中国古代的"天下""中国"观

众寡不敌，海内所共见也。"① 所说"中国"也是指魏国，没有称吴国为"中国"。可见，三国时期，只有魏国称"中国"，吴蜀并没有称"中国"，但后来的各个政权都承认三国是"中国"，没有人说吴、蜀二国不是"中国"。如果按照有的学者所谓"尊重历史"，回置到"当时"的历史时空中去认识三国历史的话，就只能将魏国视为"中国"，而将同为汉族建立的吴、蜀二国视为"外国"，不承认他们是"中国"，显然不符合历史实际。而后人称吴、蜀二国是"中国"，虽然不符合"历史的本来面目"，但却符合吴、蜀二国都是从东汉"中国"分裂出来，又为西晋"中国"所继承的历史实际。也就是说，吴、蜀二国的历史作为中国历史的组成部分，不是当时的说法，是后人依据吴、蜀为后来"中国"所继承的"继承性中国"原则而"倒推"出来的结论。这一结论符合历史实际，得到了包括那些反对"倒推"以及国外学者的广泛认同。

（二）后人看东晋十六国时期的"中国"历史

东晋十六国时期，"何谓中国"，也是一个很难说清楚的问题。据史书记载，十六国时期的后赵、前燕、前秦、后秦等，都曾自称"中国"。如前秦苻生曾遣阎负、梁殊出使前凉，以书喻之，令使称藩。前凉权臣张瓘曾对阎负、梁殊说："中州无信，好食誓言。往与石氏通好，旋见寇袭。中国之风，诚在昔日，不足复论通和之事也。"② 从张瓘的话里可以知道，前凉政权曾向后赵石勒政权称藩，但旋即遭受后赵袭杀，因此，张瓘将"中州无信，好食誓言"说成是"中国之风"。所说"中国"，无疑具有指称"后赵"及"前秦"之意，说明，十六国时期，前凉曾称后赵为"中国"。史书又记载，后赵曾按照"五德终始"的正统学说，以继承西晋金德自居而自诩为水德，标榜自己是继承西晋国家而来的"中国"正统国家。前燕皇帝慕容儁也自谓获得象征"正统"王朝的"传国玺"，而宣称自己是"中国"皇帝③，又以后赵水德政权的继承者自居而确定前燕政权为木德。前秦明确自称"中国"的史

---

① 陈寿：《三国志》卷五四《吴书·周瑜传》裴松之注引《江表传》，中华书局，1959年，第1262页。

② 房玄龄等：《晋书》卷一一二《苻生载记》，中华书局，1974年，第2874页。

③ 司马光：《资治通鉴》卷九九《晋纪二十一》，永和八年十一月丁卯条，中华书局，1956年，第3131页。

继承性中国：从后人看"中国"中认识"中国"

料，更是屡见于史书，如前秦攻克凉州以后，议讨伐西边氐、羌，秦王苻坚曰："彼种落杂居，不相统壹，不能为中国大患，宜先抚谕，征其租税，若不从命，然后讨之。"① 将氐、羌不能成为前秦大患说成是不能成为"中国大患"，所说"中国"无疑是指前秦。前秦还以继承前燕木德而自诩为火德，标榜自己是继承前燕"中国"的正统王朝。西秦乞伏乾归，在面对后秦姚兴发兵前来进攻之时，曾对诸将说："今姚兴尽中国之师，军势甚盛。山川阻狭，无纵骑之地，宜引师平川，伺其怠而击之。"② 称姚兴所率后秦军队为"中国之师"，无疑是称后秦为"中国"。南凉秃发傉檀曾派遣西曹从事史皓出使后秦，请求后秦册封，史皓曾对姚兴说，凉州"在天纲之外"，如果后秦以武力攻取，恐怕会"连兵十年，殚竭中国，凉州未易取也"③。是说后秦如果不愿意与南凉结好的话，兵连祸结，会殚竭后秦的兵力和物力，而南凉并非那么容易攻取的。所说"中国"，无疑是指后秦。可见，"十六国"中的后赵、前燕、前秦、后秦等政权也称"中国"。十六国自称"中国"，但不承认东晋是"中国"，说东晋"自弃中华"④。东晋虽然称中原之地为"中国"，但不承认"十六国"中的少数民族政权为"中国"。

东晋虽然没有自称"中国"⑤，但后人皆以东晋为"中国"，并无疑义，不再赘述。后赵、前燕、前秦、后秦虽然称"中国"，但后人多不承认他们是"中国"。当然，也有一些聪明智慧之人承认他们是"中国"。如北魏就曾依据继承慕容鲜卑的燕国和苻氏秦国的伟业，而按照"五德终始"的正统理论，确定自己的国家为"土德"，标榜自己的国家为中国正统王朝⑥，即承认了后赵、前燕、前秦等政权的"中国"正统地位。隋朝人王通也不赞成氐族建立的前秦为"逆"的观点，谓"苻秦举大号而中原静""三十余年，中国

---

① 司马光：《资治通鉴》卷一〇四《晋纪》，太元元年十二月条，中华书局，1956年，第3280页。
② 房玄龄等：《晋书》卷一二五《乞伏乾归传》，中华书局，1974年，第3120页。
③ 房玄龄等：《晋书》卷一二六《秃发傉檀载记》，中华书局，1974年，第3150页。
④ 司马光：《资治通鉴》卷一〇〇《晋纪二十二》，升平二年十月条，中华书局，1956年，第3172页。
⑤ 《晋书》等书不见东晋自称"中国"的记载。
⑥ 张德寿：《高间民族观述论》，《中国边疆史地研究》2003年第2期。

中国古代的"天下""中国"观

士民,东西南北,自远而至,猛之力也"①。所说"中国士民",显然不仅仅指汉族人,还包括前秦统治下的主体民族氐族以及进入前秦境内的其他各民族人口,并由此肯定前秦是"中国"②。宋人司马光在记述魏晋十六国历史时,曾针对传统的"正闰"观发表议论说:"苟不能使九州合为一统,皆有天子之名而无其实者也。虽华夷仁暴,大小强弱,或时不同,要皆以古之列国无异,岂得独尊奖一国谓之正统,而其余皆为僭伪哉!"③ 即认为在魏晋十六国政权分立割据之时,不必区分"正统"和"非正统",对待各个政权应该像对待"古之列国"一样,也应该承认这些政权的合法性。认为十六国与东晋具有同等地位,如果说正统,这些政权就应该都是正统;如果说非正统,这些政权就应该都是非正统。无疑是承认了十六国的"中国"地位。明朝皇帝朱元璋曾谴责日本国王说:"若叛服不常,构隙中国,则必受祸。如吴大帝、晋慕容廆、元世祖皆遣兵往伐,俘获男女以归。"④ 将十六国时期前燕政权的奠基人慕容廆所建政权,作为日本"构隙中国"的对象之一,并将慕容廆与吴国孙权、元世祖忽必烈并列,无疑是具有承认吴国、慕容鲜卑所建燕政权和元朝都是"中国"的思想观念。

可见,后人看东晋十六国历史时,虽然有人不能遵照后赵、前燕、前秦、后秦等政权自称"中国"的"本来面目"或所谓的"真实的历史",承认这些政权的历史是"中国"历史的组成部分,但有些人则能够依据这些政权为后来"中国"所继承的历史实际,承认这些政权的历史是"中国"历史的组成部分。两相比较,后者无疑是符合历史实际的智者之举。

(三)后人看南北朝时期的"中国"历史

鲜卑人建立的北魏以及后来分裂的东魏、西魏和北齐、北周都称"中国"。如,蠕蠕(柔然)豆仑可汗时,"其臣侯医垔、石洛候数以忠言谏之,

---

① 王通:《文中子中说》卷四《周公篇》,《二十二子》上海古籍出版社1986年版,第1316页。

② 王德忠:《隋代王通的"中国"观及其时代特色》,《陕西师范大学学报》2018年第1期。

③ 司马光:《资治通鉴》卷六九,黄初二年三月条,中华书局,1956年,第2187页。

④ 《明太祖实录》卷一三八,洪武十四年七月戊戌条,台北"中央研究院"历史语言研究所1962年校印本,第2174页。

又劝与国通和，勿侵中国"①，柔然大臣侯医垔、石洛候认为柔然应该与北魏通和，不要侵扰北魏，所说"中国"无疑是指拓跋鲜卑建立的北魏政权。西魏末年，"突厥以（史）宁所图必破，皆畏惮之，咸曰：'此中国神智人也'"②，突厥人称北魏、西魏大将史宁是"中国神智人也"，所说"中国"，应该是指鲜卑人建立的北魏和西魏政权。说明柔然、突厥等少数民族都承认鲜卑人建立的北魏、西魏和东魏等政权是"中国"③。北朝称"中国"，但不承认南朝为"中国"，说南朝是"岛夷"；南朝由于离开了中原地区，虽然较少直接称自己的政权为"中国"，但他们也不承认北朝是"中国"，称他们为"夷""索虏"，等等。

南朝虽然较少称自己的政权为"中国"，但后人都称他们是"中国"，无须赘述。后人虽然有人无视北朝自称"中国"的"本来面目"而否定北朝的"中国性"，但多数人承认北朝是"中国"。如隋朝统一全国以后，即按"五德终始"的正统学说，确定隋朝继承北周"木德"而为"火德"，北周是北魏、西魏、东魏、北齐的继承者，北魏又是继后赵、前燕、前秦等而发展起来的政权，如此推算，隋朝就成了十六国和北朝的继承者。隋朝王通承认北朝是"中国"，谓"皇始（北魏拓跋珪年号）之帝，征天以授之也。晋、宋之王，近于正体，于是乎未忘中国，穆公之志也。齐、梁、陈之德，斥之于四夷也，以明中国之有代，太和（北魏孝文帝年号）之力也"④。又说"中国盛乎皇始"⑤"元魏之有主，其孝文之所为乎！中国之道不坠，孝文之力也"⑥。

---

① 魏收：《魏书》卷一〇三《蠕蠕传》，中华书局，1974年，第2296页。
② 令狐德棻等：《周书》卷二八《史宁传》，中华书局，1971年，第468页。
③ 北朝称"中国"的史料很多，参见赵永春《中国古代"中国不是一个国家"论辩》，《社会科学辑刊》2017年第3期。
④ 王通：《文中子中说》卷五《周易篇》，《二十二子》，上海古籍出版社，1986年，第1320页。
⑤ 王通：《元经》，载《汉魏丛书》，吉林大学出版社1992年影印明万历程荣本，第213页。
⑥ 王通：《文中子中说》卷四《周公篇》，《二十二子》，上海古籍出版社，1986年，第1316页。

中国古代的"天下""中国"观

承认北魏是"中国"。王通又说："江东，中国之旧也。"① 又称南朝为"中国"之旧。显然是以隋朝为北朝的继承者自居而称北朝是"中国"，又以东晋和南朝继承者自居而称南朝为"中国"。如此一来，东晋十六国和南北朝的历史就都成了隋王朝历史的组成部分，隋王朝称"中国"，东晋十六国和南北朝的历史也就成了中国历史的组成部分。唐朝也是这样，他们标榜自己是隋王朝的继承者，并将隋王朝的历史接过来变成自己的历史。甚至出现"往之著书者有帝元（指北魏），今之为录者皆闰晋"②的以元魏（北魏）为正统，以东晋为非正统的观点，承认北魏为"中国"正统。唐朝李延寿将南北朝历史改写成《南史》和《北史》，也有承认为隋唐所继承的南北朝各个政权都是"中国"的意思。后来，唐朝又将《魏书》《北齐书》《周书》《宋书》《南齐书》《梁书》《陈书》等书列入中国历史"正史"系列，形成中国正史"十三史"之说，也是唐朝对南北朝历史都是"中国"历史的承认。可见，当时很难说清楚"何谓中国"的东晋十六国和南北朝的历史，作为中国历史的组成部分，是隋唐根据自己继承了东晋十六国和南北朝的历史而确立的，无疑是根据隋唐这一继承者的身份"倒推"出来的。

隋唐以后，仍然有人承认北朝是"中国"。如宋人王曾曾说："中国衣冠，自北齐以来，乃全用胡服，窄袖绯绿。"③ 无疑是承认北齐是"中国"。宋人又在唐朝确立包括《魏书》《北齐书》《周书》《宋书》《南齐书》《梁书》《陈书》在内的承认南北朝都是"中国"的基础之上，增入《南史》《北史》等著作，形成中国正史"十七史"之说，也是对南北朝都是"中国"的承认。明人沈德符《万历野获编》称"中国赐外夷最厚而缛者"，一是"元魏明帝正光二年（521年），蠕蠕主阿那瑰归国"时所赐之物；二是"宋靖康初

---

① 王通：《文中子中说》卷七《述史篇》，《二十二子》，上海古籍出版社，1986年，第1323页。
② 皇甫湜：《东晋元魏正闰论》，董诰等辑《全唐文》卷六八主，中华书局，1983年，第7031页。
③ 解缙等：《永乐大典》卷一九七九二《服·公服》，引《王沂公笔谈》，中华书局，1986年，第7475页。

继承性中国：从后人看"中国"中认识"中国"

元，斡离不入犯"①之后，宋金议和时宋朝赐金国之物。明确将北魏政权与北宋政权同等看待，并称"中国"。沈德符又说"古来中国娶夷女者，如魏文帝悼后郁久闾氏，为蠕蠕主阿那瑰长女，文帝至废元配乙弗氏而纳之，复以悼后妒，令乙弗自杀。而阿那瑰次女又为齐神武后，盖中国仰其鼻息，以为盛衰。及突厥灭蠕蠕，其强大弥甚，中国争倚以为援，宇文与高氏本欲共求其女为后，终为周所得，赖以灭齐"②。将西魏文帝元宝炬娶柔然阿那瑰长女、北齐神武帝娶柔然阿那瑰次女以及西魏和东魏、北齐和北周争相与突厥和亲称为"中国娶夷女"，明确称鲜卑人建立的北魏、东魏、西魏、北齐、北周为"中国"，而称柔然、突厥等其他少数民族为"夷"。

南朝在"当时"很少称自己的政权为"中国"，但后人都承认南朝是"中国"，主要是依据南朝是汉人建立的政权以及南朝为后来的"中国"所继承而"倒推"出来的。北朝自称"中国"，但有的后人却不承认，显然并非尊重历史实际，也不是给人们一个真实的历史。而承认北朝是"中国"的认识，才是依据北朝自称"中国"的"本来面目"以及北朝为后来的"中国"所继承的"继承性中国"原则而"倒推"出来的结论，符合历史实际。

三、后人看五代十国、辽金元时期的"中国"历史

（一）后人看五代十国时期的"中国"历史

五代十国时期，只称后梁、后唐、后晋、后汉、后周"五代"为"中国"，认为"十国皆非中国有也""四夷、十国，皆非中国之有也"③，即认为吴、南唐、吴越、楚、闽、南汉、前蜀、后蜀、荆南等政权不是"中国"。如后唐庄宗曾遣李严"以名马入蜀，市珍奇以充后宫，而蜀法严禁以奇货出剑门，其非奇物而出者，名曰'入草物'，由是严无所得而还"，后唐庄宗大

---

① 沈德符：《万历野获编》卷三〇《外国·瓦剌厚赏》，中华书局，1959年，第777页。

② 沈德符：《万历野获编·补遗》卷一《宗藩·亲王娶夷女》，中华书局，1959年，第806—807页。

③ 欧阳修：《新五代史》卷七一《十国世家年谱第十一》，中华书局，1974年，第873、881页。

中国古代的"天下""中国"观

怒曰:"物归中国,谓之'入草',王衍其能免为'入草人'乎?"[1] 庄宗即以后唐为"中国",没有称王衍控制的蜀国为"中国"。契丹耶律德光灭亡后晋进据汴京(今河南开封)以后,赵延寿曾对耶律德光说:"将来皇帝归国时,又渐及炎蒸,若吴、蜀二寇交侵中国,未知如许大世界,教甚兵马御捍?苟失堤防,岂非为他人取也。"[2] 所称"中国"即指原来后晋占据的中原地区,没有称吴、蜀二国为"中国",而视之为"二寇"。《旧五代史》谓南唐"尝遣使私赂北戎(指契丹),俾为中国之患,自固偷安之计"[3],认为南唐与契丹交结,成为"中国之患",南唐则借以"自固偷安",显然是将南唐划到了"中国"之外。《新五代史》称"吴越钱镠使者常泛海以至中国"[4]"常贡奉中国不绝"[5]"吴越复通于中国"[6] 等等,也没有称钱镠所建吴越政权为"中国",而以五代为"中国"。南汉将领邵廷琄曾劝其主刘鋹"修兵为备,不然,悉珍宝奉中国,遣使以通好"[7],说明南汉也没有自称"中国"。北汉主刘承钧曾遣谍者对宋太祖说:"河东土地兵甲,不足以当中国之十一。"[8] 是说北汉控制的河东地区的兵甲不及北宋十分之一,说明北汉也没有自称"中国",而以北宋为"中国"。《旧五代史考异》称"闽中与中国隔越,审知每

---

[1] 欧阳修:《新五代史》卷二六《唐臣传第十四·李严传》,中华书局,1974年,第284页。

[2] 薛居正:《旧五代史》卷九八《晋书·赵延寿传》,中华书局,1976年,第1312页。

[3] 薛居正:《旧五代史》卷一三四《僭伪列传第一·李璟传》,中华书局,1976年,第1787页。

[4] 欧阳修:《新五代史》卷三〇《汉臣传第一八·刘铢传》,中华书局,1974年,第335页。

[5] 欧阳修:《新五代史》卷六七《吴越世家第七·钱俶》,中华书局,1974年,第843页。

[6] 欧阳修:《新五代史》卷五七《裴羽传》,中华书局,1974年,第663页。

[7] 欧阳修:《新五代史》卷六五《南汉世家第五·刘鋹》,中华书局,1974年,第818页。

[8] 欧阳修:《新五代史》卷七〇《东汉世家第一〇·刘承钧》,中华书局,1974年,第869页。

岁朝贡，泛海至登莱抵岸"①，称王审知所建闽政权"与中国隔越"，显然也将闽划到了"中国"之外。

五代十国时期，"十国"等政权没有称"中国"，但后人都称"十国"等政权是"中国"，并无疑义。其中的主要原因虽然有"十国"等政权多为汉人所建政权的因素，但也有因为"十国"等政权后来都为北宋"中国"所继承的缘故。北宋"中国"继承了"十国"等政权，"十国"的历史就成了北宋"中国"历史的组成部分，也就是成了中国历史的组成部分。显而易见，"十国"称"中国"，并非回置到"当时"历史时空的"历史本来面目"，而是后人根据"十国"等政权多为汉人所建政权以及这些政权都为后来"中国"所继承的"继承性中国"原则"倒推"出来的认识。

（二）后人看辽金元时期的"中国"历史

辽宋金时期，宋人称"中国"，得到包括辽金在内的各个政权的普遍认同。而辽金自称"中国"②，却没有获得宋人的普遍认同③。后人一致认为宋朝是"中国"，虽然多数人不承认辽金是"中国"，但也有人承认辽金是"中国"，认为辽金历史也是中国历史的组成部分。

中国古代有个传统，认为"国可灭，史不可没"④。战胜国只要为被自己所灭之国修史，就是表示对前朝具有正统性以及本朝是前朝法统继承者的承认，也就是对前朝和本朝都是"中国"的承认。金朝灭亡辽朝以后，即以继承辽朝正统自居，曾组织人力，两度撰修《辽史》，后来，由于金章宗选择继承北宋之统，"乃罢修《辽史》"⑤，但实际上，金人承认辽朝是"中国"以及金朝是辽朝继承者的认识并没有改变。

---

① 薛居正：《旧五代史》卷一三四《僭伪列传第一·王审知传》，中华书局，1976年，第1792页。

② 参见赵永春：《试论辽人的"中国"观》，《文史哲》2010年3期；《试论金人的"中国观"》，《中国边疆史地研究》2009年第4期。

③ 赵永春、王观：《10—13世纪民族政权对峙时期的"中国"认同》，《陕西师范大学学报》2018年第1期。

④ 宋濂等：《元史》卷一五六《董文炳传》，中华书局，1976年，第3672页。

⑤ 修端：《辨辽宋金正统》，见苏天爵：《国朝文类》卷四五，《四部丛刊初编》，商务印书馆，1922年，第132页。

中国古代的"天下""中国"观

元朝灭亡金朝以后，即以辽金继承者自居，曾下令在修元朝实录和国史的同时，"附修辽金二史"①。元朝灭亡南宋以后，又以宋朝继承者自居，下令通修辽、金、宋三史。但由于对辽、宋、金三国（主要是辽金）的"正统性"问题存在不同认识，修史工作实际上并没有展开。直至元朝末年，才由脱脱拍板，确立了"三国各与正统，各系其年号"②的辽、宋、金三史编撰体例，修成了辽、宋、金三史，承认了辽金的"中国正统"地位，正式将辽、宋、金历史纳入元朝历史组成部分。元朝自称"中国"，辽金历史也就成了中国历史的组成部分。

元朝虽然自称"中国"，但仍有人不承认元朝是"中国"。如元末红巾军在起兵反元之时，曾大书旗联云："虎贲三千直抵幽燕之地，龙飞九五重开大宋之天。"③意欲恢复大宋王朝。朱元璋参加红巾军以后，势力逐步发展壮大，在建立明王朝前夕发布的北伐檄文中也不承认元朝是"中国"，要"驱逐胡虏，恢复中华"④，亦有跳过元朝承宋建国的意思。但朱元璋灭亡元朝统一全国以后，意识到跳过自己生活过的元朝，直接继承宋朝的不切实性，遂改变了原来意欲继承宋朝建国的思想观念，转而承认元朝的合法性，并在继承元朝遗产的基础上建立大明王朝。

洪武元年（1368年）正月，朱元璋在所发布的诏书中即称"中国之君，自宋运既终，天命真人起于沙漠，入中国为天下主"⑤，称建立元朝的统治者为"天命真人"，承认了元朝统治"中国"的合法性。同年六月，左副将军李文忠北伐奏捷，明朝大臣听说元顺帝去世，"相率拜贺"。朱元璋"谓治书侍御史刘炳曰：'尔本元臣，今日之捷，尔不当贺也。'因命礼部榜示：凡北

---

① 苏天爵：《元朝名臣事略》卷一二《内翰王文康公》，中华书局，1996年，第239页。

② 权衡撰，任崇岳笺证：《庚申外史笺证》卷上，中州古籍出版社，1991年，第44页。

③ 陶宗仪：《南村辍耕录》卷二七《旗联》，中华书局，1959年，第342页。

④ 《明太祖实录》卷二六，吴元年十月丙寅条，台北"中央研究院"历史语言研究所1962年校印本，第402页。

⑤ 《明太祖实录》卷二九，洪武元年正月丙子条，台北"中央研究院"历史语言研究所1962年校印本，第482页。

继承性中国：从后人看"中国"中认识"中国"

方捷至，尝仕元者，不许称贺"①。朱元璋又对宰相和大臣们说："元虽夷狄，然君主中国且将百年，朕与卿等父母，皆赖其生养。元之兴亡，自是气运，于朕何预。""元虽夷狄，入主中国，百年之内，生齿浩繁，家给人足，朕之祖父，亦预享其太平。"② 后来又说，元世祖"自朔土来主中国，治安之盛，生养之繁，功被人民者矣"③"百年之间，其恩德孰不思慕，号令孰不畏惧。是时，四方无虞，民康物阜"④。一改其起兵反元时批判元朝的态度，转而赞美元朝，认为元朝曾经统治中国百余年，社会治安状况很好，人口增长迅速，民康物阜，家给人足，有功于人民，对元朝统治中国作了肯定性评价。朱元璋还以明初建国集团及其父母都曾是大元臣民的历史事实，告诫那些曾经"仕元"者，不要忘记大元的养育之恩，对元朝不必过多苛责。认为元之兴亡，并非人力所为，而是天命所致。显然是承认了元朝的合法性，并进而表明大明王朝是继承元朝正统所建立起来的中国正统国家。大明王朝是"中国"，为其所继承的元朝自然也是"中国"，元朝历史也就成了中国历史的组成部分。

朱元璋对元朝中国正统地位的承认，还表现在列元世祖于历代帝王庙之中，与汉高祖、唐太宗、宋太祖等中国历史上的帝王一并崇祀。朱元璋很重视历代帝王祭祀，洪武元年（1368年）三月，即命礼官等对历代帝王祭祀提出建议。洪武六年（1373年）八月"命礼部参考历代帝王开基创业有功于生民者"，"于京师立庙致祭"，"其制宜略如宗庙，同堂异室，为正殿五间，以为五室，中一室以居三皇，东一室以居五帝，西一室以居夏禹、商汤、周文王，又东一室以居周武王、汉光武、唐太宗，又西一室以居汉高祖、唐高

---

① 《明太祖实录》卷五三，洪武三年六月壬申条，台北"中央研究院"历史语言研究所1962年校印本，第1040页。

② 《明太祖实录》卷五三，洪武三年六月癸酉条，台北"中央研究院"历史语言研究所1962年校印本，第1041页。

③ 《明太祖实录》卷九二，洪武七年八月甲午条，台北"中央研究院"历史语言研究所1962年校印本，第1605页。

④ 《明太祖实录》卷一九八，洪武二十二年十二月甲子条，台北"中央研究院"历史语言研究所1962年校印本，第2978页。

中国古代的"天下""中国"观

祖、宋太祖、元世祖"①。朱元璋所建历代帝王庙,将元世祖与汉高祖、唐太宗、宋太祖并列,不仅说明朱元璋承认元朝的中国正统地位,也说明朱元璋将元世祖与汉高祖、唐太宗、宋太祖等历代帝王同等看待,并未因为元世祖是少数民族而有所歧视。明人郑晓对此深有体会,谓"春秋谨华夷之辨,中国有主也。文中子(即王通)帝元魏(指北魏),未为非。圣祖功德高百王,诏文尝称曰'天命真人'。于沙漠帝王庙中,以元世祖与三皇、五帝、三王、汉高、光、唐宗、宋祖并祀,真圣人卓越之见"②。对朱元璋将元世祖列入历代帝王庙给予极高评价。

朱元璋由承宋建国转向承元建国,还表现在对《元史》修撰方面。为了表明明王朝是继承元朝中国正统而建立的中国正统王朝,朱元璋依据为前朝修史就是本朝对前朝法统以及本朝是前朝法统继承者承认的中国传统观念,于洪武二年(1369年)二月下诏修《元史》,以"中书左丞相宣国公李善长为监修,前起居注宋濂、漳州府通判王袆为总裁,征山林遗逸之士汪克宽、胡翰、宋禧、陶凯、陈基、赵埙、曾鲁、高启、赵汸、张文海、徐尊生、黄篪、傅恕、王锜、傅著、谢徽十六人同为纂修,开局于天界寺"。朱元璋在诏令中称"命尔等修纂,以备一代之史,务直述其事,毋溢美,毋隐恶,庶合公论,以垂鉴戒"③。八月书成。后又进行续修,至洪武三年(1370年)七月"续修元史成"④。修撰《元史》,表明朱元璋已经完全由承宋建国转到承元建国的立场上来。

朱元璋承认继承元朝建国,无疑是基于历史事实和现实需要的考量。从尊重历史事实来看,明初建国集团都曾经是元朝的臣民,其在元朝统治下成长起来的历史似乎是无法抹掉的。如果像有些人所说的那样,意欲让明朝抹掉元朝历史而直接上承宋朝历史,显然不符合历史实际。朱元璋承认继承元

---

① 《明太祖实录》卷八四,洪武六年八月乙亥、乙酉条,台北"中央研究院"历史语言研究所1962年校印本,第1497、1498、1501页。

② 郑晓《今言》卷一,中华书局,1984年,第41页。

③ 《明太祖实录》卷三九,洪武二年二月丙寅条,台北"中央研究院"历史语言研究所1962年校印本,第783—784页。

④ 《明太祖实录》卷五四,洪武三年七月丁亥条,台北"中央研究院"历史语言研究所1962年校印本,第1059页。

继承性中国：从后人看"中国"中认识"中国"

朝，无疑是对当时历史事实予以承认的一种表现。此外，现实也需要明朝继承元朝的遗产。如明朝建立后，高丽曾"表言文、高、和、定等州，本为高丽旧壤，铁岭之地，实其世守，乞仍以为统属"。朱元璋回答说"数州之地，如高丽所言，似合隶之。以理势言之，旧既为元所统，今当属于辽。况今铁岭已置卫，自屯兵马守其民，各有统属。高丽之言，未足为信"①。高丽索要之土地，原来都在元朝统治范围之内，自当归属于元朝的继承者明朝。继承元朝遗产，无疑也是明朝守卫国家领土之现实需要。

朱元璋承认继承元朝，再往前是否只继承宋朝，不继承辽金呢？事实亦非如此。朱元璋不仅承认宋朝是中国历史上的王朝，也承认辽金是中国历史上的王朝，辽、宋、金都为元朝所继承，亦即为继承元朝的明朝所继承。明太祖朱元璋曾在洪武五年（1372年）给元幼主的信中说："昔我中国赵宋将衰之际，为金所逼，迁都于杭，纳以岁币。其后金为君家所灭，君家亦遣使于宋，约纳岁币，一如金时。虽疆界有南北之分，而前后延祚百五十年，此小事大之明验也。"又在给北元大臣刘仲德、朱彦德二人书中说："赵宋事金，安享富贵百五十余年。此无他，处之各得其道也。"② 劝逃居大漠的北元势力应该像"赵宋事金"一样臣属于大明王朝。这里，明太祖没有将"赵宋事金"说成是"中国事外国"，又称"虽疆界有南北之分，而前后延祚百五十年"，明显是承认辽宋金都是"中国"的意思。洪武二十五年（1392年），朱元璋又在给故元辽王阿扎失里的信中说："二百年前，华夷异统，势分南北，奈何宋君失政，金主不仁，天择元君起于草野，戡定朔方，抚有中夏，混一南北，逮其后嗣不君，于是天更元运，以付于朕。"③ 无疑是承认辽、宋、金都为元朝所继承的意思。

朱元璋明确称辽、金、元为"中国"，也见于史书记载。如《高丽史》记载，朱元璋曾谴责高丽王说："朕观累朝征伐高丽者，汉伐四次……，魏

---

① 《明太祖实录》卷一九〇，洪武二十一年四月壬戌条，台北"中央研究院"历史语言研究所1962年校印本，第2867页。

② 《明太祖实录》卷七七，洪武五年十二月庚子条，台北"中央研究院"历史语言研究所1962年校印本，第1417-1418页。

③ 《明太祖实录》卷一九六，洪武二十二年五月癸巳条，台北"中央研究院"历史语言研究所1962年校印本，第2946页。

中国古代的"天下""中国"观

伐二次……，晋伐一次……，隋伐二次……，唐伐四次……，辽伐四次，为其弑君并反复寇乱，故焚其宫室，斩乱臣康兆等数万人。金伐一次，为其杀使臣，故屠其民。元伐五次，为其纳逋逃、杀使者及朝廷所置官，故兴师往讨，其王窜耽罗捕杀之。原其衅端皆高丽自取之也，非中国帝王好吞并而欲土地者也。"① 明确地将辽、金、元帝王与汉、魏、晋、隋、唐的帝王并列而共同称为"中国帝王"，无疑是朱元璋承认辽、金、元都是"中国"的有力证明。

明代嘉靖年间，出现过一股否定辽、金、元为"中国"的思潮，官方不但没有助长这股思潮，相反倒在宋朝所确定的中国正史"十七史"的基础之上，又将《辽史》《宋史》《金史》和《元史》一并列入中国正史系列，形成中国正史"二十一史"之说②。说明，明朝中后期，虽然出现过一股试图否认辽、金、元"中国性"的思潮，但官方仍然承认辽、金、元的"中国"地位，仍视辽、金、元的历史为中国历史的组成部分。

清朝建立之后，又在明朝形成的中国正史"二十一史"包括《辽史》《金史》《元史》的基础之上，增入《明史》，形成"二十二史"③。又增入《旧唐书》，形成"二十三史"，又增入《旧五代史》，形成"二十四史"④。民国九年（1920年）柯劭忞撰《新元史》成书，次年，北洋政府大总统徐世昌又在清朝中国正史"二十四史"的基础上，增入《新元史》，形成中国正史"二十五史"之说。1927年，民国以清朝继承者身份设馆修撰的《清史稿》刊印以后，又有人主张将《清史稿》列入中国正史系列，形成中国正史"二十六史"之说。

可见，后来的各个政权均未将《辽史》《金史》《元史》排除到中国正史

---

① 郑麟趾：《高丽史》卷一三七《辛禑传》，朝鲜民主主义人民共和国科学院，1958年，第756页。

② 参见钱大昕：《十驾斋养新录》卷六《十七史》《监本二十一史》，陈文和主编《嘉定钱大昕全集·柒》，江苏古籍出版社，1997年，第148页。

③ 《清高宗实录》卷二八六，乾隆十二年三月丙申条，中华书局1985年影印本，第729页。

④ 永瑢等：《四库全书总目》卷四五《史部·正史类》序，中华书局，1965年，第397页。

系列之外，说明，后人一直承认辽、金、元史是中国历史的组成部分。

后人承认辽、金、元历史是中国历史的组成部分，也是依据辽、金、元自称"中国"的"历史本来面目"以及辽、金、元均为后来"中国"所继承的"继承性中国"原则而上溯历史得出来的结论。不承认辽、金、元历史是中国历史组成部分，则是依据华夏汉族及其政权才是中国的原则"倒推"历史得出来的结论，并非回置到"当时"的"尊重历史事实"的表现。

四、结　语

以上可以看出，回置到特定历史过程中去看"中国"，由于那个"当时"还处于统一的多民族"中国"的形成过程之中，存在一些华夏汉族建立政权没有自称"中国"以及一些少数民族建立政权自称"中国"的情况，再加上"当时"并立的各个民族及其政权存在复杂的利益关系，存在互不认同的思想倾向，很难看清楚"当时"谁是"中国"，谁不是"中国"。"从边疆看中国""从周边看中国"又容易被人误读成"从外国看中国"，也很难看清楚"中国"。不如从后人看"中国"中去认识"中国"。

后人看"中国"，也存在不同观点和认识，主要有二种。一种是以华夏汉族为"中国"，认为少数民族不是"中国"。如，夏商时期还没有出现文字记载的"中国"，见不到夏人和商人称自己为"中国"的直接史料，三国时期的蜀国和吴国也没有称自己的国家是"中国"，东晋和南朝也很少称自己的国家是"中国"，五代十国时期的"十国"也没有称自己的国家是"中国"，等等。但持华夏汉族及其政权是"中国"、承认这些国家是"中国"的"后人"，并非按照回置到特定历史过程中去看"中国"的所谓"尊重历史事实"出发，也说他们不是"中国"，而是依据华夏汉族及其政权是"中国"的原则，将这些国家和政权"倒推"为"中国"。而十六国时期的后赵、前燕、前秦、后秦以及北朝、辽、金、元等少数民族建立的政权，都曾自称"中国"，可那些以华夏汉族及其政权为"中国"的"后人"，仍然依据华夏汉族及其政权是"中国"的原则，将这些国家和政权"倒推"为不是"中国"。这种后人看"中国"的认识，并非尊重历史事实，并非恢复"历史的本来面目"，也不是给人们一个真实的历史，是不可取的。

中国古代的"天下""中国"观

另外一种认识,则是依据历史发展实际,承认为自己政权所继承的各个民族及其政权为"中国",不仅承认为自己政权所继承的华夏汉族政权为"中国",也承认为自己政权所继承的少数民族及其政权为"中国"。持这种观点的"后人",虽然也将"当时人"没有自称"中国"的夏、商、周,三国时期的蜀国和吴国,五代十国时期的"十国"等政权"倒推"为"中国",但所依据的原则并非只有华夏汉族才是"中国"的原则,而是依据为后来"中国"所继承的民族和政权都是"中国"的"继承性中国"的原则,而"倒推"出这些国家和政权是"中国"。持这种"继承性中国"观点的"后人",也将当时自称"中国"的十六国时期的后赵、前燕、前秦、后秦以及北朝、辽、金、元等少数民族建立的政权"倒推"为"中国",不仅是对他们自称"中国""本来面目"的承认,也是根据这些少数民族及其政权都为后来"中国"所继承的"继承性中国"原则而"倒推"出来的结论。

可见,后人看"中国",虽然也存在不同观点和认识,但却会出现一些比较接近历史实际的认识。我们研究"何谓中国"的问题,应该注意分辨后人看"中国"中的精华和糟粕,摒弃那种不符合历史实际的糟粕,吸取那些比较接近历史实际的精华,依据"后来政权称历史上以中原地区为主且有相互递嬗关系或没有递嬗关系但为自己政权所继承的多个政权为'中国'"的"继承性中国"的原则,去认识历史上的"中国",即从"后人"依据"继承性中国"原则"看中国"的认识中去认识历史上各个时期的"中国",才会对"何谓中国"问题得出比较切合实际的结论。运用这种从后人看"中国"所依据的"继承性中国"的原则去上溯各个历史时期的"中国",不仅不会造成"时代错乱",相反倒更容易看清楚各个历史时期的"中国"。

(原文载《社会科学辑刊》2018年第6期)

最早的"中国":夏、商、西周时期的"中国"观

何谓"中国",最早的"中国"何时开始出现,其内涵是什么?学界虽然几经讨论①,但由于史料记载不一,以及人们的认识不同,有关何为"中国"以及最早的"中国"及其内涵等问题,至今仍然是众说纷纭,莫衷一是。有鉴于此,笔者不避浅陋,拟就这一问题谈谈我们的认识。不正确之处,敬请读者批评指正。

---

① 有关中国古代"中国观"的文章主要有:陈登原:《国名疏故》,商务印书馆,1936年;于省吾:《释中国》,中华书局编辑部编《中华学术论集》,中华书局,1981年;顾颉刚、王树民:《"夏"和"中国"——祖国古代的称号》,史念海主编《中国历史地理论丛》第1辑,陕西人民出版社,1981年;王尔敏:《中国名称溯源及其近代诠释》,《中华文化复兴月刊》1973年第5卷第8期;于溶春:《"中国"一词的由来、演变及其与民族的关系》,《内蒙古社会科学》1986年第2期;谭其骧:《历史上的中国和中国历代疆域》,《中国边疆史地研究》1991年第1期;陈连开:《中国·华夷·蕃汉·中华·中华民族》,见氏著《求同初阶:陈连开学术论文集》,中央民族大学出版社,2008年;张环宙:《试论"中国"含义的发展》,《湖州师专学报》1995年2期;罗志田:《先秦的五服制与古代的天下中国观》,陈平原、王守常、汪晖主编《学人》第10辑,江苏文艺出版社,1996年;胡阿祥:《伟哉斯名——"中国"古今称谓研究》,湖北教育出版社,2001年;何志虎:《"中国"称谓的起源》,《人文杂志》2002年第5期;胡耀华:《对"中国"概念演变及地缘内涵的分析》,《江西师范大学学报》2004年5期;陈玉屏:《略论中国古代的"天下""国家"和"中国"观》,《民族研究》2005年1期;葛兆光:《宅兹中国——重建有关"中国"的历史论述》,中华书局,2011年,等等。

中国古代的"天下""中国"观

一、最早见于文字记载的"中国"及其内涵

目前，学者们普遍认为，最早见诸文字记载的"中国"，出现于西周初年的历史文献《何尊铭文》和《尚书·周书·梓材》之中。

1963年在陕西宝鸡贾村塬出土有西周早期的青铜器何尊，其内底铸有铭文122字（被称为《何尊铭文》），记载了西周成王对宗族小子何进行训诰之语，内容涉及周武王克商以及营建成周（洛阳）等史事，其中有谓"唯武王既克大邑商，则廷告于天，曰：'余其宅兹中或（国），自之乂民'"。意思是说，周武王攻克大邑商以后，曾廷告上天说：我建宅居住于中国，从这里来统治人民。马承源释铭文中的"中国"，为"指天下四方的中心地区，也就是伊、洛之间的洛邑"[①]。李学勤也认为铭文中所说的"中国"就是《尚书·召诰》中的"土中"，"意为天下的中心"，即"周人以为成周所在地区为天下之中"，因称成周（洛阳）等地为中国[②]。孙庆伟认为《何尊铭文》"'中国'的'中'，不是表示地理位置，而是政治文化意义上的'中央'"[③]。胡阿祥也认为"'中国'最初的意思，是指位居中间或者中央的城池与土地"，"何尊铭文明白无疑地告诉我们，最早的'中国'是指洛阳"，"成周＝中国"[④]。李克建认为，"'中国'最初的含义是指以洛阳为中心的地区"[⑤]。李新伟也认为"最初的中国"是指"以河洛汇聚之地为中心的中原地区"[⑥]。何振鹏则认为"何尊中的'中国'指的是殷商控制的东方地区"[⑦]。徐江伟则通过对《何尊铭文》"宅兹中国"的"中"字字形探讨，提出了金文中的"'中国'就是最尊贵的、等级最高的部族国家"的观点，认为"'中国'就

[①] 马承源：《何尊铭文初释》，《文物》1976年第1期。
[②] 李学勤：《何尊新释》，《中原文物》1981年第1期。
[③] 孙庆伟：《传说时代与最早中国》，《遗产》2019年第1辑。
[④] 胡阿祥：《"中国"从何而来》，《唯实》2016年第5期。
[⑤] 李克建：《"天下"与"一统"：认识中国古代国家观的基本维度》，《广西民族大学学报》2015年第4期。
[⑥] 李新伟：《"最初的中国"之考古学认定》，《考古》2016年第3期。
[⑦] 何振鹏：《何尊铭文中的"中国"》，《文博》2011年第6期。

最早的"中国":夏、商、西周时期的"中国"观

是能号令众多部族国家的'国中之国'"①,等等。

最早出现"中国"一词的另一文献是《尚书·周书·梓材》,文中追述周成王说"皇天既付中国民,越厥疆土,于先王肆。王惟德用,和怿先后迷民,用怿先王受命"②。《尚书注疏》孔氏传将这一记载解释为"大天已付周家治中国民矣,能远拓其界壤,则于先王之道遂大","今王惟用德和悦先后天下迷愚之民,先后谓教训所以悦先王受命之义"。孔颖达疏称"今大天已付周家治九州之中国民矣,周家之王若能为政用明德,以怀万国,远拓其疆界土壤,则先王之道遂更光大。以此,今王须大先王之政,惟明德之大道而用之,以此和悦而先后其天下迷愚之民,使之政治。用此,所以悦先王受命使之遂大之义"③。孔氏传没有对这里所说的"中国"做出解释,而孔颖达疏则谓这里所说的"中国"为"九州"之中国,所说"中国"的范围较大,似指整个西周直接和间接统治区域。后人对此则理解不一:顾颉刚、王树民认为,这里"所谓'中国民'及其'疆土',就是周本国及其人民"④。又说,"所谓'中国民'及其'疆土',正是'区夏'的实际内容。此处'中国'一词不是专名,而是国中之意。当时所谓'国'便是一个大城圈"⑤。陈育宁亦认为,"句中的'中国',系指'国中'之义,范围超越京师或关东,包括西

---

① 徐江伟:《奇怪的金文"中"字》,《文明起源探索》微信公众号,2020年9月21日。

② 孔子编,孔安国传,孔颖达疏:《尚书注疏》卷一四《周书·梓材》,中华书局《十三经注疏》本,1980年,第208页。有人认为这段话,是周公对康叔说的话。也有人将"肆"字断至下句,如白寿彝总主编,徐善辰、斯维至、杨钊主编的《中国通史》第三卷,即将此段话释为"老天既然把中国的人民和疆土付给了我们的先王,所以王要照着美德去做,使迷惑的人们和悦,而领导他们以完成先王所接受的使命"(上海人民出版社,2015年,第254页),等等。本文据《十三经注疏》本及孔传释文,将"肆"字断至上句。

③ 孔子编,孔安国传,孔颖达疏:《尚书注疏》卷一四《周书·梓材》,中华书局《十三经注疏》本,1980年,第208-209页。

④ 顾颉刚、王树民:《"夏"和"中国"——祖国古代的称号》,史念海:《中国历史地理论丛》第一辑,陕西人民出版社,1981年,第8页。

⑤ 王树民:《曙庵文史续录》,中华书局,2004年,第104页。

中国古代的"天下""中国"观

周全境"①。曹音认为,《尚书·梓材》"皇天既付中国民"的意思是"上天既已将殷人殷地付于先王",即将这里所说的"中国"释为"殷人殷地"②。罗蓓等人也认为"在周人心目中,最初的'中国'是指商人故地,'中国人'则是指商朝人"③。田广林、翟超认为,"中国民"及其"疆土","无疑是指原属商朝直接治下的民众及其旧有疆土","中国"一词本身,"指的是商王朝国家政权"④。张国硕则认为"这里的'中国'特指一定的区域,应为殷商王朝的中心地区"⑤。陈连开认为《尚书·梓材》记载的"中国",可与《何尊铭文》记载的"中国",互相印证,"'中国'显然是指以洛阳为中心的地区"⑥。马曼丽等人认为"这里'中国'指洛阳为中心的黄河中下游疆土"⑦。葛剑雄认为"天子所住的'国'(京师)处于中心、中枢地位,理所当然地被称为'中国'","周武王在灭商后,认为上天将'中国'交付给了他,就是因为已经占有了商的京师"⑧,将这里的"中国"释为"京师",等等。

其实,《何尊铭文》和《尚书·梓材》所记载的"中国",已经有了多重含义。一是用来指称天下之中心的洛阳地区,即后来所说的中原地区。如上所述,多数学者赞成将《何尊铭文》"宅兹中国"中的"中国"一词解释为"指以洛阳为中心的地区",即认为《何尊铭文》中的"中国",具有天下之中心的含义,洛阳是天下之中心,因称中国。同时认为《尚书·梓材》中的"中国",也有天下之中心的意思。这种认识,似乎已经成了学界共识,少有疑义。

---

① 陈育宁:《中华民族凝聚力的历史探索》,云南人民出版社,1994年,第90页。
② 曹音:《尚书、周书释疑》,生活·读书·新知三联书店,2015年,第64页。
③ 罗蓓、孙晓阳主编,周君才、张圆、严光菊等副主编:《中国传统文化通论》,西南交通大学出版社,2015年,第6页。
④ 田广林、翟超:《从多元到一体的转折:五帝三王时代的早期"中国"认同》,《陕西师范大学学报》2008年第1期。
⑤ 张国硕:《也谈"最早的中国"》,《中原文物》2019年第5期。
⑥ 陈连开:《中国·华夷·蕃汉·中华·中华民族:一个内在联系发展被认识的过程》,见氏著《求同初阶:陈连开学术论文集》,中央民族大学出版社,2008年,第498页。
⑦ 马曼丽主编:《中国西北边疆发展史研究》,黑龙江教育出版社,2001年,第8页。
⑧ 葛剑雄:《统一与分裂——中国历史的启示》,商务印书馆,2013年,第20页。

最早的"中国"：夏、商、西周时期的"中国"观

二是用来指称一国之中心的京师。有人认为《何尊铭文》记载了西周初年营建成周（洛阳）之事，"宅兹中国"就是"宅于成周（洛阳）"的意思，是说要在成周（洛阳）建造房屋居住。成周（洛阳）虽非西周首都，但也是西周陪都，也可以称之为京师。于是，这里所说的成周（洛阳）中国，也就具有京师中国的意思。其实，《何尊铭文》所说的"宅于成周"是指周成王欲"宅于成周"，而所说"宅兹中国"，则是周武王廷告上天之语，二者不能简单地画等号。周武王时期的首都并非在成周洛邑（洛阳），而是在丰镐（即镐京，今陕西西安）。《何尊铭文》所说的营建成周，是周成王时期的事情，《何尊铭文》也可能是成王在成周诰谕贵族小子何的话语，但并没有说周武王廷告上天时也在成周。《史记·周本纪》记载的周武王灭商之后所举行的祭天大典的地方，是在故商京师朝歌的国家社坛，似乎周武王廷告上天时不在成周，而是在故商京师朝歌。从周武王廷告上天时所说"宅兹中国"中似看不出来周武王要迁都成周的意思。如果这一判断无误的话，则《何尊铭文》所说的"中国"就不是用来指称成周洛阳，而是用来指称故商京师朝歌或西周京师丰镐，即是用"中国"一词指称京师的意思。用"中国"一词指称京师，在西周的史料中是很常见的，如《毛诗·大雅·民劳》说，"惠此中国，以绥四方"，又说"惠此京师，以绥四国"，将"中国"与"京师"对举，表明其含义相同，故而毛传解释说"中国，京师也。四方，诸夏也"[1]。唐孔颖达为《春秋左传》作疏也称"中国，京师也，四方，诸夏也，施惠于此京师，中国以绥彼诸夏之民"[2]，认为所说"中国"就是京师的意思。

三是用来指称商朝、商朝人、原来商朝统治地区以及西周人、西周统治地区，即用来指称国家政权。《尚书·梓材》所说的"皇天既付中国民"，应该是"皇天将'中国'的土地与人民付与周武王治理"[3]的意思，就是说，

---

[1] 毛亨传、郑玄笺，孔颖达疏：《毛诗注疏》卷一七《大雅·民劳》，中华书局《十三经注疏》本，1980年，第548页。

[2] 左丘明等传，杜预注，孔颖达疏：《春秋左传注疏》卷四九昭公二十年，中华书局《十三经注疏》本，1980年，第2095页。

[3] 陈连开：《中国·华夷·蕃汉·中华·中华民族：一个内在联系发展被认识的过程》，见氏著《求同初阶：陈连开学术论文集》，中央民族大学出版社，2008年，第498页。

129

中国古代的"天下""中国"观

西周灭亡商朝,是皇天将商朝的土地与人民交付给周王进行治理。所说"中国民",用来指称商朝人以及商朝遗民的意思是很明显的。所说"越厥疆土",用以指称商朝的疆土也是很清楚的。而说《何尊铭文》中的"中国",具有指称殷商控制的地区,也不是没有可能。《何尊铭文》称其所说的"中国",是武王克商之后廷告上天时周武王所说的话。据《史记·周本纪》记载,武王灭商之后,曾举行隆重的祭天开国大典,武王宣布"膺更大命,革殷,受天明命"[1],宣布取代商朝的西周王朝正式建立。田广林等人认为,这一记载恐怕与《何尊铭文》"武王既克大邑商,则廷告于天曰:'余其宅兹中国,自之乂民'"记载的是同一件事情。所说"中国"与"大邑商"相对,恐也有指称商王朝的意思[2]。也就是说,目前最早见于文字记载的"中国",也有指称商朝国家的含义。

用"中国"指称国家政权的这一含义,也见于西周时期的其他史料记载,如《毛诗·小雅》称,"文王之时,西有昆夷之患,北有猃狁之难。以天子之命,命将率,遣成役,以守卫中国"。唐孔颖达为之作疏称"文王之时,西方有昆夷之患,北方有猃狁之难,来侵犯中国。文王乃以天子殷王之命,命其属为将率,遣屯成之役人,北攘猃狁,西伐西戎,以防守捍卫中国"[3]。周文王之时,西周还是商朝属国。文中所说"以天子之命"讨伐昆夷和猃狁的"天子",应该不是指周文王,而是指商王(即殷王)。周文王遵照商王之命,任命将帅讨伐昆夷和猃狁,所保卫者主要应该是商王所要保卫的商朝国家。因此,文中所说的"以守卫中国"的"中国"当主要是指商朝国家。

当然,周文王受商王之命讨伐昆夷和猃狁,在保卫商朝国家的同时,也有保卫商朝的属国西岐(即西周)的意思。因此,这里所说的"中国"不仅具有指称商朝国家的意思,也具有指称商朝国家的属国西周的意思。根据《尚书·周书·梓材》"皇天既付中国民"的记载,可知上天既然把商朝人

---

[1] 司马迁:《史记》卷四《周本纪》,中华书局点校本,2013年,第162页。

[2] 田广林、翟超:《从多元到一体的转折:五帝三王时代的早期"中国"认同》,《陕西师范大学学报》2008年第1期。

[3] 毛亨传、郑玄笺,孔颖达疏:《毛诗注疏》卷九《小雅·采薇》,中华书局《十三经注疏》本,1980年,第412-413页。

（中国民）和商朝控制地区（疆土）交付给西周先王管理，商朝遗民（中国民）和商朝疆土就成了西周的组成部分，西周也就成了"中国"的主人，"中国"一词进而用以指称西周人和西周统治地区，也就成了顺理成章之事。这在西周相关史料中也有反映。如《毛诗·小雅》称"小雅尽废，则四夷交侵，中国微矣"①"幽王之时，西戎东夷，交侵中国，师旅并起"②"何草不黄，下国刺幽王也。四夷交侵，中国背叛，用兵不息。视民如禽兽，君子忧之"③。是说西周厉王暴虐，废先王之典刑，致四夷交侵。所说"中国"无疑都是指西周国家。清人孙诒让《墨子间诂》引《墨子·兼爱》中篇武王告泰山辞"以祗商夏"，为"诸侯畔殷周之国"作诂云"周初称中国为商夏，周季称中国为殷周"④，亦认为周朝称商夏和殷周为"中国"，所释"中国"一词，也具有指称国家政权的含义。

可见，西周初年的历史文献《何尊铭文》和《尚书·周书·梓材》记载的最早的"中国"，并非仅仅指称天下中心的洛阳地区，而是具有多重含义，且以指称地理学意义上的京师和政治学意义上的国家政权为主要内容。见诸文字记载的最早的"中国"一词，似乎还没有用来指称华夏和华夏文化的意思，并非一个仅仅指称华夏族的种族概念，也不是一个用来指称华夏文化的文化概念。

二、"中国"观念的出现应该早于文字记载

学者们虽然对《何尊铭文》和《尚书·梓材》所记载"中国"的含义认识不一，但对《何尊铭文》和《尚书·梓材》所记载的"中国"是目前"中

---

① 毛亨传、郑玄笺，孔颖达疏：《毛诗注疏》卷一〇《小雅·六月》，中华书局《十三经注疏》本，1980年，第424页。

② 毛亨传、郑玄笺，孔颖达疏：《毛诗注疏》卷一五《小雅·苕之华》，中华书局《十三经注疏》本，1980年，第500页。

③ 毛亨传、郑玄笺，孔颖达疏：《毛诗注疏》卷一五《小雅·何草不黄》，中华书局《十三经注疏》本，1980年，第501页。

④ 墨翟著，孙诒让诂：《墨子间诂》卷一四《备城门第五十二》，上海商务印书馆，1935年，第309页。

中国古代的"天下""中国"观

国"一词最早见诸文字记载的认识则没有分歧。据于省吾考证:"商代甲骨文没有或、国二字。"① 认为"中国"这个词在西周以前还没有出现,而《何尊铭文》和《尚书·梓材》都是西周成王时期作品,表明周武王和他儿子周成王时期已经使用"中国"一词了,"中国"一词不晚于西周初年已经定型。于省吾有关"中国"一词最早出现于西周初年的文字记载的观点,已为学界所接受,成为人们的普遍共识。

见于文字记载的"中国"出现于西周初年,不等于"中国"观念也与其同时出现于西周初年。因为文字记载常常晚于人们的口耳相传,常常是在社会上流行一段时间以后,才会见诸文字记载。

据此,又有学者提出"中国"称谓始于商朝的观点。如胡厚宣即认为,商也称中商,"当即后世中国称谓的起源"②。田倩君也认为商称大邑商就是称中国之义,"准此,'中国'称谓的起源定然是从商代开始的"③。田广林、翟超也认为"'中国'一语在周人社会中是一个较为流行的习语。既然是流行的习语,就应该有一个较长时段的流行与传承过程,其流传的时间上限,自然不会止于周初,而应该是西周之前的商代"④。

确实,西周时期见诸文字记载的"中国",应该是在社会上流传了很长时间,甚至不止于商代,或许在商代之前的夏代就已经出现了"中国"观念。据《孟子》记载,"尧崩,三年之丧毕,舜避尧之子于南河之南",后受众人拥戴,"夫然后之中国,践天子位焉"⑤。《史记·五帝本纪》也引用了这句话⑥。是说舜在尧死后,为了避开与尧子丹朱争位之嫌,躲到了"南河之南"(赵岐注"河南,南夷也"),后来受到众人拥戴,由"南河之南"来到

---

① 于省吾:《释中国》,《中华学术论集》,中华书局,1981年,第6页。
② 胡厚宣:《论五方观念及中国称谓之起源》,《民国丛书》第一编《甲骨学商史论丛初集》,上海书店出版社,1989年,第4页。
③ 田倩君:《"中国"与"华夏"称谓之寻原》,《大陆杂志》1966年第31卷第1期。
④ 田广林、翟超:《从多元到一体的转折:五帝三王时代的早期"中国"认同》,《陕西师范大学学报》2008年第1期。
⑤ 赵岐注,孙奭疏:《孟子注疏》卷九下《万章章句上》,中华书局《十三经注疏》本,1980年,第2737页。
⑥ 司马迁:《史记》卷一《五帝本纪》,中华书局,1959年,第30页。

最早的"中国": 夏、商、西周时期的"中国"观

"中国"这个地方,即天子之位。宋人孙奭正义引南朝宋裴骃引东汉刘熙的话说:"案裴骃云:刘熙曰:南河之南,九河之最南者是也。是知为南夷也。所谓中国,刘熙云:帝王所都为中,故曰中国。"[①] 这里所说的"中国",虽为战国时期孟子和汉代司马迁的追述之语,但似乎也有所本,当非孟子和司马迁主观臆造之语。如是,则在夏代虞舜时期,就已经出现了"中国"观念,用以指称一国之中心的"帝王所都",即京师、都城等。《孟子》又记载说,"当尧之时,天下犹未平,洪水横流,泛滥于天下。草木畅茂,禽兽繁殖,五谷不登,禽兽逼人。兽蹄鸟迹之道,交于中国,尧独忧之"。后尧使禹治洪水,"禹疏九河,瀹济漯,而注诸海;决汝汉,排淮泗,而注之江,然后中国可得而食也"[②]。所说"中国"应该包括"洪水横流,泛滥于天下"地区,当指夏朝国家管辖地区,如是,孟子所说的"中国"一词,应具有国家政权的含义。此外,唐朝孔颖达为《礼记·檀弓上》"乐其所自生"作疏曰:"禹爱乐其王业,所谓由治水广大中国,则乐名《大夏》。"[③] 认为大禹通过治水工程,扩大了"中国"范围,因定乐名为《大夏》。汉代郑玄在为《毛诗·商颂·长发》"洪水芒芒。禹敷下土方"作注称"禹敷下土,正四方,定诸夏,广大其竟界"。孔颖达疏也称"禹平治水土,中国既广""禹敷下土,广大其境界"[④]。都说大禹通过治水,扩大了"中国"疆界。所说"中

[①] 赵岐注,孙奭疏:《孟子注疏》卷九下《万章章句上》,中华书局《十三经注疏》本,1980年,第2737页。

[②] 赵岐注,孙奭疏:《孟子注疏》卷五下《滕文公章句上》,中华书局《十三经注疏》本,1980年,第2705页。

[③] 郑玄注,孔颖达疏:《礼记注疏》卷七《檀弓上》,中华书局《十三经注疏》本,1980年,第1281页。

[④] 毛亨传、郑玄笺,孔颖达疏:《毛诗注疏》卷二〇《商颂·长发》,中华书局《十三经注疏》本,1980年,第626页。孔颖达又为《礼记》卷三五《少仪》作疏称"《大夏》,禹乐也,禹治水,言其德能大中国,又认为禹治水,其德能大中国",虽然没有扩大"中国"范围的意思,但也有光大夏王朝的意思,也是用"中国"指称夏王朝之意。郑玄又为《礼记》卷三八《乐记》"夏,大也"作注时称"言禹能大尧舜之德",正义引《大司乐》注"禹德能大中国",云"此云'大尧舜之德'者,以广大中国,则是大尧舜德"(中华书局《十三经注疏》本,1980年,第1534页),又称"广大中国",是"大尧舜德",似其所说"中国"又具有文化含义。

中国古代的"天下""中国"观

国",无疑都是指夏朝国家。这里的"中国",虽为东汉郑玄和唐朝孔颖达所说,但为追述夏禹时《大夏》乐之由来以及禹平水土等事,也能反映出夏朝的一些史事传说,当符合夏初之史事。如是,也说明夏朝出现了"中国"观念。说明夏朝已经开始用"中国"一词指称一国之中心的京师,也用来指称夏朝国家政权了。

甲骨文中不见"中国"一词出现,但却出现为数颇多的"中"字,说明"中国"一词出现之前,"中"的观念早已在社会上广为流传。于省吾将甲骨文中出现的"中"字释为"有旂之旐",何驽则认为"中"字是由原来的"圭"字发展演变而来,并据之认为陶寺文化出土有圭尺,就是有了"地中"(地之中心)观念,是"最初的中国"。不管对"中"字字形作何解释,都说明早在夏代以至夏代以前就出现了"中"的观念。这与相关文献记载也是吻合的,比如,《论语》记载,尧曾对舜说,"天之历数在尔躬,允执其中",何晏、刑昺均将这里的"允执其中"解释为"言为政信执其中"[①]。即是尧告诫舜为政以信,公允执中的意思。舜又以此告诫禹,"天之历数在汝躬,汝终陟元后,人心惟危,道心惟微,惟精惟一,允执厥中,无稽之言勿听"[②],也是告诫禹为政公允的意思。《史记》又记载,"帝喾溉执中而遍天下",司马贞《索隐》称此语是《尚书》所说"允执厥中"的意思。张守节《正义》解释为:"言帝俈(喾)治民,若水之溉灌,平等而执中正,遍于天下也。"[③]说明尧、舜、禹时期,甚至更早的帝喾时期,不仅出现了"中"的观念,而且具有赋予"中"为不偏不倚的"中正""公允""平等""大中之道"等含义了。

"中"的这种含义,恐非"中"观念最初的本义。"中"的本义似应指中间、中心、天下之中、地中、土中、中央等。《周礼》曾记载,大司徒具有

[①] 孔子等撰,何晏注,刑昺疏:《论语注疏》卷二〇《尧曰第二十》,中华书局《十三经注疏》本,1980年,第2535页。

[②] 孔子编,孔安国传,孔颖达疏:《尚书注疏》卷四《虞书·大禹谟》,中华书局《十三经注疏》本,1980年,第136页。

[③] 司马迁:《史记》卷一《五帝本纪》,中华书局,1959年,第14页。

"以土圭之法测土深，正日景以求地中"①的职责。所说的"地中"，也有土中、中土、天地之中、天下之中的意思，"求地中"就是求天地之中的意思。《周礼》记载的"求地中"，虽然说的是西周之事，无法证明夏代已经出现了"求地中"的思想观念。但近年来，在清华简《保训》篇中发现有舜"求中""得中"的记载。学者们对其中的"中"字解释不一，有人释为土中、地中、中道、公平正义，还有人释为"心"，认为"求中"即是"反省"的意思，等等②。实际上，这里的"中"也应具有多重含义。如果我们将舜"求中"与《周礼》记载的"求地中"联系起来看的话，似舜"求中"也有"求地中"的意思。如是，完全可以说明虞舜之时已经出现了地中、土中、天下之中的思想观念。如果我们再从"中"字本义应该比引申意义出现的更早以及结合上文引用的《史记》张守节《正义》"言帝告（喾）治民，若水之溉灌，平等而执中正，遍于天下也"等记载进行分析，恐"中"字的地中、土中、天下之中的观念早在帝喾之前就已经出现了。

用"中"字指称地中、土中和天下之中的观念出现以后，又在地中、土中和天下之中建国，就出现了"中国"的观念。古人所说的"国"，不仅用以指称政权，也用以指称都城。其实，指称都城的"国"与指称政权的"国"是紧密地联系在一起的，因为，只有建立了国家，才会有都城、京师、中央、中央之城等观念。《尚书·召诰》曾记载"王来绍上帝，自服于土中。旦曰：其作大邑，其自时配皇天，毖祀于上下，其自时中乂"。孔安国将这句话解释为"王今来居洛邑，继天为治，躬自服行教化于地势正中"，周公姬旦欲作"大邑于土中（即在洛邑营建成周）"，自时配皇天，"用是土中大致治"③。意思是说，周成王来到洛邑，躬自服行于土中，周公建议在土中（即洛邑）营建成周，以实现土中大治。《逸周书》也记载，"周公敬念于

---

① 郑玄注，贾公彦疏：《周礼注疏》卷一〇《地官·大司徒》，中华书局《十三经注疏》本，1980年，第704页。
② 参见冯胜君：《也说清华简〈保训〉篇的"中"》，中国文化遗产研究院编《出土文献研究》第16辑，中西书局，2017年，第26－27页。
③ 孔子编，孔安国传，孔颖达疏：《尚书注疏》卷一五《周书·召诰》，中华书局《十三经注疏》本，1980年，第212页。

中国古代的"天下""中国"观

后曰:予畏周室不延,俾中天下,及将致政,乃作大邑成周于土中"①。均将成周洛邑称为"土中",将周公修建成周洛邑称为"作大邑于土中"和"作大邑成周于土中"。如果我们将这一记载与《何尊铭文》中的"宅于成周"和"宅兹中国"联系起来看的话,这里所说的"土中"就有了指称"中国"的意思。说明"中国"的观念是在"中"之观念出现的基础上出现的。如前所述,"中"的观念在帝喾之前就已经出现了,但那时还没有在地中、土中建国,所以还没有"中国"观念的出现,到了夏王朝建国以后,"中国"观念正式形成。

一些考古学家,根据考古发现,认为夏王朝或夏王朝之前,"最早的中国"就已经出现了。有人依据二里头文化发现的中国最早的带有中轴线布局的四合院宫室群等,认为"二里头国家"是广域王权国家,是"最早的中国"②;有人依据陶寺文化已经有了地中(中国)的观念,认为陶寺遗址是"尧都平阳",是"最初的中国"③;有人依据以华山为中心的仰韶文化庙底沟类型流行的玫瑰花彩陶,认为庙底沟彩陶的玫瑰花就是华族得名的由来,"华"是尊称,以区别于其他人群,是高人一等的具体表现。认为华山庙底沟玫瑰彩陶与陶寺磬鼓、夏商周及晋文公一脉相承,构成了中国文化总根系的直根系④;还有人认为良渚文化是最早的中国、红山文化是最早的中国文明,等等。这些论述都值得我们进一步思考和研究。

有人认为,学界主要是考古学界有关"最早中国"或"最初中国"何时

---

① 朱右曾:《逸周书集训校释》卷五《作雒第四十八》,商务印书馆,1937年,第77页。

② 许宏:《最早的中国》,科学出版社,2009年;《二里头文明:最早的"中国"》,《社会科学报》2015年7月2日;张春海:《最早的中国》,《中国社会科学报》2015年7月3日。

③ 何驽:《陶寺圭尺"中"与"中国"概念由来新探》,《三代考古》,科学出版社,2011年;何驽:《陶寺文化:中华文明之"中正"观缘起》,《中国社会科学报》2014年11月5日;何驽:《尧都何在——陶寺城址发现的考古指证》,《史志学刊》2015年第2期;石耀辉:《陶寺就是尧都就是最早的"中国"》,《山西党史校报》2015年4月25日;高江涛:《陶寺所在晋南当为"最初中国"》,《中国社会科学报》2018年7月16日。

④ 苏秉琦:《中国文明起源新探》,生活·读书·新知三联书店,2001年。

最早的"中国":夏、商、西周时期的"中国"观

出现的问题未能形成统一认识,主要是对"中国"一词理解不同所致。因此,主张按照"中国"的定义去认识"最早中国"或"最初中国"。张国硕认为,"中国"一词的含义主要有地域意义上的中国、都城意义上的中国、族群文明意义上的中国、国家意义上的中国、考古学文化意义上的中国五种。他认为,"地域意义上'最早的中国'主要是西周初期的伊洛地区,都城意义上'最早的中国'是西周王朝的都邑,族群文明意义上'最早的中国'应为春秋早中期之交的华夏诸侯分布区,国家意义上'最早的中国'是西汉帝国以后,而考古学文化意义上'最早的中国'当为陶寺文化之邦国。二里头文明应为'最早的王国',可谓当时的'中国',但不应是'最早的中国'。仰韶文化时期尚未进入文明社会和早期国家阶段,庙底沟时期形成的'文化圈'或'相互作用圈'不应被视作是'最初的中国'"[1]。韩建业认为"最早中国",应该指最早的"早期中国文化圈",或者文化意义上的"最早中国",不同于政治意义上或国家阶段的"最早中国",不同于狭义"地中"意义上的"最早中国"。按照这一标准,他认为"最早中国"形成于公元前4000年左右的庙底沟时代[2]。主张按文化意义的中国探讨"最早的中国"。孙庆伟主张追寻"最早的中国",必须回归到政治和文化层面来思考,认为"最早的中国",实际上就是中原华夏文明的最早突显。按照这一标准,他认为黄帝及其部落的诞生代表了华夏文明的最初自觉,标志着"中国"观念的萌芽,是真正意义上的"最早的中国"[3]。也主张按文化层面来探讨"最早的中国",并认为黄帝及其部落的诞生是"最早的中国"。

学者们主张为"中国"确立一个标准,即按照"中国"的某一定义去探讨"最早的中国",且多主张按"中国"的文化含义去探讨"最早的中国"。我们这里且不说最早出现文字记载的"中国"并没有文化的含义,就是按上述某些学者的观点来看,按照"中国"的某一含义即主要按"中国"的文化

---

[1] 张国硕:《也谈"最早的中国"》,《中原文物》2019年5期。

[2] 韩建业:《早期中国:中国文化圈的形成和发展》,上海古籍出版社,2015年;《庙底沟时代与"早期中国"》,《考古》2012年第3期;《最早中国:多元一体早期中国的形成》,《中原文物》2019年5期。

[3] 孙庆伟:《传说时代与最早中国》,《遗产》2019年第1期;《"最早的中国"新解》,《中原文物》2019年第5期。

中国古代的"天下""中国"观

含义去探讨"最早的中国",也没有形成统一认识。如韩建业主张按文化中国去认识"最早的中国",为公元前 4000 年左右的庙底沟时代。孙庆伟也主张按文化层面认识"最早的中国",则为黄帝时代。而张国硕则认为按照"族群文明"(似亦指文化层面的"中国")去认识"最早的中国",则应为春秋早中期之交的华夏诸侯分布区,如果按考古学文化意义上的中国(似亦指文化层面的"中国")去认识"最早的中国",当为陶寺文化之邦国。可见,学者们多主张按文化层面的"中国"去认识"最早的中国",结果意见还是不一致。中国古代"中国"的含义确实有很多,我们不应该确立某一含义的"中国"为探讨"最早中国"的标准,而应该依据包括中国的任何一个含义的"中国"去探讨"最早中国"。也就是说,不管是哪一含义的中国,只要是最早出现,就是"最早的中国"。按照这一认识去认识"最早的中国",我们认为,将二里头文化、陶寺文化、良渚文化、红山文化、庙底沟文化、黄帝时代说成是中国历史上的文化和文化遗存,是没有问题的,因为这些地区都为后来的"中国"所继承,属于中国是没有疑问的。但如何证明这些地区"中"字和"国"字连在一起的"中国"观念的出现,仍然是个问题。由于当时还没有创造出来文字,缺少文字记载的证据以及后来文献追述的证据,再加上有关文献记载的最早的"中国"尚无指称华夏及华夏文化的含义,因此,将这些地区文化遗存说成是最早的"中国",还需要考古资料进一步发现和证明,值得我们进一步探讨和研究。但如果我们借助上述舜"夫然后之中国,践天子位焉"等文献对"中国"的追述,将"中国"观念最早出现的时间确定在夏王朝建立时期,应该是没有问题的。翁独健等人曾指出:"中国这一概念,最早应产生于夏。夏的含义就是'大国'和'中土'的意思。在夏商,中国是指夏、商的王畿,是众国之中的意思,也具有大国的含义。到了周朝,除具有众国之中和中土之意,又具有与夏族或华夏族等同的性质。"[①] 又说,"夏朝的'王畿',或称'中邦',或称'天子之国'""'夏'既有'大国'之义,也具'中土'或'天下之中'的意义"[②]。翁独健等人虽然对这一问题没有展开论证,但所提出的"中国"观念产生于夏的观

---

① 翁独健主编:《中国民族关系史纲要》,中国社会科学出版社,2000 年,第 5—6 页。
② 翁独健主编:《中国民族关系史纲要》,中国社会科学出版社,2000 年,第 27 页。

点，应该是符合历史实际的。

综上所述，我们结合考古资料和文献追述夏代为"中国"的文字记载及其相关研究成果，完全可以说，最晚至夏代已经在出现"中"之观念的基础上，又出现了"中国"观念，经过商代"中国"观念的发展，到了西周初年，"中国"一词正式见诸文字记载。最早出现的"中国"观念，具有指称天下之中心的含义，也具有指称一国之中心，即中央、中央之城、都城、京师、王畿等含义。由于夏、商、周都是在天下之中心地区建立的国家政权，又具有用"中国"一词指称夏、商和西周国家政权的含义①。到了西周后期，用"中国"一词指称天下中心，一国之中心的都城、京师，以及用"中国"一词指称夏、商、周国家政权，就成了习用之语。夏、商、西周时期的"中国"观念，虽然已经具有多重含义，但尚无用以指称华夏及文化的含义，说明"最早的中国"，并非一个用以指称华夏族的种族概念，也不是一个用以指称华夏文化的文化概念，而是一个用以指称京师、中下中心的中原地区和国家政权的概念。至于用以指称华夏和文化的"中国"，则是到了春秋战国时期才开始出现。

（本文与迟安然合作，原载《西南民族大学学报》2021年第6期，《历史评论》2021年第5期摘编，《中国社会科学文摘》论点摘编）

---

① 英国学者安东尼·吉登斯根据世界各国历史发展状况，将国家分为传统国家、绝对主义国家（16—17世纪出现于欧洲）、现代民族国家三种类型（参见安东尼·吉登斯著，胡宗泽、赵立涛译，王铭铭校：《民族—国家与暴力》，生活·读书·新知三联书店，1998年）。笔者以为国家可以分为古代国家、近代国家和现代国家三种类型。中国古代所建立的以国号为代表的各个民族所建立的王朝和政权，都已经"按地区来划分它的国民"，并且完成了"公共权力的设立"，具备国家形态，虽与近代民族国家有所不同，但可以称之为古代国家。中国古代的国家主要为王朝国家类型。因此，本文也称夏、商、周等王朝为国家。

多民族"中国"的构建：
司马迁《史记》的"中国"观

今天的中国是一个多民族国家，历史上的中国也是多民族国家，这个问题似乎已经成为学界普遍共识，并成为人们认识中国历史的一种常识。其实不然，近年来沸沸扬扬的"新清史"就主张用华夏汉族代表中国，不承认少数民族是中国，不承认中国是多民族国家。国内一些学者虽然没有公开说只有华夏汉族是中国，少数民族不是中国，但在一些人的论著中，字里行间仍然宣传华夏汉族是中国的观点，有关"华夏中国""汉族中国"的说法又成为流行性语言。"崖山之后无中国"，元朝是中国吗？清朝是中国吗？又成了人们比较关心的扑朔迷离的疑问。足见历史上的中国是不是多民族国家的问题并没有得到很好的解决，仍有进一步研究的必要。实际上，中国是由多民族凝聚在一起而形成的多民族国家，华夏族也是由炎帝集团、黄帝集团融合具有少数民族先人血统的蚩尤集团而形成的，"中国"从一开始就是多民族（多部落或多部族）交错杂居在一起，难解难分。司马迁《史记》即依据多民族的历史实际，构建了多民族的"中国"，对我们理解历史上的"中国"，大有裨益。十分遗憾的是，《史记》研究的成果虽然浩如烟海，但只是在一些论著中对司马迁《史记》的"天下观""大一统观"等问题进行一些论述，还没有有关《史记》"中国"观问题研究的专文问世。因此，笔者不避浅陋，拟就这一问题，谈点不成熟的看法。不正确之处，敬请读者批评指正。

多民族"中国"的构建：司马迁《史记》的"中国"观

一、司马迁《史记》"中国"一词的主要含义

司马迁《史记》一书，共出现"中国"一词131次[1]，虽然有指称"一国之中心的京师""天下之中心的中原""华夏族""汉族""文化"等含义，但主要的还是用来指称国家政权[2]。

书中或采用历史文献的记载[3]，或采用当时人的说辞，或以著书者叙述的形式，用"中国"一词指称国家政权的含义共出现72次，分别用来指称夏、商、西周、春秋战国时期的中原各国、秦朝、汉朝以及历代中原王朝等国家政权。

（一）称夏、商、周以及历代中原王朝或历代华夏汉族王朝为"中国"

夏、商、周是中原地区最早建立的政权，《史记》一书多次称夏、商、周国家政权为"中国"。如，《三王世家》记载，汉武帝在教诫封在吴越之地的广陵王时，曾说"杨州葆疆，三代之时，迫要使从中国俗服，不大及以政教，以意御之而已"[4]。所说"中国"，无疑是指"三代"，"三代"则是指夏、商、周三个王朝国家。《货殖列传》称，"昔唐人都河东，殷人都河内，周人都河南"之时，北地"迫近北夷，师旅亟往，中国委输时有奇羡"[5]。所说

---

[1] 中华书局点校本《史记》，加上裴骃集解、司马贞索隐、张守节正义使用的"中国"一词，共159次。

[2] 学界有人认为，中国古代的"中国"，"不是一个国家"，只是"一个文明""一个文化体"，有关"文化中国"等说法，比比皆是。参见赵永春：《中国古代'中国不是一个国家'论辩》，《社会科学辑刊》2017年第3期；另见《历史上的"中国"与中国历史疆域研究》，吉林大学出版社，2017年，第31-33页。

[3] 司马迁所使用的"中国"一词，很多都见于先秦秦汉时期的历史文献记载，并非司马迁所首创，但司马迁因袭历史文献上的"中国"一词，也使用"中国"概念，说明司马迁对这一观念具有大体相同的认同意识，也代表司马迁的"中国"观念。因此，本文对司马迁采用或改写历史文献中有关"中国"的记载，也作为司马迁"中国"观的重要内容进行讨论。至于司马迁都因袭或改写了哪些具有"中国"一词的历史文献之史源，为节省篇幅，并未一一注出。

[4] 司马迁：《史记》卷六〇《三王世家》，中华书局1959年版，第2116页。

[5] 司马迁：《史记》卷一二九《货殖列传》，中华书局1959年版，第3263页。

中国古代的"天下""中国"观

"中国",就是指唐尧(夏)、殷(商)、周三代,谓夏、商、周分别都河东、河内、河南,均有首都,无疑是指夏、商、周国家政权。

《楚世家》称,西周夷王之时,熊渠曾说:"我蛮夷也,不与中国之号谥。"这条史料所述史事,发生在西周夷王时期,所说"中国"应该是指西周国家。《楚世家》又称,楚武王曾对随人说:"我蛮夷也。今诸侯皆为叛相侵,或相杀。我有敝甲,欲以观中国之政,请王室尊吾号。"楚武王自称"蛮夷","欲以观中国之政"的"中国",无疑是指周天子的国家。又称楚成王使人朝献周天子,"天子赐胙,曰:'镇尔南方夷越之乱,无侵中国'"①。楚成王朝见周天子,周天子让楚成王镇守南方夷越之地,不要侵犯"中国"。所说"中国",也是指周天子统领的国家。《匈奴列传》称,"穆王之后二百有余年,周幽王用宠姬褒姒之故,与申侯有郤(隙)。申侯怒而与犬戎共攻杀周幽王于骊山之下,遂取周之焦获,而居于泾渭之间,侵暴中国。秦襄公救周,于是周平王去酆鄗而东徙雒邑"。称申侯勾结犬戎攻杀周幽王,侵暴西周,周平王只好东迁洛邑。所说"中国",无疑是指西周国家。周襄王时,"戎狄或居于陆浑,东至于卫,侵盗暴虐中国,中国疾之"②。周襄王是东周的王,所说"中国",则是指东周国家。

《史记》还称历代中原政权或历代华夏汉族政权为"中国"。如,《乐书》称孔子曾说"且夫武(指武舞乐),始而北出,再成而灭商,三成而南,四成而南国是疆,五成而分陕,周公左,召公右,六成复缀,以崇天子,夹振之而四伐,盛(振)威于中国也"。意思是说,初"奏乐,象武王观兵孟津之时","再奏,象克殷时","第三奏,往而转向南,象武王胜纣,向南还镐之时也","第四奏,象周太平时,南方荆蛮并来归服,为周之疆界","第五奏,而东西中分之,为左右二部,象周太平后,周公、邵公分职为左右二伯之时",第"六奏,象兵还振旅也""以象尊崇天子"③。谓周王朝依据武王克商制订的武舞乐,"振威于中国",似有振威于商朝的含义,周朝演奏其乐,也有振威于周朝之意。如果秦朝和汉朝奏其乐,也应有振威于秦朝和汉朝的

---

① 司马迁:《史记》卷四〇《楚世家》,中华书局,1959年,第1692、1695、1697页。
② 司马迁:《史记》卷一一〇《匈奴列传》,中华书局,1959年,第2881—2882页。
③ 司马迁:《史记》卷二四《乐书》,中华书局,1959年,第1229—1231页。

多民族"中国"的构建：司马迁《史记》的"中国"观

意思。所说"中国"，应该寓有历代中原王朝或历代华夏汉族王朝的意思。《匈奴列传》称，出使匈奴的汉朝使者曾诘难匈奴"父死，妻其后母；兄弟死，尽取其妻妻之"之俗。留居匈奴的中行说对汉使说，"父子兄弟死，娶其妻妻之，恶种姓之失也。故匈奴虽乱，必立宗种。今中国虽详不取其父兄之妻，亲属益疏则相杀，至乃易姓，皆从此类"[①]。意谓匈奴娶父兄之妻，是为了种姓延续。而华夏汉族政权不娶父兄之妻，导致亲属疏远而相杀，不断出现改朝换代之事。所说"中国"，虽有指称汉朝之意，但也有指称历代华夏汉族政权和历代中原政权之意，是一个通称。《太史公自序》称，"自三代以来，匈奴常为中国患害"[②]，意思是说，匈奴经常成为夏、商、周以来，包括西汉王朝在内的患害。所说"中国"，指称历代中原政权和历代华夏汉族政权的意思是很明显的。

《史记》称历代中原政权或历代华夏汉族政权为"中国"，并非仅仅称华夏汉族为"中国"，而是称这些国家政权所管辖的各个民族都是"中国"，是一个多民族国家的称谓。

(二) 从中原各国为"中国"到"夷狄进而为中国"

春秋时期，周、卫、齐、鲁、晋、宋等政权都是在中原地区建立政权的国家，《史记》或以当时人的口吻，或以著书者叙述的形式，依据"中原"为"中国"的观念，称这些政权为"中国"国家政权。如《秦本纪》称，秦孝公时"僻在雍州，不与中国诸侯之会盟，夷翟（狄）遇之"[③]。谓秦孝公以前，秦不与中国诸侯会盟，仍被视为夷狄，所称"中国"，当指中原地区以东周为首的各个政权。《吴太伯世家》称，吴国寿梦时期，"始通于中国"。夫差"十四年（公元前482年）春，吴王北会诸侯于黄池，欲霸中国以全周室"[④]。吴王寿梦和夫差是春秋时期吴国国君，所说"中国"，无疑是指中原各个政权。《六国年表》称，"穆公修政，东竟至河，则与齐桓、晋文中国侯伯侔矣"[⑤]，谓秦穆公与齐桓公、晋文公等中国侯伯地位相等，所说"中国"，

---

① 司马迁：《史记》卷一一〇《匈奴列传》，中华书局，1959年，第2900页。
② 司马迁：《史记》卷一三〇《太史公自序》，中华书局，1959年，第3317页。
③ 司马迁：《史记》卷五《秦本纪》，中华书局，1959年，第202页。
④ 司马迁：《史记》卷三一《吴太伯世家》，中华书局，1959年，第1449页、1473页。
⑤ 司马迁：《史记》卷一五《六国年表》，中华书局，1959年，第685页。

中国古代的"天下""中国"观

无疑是指齐、晋等中原各诸侯国。《齐太公世家》称"献公死,国内乱。秦穆公辟远,不与中国会盟。楚成王初收荆蛮有之,夷狄自置。唯独齐为中国会盟"[1]。所说"中国",也指中原地区各诸侯国。《宋微子世家》称,宋襄公不攻打没有列成战阵的楚军,"败于泓,而君子或以为多,伤中国,阙礼义,褒之也",唐司马贞索隐曰:"襄公临大事不忘大礼,而君子或以为多,且伤中国之乱,阙礼义之举,遂不嘉宋襄之盛德,太史公褒而述之,故云褒之也。"[2] 所说"中国",是指宋国及中原各诸侯国。《越王句践世家》称,越"王无强时,越兴师北伐齐,西伐楚,与中国争强"。越灭吴后,"北渡兵于淮以临齐、晋,号令中国,以尊周室"。太史公曰:越王句践,"苦身焦思,终灭强吴,北观兵中国,以尊周室,号称霸王"[3]。所说"中国",也是指包括东周在内的中原各国。《鲁仲连邹阳列传》称,邹阳在上汉景帝少弟梁孝王之书中曾说,"秦用戎人由余而霸中国""越用大夫种之谋,禽劲吴,霸中国"[4]。"霸中国",具有称霸中原等地的意思,也有称霸中原各国的意思,所说"中国"也有指称中原各个国家政权的意思。《货殖列传》称,句践卧薪尝胆,用范蠡、计然"知斗则修备,时用则知物"之说,"修之十年,国富,厚赂战士,士赴矢石,如渴得饮,遂报强吴,观兵中国,称号'五霸'"[5]。这里所说的越王句践"观兵中国",也就是观兵中原各国的意思。上引各条史料所说的"中国",都是指春秋时期以东周为首的中原各个国家政权。

战国时期的韩、赵、魏、齐等政权,也是在中原地区建立政权,《史记》也称这些政权为"中国"。如,《楚世家》称楚国有一位善射雁者,向楚襄王献计说:"王朝张弓而射魏之大梁之南,加其右臂而径属之于韩,则中国之路绝而上蔡之郡坏矣。……秦为大鸟,负海内而处,东面而立,左臂据赵之西南,右臂傅楚鄢郢,膺击韩、魏,垂头中国。""欲以激怒襄王"[6] 以伐秦。

---

[1] 司马迁:《史记》卷三二《齐太公世家》,中华书局,1959年,第1491页。
[2] 司马迁:《史记》卷三八《宋微子世家》,中华书局,1959年,第1633页。
[3] 司马迁:《史记》卷四一《越王句践世家》,中华书局,1959年,第1752、1756页。
[4] 司马迁:《史记》卷八三《鲁仲连邹阳列传》,中华书局,1959年,第2473、2475页。
[5] 司马迁:《史记》卷一二九《货殖列传》,中华书局,1959年,第3256页。
[6] 司马迁:《史记》卷四〇《楚世家》,中华书局,1959年,第1730-1731页。

多民族"中国"的构建：司马迁《史记》的"中国"观

所说"中国"，无疑是指韩、赵、魏等中原各个政权。《田敬仲完世家》称，苏代曾对秦王说："中国白头游敖之士皆积智欲离齐、秦之交。"① 谓中国的白发游说之士都在想方设法离间齐、秦的联合，所说"中国"，也是指中原各国。《孔子世家》称，"楚灵王兵强，陵轹中国"②。春申君黄歇曾为楚计而上书秦昭王说："王破楚以肥韩、魏于中国而劲齐。韩、魏之强，足以校于秦。"③ 意思是说，秦国攻楚，有利于韩、魏和齐国，韩、魏强大以后，足以与秦较量，对秦国并非什么好事。所说"中国"，显然是指韩、魏、齐等中原各国。范雎为秦昭王献远交近攻之策时曾说，"今夫韩、魏，中国之处而天下之枢也，王其欲霸，必亲中国以为天下枢"④。所说"中国"，也是指韩、魏等中原政权。

战国时期，虽然仍称中原各国为"中国"，但后来逐渐出现了一些变化。最初，用"中国"一词指称战国时期的中原各国时，不包括楚国，但后来，也将楚国纳入"中国"之中，楚国也成了"中国"的一部分。如，《天官书》称，"其出西失行，外国败；其出东失行，中国败"，"常在东方，其赤，中国胜；其西而赤，外国利。无兵于外而赤，兵起。其与太白俱出东方，皆赤而角，外国大败，中国胜"。又说，"五星分天之中，积于东方，中国利；积于西方，外国用兵者利"。均称西方为外国，东方为中国。《天官书》接着又说"秦遂以兵灭六王，并中国"⑤。可知，文中所说西方当主要指秦国，所说东方当主要指韩、赵、魏、楚、燕、齐之东方六国（六王），所说"中国"，无疑是指东方六国，当然也包括楚国了。再如，《张仪列传》记载，义渠君朝于魏时曾说"中国无事"。张守节《正义》解释这里所说的"中国"时说，"中国谓关东六国"⑥。可见，这里所说的"中国"，虽然也主要指中原各国，但已经包括"关东六国"中的楚国了。

战国时期，称楚国等"关东六国"为"中国"，似乎只有秦国不是"中

---

① 司马迁：《史记》卷四六《田敬仲完世家》，中华书局，1959年，第1900页。
② 司马迁：《史记》卷四七《孔子世家》，中华书局，1959年，第1910页。
③ 司马迁：《史记》卷七八《春申君列传》，中华书局，1959年，第2392页。
④ 司马迁：《史记》卷七九《范雎蔡泽列传》，中华书局，1959年，第2409页。
⑤ 司马迁：《史记》卷二七《天官书》，中华书局，1959年，第1347—1348页。
⑥ 司马迁：《史记》卷七〇《张仪列传》，中华书局，1959年，第2303页。

中国古代的"天下""中国"观

国"了，但实际情况并非那么简单，而是在秦国是不是"中国"的问题上，也开始逐渐模糊，并出现秦国以"中国"自居的现象。如，《秦本纪》记载，秦缪公时，西方的戎王派遣从晋国投奔到西戎的由余出使秦国，"秦缪公示以宫室、积聚。由余曰：'使鬼为之，则劳神矣。使人为之，亦苦民矣。'缪公怪之，问曰：'中国以诗书礼乐法度为政，然尚时乱，今戎夷无此，何以为治，不亦难乎'"？秦缪公在这里所说的"中国"，很是耐人寻味。如果我们将这里的"中国"释为东周和中原各国的话，只能说明秦缪公没有承认自己属于西戎，而是视秦国西边的戎王的夷为戎夷。而从当时秦缪公与由余对话的语境来看，秦缪公所说的"中国"，不像是在说与双方谈论话题无关的第三者东周，似有自诩秦国既有文化又富有的意思，如是，秦缪公在这里所说的"中国"，就有指称秦国的意思了。由余听了秦缪公的话，回答说"此乃中国所以乱也"。由余在这里所说的"中国"，从后文提及"上圣黄帝作为礼乐法度"来看，似有指称中原华夏王朝的意思，但由余是针对秦缪公的话进行反驳，似乎也没有谈论与双方无关的第三者的意思。实际上，他是在针对秦缪公炫耀富有，而认为正是由于秦朝富有，才会"日以骄淫""上下交争怨而相篡弑，至于灭宗"，才会出乱子。如是，由余所说的"中国"，也应该是指秦国。这从随后内史廖所说"中国"，更能清楚地看出来。秦缪公听完由余的议论以后，感觉由余是一个难得的人才，但为敌国戎夷所用，无疑会成为秦国一大患害。秦缪公忧心忡忡，并带着这一担心去问内史廖，内史廖说："戎王处辟匿，未闻中国之声。君试遗其女乐，以夺其志……"再通过离间戎王与由余的关系，使由余为我所用[①]。内史廖在这里说戎王"未闻中国之声"，随后就让秦缪公"遗其女乐"，实际上，是视秦朝"女乐"等为"中国之声"。所说"中国"，无疑是指春秋时期的秦国。司马迁在《秦本纪》里使用的这则史料，源于《韩非子·十过》，但《韩非子》原文只有内史廖所说的"中国之声"，没有秦缪公和由余所说的"中国"一词，说明司马迁不仅认同《韩非子》所说的"中国之声"，还将《韩非子》中内史廖所说"中国之声"进一步发挥为秦缪公和由余所说的"中国"诗书礼乐，充分体现了司马迁认同秦缪公时期以"中国"自居的思想观念。

---

① 司马迁：《史记》卷五《秦本纪》，中华书局，1959年，第192－193页。

多民族"中国"的构建：司马迁《史记》的"中国"观

如是，则可以看出，春秋时期的秦国，虽然仍被视为"戎夷"，但已经出现秦国不以"戎夷"自居，而以"中国"自居并视其他戎夷为戎夷的思想倾向了。到了战国时期，人们虽多以"关东六国"为"中国"，仍然认为秦国不是"中国"，但司马迁《史记》已经将秦国与"关东六国"并列，同等看待了。如《周本纪》张守节《正义》称，东周灭亡以后，"天下无主三十五年，七雄并争。至秦始皇立，天下一统，十五年，海内咸归于汉矣"①。《六国年表》司马贞《索隐》谓："六国，乃魏、韩、赵、楚、燕、齐，并秦凡七国，号曰'七雄'。"② 都将秦国与关东六国一并称为"七雄"，同等看待，没有区分华夷的意思了。为秦始皇统一关东六国以后，名正言顺地自称"中国"创造了条件。

唐代思想家韩愈有句众所周知的名言："孔子之作《春秋》也，诸侯用夷礼则夷之，夷而进于中国则中国之。"说的就是春秋战国时期已经出现华夏用夷礼变成夷狄，夷狄用华夏之礼变成"中国"的情况。春秋战国时期，中原文化进一步向外辐射，四夷则通过与中原华夏交往、交流、交融，逐步认同中原文化，出现了"中国"认同观念，并开始向"中国"转化。楚国和秦国由夷狄逐步变化为"中国"，就说明了这一问题。

（三）称秦始皇统一后的秦朝为"中国"

秦灭六国以后，人们又称秦朝为中国。如，秦始皇欲攻匈奴，李斯不同意，曾谏称，如果进攻匈奴，将会出现"靡弊中国，快心匈奴"③ 的局面。李斯所说"中国"，无疑是指秦朝。秦始皇曾"使尉佗逾五岭攻百越。尉佗知中国劳极，止王不来，使人上书，求女无夫家者三万人，以为士卒衣补"④，秦始皇时，相对于百越的"中国"，无疑是指秦朝。汉朝大臣主父偃，曾"盛言朔方地肥饶，外阻河，蒙恬城之以逐匈奴，内省转输戍漕，广中国，灭胡之本也"⑤。称秦朝大将蒙恬逐匈奴，修长城，广中国，所说"中国"，也是指秦朝。秦二世时，南海尉任嚣病危时，召龙川令赵佗语曰："闻

---

① 司马迁：《史记》卷四《周本纪》，中华书局，1959年，第169页。
② 司马迁：《史记》卷一五《六国年表》，中华书局，1959年，第685页。
③ 司马迁：《史记》卷一一二《平津侯主父列传》，中华书局，1959年，第2954页。
④ 司马迁：《史记》卷一一八《淮南衡山列传》，中华书局，1959年，第3086页。
⑤ 司马迁：《史记》卷一一二《平津侯主父列传》，中华书局，1959年，第2961页。

中国古代的"天下""中国"观

陈胜等作乱,秦为无道,天下苦之,项羽、刘季、陈胜、吴广等州郡各共兴军聚众,虎争天下,中国扰乱。"① 所说"中国",有指称中原地区的含义,但也用来指称中原政权。陈胜、吴广起义以后,秦朝大乱。按此理解,这里所说的"中国扰乱"的"中国",应该也有指称秦朝的意思。《匈奴列传》称,"诸侯畔秦,中国扰乱,诸秦所徙适戍边者皆复去,于是匈奴得宽,复稍度河南与中国界于故塞"。诸侯叛秦,秦朝出现大乱,所说"中国"有指称中原的意思,也应该有指称秦朝的意思。匈奴"度河南与中国界于故塞",即匈奴与中国以河南为界,有边界,当指称政权,所说政权,应该是秦朝。《匈奴列传》又说"汉兵与项羽相距,中国罢于兵革""汉初定中国"②。《陆贾传》称"及高祖时,中国初定"③。《太史公自序》称"汉既平中国,而佗能集杨越以保南藩,纳贡职"④。"定中国""平中国",当为灭亡秦朝和项羽,统一"中国"的意思,所说"中国",应该有指称中原的意思,也应该有指称秦朝和原来秦朝所控制地区的意思。

秦王朝的"中国",不仅仅是华夏人的"中国",也包括秦朝管辖下的西戎、西南夷、北狄、南蛮和东夷之人,实际上已是一个多民族的"中国"。

(四) 称西汉为"中国"

西汉代秦以后,人们又称西汉为"中国",《史记》中有不少这方面的记述。如,秦朝灭亡以后,赵佗自立为南越武王,《史记》称"高帝已定天下,为中国劳苦,故释佗弗诛",意思是说,赵佗自立为南越武王以后,汉高祖考虑到国内百姓劳苦,没有出兵灭亡南越,反而承认南越自立。所说"中国"就是指西汉政权。吕后时,"有司请禁南越关市铁器",赵佗曰:"此必长沙王计也,欲倚中国,击灭南越而并王之,自为功也。""于是佗乃自尊号为南越武帝","乘黄屋左纛,称制,与中国侔"⑤。意思是说,吕后时禁止与南越贸易铁器,赵佗认为是长沙王依仗汉朝,欲击灭南越所为,遂进称南越

---

① 司马迁:《史记》卷一一三《南越列传》,中华书局,1959年,第2967页。
② 司马迁:《史记》卷一一〇《匈奴列传》,中华书局,1959年,第2887、2890、2894页。
③ 司马迁:《史记》卷九七《郦生陆贾列传》,中华书局,1959年,第2697页。
④ 司马迁:《史记》卷一三〇《太史公自序》,中华书局,1959年,第3317页。
⑤ 司马迁:《史记》卷一一三《南越列传》,中华书局,1959年,第2967-2969页。

多民族"中国"的构建：司马迁《史记》的"中国"观

武帝，与汉朝地位相等。所说"中国"，也是指西汉国家。西汉建元三年（公元前138年），闽越发兵围东瓯。东瓯遣使向汉求救，太尉田蚡曰："越人相攻击，固其常，又数反覆，不足以烦中国往救也。"汉武帝没有采纳田蚡的意见，"发兵浮海救东瓯。未至，闽越引兵而去。东瓯请举国徙中国，乃悉举众来，处江淮之间"①，所说"中国"有指称中原地区的涵义，也有指称西汉国家的意思。《匈奴列传》称，"至冒顿而匈奴最强大，尽服从北夷，而南与中国为敌国"②，所说"中国"，无疑是指西汉政权。汉武帝曾遣司马相如檄告巴蜀太守曰："陛下即位，存抚天下，辑安中国。"司马相如在论述通西南夷之事时，曾说"且夫邛、筰、西僰之与中国并也，历年兹多，不可记已"。又借夷人之口说"盖闻中国有至仁焉，德洋而恩普"③。所说"中国"，都是指西汉政权。匈奴浑邪王率众准备投降汉朝，汉大征民马"发车二万乘"前迎，民马征收不足，上怒。汲黯曰："匈奴畔其主而降汉，汉徐以县次传之，何至令天下骚动，罢弊中国而以事夷狄之人乎！"汲黯认为大征民马并诛杀征马不利的官员，令天下骚动，是疲劳困敝"中国"之举，不宜提倡，所说"中国"，就是指称西汉政权。汲黯又说"夫匈奴攻当路塞，绝和亲，中国兴兵诛之，死伤者不可胜计，而费以巨万百数"④，认为西汉不与匈奴和亲，出兵征伐匈奴，也是劳民伤财。所说"中国"，也是指西汉国家政权。匈奴来请和亲时，博士狄山曾说："今自陛下举兵击匈奴，中国以空虚，边民大困贫。由此观之，不如和亲。"⑤狄山所说"中国"，也是指西汉国家。

《史记·建元以来侯者年表》称，"以中国一统，明天子在上，兼文武，席卷四海，内辑亿万之众，岂以晏然不为边境征伐哉。自是后，遂出师北讨强胡，南诛劲越，将卒以次封矣"⑥。所说"中国一统"，无疑是指西汉一统，所说"中国"就是指西汉国家。元朔三年（公元前126年）汉武帝任命公孙

---

① 司马迁：《史记》卷一一四《东越列传》，中华书局，1959年，第2980页。
② 司马迁：《史记》卷一一〇《匈奴列传》，中华书局，1959年，第2890页。
③ 司马迁：《史记》卷一一七《司马相如列传》，中华书局，1959年，第3044、3049、3051页。
④ 司马迁：《史记》卷一二〇《汲郑列传》，中华书局，1959年，第3109页。
⑤ 司马迁：《史记》卷一二二《酷吏列传》，中华书局，1959年，第3141页。
⑥ 司马迁：《史记》卷二〇《建元以来侯者年表》，中华书局，1959年，第1027页。

中国古代的"天下""中国"观

弘为御史大夫,"是时通西南夷,东置沧海,北筑朔方之郡。弘数谏,以为罢敝中国以奉无用之地,愿罢之"①。公孙弘认为通西南夷,置沧海郡和朔方郡,耗费西汉大量人力物力,会使西汉国家走向疲劳困敝。严安也曾在上书中称:"今中国无狗吠之惊。"②认为西汉社会稳定,没有战争。元狩元年(公元前122年),博望侯张骞出使大夏归来,"盛言大夏在汉西南,慕中国"③,认为大夏等人仰慕西汉王朝。汉武帝"既闻大宛及大夏、安息之属皆大国,多奇物,土著,颇与中国同业,而兵弱,贵汉财物",遂"发间使,四道并出"④,与西方国家进行广泛联系。"汉既通使大夏,而西极远蛮,引领内乡,欲观中国"⑤,认为大夏等远蛮愿意观礼西汉,与西汉进行交往。《万石君传》称西汉"南诛两越,东击朝鲜,北逐匈奴,西伐大宛",为"中国多事"⑥,等等,所说"中国",都是指西汉国家。

《史记》称西汉为"中国",也不仅仅是指汉人的"中国",也包括汉朝管辖下的各个少数民族。史书中称"春秋时戎狄错居中国"⑦,汉代大思想家王充曾说"古之戎狄,今为中国"⑧,原来被称为"戎狄"的少数民族,到了汉朝建立以后,都成了"中国",统一的多民族的"中国",逐步建立和发展起来。

以上可以看出,《史记》出现"中国"一词共131次,其中有72次,用来指称夏、商、西周、春秋战国时期的中原各国、秦朝、汉朝以及历代中原王朝等国家政权,说明《史记》中"中国"的含义主要的还是用来指称国家政权。《史记》称夏、商、周国家政权为"中国",包括夏、商、周国家政权控制下的各族人。春秋战国时期,虽然也称中原各国为"中国",但后来也

---

① 司马迁:《史记》卷一一二《平津侯主父列传》,中华书局,1959年,第2950页。
② 司马迁:《史记》卷一一二《平津侯主父列传》,中华书局,1959年,第2959页。
③ 司马迁:《史记》卷一一六《西南夷列传》,中华书局,1959年,第2995页。
④ 司马迁:《史记》卷一二三《大宛列传》,中华书局,1959年,第3166页。
⑤ 司马迁:《史记》卷一三〇《太史公自序》,中华书局,1959年,第3318页。
⑥ 司马迁:《史记》卷一〇三《万石张叔列传》,中华书局,1959年,第2767页。
⑦ 杜预注,孔颖达疏:《春秋左传注疏》卷一七僖公三十二年,中华书局《十三经注疏》本,1980年,第1832页。
⑧ 王充著,黄晖校释:《论衡校释》卷一九《宣汉篇》,中华书局,1990年,第823页。

多民族"中国"的构建：司马迁《史记》的"中国"观

称属于南蛮的楚国为"中国"，在被人们视为"戎狄"的秦国是不是"中国"的问题上，开始逐渐模糊，并出现秦国以"中国"自居的现象。称秦汉为"中国"，也包括秦汉政权控制下的各族人，"古之戎狄，今为中国"①，多民族的"中国"逐步建立和发展起来。

二、九州、十二州与多民族"中国"的构建

司马迁《史记》中"中国"一词的含义，除了具有指称"一国之中心的都城""中原""华夏汉族""文化"和国家政权等含义以外，还用来指称"九州"和"十二州"。

《史记·五帝本纪》称，舜时"唯禹之功为大，披九山，通九泽，决九河，定九州，各以其职来贡，不失厥宜。方五千里，至于荒服。南抚交阯、北发、西戎、析枝、渠廋、氐、羌，北山戎、发、息慎，东长、鸟夷。四海之内，咸戴帝舜之功"②，称大禹治水以后，划"定九州"。《夏本纪》称，禹定九州以后，"九州攸同……咸则三壤，成赋中国，赐土姓。"南朝宋裴骃集解引郑玄的话解释这里的"中国"一词说："中即九州也。天子建其国，诸侯祚之土，赐之姓，命之氏。"③ 也就是说，这里所说的"中国"是指"九州"，"九州"和"中国"显然是一个意思。禹所定九州，为冀、沇（兖）、青、徐、扬、荆、豫、梁、雍九州。其中，冀州包括"鸟夷皮服，夹右碣石，入于海"的地区；青州"嵎夷既略""莱夷为牧"；扬州包括"岛夷卉服"；雍州"三苗大序""织皮昆仑、析支、渠搜、西戎即序"④。《南越列传》称"秦时已并天下，略定杨越"，张守节《正义》称南越之地属于"夏禹九州"之中的"杨州"，"故云杨越"⑤。即认为南越地区也在九州之内。按此记载，禹所划定的九州，并非仅仅指中原华夏人居住地区，也应该包括一些少

---

① 王充著，黄晖校释：《论衡校释》卷一九《宣汉篇》，中华书局，1990年，第823页。
② 司马迁：《史记》卷一《五帝本纪》，中华书局，1959年，43页。
③ 司马迁：《史记》卷二《夏本纪》，中华书局，1959年，第75页。
④ 司马迁：《史记》卷二《夏本纪》，中华书局，1959年，52-65页。
⑤ 司马迁：《史记》卷一一三《南越列传》，中华书局，1959年，第2967页。

151

中国古代的"天下""中国"观

数民族居住地区。

《五帝本纪》又称,舜"肇十有二州"。马融释曰:"禹平水土,置九州。舜以冀州之北广大,分置并州;燕、齐辽远,分燕置幽州;分齐为营州。于是为十二州也。"① 司马迁谓"内冠带,外夷狄,分中国为十有二州"②。虽称"夷狄"为外,但明确表示"十二州"是"中国"。舜肇"十二州"是在禹定"九州"基础上分置并、幽、营三州而成,实际上,与禹定"九州"是一致的。禹定"九州"包括一些少数民族,舜肇"十二州"亦应包括一些少数民族。元人撰写《辽史》时曾谓"帝尧画天下为九州。舜以冀、青地大,分幽、并、营,为州十有二。幽州在渤、碣之间,并州北有代、朔,营州东暨辽海",认为契丹人活动地域跨有"幽、并、营之境"③。《大明一统志》在记述舜"肇十有二州"时说"舜分冀东北为幽州,即今广宁(今辽宁北镇)以西之地;青东北为营州,即今广宁以东之地"④。清人顾炎武在论述此问题时,称"禹别九州,而舜又肇十二州,其分为幽、并、营者,皆在冀之东北",认为"幽则今涿易以北,至塞外之地,并则今忻代以北,至塞外之地,营则今辽东大宁之地"⑤。认为幽、并、营三州已达北方塞外及东北远夷之地。司马迁在《史记·天官书》中又称"二十八舍主十二州"⑥。"二十八舍"即"二十八星宿"。古人将天空划分为二十八个星区,分别由不同星官主管。称二十八星宿主管"十二州",似有二十八星宿主管整个天下的意思,也有天下为"十二州"的意思,上天主管的天下"十二州",也不应该仅仅指中原华夏族居住区,也应该包括少数民族居住区。因此,司马迁在此处所说的"内冠带,外夷狄"与"分中国为十有二州",似不是相对应的一回事,而是

---

① 司马迁:《史记》卷一《五帝本纪》,中华书局,1959年,第27页。
② 司马迁:《史记》卷二七《天官书》,中华书局,1959年,第1342页。
③ 脱脱等:《辽史》卷三七《地理志一》,中华书局,1974年,第437页。
④ 李贤等:《大明一统志》第四册,台北文海出版社影印明天顺五年刻本,1965年,第1749页。
⑤ 顾炎武著、黄汝成集释:《日知录集释》卷二二《九州》,上海古籍出版社,1985年,第1637-1638页。顾炎武虽有此论述,但同文又称"幽、并、营三州在《禹贡》九州之外",认为"先儒以冀青二州地广而分之殆非也。"所说亦有自相矛盾之处。
⑥ 司马迁:《史记》卷二七《天官书》,中华书局,1959年,第1346页。

多民族"中国"的构建：司马迁《史记》的"中国"观

两回事。所说"中国"并非仅仅指"内冠带"的华夏民族①。

到了春秋战国时期，邹衍进一步发挥了禹序"九州"学说，又构建了"大九州"学说，"以为儒者所谓中国者，于天下乃八十一分居其一分耳。中国名曰赤县神州。赤县神州内自有九州，禹之序九州是也，不得为州数。中国外如赤县神州者九，乃所谓九州也。于是有裨海环之，人民禽兽莫能相通者，如一区中者，乃为一州。如此者九，乃有大瀛海环其外，天地之际焉"②。认为儒者所说的中国九州，合起来只能算一个州，即"赤县神州"。赤县神州之外像赤县神州大小的州还有八个，加上赤县神州共九个州，即"大九州"。中国赤县神州不过是"大九州"天下体系的八十一分之一而已（应该是"中国赤县神州即'小九州'"中的一个州是"大九州"的八十一分之一，"中国赤县神州"是"大九州"的九分之一）。按照邹衍构想的"大九州"天下体系，原来禹定"九州"和舜肇"十二州"都是"赤县神州"，都应该称"中国"。

邹衍构建"大九州"学说以后，人们对中国九州（赤县神州）范围的认识似有缩小，一些人认为"九州中国之地"③ 仅指中原华夏人居住地区，不包括少数民族居住区。但也有人认为中国赤县神州的"九州"既然是"禹平水土，分天下为九州，别五服"④ 的"九州"和"五服"，就应该等同于禹时的"九州""五服"和"天下"。禹"分天下为九州"，"天下"就成了"九州"的代名词。"中国九州名赤县，即禹之九州也"⑤，"禹之九州"即是"中国九州"，"中国"也就成了"天下"的同义词。黄晖在校释王充《论衡》"方今天下"一语时"谓中国九州"⑥，即称"天下"为"中国九州"，将"中

---

① 当然，也有人认为司马迁在这里说的"中国"是指"内冠带"的华夏民族。
② 司马迁：《史记》卷七四《孟子荀卿列传》，中华书局，1982年，第2344页。
③ 徐梦莘：《三朝北盟会编》卷八，上海古籍出版社，1987年，第53页。
④ 章潢：《图书编》卷三四《舆地图总考》，文渊阁《四库全书》台北商务印书馆影印本，1986年，第969册，第668页；陈埴：《木钟集》卷五《书》也称，禹平水土，"分天下为九州，又分为五服"，文渊阁《四库全书》台北商务印书馆影印本，1986年，第703册，第657页，等等。
⑤ 徐坚等：《初学记》卷五《地理上·总载地第一》，中华书局，1962年，第87页。
⑥ 王充著，黄晖校释：《论衡校释》卷一一《谈天篇》，中华书局，1990年，第477页。

中国古代的"天下""中国"观

国九州"与"天下"等同起来。

《史记》在叙述禹定"九州"之后,紧接着记载夏朝的甸、侯、绥、要、荒"五服"制度,称"令天子之国以外五百里甸服:百里赋纳总,二百里纳铚,三百里纳秸服,四百里粟,五百里米;甸服外五百里侯服:百里采,二百里任国,三百里诸侯;侯服外五百里绥服:三百里揆文教,二百里奋武卫;绥服外五百里要服:三百里夷,二百里蔡;要服外五百里荒服:三百里蛮,二百里流。东渐于海,西被于流沙,朔、南暨,声教讫于四海"[1]。司马迁这里所叙内容,主要取材于《尚书·禹贡》,《禹贡》原文没有"令天子之国以外"几个字,孔颖达疏称"甸服去京师最近"[2]。《周礼·夏官司马·职方氏》称周代"王畿"之外分为侯、甸、男、采、卫、蛮、夷、镇、藩九服。似这里所说的"天子之国"指京师或王畿,是京师或王畿五百里以外为甸服的意思。一般认为"蛮夷要服,戎狄荒服"[3],即认为五服中的"要服"和"荒服"是"蛮夷"和"戎狄"等少数民族居住地区。分"天下"为"九州",列为"五服","天下"即是"九州","九州"是"中国","天下"和"五服"也就成了"中国"的同义词。唐人陈子昂称"中国要荒内,人寰宇宙荣"[4],即称要服荒服之内为"中国"。宋人章如愚曾说,"禹之治水,东及莱牧,西及岛夷,可以及皮卉服之夷,其迹远矣。……九州之域既载治水之所及五服之内,复明王化之所止,后世不能知之。夷狄羁縻皆入中国图籍,则《禹贡》之书又所以示王者略外之文也"[5]。即认为"禹之九州"为"五服之内","皆入中国图籍",包括岛夷、皮卉服夷等少数民族。马端临《文献通考·封建考》记载,唐氏曰"尧命治水,弼成五服,自王畿而至荒服,面

---

[1] 司马迁:《史记》卷二《夏本纪》,中华书局,1959年,第75—77页。

[2] 孔安国传,孔颖达疏:《尚书注疏》卷六《禹贡第一》,中华书局《十三经注疏》本,1980年,第153页。

[3] 荀况:《荀子》卷一二《正论篇第十八》,中华书局《新编诸子集成》本,1988年,第329—330页。

[4] 陈子昂:《夏日晖上人房别李参军崇嗣并序》,彭定求等编《全唐诗》(增订本)卷八三,中华书局,1999年,第898页。

[5] 章如愚:《群书考索续集》卷四《经籍门·夏书》,正德十三年建阳刘氏慎独书斋刊本。

多民族"中国"的构建：司马迁《史记》的"中国"观

各二千五百里。九州之境方五千里，为方千里者二十五。九州之外东渐、西被、朔南暨声教者不在五服之内"，又"谓夷、镇皆在九州之外，亦非也"，"四海之内九州"①。即认为"四海之内"为"九州"，"九州"在"五服之内"，《周礼》所说的相当于要服和荒服的"夷、镇"等服也在九州之内，不在九州之外。也是将"五服之内"与"中国""九州"等同起来的意思。按照这些人的认识，"禹之天下""禹之九州""禹之五服"与"中国"为同义语，并非仅仅指中原华夏地区，而应该包括"要服"和"荒服"地区的少数民族。

司马迁在《匈奴列传》中称，商朝时，匈奴的先人"以时入贡，命曰'荒服'"②，将匈奴列在五服之内。如果按照五服之内为中国理解，似这里也将匈奴列为"中国"了。按此理解，《史记》也是构建了多民族"中国"。

三、"炎黄子孙"与多民族"中国"的构建

《史记》一书不仅称华夏汉族人为炎黄子孙，也称匈奴等少数民族为炎黄子孙。《史记》的这种说法并非其凭空构建的，而是将史籍中的相关记载以及司马迁经过社会调查获取的各民族传说等经过系统整理后构建起来的。

（一）华夏汉族都是炎黄子孙

《史记》一书构建了黄帝谱系，认为华夏汉族均出于黄帝。《五帝本纪》谓"黄帝者，少典之子，姓公孙，名曰轩辕"。有"二十五子，其得姓者十四人"。"嫘祖为黄帝正妃，生二子"，"其一曰玄嚣（少昊）"，"其二曰昌意"。玄嚣生蟜极，蟜极生高辛，高辛即帝喾。"帝喾娶陈锋氏女，生放勋。娶娵訾氏女，生挚。帝喾崩，而挚代立。帝挚立，不善，崩，而弟放勋立，是为帝尧"。帝尧后来禅位虞舜。虞舜出于黄帝另一儿子昌意一系。昌意"娶蜀山氏女，曰昌仆，生高阳"，高阳即颛顼。"帝颛顼生子曰穷蝉"③，穷蝉生子敬康，敬康生子句望，句望生子桥牛，桥牛生子瞽叟，瞽叟生子虞舜（名曰重华）。虞舜是

① 马端临：《文献通考》卷二六〇《封建考一》，中华书局，1986年，第2064页。"四海之内九州"另见《礼记·王制》，中华书局《十三经注疏》本，1980年，第1325页。
② 司马迁：《史记》卷一一〇《匈奴列传》，中华书局，1959年，第2881页。
③ 司马迁：《史记》卷一《五帝本纪》，中华书局，1959年，第1-13页。

155

中国古代的"天下""中国"观

黄帝之子昌意的七世孙。虞舜后来禅位夏禹。"夏禹,名曰文命。禹之父曰鲧,鲧之父曰帝颛顼,颛顼之父曰昌意,昌意之父曰黄帝。禹者,黄帝之玄孙而帝颛顼之孙也"①。"自黄帝至舜、禹,皆同姓而异其国号,以章明德。故黄帝为有熊,帝颛顼为高阳,帝喾为高辛,帝尧为陶唐,帝舜为有虞。帝禹为夏后而别氏,姓姒氏"②。认为夏王朝的建立者禹及其先人都是黄帝子孙。

《五帝本纪》说禹是"黄帝之玄孙而帝颛顼之孙",《六国年表》又说"禹兴于西羌"。裴骃《集解》引皇甫谧的话说:"孟子称禹生石纽,西夷人也。《传》曰:'禹生自西羌'是也。"张守节《正义》曰:"禹生于茂州汶川县,本冉駹国,皆西羌。"③ 也认为禹生于西羌。《五帝本纪》将禹说成是"颛顼之孙",无疑具有将禹构建为黄帝子孙的意思,《六国年表》又将禹说成是"兴于西羌",又有将西羌构建为禹之后人即黄帝子孙的意思。

司马迁不仅将夏王朝的建立者及其先人说成是炎黄子孙,还将商王朝的建立者说成是炎黄子孙。《殷本纪》称建立殷商王朝的始祖"契,母曰简狄,有娀氏之女,为帝喾次妃",即认为殷商始祖契是帝喾(高辛氏)和简狄所生之子。司马贞《索隐》引谯周的话说:"契生尧代,舜始举之,必非喾子。以其父微,故不著名。其母娀氏女,与宗妇三人浴于川,玄鸟遗卵,简狄吞之,则简狄非帝喾次妃明也。"④ 谯周和司马贞均认为殷商始祖契并非帝喾的儿子,司马迁却把他说成是帝喾的儿子,把殷商王朝的建立者及其后裔说成是炎黄子孙,其中所蕴含的深意值得我们深思。

司马迁还将周王朝的建立者说成是炎黄子孙。《周本纪》称建立西周的始祖"后稷,名弃。其母有邰氏女,曰姜原。姜原为帝喾元妃",认为建立周朝的始祖后稷是帝喾与姜原所生之子。然随后又说,"姜原出野",踩到巨人的脚印,而怀孕,"居期而生子,以为不祥,弃之隘巷,马牛过者皆辟不践;徙置之林中,适会山林多人,迁之;而弃渠中冰上,飞鸟以其翼覆荐之。姜原以为神,遂收养长之。初欲弃之,因名曰弃"⑤。又似西周的始祖弃

---

① 司马迁:《史记》卷二《夏本纪》,中华书局,1959年,第49页。
② 司马迁:《史记》卷一《五帝本纪》,中华书局,1959年,第45页。
③ 司马迁:《史记》卷一五《六国年表》,中华书局,1959年,第686页。
④ 司马迁:《史记》卷三《殷本纪》,中华书局,1959年,第91-92页。
⑤ 司马迁:《史记》卷四《周本纪》,中华书局,1959年,第111页。

多民族"中国"的构建：司马迁《史记》的"中国"观

不是帝喾高辛氏的儿子，但司马迁也把西周的建立者说成是炎黄子孙，充分反映了司马迁"华夏汉族都是'炎黄子孙'"的观念。

（二）少数民族也是"炎黄子孙"

司马迁不仅将华夏族说成是炎黄子孙，还将中国的少数民族说成是炎黄子孙。《五帝本纪》称，"三苗在江淮、荆州数为乱。于是舜归而言于帝，请流共工于幽陵，以变北狄；放驩兜于崇山，以变南蛮；迁三苗于三危，以变西戎；殛鲧于羽山，以变东夷"。舜请求尧流放四凶以变四夷应该如何解释，学界存在不同看法。裴骃《集解》引徐广的话说："'变'，一作'燮'。"司马贞《索隐》称"变，谓变其形及衣服，同于夷狄也。徐广云作'燮'。燮，和也"。张守贞《正义》"言四凶流四裔，各于四夷放共工等为中国之风俗也"①。按此解释，舜请求尧流四凶以变四夷，即是将四凶流放到四夷之地以改变四夷风俗习惯之意，现代学者徐复观等人亦取其意，以为舜请求尧流四凶以变四夷，"盖取其在流放四罪之中，依然有教化四夷之意"②，将"变四夷"解释成教化四夷，改变四夷的风俗习惯等。然，裴骃《集解》又引马融之语曰："殛，诛也。羽山，东裔也。"张守贞《正义》又引孔安国的话说："殛，窜，放，流，皆诛也。"又引《神异经》云："东方有人焉，人形而身多毛，自解水土，知通塞，为人自用，欲为欲息，皆（曰）云是鲧也。"③ 这里，又将"殛、窜、放、流"解释成"诛杀"，如果将鲧等四凶诛杀，何谈对四夷进行教化？恐怕司马迁在这里也有把后来的蛮、夷、戎、狄等少数民族说成是由中原的炎帝和黄帝后人发展而来的意思，这与他在《秦本纪》所说秦的先祖费昌的子孙"或在中国，或在夷狄"④，《楚世家》称楚人先祖至穴熊"其后中微，或在中国，或在蛮夷"⑤，《魏世家》称魏之先祖毕公高以后"绝封，为庶人，或在中国，或在夷狄"⑥ 以及后来《魏书》所说"黄帝

---

① 司马迁：《史记》卷一《五帝本纪》，中华书局，1959年，第28-29页。
② 徐复观：《两汉思想史》第2卷，九州出版社，2014年，第313页。
③ 司马迁：《史记》卷一《五帝本纪》，中华书局，1959年，第28-30页。
④ 司马迁：《史记》卷五《秦本纪》，中华书局，1959年，第174页。
⑤ 司马迁：《史记》卷四〇《楚世家》，中华书局，1959年，第1690页。
⑥ 司马迁：《史记》卷四四《魏世家》，中华书局，1959年，第1836页。

中国古代的"天下""中国"观

有子二十五人，或内列诸华，或外分荒服"①等说法是一脉相承的，与司马迁将少数民族都说成是炎黄子孙的思想相吻合。

1. 将秦人说成是"炎黄子孙"

春秋战国以前的秦族或秦国一直被人们视为"戎夷"，但司马迁在《秦本纪》却说他们是炎黄子孙。谓"秦之先，帝颛顼之苗裔孙曰女修。女修织，玄鸟陨卵，女修吞之，生子大业。大业取少典之子，曰女华。女华生大费"，"大费生子二人：一曰大廉，实鸟俗氏；二曰若木，实费氏。其玄孙曰费昌，子孙或在中国，或在夷狄。""大廉玄孙曰孟戏、中衍"。"中衍之后，遂世有功，以佐殷国，故嬴姓多显，遂为诸侯"。"其玄孙曰中潏，在西戎，保西垂。生蜚廉。蜚廉生恶来。""蜚廉复有子曰季胜"，"自蜚廉生季胜，已下五世至造父，别居赵。赵衰其后也"②。将秦之先说成是"颛顼之苗裔"，颛顼高阳是黄帝的孙子，秦之先是颛顼的苗裔，也就成了炎黄子孙。又说费昌的子孙"或在中国，或在夷狄"③，造父别居赵，造父又成了赵国赵衰的先人。把人们向来认为属于戎狄的秦的先人说成与"五帝"、与夏、商、周的先人属于同一血脉，都是黄帝的子孙。

2. 将楚人说成是"炎黄子孙"

楚在春秋之时，也被视为蛮夷，可司马迁也认为他们是炎黄子孙。《楚世家》谓，"楚之先祖出自帝颛顼高阳。高阳者，黄帝之孙，昌意之子也。高阳生称，称生卷章，卷章生重黎。重黎为帝喾高辛居火正，甚有功，能光融天下，帝喾命曰祝融。共工氏作乱，帝喾使重黎诛之而不尽。帝乃以庚寅日诛重黎，而以其弟吴回为重黎后，复居火正，为祝融。吴回生陆终。陆终生子六人，坼剖而产焉。其长一曰昆吾；二曰参胡；三曰彭祖；四曰会人；五曰曹姓；六曰季连，芈姓，楚其后也。……季连生附沮，附沮生穴熊。其后中微，或在中国，或在蛮夷"。谓"楚之先祖出自帝颛顼高阳"，又谓帝喾高辛的弟弟吴回为重黎之后，成为芈姓楚人先祖，均与炎黄子孙有着千丝万缕的联系。又说："周文王之时，季连之苗裔曰鬻熊。鬻熊子事文王，蚤卒。

---

① （北魏）魏收：《魏书》卷一《序纪》，中华书局，1974年，第1页。
② 司马迁：《史记》卷五《秦本纪》，中华书局，1959年，第173—175页。
③ 司马迁：《史记》卷五《秦本纪》，中华书局，1959年，第174页。

多民族"中国"的构建：司马迁《史记》的"中国"观

其子曰熊丽。熊丽生熊狂，熊狂生熊绎。熊绎当周成王之时，举文、武勤劳之后嗣，而封熊绎于楚蛮，封以子男之田，姓芈氏，居丹阳。楚子熊绎与鲁公伯禽、卫康叔子牟、晋侯燮、齐太公子吕伋俱事成王。""熊绎生熊艾，熊艾生熊䵣，熊䵣生熊胜。熊胜以弟熊杨为后。熊杨生熊渠"。熊渠曾明确说过"我蛮夷也，不与中国之号谥"[1]。司马迁把熊渠以及人们都认为属于南蛮的楚，也说成是黄帝的后裔，楚人也成了炎黄子孙。

3. 将吴人说成是"炎黄子孙"

司马迁在《吴太伯世家》中说："吴太伯，太伯弟仲雍，皆周太王之子，而王季历之兄也。季历贤，而有圣子昌，太王欲立季历以及昌，于是太伯、仲雍二人乃奔荆蛮，文身断发，示不可用，以避季历。季历果立，是为王季，而昌为文王。太伯之奔荆蛮，自号句吴。荆蛮义之，从而归之千余家，立为吴太伯。太伯卒，无子，弟仲雍立，是为吴仲雍。仲雍卒，子季简立。季简卒，子叔达立。叔达卒，子周章立。是时周武王克殷，求太伯、仲雍之后，得周章。周章已君吴，因而封之。乃封周章弟虞仲于周之北故夏虚，是为虞仲，列为诸侯。"认为建立句吴的吴太伯是周太王的儿子，为了让其弟季历继位而逃奔荆蛮，建立吴国。周武王克商以后，念吴太伯避让季历之功，求太伯之后以封。当时，吴国已传位至周章，周武王因封周章为诸侯王，建立吴国。又封周章的弟弟虞仲于中原，建立虞国。司马迁因以"太史公曰"的口吻说："余读《春秋》古文，乃知中国（中原）之虞与荆蛮句吴兄弟也。"[2] 认为周武王分封的吴太伯的后人周章君于吴国，在"荆蛮"；分封周章的弟弟虞仲建立虞国，在"中国（中原）"。虞向来被看成属于中国华夏，吴则被视为荆蛮。在司马迁看来，虞和吴都是周太王的后人，周太王是周朝始祖后稷的后人，后稷是帝喾元妃所生之子，帝喾是黄帝的后人，属于荆蛮的吴也就成了黄帝的后人。

4. 将越人说成是"炎黄子孙"

《越王句践世家》称，"越王句践，其先禹之苗裔，而夏后帝少康之庶子也。封于会稽，以奉守禹之祀。文身断发，披草莱而邑焉。后二十余世，至

---

[1] 司马迁：《史记》卷四〇《楚世家》，中华书局，1959 年，第 1689—1692 页。
[2] 司马迁：《史记》卷三一《吴太伯世家》，中华书局，1959 年，第 1445—1475 页。

中国古代的"天下""中国"观

于允常。允常之时,与吴王阖庐战而相怨伐。允常卒,子句践立,是为越王"①。认为越王句践是禹的后裔,为夏后帝少康之庶子。属于夏后氏的禹是黄帝玄孙(也有人认为是黄帝的九世孙),也就是说被人们视为夷蛮的越王句践也成了黄帝的后人。《南越列传》说"南越王尉佗者,真定人也,姓赵氏"②,属于华夏族,自然是炎黄子孙。《东越列传》称"闽越王无诸及越东海王摇者,其先皆越王句践之后也,姓驺氏"③。越王句践是黄帝玄孙禹的后人,两越的夷蛮是越王句践的后裔,自然也就是黄帝的后裔了。

5. 将蜀人和西南夷说成是"炎黄子孙"

《三代世表》称,"蜀王,黄帝后世也,至今在汉西南五千里,常来朝享,输献于汉"。司马贞《索隐》谓"《系本》,蜀无姓,相承云黄帝后。且黄帝二十五子,分封赐姓,或于蛮夷,盖当然也。《蜀王本纪》云,朱提有男子杜宇从天而下,自称望帝,亦蜀王也。则杜姓出唐杜氏,盖陆终氏之胤,亦黄帝之后也"。张守节《正义》称,"谱记普云,蜀之先肇于人皇之际。黄帝与子昌意娶蜀山氏女,生帝佶(喾),立,封其支庶于蜀,历虞夏商。周衰,先称王者蚕丛,国破,子孙居姚、嶲等处"④。即认为蜀地民族都是黄帝的后人。司马迁将蜀人说成是黄帝后人,大约是依据《世本》所载"蜀之先,肇于人皇之际,无姓。相承云,黄帝后"⑤改写而成。

《西南夷列传》称,"西南夷君长以什数,夜郎最大;其西靡莫之属以什数,滇最大;自滇以北君长以什数,邛都最大。此皆魋结,耕田,有邑聚。其外西自同师以东,北至楪榆,名为嶲、昆明,皆编发,随畜迁徙,毋常处,毋君长,地方可数千里。自嶲以东北,君长以什数,徙、筰都最大;自筰以东北,君长以什数,冉駹最大。其俗或土著,或移徙,在蜀之西。自冉駹以东北,君长以什数,白马最大,皆氐类也。此皆巴蜀西南外蛮夷也"⑥。这里,

---

① 司马迁:《史记》卷四一《越王句践世家》,中华书局,1959年,第1739页。
② 司马迁:《史记》卷一一三《南越列传》,中华书局,1959年,第2967页。
③ 司马迁:《史记》卷一一四《东越列传》,中华书局,1959年,第2979页。
④ 司马迁:《史记》卷一三《三代世表》及注解,中华书局,1959年,第506—507页。
⑤ 宋衷注,秦嘉谟等辑:《世本八种》卷七下《氏姓篇下》,商务印书馆,1957年,第333页。
⑥ 司马迁:《史记》卷一一六《西南夷列传》,中华书局,1959年,第2991页。

多民族"中国"的构建：司马迁《史记》的"中国"观

司马迁虽然没有明确说西南夷是炎黄子孙，但认为西南夷多为氐类。学界虽然对司马迁在这里所说的西南夷"皆氐类也"，存在不同认识，但多认为司马迁在这里还是认为西南夷是"夷"，而不全是氐类，但与氐有一定联系，或其中有一部分为氐类。据《山海经·大荒西经》记载，"有互人之国，炎帝之孙名曰灵恝，灵恝生互人，是能上下于天"①，称"互人之国"为炎帝之后。郝懿行为"氐人国"作笺疏称："互人国即《海内南经》氐人国，氐、互二字，盖以形近而讹，以俗'氐'正作'互'字也。""王念孙、孙星衍均校改'互'为'氐'，是《大荒西经》互人国即此经氐人国，乃炎帝之后裔也。"② 如是，则西南夷中的氐类也就成了炎帝之后。司马迁还说"始楚威王时，使将军庄蹻将兵循江上，略巴、（蜀）黔中以西。庄蹻者，故楚庄王苗裔也。蹻至滇池，（地）方三百里，旁平地，肥饶数千里，以兵威定属楚。欲归报，会秦击夺楚巴、黔中郡，道塞不通，因还，以其众王滇，变服，从其俗，以长之"③。认为后来在西南夷地区建立滇政权的庄蹻为"楚庄王苗裔"。"楚之先祖出自帝颛顼高阳"④，颛顼是黄帝之孙，以庄蹻为代表的滇人也就成了黄帝之后了。

据《淮南衡山列传》记载，汉文帝曾说"尧舜放逐骨肉"。张守节《正义》释曰："四凶者，共工、三苗、伯鲧及驩兜，皆尧舜之同姓，故云骨肉也。"⑤认为"三苗"也与尧舜同姓，是尧舜之骨肉。也就是认为"三苗"也是黄帝之后。《山海经·大荒北经》曾说，"西北海外，黑水之北，有人有翼，名曰苗民。颛顼生驩头，驩头生苗民，苗民釐姓，食肉"⑥。把苗民说成是颛顼的后人，苗民也就成了炎黄子孙。

---

① 袁珂校注：《山海经·海经》卷一一《大荒西经》，上海古籍出版社，1980年，第415页。

② 袁珂校注：《山海经·海经》卷五《海内南经》郭璞注，上海古籍出版社，1980年，第280页。

③ 司马迁：《史记》卷一一六《西南夷列传》，中华书局，1959年，第2993页。

④ 司马迁：《史记》卷四〇《楚世家》，中华书局，1959年，第1689页。

⑤ 司马迁：《史记》卷一一八《淮南衡山列传》，中华书局，1959年，第3080-3081页。

⑥ 袁珂校注：《山海经·海经》卷一二《大荒北经》，上海古籍出版社，1980年，第436页。

6. 将匈奴说成是"炎黄子孙"

司马迁《史记》专门设有《匈奴列传》，称"匈奴，其先祖夏后氏之苗裔也，曰淳维。唐虞以上有山戎、猃狁、荤粥，居于北蛮，随畜牧而转移"。司马贞《索隐》谓"乐产《括地谱》云'夏桀无道，汤放之鸣条，三年而死。其子獯粥妻桀之众妾，避居北野，随畜移徙，中国谓之匈奴'。其言夏后苗裔，或当然也"①。认为匈奴是夏桀之子的直接后裔，夏桀属于夏后氏，夏后氏是夏王朝王族的氏称。"禹为姒姓，其后分封，用国为姓，故有夏后氏、有扈氏、有男氏、斟寻氏、彤城氏、褒氏、费氏、杞氏、缯氏、辛氏、冥氏、斟氏、戈氏"②。说匈奴是"夏后氏之苗裔"，就等于说匈奴是大禹的后裔，大禹是黄帝的后裔，匈奴自然也就成了黄帝的后裔。

7. 古朝鲜也是"炎黄子孙"

古朝鲜指中国古代东北地区建立的箕氏朝鲜和卫氏朝鲜。司马迁在《史记》中对箕氏朝鲜和卫氏朝鲜及其族属也进行了记叙。谓"箕子者，纣亲戚也"③，箕子是商纣王的亲戚。商朝后期，纣王昏庸，"淫乱不止。微子数谏不听，乃与大师、少师谋，遂去。比干曰：'为人臣者，不得不以死争。'乃强谏纣。纣怒曰：'吾闻圣人心有七窍。'剖比干，观其心。箕子惧，乃详狂为奴，纣又囚之"④。商纣王昏庸无道，微子数谏不听而出走；比干强谏，则被纣王剖腹看看其心是否有七窍；箕子见状非常害怕，装疯卖傻，还是没有逃脱纣王的惩罚，被关进了监狱。周武王率兵灭商，"命召公释箕子之囚。命毕公释百姓之囚，表商容之闾。命南宫括散鹿台之财，发钜桥之粟，以振贫弱萌隶。命南宫括、史佚展九鼎保玉。命闳夭封比干之墓"⑤。箕子被释放以后，率众东走，自建箕氏朝鲜政权，周武王听说箕子自建箕氏朝鲜政权，"乃封箕子于朝鲜而不臣也。其后箕子朝周"⑥。认为箕子是商纣王亲戚，商纣王是商朝始祖契的后人，契是黄帝后裔，箕子也就成了黄帝后裔。箕氏朝

---

① 司马迁：《史记》卷一一〇《匈奴列传》，中华书局，1959年，第2879－2880页。
② 司马迁：《史记》卷二《夏本纪》，中华书局，1959年，第89页。
③ 司马迁：《史记》卷三八，《宋微子世家》，中华书局，1959年，第1609页。
④ 司马迁：《史记》卷三《殷本纪》，中华书局，1959年，第108页。
⑤ 司马迁：《史记》卷四《周本纪》，中华书局，1959年，第126页。
⑥ 司马迁：《史记》卷三八《宋微子世家》，中华书局，1959年，第1620页。

多民族"中国"的构建：司马迁《史记》的"中国"观

鲜后为卫满的卫氏朝鲜所取代。《朝鲜列传》称"朝鲜王满者，故燕人也"[①]。西周大分封时，分封召公奭于燕，建立诸侯国。"召公奭与周同姓，姓姬氏"[②]，即与周朝王族同姓，周朝王族是炎黄子孙，燕人也就成了炎黄子孙，燕人卫满建立的卫氏朝鲜也就成了炎黄子孙。

司马迁将少数民族说成是炎黄子孙，虽然也有部分历史文献依据，但之前的历史文献记载，都没有司马迁记载得如此详细和系统。史载，司马迁曾对少数民族地区进行过调查，或许有关少数民族是"炎黄子孙"的说法出于当时少数民族自己的神话传说。司马迁则将史籍记载和自己调查获取的少数民族的传说重新进行整合，终于构建起了华夏汉族和少数民族都是"炎黄子孙"的"华夷一家"的一源论思想体系。

其实，将少数民族都说成是"炎黄子孙"，并不科学，因为各民族起源并非一源，而是多源，这已为中国长江流域、黄河流域、燕辽地区丰富的远古人类考古及其文化所证明[③]。但生活在西汉武帝"大一统"时代的司马迁却将各个少数民族都说成是"炎黄子孙"，充分反映了司马迁对各族具有心理认同以及"华夷一家"的思想观念，并在其基础之上构建了范围更大的多民族的"中国"。

四、结　语

综上所述，可以看出，司马迁《史记》引用历史文献以及自己所使用的"中国"一词，虽然具有指称"一国之中心的京师""天下之中心的中原""华夏汉族""文化"等含义，但主要的还是用来指称国家政权。在用"中国"一词指称国家政权时，有时指称夏、商、周国家政权，有时指称春秋战国时期中原各国。在用"中国"一词指称春秋战国时期中原各国时，最初不包括楚国、秦国等国，后来又包括楚国，并在秦国是否是"中国"的问题上逐渐模糊，逐渐出现秦国以"中国"自居的现象，为秦始皇统一后的秦王朝称

[①] 司马迁：《史记》卷一一五《朝鲜列传》，中华书局，1959年，第2985页。
[②] 司马迁：《史记》卷三四《燕召公世家》，中华书局，1959年，第1549页。
[③] 参见王钟翰主编：《中国民族史》，中国社会科学出版社，1994年，第33-42页。

中国古代的"天下""中国"观

"中国"创造了条件。《史记》用"中国"一词指称秦始皇统一后的秦王朝时，包括受秦朝管辖的黔中、闽中、南海、桂林、象郡等郡的少数民族。用"中国"一词指称西汉时，包括受汉朝管辖的犍为、牂牁、越嶲、沈黎、汶山、益州、南海、苍梧、郁林、和浦、交趾、九真、日南、儋耳、珠崖、乐浪、玄菟、临屯、真番等郡的少数民族，构建了多民族王朝国家的"中国"。

司马迁《史记》引用历史文献以及自己所使用的"中国"一词，用来指称"九州"和"十二州"时，则主要取材于《尚书·禹贡》有关禹平水土，分天下为九州，列为五服的相关记载，将"中国"与"九州""十二州""天下""五服""四海之内"联系起来，并称匈奴及其先人为"荒服"，构建了包括匈奴等少数民族及其政权在内的"天下一体"的多民族的"中国"。

司马迁在《史记》一书中不仅将华夏汉族说成是"炎黄子孙"，还将少数民族说成是"炎黄子孙"，虽然不科学，但却反映了司马迁对少数民族也是"炎黄子孙"的心理认同以及"华夷一家"的多民族"中国"构建的思想和认识。司马迁将本是戎夷之秦写入"本纪"，将蛮夷之楚、吴、越列入"世家"，将属于夷狄的"匈奴""南越""东越""西南夷""朝鲜"等少数民族写入"列传"，与华夏汉族及其政权并无区别地杂错编入一书之中，书写了"华夷一家""华夷一体"的多民族"中国"的美丽画卷，充分反映了司马迁的多民族"中国"观念。这种多民族"中国"的构建，既是司马迁依据历史文献记载对中国多民族凝聚为"中国"的历史总结，也与儒家的"天下观""大一统观"密切关联，更与司马迁生活在西汉大一统时期强调"大一统"的现实需要分不开，在此基础之上"构建起'华夷一体''中国与边境合一'的'大一统'政治格局"[①]，值得我们进一步探讨和研究。

（本文与刘月合作，原载《西南民族大学学报》2020年第2期，中国人民大学复印报刊资料《历史学》2020年第5期全文转载。张云华《2020年的中国中古史研究》论点简介）

---

① 李克健：《儒家民族观的形成与发展》，民族出版社，2016年，第138页。

试论辽人的"中国"观

学界虽然对辽代华夷观、正统观问题有所研究①,但对辽人"中国观"问题尚无专文讨论。有人以为辽人的"中国观"与"正统观""华夷观"是一回事,实际上,辽人的"中国观"与"正统观""华夷观"并非一个完全相同的概念,而是一个既有联系又有区别的概念。辽人的"中国观"具有辽宋同为中国、华夷懂礼即为中国以及"正统"和"非正统"同为"中国"等特点。本文拟在学界相关研究的基础上,对辽人的"中国观"问题做进一步讨论。不正确之处,敬请读者批评指正。

一

关于辽人自称"中国"的问题,学界虽然已经取得了共识,但在辽人何时开始自称"中国"的问题上,仍有进一步讨论的必要。

有人认为,"辽朝人中国意识的觉醒,大致是兴宗以后的事情"②,其实并非如此,早在契丹建国之初,契丹人受其先祖鲜卑人以及隋唐契丹"化内人"的影响,就已经因袭鲜卑人附会"炎黄子孙"的观念,以"炎黄子孙"

---

① 参见孟古托力:《辽人"汉契一体"的中华观念述论》,《辽金史论集》第五辑,文津出版社,1991年;宋德金:《辽朝正统观念的形成与发展》,《传统文化与现代化》1996年第1期;齐春风:《论金人的中州观》,《辽宁师范大学学报》1995年第3期;武玉环:《论契丹民族华夷同风的社会观》,《史学集刊》1998年第1期;郭康松:《辽朝夷夏观的演变》,《中国史研究》2001年第2期;刘浦江:《德运之争与辽金王朝的正统性问题》,《中国社会科学》2004年第2期。

② 刘浦江:《德运之争与辽金王朝的正统性问题》,中国社会科学2004年第2期。

中国古代的"天下""中国"观

自诩,开始站在"中国"人的立场上以"中国"自居了。据《辽史·世表》记载,契丹族称其先世出于东胡,"(匈奴)冒顿可汗以兵袭东胡,灭之,余众保鲜卑山,因号鲜卑"。后来,为"慕容晃(皝)所灭,鲜卑众散为宇文氏,或为库莫奚,或为契丹"。于是,契丹族便从鲜卑族的分支宇文鲜卑中分离出来,走上了独自发展的道路。契丹的先世东胡和鲜卑早已自称"炎黄子孙",并被一些汉族史学家和少数民族史学家记载到相关的史书之中,如,《晋书·慕容廆载记》认为,慕容鲜卑"其先有熊氏之苗裔,世居北夷,邑于紫蒙之野,号曰东胡",《十六国春秋·前燕录》则更加具体地说"昔高辛氏游于海滨,留少子厌越以君北夷,邑于紫蒙之野,世居辽左,号曰东胡",有熊氏即黄帝,高辛氏帝喾是黄帝的后代,将东胡族说成是有熊氏的后代或帝喾少子厌越的后代,就是认为东胡是黄帝的后代。由东胡族分出来的鲜卑族也称自己是黄帝或炎帝的后代,如《魏书·序纪》认为,建立北魏政权的拓跋鲜卑就以黄帝之子昌意少子为自己的直接祖先,他们认为"黄帝以土德王,北俗谓土为托,谓后为跋"[①],因称自己为鲜卑拓跋氏。《周书》则称控制西魏政权的宇文鲜卑宇文泰"其先出自炎帝神农氏,为黄帝所灭,子孙遁居朔野"[②]。宇文泰的儿子,建立北周政权的宇文觉更为明确地说"予本自神农"[③],将自己所从出的宇文鲜卑说成是炎帝神农后裔。契丹族认为自己是从鲜卑族中分离出来,也承认自己是炎黄子孙。如,《辽史·世表》记载说:"庖牺氏降,炎帝氏、黄帝氏子孙众多,王畿之封建有限,王政之布濩无穷,故君四方者,多二帝子孙,而自服土中者本同出也。考之宇文周之《书》,辽本炎帝之后,而耶律俨称辽为轩辕后。俨《志》晚出,盖从周《书》。"认为"辽之先,出自炎帝,世为审吉国"[④]。辽朝史官耶律俨在修《辽史》时,依据契丹源于东胡、鲜卑的说法,取《晋书》《魏书》等书以东胡、慕容鲜卑、拓跋鲜卑为黄帝之后的观点,认为契丹为轩辕(黄帝)之后,将契丹人说成是黄帝子孙。元人编写的《辽史》认为契丹族是从鲜卑族中的宇文鲜卑直接发展而来,因此,取《周书》宇文鲜卑自称为炎帝之后的说法,并经过

---

① 魏收:《魏书》卷一《序纪》,中华书局,1974年,第1页。
② 令狐德棻等:《周书》卷一《文帝纪上》,中华书局,1971年,第1页。
③ 令狐德棻等:《周书》卷三《孝闵帝纪》,中华书局,1971年,第46页。
④ 脱脱等:《辽史》卷二《太祖纪下》,中华书局,1974年,第24页。

考证，认为契丹出于"炎帝之裔曰葛乌菟者"，将契丹说成是炎帝子孙。炎帝和黄帝是兄弟，同出于少典，契丹人有关自己始祖的说法虽然有黄帝和炎帝之不同，但最终还是一源。契丹人自称炎黄子孙还表现在他们对汉人的攀附方面，史称，"太祖慕汉高皇帝，故耶律兼称刘氏，以乙室、拔里比萧相国，遂为萧氏"①，契丹皇族慕汉刘邦改为汉姓刘氏，后族亦因慕汉萧何改为汉姓萧氏，无疑是在与汉人攀附亲戚并试图说明契丹与汉人同源，都是"炎黄子孙"。关于契丹人自称"炎黄子孙"问题，不仅见于文献记载，也为近年来的考古发现所证实，如辽《永清公主墓志》记载说"国家系轩辕皇帝之后"②，《大契丹国夫人萧氏墓志》称萧氏丈夫耶律污斡里"其先出自虞舜"③，辽圣宗在《赐圆空国师诏》中，亦有"上从轩皇，下逮周发，皆资师保，用福邦家"④等等，均将契丹说成是黄帝之后。显而易见，契丹人称自己为"炎黄子孙"，应该受到其先祖鲜卑人的影响。据史书记载，契丹族从鲜卑族中分离出来以后，与鲜卑族建立的北魏等政权接触频繁，"贡献不绝"⑤，他们对鲜卑人附会自己为"炎黄子孙"以及北魏等政权"自为中国之位号"⑥，的情况应该有所了解不能不受其影响。到了唐太宗贞观二年（628年），契丹族首领"摩会率其部落来降"⑦，贞观二十二年（648年），契丹族

---

① 脱脱等：《辽史》卷七一《后妃传序》，中华书局，1974年，第1198页。

② 参见袁海波、李宇峰：《辽代汉文〈永清公主墓志〉考释》，《中国历史文物》2004年第5期。

③ 参见金永田：《大契丹国夫人萧氏墓志及画像石初探》，苏赫主编《中国北方古代文化国际学术讨论会论文集》，中国文化出版社，1995年。

④ 陈述《全辽文》卷一，引《圆空国师胜妙塔碑》，中华书局，1982年，第15页。

⑤ 魏收：《魏书》卷一〇〇《契丹传》，中华书局，1974年，第2223页。

⑥ 洪迈《容斋随笔》卷九《皇甫湜正闰论》，中国世界语出版社，1995年，第73页。鲜卑人建立的北魏等政权自称"中国"，已经得到了北方少数民族的承认，如，蠕蠕（柔然）豆仑可汗时，"其臣侯医垔、石洛侯数以忠言谏之，又劝与国通和，勿侵中国"（魏收：《魏书》卷一〇三《蠕蠕传》，中华书局，1974年，第2296页），所说的"中国"即指拓跋鲜卑建立的北魏政权，西魏末年"突厥以（史）宁所图必破，皆畏惮之，咸曰：'此中国神智人也'"（令狐德棻等：《周书》卷二八《史宁传》，中华书局，1971年，第468页），所说"中国"即指鲜卑人宇文泰建立的西魏政权。

⑦ 刘昫：《旧唐书》卷一九九《契丹传》，中华书局，1975年，第5350页。

中国古代的"天下""中国"观

首领窟哥又"举部内属",唐太宗设置"松漠都督府,以窟哥为使持节十州诸军事、松漠都督,封无极男,赐氏李"①,又先后在内迁营州附近的契丹人地区设置归诚州、昌州、带州、玄州、沃州、信州、辽州等,在松漠都督府地区设置弹汗州等八州,以各部首领为刺史,这些契丹人开始成为唐朝的"化内人"。此后,契丹人开始以唐人自居,如武则天万岁通天元年(696年)契丹松漠都督李尽忠、归诚州刺史孙万荣等起兵反抗,曾以"还我庐陵(唐中宗李显)相王(唐睿宗李旦)来"② 相号召,公开打出了反对武周政权、保卫唐朝的旗号,说明那时的契丹"化内人"已经以唐人自居了,唐人自称"中国",并为后世普遍承认,常用唐人指称"中国"③,契丹人以唐人自居,无疑具有自诩为"中国人"的思想倾向。唐代契丹"化内人"虽非契丹全部,但对契丹及其后裔产生了十分重要的影响。如果我们从契丹人以鲜卑人为其祖先以及契丹有着与北朝和隋唐长时期交往的经历并且一度成为唐朝"化内人"分析,他们应该很早就知道他们的先人鲜卑人自称"炎黄子孙"以及在北朝自称"中国"的情况,也应该知道他们的先人自比唐人的情况。都兴智先生曾撰文,认为辽朝初年宗室耶律氏就以漆水为郡望封爵,太祖耶律阿保机自称刘氏,就是他们视黄帝为其远祖的重要表现,并认为辽朝初年契丹就以"炎黄子孙"自居了,④ 所论甚有道理。此外,《旧五代史》还记载,辽太宗耶律德光在天显十一年(936年)册封石敬瑭为大晋皇帝文中曾说,"尔惟近戚,实系本枝,所以余视尔若子,尔待予犹父也",与石敬瑭约为"父子之邦"。石敬瑭是汉化沙陀人,沙陀人属突厥族系,与契丹人并非

---

① 欧阳修等:《新唐书》卷二一九《契丹传》,中华书局,1975年,第6168页。
② 张鷟撰,赵守俨点校:《朝野佥载》卷三,中华书局,1979年,第30页。另见韩偓:《金銮密记》,陶宗仪《说郛》卷四九;《太平广记》卷二七七《梦二·天后》,文渊阁四库全书本。
③ 朱彧:《萍洲可谈》卷二记载"汉威令行于西北,故西北呼中国为汉,唐威令行于东南,故蛮夷呼中国为唐。"又说"边俗指中国为唐"等;江少虞:《宋朝事实类苑》卷七七《南蕃呼中国为唐》,引《倦游录》称"至今广州胡人,呼中国为唐家,华言为唐言",等等,均用"唐"指称中国。
④ 都兴智:《契丹族与黄帝》,韩世明:《辽金史论集》第10辑,中国社会科学出版社,2007年。

同一族系，辽太宗将石敬瑭说成是契丹"近戚""本枝"，又约为父子，不像是与突厥人攀亲戚，而是看中了石敬瑭的汉化身份以及视后晋政权为汉人政权而与汉人攀亲戚的缘故。辽太宗在册文中还希望石敬瑭"补百王之阙礼""成千载之大义"①，就是希望石敬瑭能够继承和发展"中国"传统，成为"中国"传人，也说明辽太宗说石敬瑭是契丹"近戚""本枝"是在与汉人攀亲戚。如是，则说明辽太宗早已自视为汉人"近戚""本枝"，也就是说，辽太宗早已自视为炎黄子孙了。辽太宗自视为炎黄子孙，绝不会一朝一夕突然形成，而应该早有基础。据此，我们完全可以说，至迟在契丹建国之初，契丹人就开始以"炎黄子孙"自居了。契丹人将自己说成是"炎黄子孙"，难免有附会之嫌，但从中完全可以看出他们视自己为"中国"的思想倾向。

近年来，学者对契丹文字研究有了新的进展，即实先生认为1930年出土的《辽道宗哀册》篆盖上的契丹小字"契丹"二字于义为"大中"，"契丹国"就是"大中国"的意思②。刘凤翥亦认为契丹小字中"契丹"二字乃是"Kidai"的音译，其原意是"中央"③。学界虽对即实、刘凤翥对"契丹"二字的诠释尚存异议，但他们的观点已为大多数人所接受，并被收入到清格尔泰、刘凤翥、陈乃雄、于宝林、邢复礼等人编著的《契丹小字研究》一书之中④。刘凤翥在此基础之上，对辽朝使用"契丹"和"辽"两种国号问题进行了探讨，认为在辽统和元年（983年）至咸雍二年（1066年）汉字文献记录辽朝国号为"契丹"时，契丹文字记录的国号则是"大中央契丹辽国"，将契丹放在辽之前。在咸雍二年（1066年）至保大五年（1125年）汉字文献记录辽朝国号为"辽"时，契丹文字记录的国号则是"大中央辽契丹国"，将辽放在契丹之前，无论是将"辽"放在契丹之前，还是放在"契丹"之后，前面均冠有"大中央"一词。"大中央"为何意？刘凤翥先生认为"'中

---

① 薛居正：《旧五代史》卷七五《晋书·高祖纪》，中华书局，1976年，第986-987页。该书将此册文系于辽天显九年，陈述《全辽文》根据《辽史·太宗纪》记载，认为辽太宗册石敬瑭为大晋皇帝应在天显十一年。
② 即实：《契丹小字字源举隅》，《民族语文》1982年第3期。
③ 刘凤翥：《契丹小字道宗哀册篆盖的解读》，《民族研究》1984年第5期。
④ 参见清格尔泰、刘凤翥、陈乃雄、于宝林、邢复礼：《契丹小字研究》，中国社会科学出版社，1985年，第515页。

中国古代的"天下""中国"观

央'也可视为国号'中国'的'中'。倘如此,则是同时使用'中、契丹、辽'三个国号"①。刘凤翥先生将"中央"释为"中",没有进一步释为"中国"。其实,这些石刻契丹文字中的"大中央"以及即实、刘凤翥等人所释契丹小字"契丹"于义为"中央""大中"等就是"中国""大中国"的意思。因为历史上"中国"一词就有"中央之国""天下之中"的意思。如《盐铁论·轻重篇》就称"中国,天地之中,阴阳之际也"。宋人石介也说"居天地之中者曰中国"②。历史上多以中原地区为"天地之中",而辽人则认为他们所居住的地区"北极"是天地之中,如辽道宗曾说"吾闻北极之下为中国"③,郭璞在为此句出于《论语》的原文作注疏时称"北极,天之中"④,说明辽人是以"天下之中"的中央之国自居而自称"中国"。我们将辽代石刻契丹文字"大中央"释为"大中国",也可以从辽代石刻中汉文墓志铭的有关记叙中得到验证。如,刻于辽天祚帝天庆八年(1118年)的《鲜演大师墓碑》中就有"大辽中国"一语⑤,这里的"大辽中国"与契丹文字中的"大中央辽国"两个词组的前后顺序不同,但无疑"中国"和"中央"出现了重合,这就为我们将石刻契丹文字中的"中央""大中央"解释成"中国""大中国"提供了证据。如是,我们完全可以认为辽人无论是称自己的国号为"契丹"还是称自己的国号为"辽",都有自视为"中国"的意思。众所周知,契丹建国之初,即以"契丹"为国号,契丹小字"契丹"是"大中"或"中央"的意思,那么,说契丹建国之初就有自称"中国"的思想倾向,应该不算过分吧。

---

① 刘凤翥:《从契丹文字的解读谈辽代契丹语中的双国号——兼论"哈喇契丹"》,《东北史研究》2006年第2期;《从契丹文字的解读探讨辽代中晚期的国号》,《辽金契丹女真史研究》2006年第2期。

② 石介:《徂徕石先生文集》卷一〇《论·中国论》,中华书局1984年陈植锷点校本,第116页。

③ 洪皓:《松漠纪闻》,吉林文史出版社,1986年,第22页。

④ 孔子:《论语》卷二《为政》邢昺疏引郭璞语,中华书局《十三经注疏》本,1980年,第2461页。

⑤ 向南:《辽代石刻文编·天祚编·鲜演大师墓碑》,河北教育出版社,1995年,第668页。

试论辽人的"中国"观

我们认为,契丹人在建国之初就开始以"中国"自诩,不仅从契丹自称"炎黄子孙",以及石刻契丹文字等考古资料中看出一些蛛丝马迹,还可以从文献记载中得到验证。如,《辽史》就曾记载,辽太祖耶律阿保机曾"问侍臣曰:'受命之君,当事天敬神。有大功德者,朕欲祀之,何先?'皆以佛对。太祖曰:'佛非中国教。'(耶律)倍曰:'孔子大圣,万世所尊,宜先。'太祖大悦,即建孔子庙,诏皇太子春秋释奠"①。这则史料,固然表达了辽太祖对"中国"的无比仰慕,但也说明他开始以"中国"自诩了。因为我们既可以将这条史料理解为辽朝统治者积极主张学习"中国"文化,也可以理解为佛非中国教,中国人不能尊崇佛教,孔子是中国的大圣人,中国人应该尊崇孔子所创立的儒教。后一种解释与唐代道士赵归真"每对,排毁释氏,言非中国之教"②,韦氏子"自幼宗儒,非儒不言,故以释氏为胡法,非中国宜兴"③等站在"中国"人的立场上讲述"佛非中国教",简直如出一辙。如果按此理解,此语应该是辽人站在中国立场上以"中国"人自居的一种表现。这也说明辽太祖在建立政权之初就以"中国"自居了。

以上可以看出,无论是从辽人附会自己为"炎黄子孙"、石刻契丹文字,还是传世文献中都可以找到辽朝在建立政权之初就以"中国"自诩的蛛丝马迹,并非到了辽兴宗以后才出现"中国意识的觉醒"。

二

辽人在自称"中国"的同时,也承认宋朝是"中国",具有辽宋同为"中国"的思想倾向。主要理由如下:

第一,史料中明确记载,辽人自称"中国"的同时,也承认宋朝是"中国",即使在学界普遍认同的辽兴宗明确自称"中国"以后,仍然称宋朝为"中国"。辽圣宗以前在自诩为"中国"的同时,一直称北宋为"中国"。如,宋辽签订"澶渊之盟"以后,宋朝准备东封泰山,恐调动军队引起契丹猜

---

① 脱脱等:《辽史》卷七二《义宗倍传》,中华书局,1974年,第1209页。
② 刘昫:《旧唐书》卷一八上《武宗本纪》,中华书局,1975年,第600页。
③ 《太平广记》卷一〇一引《续玄怪录·韦氏子》,中华书局,1961年,第676页。

中国古代的"天下""中国"观

虑,遂"命都官员外郎孙奭至契丹境上,告以将有事于泰山"。辽圣宗在回宋书中称:"中国自行大礼,何烦告谕?"① 宋真宗死,辽圣宗闻讯后,"集蕃汉大臣,举哀号恸",又"谓其妻萧氏曰:'汝可致书大宋皇太后,使汝名传中国'"②。辽圣宗在这里所使用的"中国"一词皆指宋朝。据《契丹国志》记载,辽圣宗还说过:"五百年来中国之英主,远则唐太宗,次则后唐明宗,近则今宋太祖、太宗也。"③ 将宋太祖和宋太宗视为中国英主,无疑是承认宋朝是"中国"的一种表现。辽圣宗时期,不仅皇帝称宋朝为"中国",一般大臣也称宋朝为"中国",如太平七年(1027年)契丹派遣萧蕴、杜防等人使宋贺乾元节,萧蕴曾出示位图说:"中国使者至契丹,坐殿上,位高;今契丹使至中国,位下,请升之。"④ 契丹使者萧蕴所使用的"中国"一词无疑是指宋朝。可见,辽朝初年一直称北宋为"中国",就是到了学界普遍认同的辽兴宗明确自称"中国"以后,辽人也未将宋朝排除到"中国"之外,仍然承认宋朝是"中国",如,重熙十三年(1044年),辽兴宗欲伐夏,遣使告宋书称"元昊负中国当诛"⑤,宋德金先生认为,这里的"中国"应指宋朝,而非契丹自谓⑥。再如,重熙十七年(1048年),宋人韩综出使契丹,"辽主问其家世,综言父亿在先朝已尝持礼来,辽主喜曰:'与中国通好久,父子继奉使,宜酹我'"⑦。辽兴宗在这里所说的"中国"也是指宋朝。辽兴宗的

---

① 李焘:《续资治通鉴长编》卷六九,真宗大中祥符元年六月甲午条,中华书局,1980年,第1548页。

② 李焘:《续资治通鉴长编》卷九八,真宗乾兴元年六月乙巳条,中华书局,1985年,第2282页。

③ 叶隆礼:《契丹国志》卷七《圣宗天辅皇帝》,上海古籍出版社,1985年,第71页。

④ 李焘:《续资治通鉴长编》卷一〇五,天圣五年四月辛巳条,中华书局,1985年,第2439页。

⑤ 李焘:《续资治通鉴长编》卷一五一,庆历四年七月癸未条,中华书局,1985年,第3668页。

⑥ 宋德金:《辽朝正统观念的形成与发展》,《传统文化与现代化》1996年第1期。

⑦ 李焘:《续资治通鉴长编》卷一六三,仁宗庆历八年二月壬午条,中华书局,1985年,第3919页。

试论辽人的"中国"观

继任者辽道宗是一个明确称辽为"中国"的皇帝,这已得到了学界的普遍认同,但他在自称"中国"的同时,也称宋朝为"中国",如,他在即位之前,曾在开泰寺铸银佛,铭其背曰:"愿后世生中国。"① 道宗镌于佛背的"中国"一词,虽然不能明确说指宋朝,但绝非指契丹或辽朝,应该含有汉地、汉人政权或中原、中原政权之义,北宋是汉人建立的政权,也是中原政权,如是,则应包括宋朝在内。辽道宗不但在即位前称宋朝为"中国",在即位以后,仍然称宋朝为"中国",如,他曾向宋朝"求仁皇帝御容",当宋朝派人将宋仁宗画像送到辽朝,辽道宗"盛仪卫亲出迎,一见惊肃,再拜,语其下曰:'真圣主也,我若生中国,不过与之执鞭捧盖,为一都虞候耳'"②。辽道宗在这里所说的"中国"无疑是指宋朝。李焘《续资治通鉴长编》还记载,宋人起用司马光为相,"辽人敕其边吏曰:'中国相司马矣,切无生事开边隙。'"③ 辽人在这里所说的"中国",无疑也是指宋朝。辽道宗朝皇帝在自称"中国"的同时,仍然承认宋朝是"中国",一般大臣也承认宋朝是"中国",如,辽道宗大康八年(1082年)宋朝韩忠彦使辽,辽人"使参知政事王言敷燕于馆,言敷问:'夏国何大罪,而中国兵不解也'"④? 指责宋朝对夏用兵,这里所说的"中国"也是指宋朝。像这样辽人在自称"中国"以后,仍然称宋朝为"中国"的例子还有很多,不再赘述。

第二,辽人有关辽宋同为"中国"的观念还表现在双方的"南北朝"称呼上。有人以为,"自重熙年间起,辽朝开始以北朝自称"⑤,将辽人称自己为"北朝"的时间确定在辽兴宗以后,似乎与史实存在较大距离。实际上,

---

① 陈述:《全辽文》卷二《银佛背铭》,中华书局,1982年,第32页。
② 邵博:《邵氏闻见后录》卷一,中华书局,1983年,第4页。
③ 李焘:《续资治通鉴长编》卷三八七,哲宗元祐元年九月丙辰条,中华书局,1985年,第9415页。
④ 李焘:《续资治通鉴长编》卷三二九,神宗元丰五年八月辛未条,中华书局,1986年,第7923页。
⑤ 刘浦江:《德运之争与辽金王朝的正统性问题》,《中国社会科学》2004年第2期。

中国古代的"天下""中国"观

早在辽宋交往之初,就已经有了"南朝"和"北朝"的称呼①,到了辽圣宗与宋签订"澶渊之盟"时,已经正式确定下来。据李焘《续资治通鉴长编》记载,宋辽在"澶渊之盟"通和之初,"所致书,皆以南、北朝冠国号之上"②。但将作监丞王曾不同意,说"古者尊中国贱夷狄,直若首足。二汉始失,乃议和亲,然礼亦不至均。今若是,是与之亢立,首足并处,失孰甚焉,狄固不可启。臣恐久之,非但并处,又病倒植,愿如其国号契丹足矣"。宋真宗虽然认为王曾所说有理,但仍以"使者业已往,又重变,遂已"③。其后,辽朝遣使贺宋乾元节,其国书"去其国号,止称'南朝''北朝'",宋人大为不满,经过中书省和枢密院"二府"讨论之后,于皇祐四年(1052年)五月下"诏学士院,自今答契丹书,仍旧称'大宋''大契丹'"④。关于"澶渊之盟"通和之初双方"皆以南、北朝冠国号之上"的国书,我们现在见不到了,但我们从《澶渊誓书》中完全可以看出,宋辽签订"澶渊之盟"时,已经有"南朝、北朝"的用语了,如宋辽在《澶渊誓书》中称:

---

① 契丹在五代时就称晋、汉、周等政权为南朝,自称北朝,如大同元年(947年),辽太宗"使谓(刘)知远曰:'汝不事南朝,又不事北朝,意欲何所俟邪'"?(《资治通鉴》卷二八六,后汉高祖天福十二年正月癸丑条);北宋建立以后,辽也称北宋为南朝,自称北朝,如辽景宗乾亨三年(981年)赵衡所撰《张正嵩墓志》称"我北朝大圣皇帝,初创乾坤"。(向南:《辽代石刻文编·太宗、世宗、穆宗、景宗编》);辽圣宗统和二十二年(1004年)闰九月,澶渊之盟签订前夕,为辽所用的王继忠在上北宋书中说"北朝以臣早事宫庭,尝荷边寄,被以殊宠,列于诸臣。……况北朝钦闻圣德,愿修旧好"(《续资治通鉴长编》卷五七,景德元年闰九月癸酉条);十一月契丹"复令王继忠具奏求和好,且言北朝顿兵,不敢劫掠,以待王人。……(继忠)复具奏,乞自澶州别遣使者至北朝,免致缓误"(《续资治通鉴长编》卷五八,景德元年十一月庚午条)等等。这方面的史料很多,不再赘述。说明,辽人并非在重熙年间以后才称北朝,而是早在"澶渊之盟"以前就已经自称北朝了。

② 李焘:《续资治通鉴长编》卷五八,宋真宗景德元年十二月辛丑条,中华书局,1980年,第1299页。

③ 富弼:《王文正公曾行状》,见杜大珪编《名臣碑传琬琰集》中卷四四,文渊阁四库全书本;李焘:《续资治通鉴长编》卷五八有节文,可参阅。

④ 徐松辑:《宋会要辑稿》蕃夷二之一七,中华书局,1957年,第7700页。此事还见李焘《续资治通鉴长编》卷一七二、王晔《道山清话》、王珪《华阳集·梁庄肃公适墓志铭》等。

试论辽人的"中国"观

"以风土之宜,助军旅之费,每岁以绢二十万匹、银一十万两,更不差使臣专往北朝,……至于陇亩稼穑,南北勿纵惊骚。所有两朝城池,并可依旧存守。"①誓书中已经明确地使用了"北朝"一语,"南北""两朝"也是指"南朝"和"北朝"。应该说,宋辽签订"澶渊之盟"时,确有双方以"南朝""北朝"相称的约定。我们现在见不到"澶渊之盟"通和之初以南朝、北朝冠双方国号之上的国书,大约是宋朝经王曾建议之后,即不在国书中"以南、北朝冠国号之上",后来也不同意辽人在国书中仅仅使用"南朝、北朝"的称呼,而在此之前"以南、北朝冠国号之上"的国书也因为史家笔削而不复存在了。我们从宋人不同意使用"南朝"和"北朝"称呼的记叙中,可以看出,双方签订"澶渊之盟"时,有关"南朝"和"北朝"的称呼,一定是辽人提出来的,说明在宋辽"澶渊之盟"签订之前,辽人就已经自称"北朝"了,并非到了辽兴宗重熙年间以后才自称"北朝"。辽人为何积极主张使用"南朝"和"北朝"的称呼,其原因何在?笔者以为,辽人积极主张与宋互称"南朝"和"北朝",除了学者们强调的辽人意欲提高自己以取得和北宋平等地位以外,还应该寓有更深层次的含义。我们知道,"澶渊之盟"签订之时,双方强调宋辽为兄弟之国,辽圣宗称宋真宗为兄,宋真宗称辽圣宗为弟,辽人曾声称"书称大宋、大契丹"不以"南朝""北朝"相称,"非兄弟之义"②,辽圣宗之弟耶律隆庆也曾强调"今与中朝结好,事同一家"③。后来,辽兴宗在致宋仁宗的信中也说,辽宋"两朝事同一家"④,辽道宗也在致宋书中指出,辽宋"虽境分二国""而义若一家"⑤,所强调的无疑具有

---

① 李焘:《续资治通鉴长编》卷五八,宋景德元年十二月辛丑条注引宋辽誓书,中华书局,1980年,第1299页;另见叶隆礼:《契丹国志》卷二〇《澶渊誓书》,上海古籍出版社,1985年,第189-190页,个别文字略有出入。

② 李焘:《续资治通鉴长编》卷一七二,仁宗皇祐四年四月丙戌条,中华书局,1985年,第4141页。

③ 李焘:《续资治通鉴长编》卷六一,景德二年十月甲午条,中华书局,1980年,第1371页。

④ 李焘:《续资治通鉴长编》卷一四二,庆历三年七月癸巳条,中华书局,1985年,第3408页。

⑤ 李焘:《续资治通鉴长编》卷二五一,熙宁七年三月丙辰条,中华书局,1986年,第6122页。

中国古代的"天下""中国"观

"一家二国"或"一家二朝"之意。也就是说，南朝和北朝是兄弟，都是一家人，他们所说的"一家"应该指"中国"，南朝和北朝都是"中国"，南朝是"中国"的南朝，北朝是"中国"的北朝。如果按此理解，我们完全可以说，辽圣宗在与宋朝签订"澶渊之盟"时，不仅主张以"中国"自居，自称"北朝"，而且承认宋朝也是"中国"，认为辽朝与宋朝是一家人，同为"中国"。

宋辽签订"澶渊之盟"以后，北宋官方虽然不愿意在国书中使用"南朝"和"北朝"的称呼，但"南朝"和"北朝"的称呼已经深入人心，逐渐成为宋辽人民的通用之语，并出现"南朝"和"中国"互称的现象，如前引《续资治通鉴长编》所载"契丹主闻真宗崩"，"谓其妻萧氏曰：'汝可致书大宋皇太后，使汝名传中国'"[①]。而《契丹国志》在记载此事时则说，契丹主谓后曰："汝可先贻书与南朝太后，备述娣姒之媛，人使往来，名传南朝。"[②]《续资治通鉴长编》所使用的"中国"一词在《契丹国志》中变成了"南朝"一词，说明，当时"中国"和"南朝"二词常常混用。"南朝"即是中国，那么，辽人所强调的"北朝"自然也含有用来指称"中国"的意思了。

第三，辽人为了制造自称"中国"的理论根据，曾袭用"中原"即"中国"、"九州"即"中国"的理念，以为自己部分进入中原地区且在"九州"中国之内，应该属于中国，同时，也承认宋朝在"九州"之内，也是"中国"。历史上"中国"的含义很多，其中之一是用来指称中原地区，主要是一个地理概念。至于中原所包括的范围，并没有人认真界定，但一般认为，幽云地区多在中原政权管辖范围之内，属于中原，属于中国。如《辽史》记载，"吴主李昪献猛火油，以水沃之愈炽。太祖选三万骑以攻幽州。后曰：'岂有试油而攻人国者？'指帐前树曰：'无皮可以生乎？'太祖曰：'不可。'后曰：'幽州之有土有民，亦犹是耳。吾以三千骑掠其四野，不过数年，困而归我矣，何必为此？万一不胜，为中国笑，吾部落不亦解体乎'"[③]！述律

---

① 李焘：《续资治通鉴长编》卷九八，乾兴元年六月乙巳条，中华书局，1985年，第2282页。

② 叶隆礼：《契丹国志》卷七《圣宗天辅皇帝》，上海古籍出版社，1985年，第73页。

③ 脱脱等：《辽史》卷七一《后妃传·太祖淳钦皇后述律氏传》，中华书局，1974年，第1200页。

皇后在这里所使用的"中国"一词，无疑是指包括幽州一带在内的地区。史书记载，契丹"陷中国平、营二州。石晋有国，割幽、蓟、瀛、莫、涿、檀、顺、新、妫、儒、武、云、应、寰、朔、蔚十六州赂之。周世宗复收瀛、莫，宋陷易州，后契丹尽有奚、达靼、室韦、渤海、扶余及中国十八州之地。其振武丰州，旧在胡中，而中国置吏领之，寻亦陷"①。"契丹遂入中国"②。辽人虽然没有全部占有"中国"（中原）地区，只是部分占有"中国"（中原）地区，但也算进入"中国"地区。元人所撰《辽史》说，辽"太祖帝北方，太宗制中国"③，辽"太宗兼制中国"④ 等，就是这个意思。宋人富弼曾说，辽人"得中国土地，役中国人力，称中国位号，仿中国官属，任中国贤才，读中国书籍，用中国车服，行中国法令"，"皆与中国等"⑤，如此，辽人自称"中国"也就是很自然的事了。

此外，中国古代对"中国"和世界的认识，还有"九州"和"大九州"之说。《尚书·禹贡》较早构建了"九州"天下体系，谓"禹别九州"，"冀州既载""济河惟兖州""海岱惟青州""海岱及淮惟徐州""淮海惟扬州""荆及衡阳惟荆州""荆河惟豫州""华阳黑水惟梁州""黑水西河惟雍州"⑥。在《禹贡》所构建的天下"九州"体系中，冀州是中心，为"帝都"⑦ 之所在。有关冀州的地域范围，《禹贡》并没有明确论述，但冀州条下有"岛夷皮服，夹右碣石，入于河"等记载，孔安国传引"马云'岛夷，北夷国'"。孔颖达疏又引"王肃云：'鸟夷（即"岛夷"），东北夷国名也'"。孔颖达

---

① 曾公亮等：《武经总要·前集》卷二二，文渊阁四库全书本。
② 曾巩：《元丰类稿》卷一〇《太祖皇帝总叙》，四部丛刊初编本。
③ 脱脱等：《辽史》卷五六《仪卫志二》，中华书局，1974年，第905页。
④ 脱脱等：《辽史》卷五八《仪卫志四》，中华书局，1974年，第918页。
⑤ 富弼：《条上河北守御十二策》，见《续资治通鉴长编》卷一五〇，仁宗庆历四年六月戊午条，中华书局，1985年，第3641页。
⑥ 《尚书》卷六《夏书·禹贡》，中华书局《十三经注疏》本，1980年，第146–150页。关于"九州"州名，史书记载不一，《尔雅·释地》有幽州、营州，无青州、梁州；《周礼·夏官·职方氏》有幽州、并州，无徐州、梁州；《吕氏春秋·有始览·有始》有幽州，无梁州。
⑦ 孔颖达为《禹贡》作疏称"冀州，帝都，于九州近北，故首从冀起"，中华书局《十三经注疏》本，1980年，第146页。

177

中国古代的"天下""中国"观

疏又称"渤海北距碣石五百余里"①，按此构想，则知冀州地域范围十分广远，已达东北之地②。由于冀州地域广远，"禹治水之后，舜分冀州为幽州、并州，分青州为营州，始置十二州"③。马融亦谓"禹平水土，置九州。舜以冀州之北广大，分置并州，燕、齐辽远，分燕置幽州，分齐为营州，于是为十二州也"④。按照此种说法，幽州及并州皆是从冀州中分割出来，营州则是从青州或齐州中分割出来。《大明一统志》在记述此事时说"舜分冀东北为幽州，即今广宁（今辽宁北镇）以西之地；青东北为营州，即今广宁以东之地"。清人顾炎武在论述此问题时，称"禹别九州，而舜又肇十二州，其分为幽并营者，皆在冀之东北"，认为"幽则今涿易以北，至塞外之地，并则今忻代以北，至塞外之地，营则今辽东大宁之地"⑤。按此推论，则幽、并、营三州已达北方塞外及东北远夷之地。《周礼·职方》称"东北曰幽州，其山镇曰医无闾"，虽然没有说幽州是从冀州中分离出来，但将幽州直接列在"九州"之内，郑玄为其作注称"医无闾在辽东"⑥，说明《周礼》九州也包括辽东之地。孔颖达在为《尚书·舜典》作疏时则称"《职方》幽、并山川于《禹贡》皆冀州之域，知分冀州之域为之也"，朱熹也说，"及舜即位，以冀青地广，始分冀东恒山之地为并州，其东北医无闾之地为幽州，又分青之

---

① 孔子编，孔安国传，孔颖达疏：《尚书注疏》卷六《夏书·禹贡》，中华书局《十三经注疏》本，1980年，第146页。

② 关于冀州分布范围，古代学者就有不同意见，众说纷纭。其实，"九州"之说本身就是一种构想，各州地域范围也就成了一种假说，很难说清楚各州实指的范围。

③ 孔子编，孔安国传，孔颖达疏：《尚书注疏》卷三《虞书·舜典》，中华书局《十三经注疏》本，1980年，第128页。

④ 司马迁：《史记》卷一《五帝本纪》，中华书局，1982年，第27页。关于十二州之说，史书亦记载不一，《汉书·地理志》等书谓禹平水土之前已有十二州。

⑤ 顾炎武著、黄汝成集释：《日知录集释》卷二二《九州》，上海古籍出版社，1985年，第1637-1638页。顾炎武虽有此论述，但同文又称"幽、并、营三州在《禹贡》九州之外"，认为"先儒以冀青二州地广而分之殆非也"。

⑥ 郑玄注，贾公彦疏：《周礼注疏》卷三三《夏官·职方氏》，中华书局《十三经注疏》本，1980年，第863页。

东北辽东等处为营州"①,也赞成幽、并从冀州分离出来的说法。按照此种说法,远达塞外之地的幽并等州原来都属于冀州,冀州为"九州"之中心,为"中国",无怪乎在南宋皇帝降元之后,陆威中等人为了讨好元人,称"禹贡之别九州,冀为中国"②。元人撰写《辽史》时也持此说,谓"帝尧画天下为九州。舜以冀、青地大,分幽、并、营,为州十有二。幽州在渤、碣之间,并州北有代、朔,营州东暨辽海。其地负山带海,其民执干戈,奋武卫,风气刚劲,自古为用武之地"③。将辽人活动地域说成是《禹贡》"九州"之冀、青分出来的幽、并、营州地域,幽、并、营州地域原在"九州"之内,后在"十二州"之内,"九州""十二州"是"中国",辽人活动的地域自然就成了中国之地域。《礼记·王制篇》亦称"四海之内九州",认为九州在四海之内,四海之内应该包括辽人活动地域,如果按此理解,辽人活动地域亦应包括在《禹贡》《职方》"九州"以及后来"十二州"范围之内,辽天祚帝即持此说,他曾在册封完颜阿骨打的册文中称"荷祖宗之丕业,九州四海属在统临"④,不仅将辽人活动地域说成在"九州四海"之内,而且将"九州四海"说成都在他的统治之下。春秋战国时期,邹衍进一步发挥了《禹贡》"九州"学说,又构建了"大九州"学说,"以为儒者所谓中国者,于天下乃八十一分居其一耳。中国名曰赤县神州。赤县神州内自有九州,禹之序九州是也,不得为州数。中国外如赤县神州者九,乃所谓九州也"⑤,认为禹贡所说的"九州"合起来只能算一个州,即"赤县神州",就是汉儒所说的"中国",赤县神州之外像赤县神州大小的州尚有八个,赤县神州不过是他所构想的天下体系的八十一分之一而已。按照邹衍"大九州"的假想学说,原来《禹贡》所说的"九州"为"赤县神州",都应该称"中国",而辽人所居之

---

① 丘浚:《大学衍义补》卷一九引,文渊阁四库全书本。

② 周密:《癸辛杂识》别集下《德祐表诏》,中华书局1988年吴企明点校本,第286页。

③ 脱脱等:《辽史》卷三七《地理志一》,中华书局,1974年,第437页。

④ 徐梦莘:《三朝北盟会编》卷三,重和二年正月十日条,上海古籍出版社,1987年,第22页。

⑤ 司马迁:《史记》卷七四《孟子荀卿列传》,中华书局,1982年,第2344页。

中国古代的"天下""中国"观

地则在《禹贡》所构想的天下体系"九州"之中[1]，《禹贡》"九州"是"赤县神州"，是"中国"，辽人也就理所当然地应该称"中国"了。辽人认为他们在"九州"之内，并没有将宋人排除到"九州"之外，无疑也是承认宋朝是"中国"的意思。

古人还把神秘的天空看作神界，将二十八宿等众星拱卫的北极看作是"天中"。如《宋史·天文志》就明确指出，"极星之在紫垣，为七曜、三垣、二十八宿众星所拱，是谓北极，为天之正中。而自唐以来，历家以仪象考测，则中国南北极之正，实去极星之北一度有半，此盖中原地势之度数也"[2]。认为，"二十八舍（宿）主十二州"[3]，二十八宿拱卫的北极所笼罩之地就是"中国"。辽人何时开始依据"九州"和"十二州"学说自称中国，我们已经不得而知。但《松漠纪闻》记载了一条为大家所熟知的史料，"大辽道宗朝，有汉人讲《论语》，至'北辰居其所而众星拱之'，道宗曰：'吾闻北极之下为中国，此岂其地邪'"[4]？从这则史料中可以看出，在辽道宗朝，"九州"和"十二州"学说已经广为流传了。这条史料中所称《论语》的原文是："为政以德，譬如北辰，居其所而众星共之。"各家注释多强调"北极，天之中，以正四时"[5]，少有直称"中国"者。辽道宗特别强调众星拱卫的北极之下为"中国"，无疑是在强调二十八宿拱卫的北极主十二州，应该包括《禹贡》"九州"及舜时的"十二州"，也就是说应该包括辽朝在内，辽朝也是中国的一部分。当然，也有人认为"以二十八宿配十二州分野，最为疏诞"，认为"五星二十八宿，在中国而不在四夷"[6]，反对五星二十八宿所主之地包括四夷，但他们反驳此说，正可以从反面说明有人曾认为

---

[1] 关于禹贡"九州"所指范围，学界有不同认识，有人认为禹贡"九州"仅指中原地区，不包括少数民族地区；也有人认为禹贡"九州"包括少数民族地区，而邹衍"大九州"学说中的"小九州"则仅指中原地区，不包括少数民族地区，等等。

[2] 脱脱等：《宋史》卷四八《天文志一》，中华书局，1975年，第967页。

[3] 司马迁：《史记》卷二七《天官书》，中华书局，1982年，第1346页。

[4] 洪皓：《松漠纪闻》，吉林文史出版社，1986年，第22页。

[5] 孔子：《论语》卷二《为政》，中华书局《十三经注疏》本，1980年，第2461页。

[6] 周密：《癸辛杂识》后集《十二分野》，中华书局1988年吴企明点校本，第81-82页。

五星二十八宿所主"九州""十二州"应该包括四夷。如果这一推论能够成立的话，那么坚持五星二十八宿拱卫的北极所主"九州""十二州"应该包括四夷者一定是"四夷"之人，或是在"四夷"所建政权之内生活的各族人，在宋辽时期就应该是辽人，也就是说，在宋辽时期，有可能是辽人附会此说，这与辽道宗强调"北极之下为中国"，辽人也是"中国"是一脉相承的。

辽人认为自己部分进入中原地区且在"九州"和"十二州"之内，应该属于"中国"，同时也承认北宋在"中原"，也在"九州"和"十二州"之内，也是"中国"，毫无疑义，这也是辽宋同为"中国"的思想观念。

第四，辽人袭用佛经"南赡部洲"之说，自称"中国"，但并不否认宋朝也在佛经所说的"南赡部洲"之内，也是"中国"。关于辽人自称"南赡部洲"问题，刘浦江曾经有所注意，他依据向南先生《辽代石刻文编》所著录的石刻，称重熙四年《张哥墓志》、重熙十三年《沈州无垢净光舍利塔石函记》、重熙十四年《沈州卓望山无垢净光塔石棺记》的石刻文都称辽为"南赡部洲大契丹国"；大安五年《萧孝忠墓志》、乾统七年《释迦佛舍利生天塔石匣记》的石刻文都称辽为"南赡部洲大辽国"[①]。其实，有关辽人石刻，不仅此五篇汉文石刻称辽为"南赡部洲大契丹国"或"南赡部洲大辽国"，有关契丹文石刻中也有类似记录，如契丹小字《耶律迪烈墓志铭》志盖上就有篆书阴刻汉字"南赡部洲大辽国故迪烈王墓志文"的字样[②]，说明辽人在其国号前加称"南赡部洲"之说非常普遍。辽人缘何在其国号前加称"南赡部洲"，其含义如何？这是一个值得深思的问题。有人认为"南赡部洲"指华夏之邦，且引用郑樵"释氏谓华夏为南赡部洲"之说，谓"辽人既自称为南赡部洲，则是自比于华夏之邦"[③]，似乎有些不妥。实际上，郑樵的观点并不正确，早已为马端临所纠正。郑樵此论原文为："天之所覆者广，

[①] 刘浦江：《德运之争与辽金王朝的正统性问题》，《中国社会科学》2004年第2期。

[②] 卢迎红、周峰：《契丹小字〈耶律迪烈墓志铭〉考释》，《民族语文》2000年第1期；包联群：《〈南赡部洲大辽国故迪烈王墓志文〉的补充考释》，《内蒙古大学学报》2002年第3期。

[③] 刘浦江：《德运之争与辽金王朝的正统性问题》，《中国社会科学》2004年第2期。

中国古代的"天下""中国"观

而华夏所占者牛、女下十二国耳,牛、女在东南,故释氏谓华夏为南赡部洲。"① 按郑樵的理解,释氏所谓的"南赡部洲"不过指牛、女二星所主之华夏而已。其实,这是一种误解。马端临在其《文献通考》一书中对郑樵的观点提出了疑义,他说"郑氏因牛、女间有十二国星,而以为华夏所占者牛、女二宿,且引释氏南赡部洲说以为证,然以十二次言之,牛、女虽属扬州,而华夏之地所谓十二国者,则不特扬州而已,又扬州虽可言东南,而牛、女在天则北方宿也,与南赡部洲之说异矣"②,认为牛、女二星所主之地仅为"九州"之中的扬州之地,并非全部华夏之地,与佛教所说的"南赡部洲"并非一回事。确实,佛教所构想的"南赡部洲"不仅比牛、女二星所主扬州之地大得多,就是与古人所说的"中原""华夏"以及"九州"之"中国"相比,还要大许多。

查佛教经典,"南赡部洲"(也作"南赡部州""南瞻部洲""南瞻部州""南澹部州""南澶部洲""赡部洲""瞻部洲"等)是佛教有关大千世界地理体系构想的"四大部洲"之一,按照佛教典籍《俱舍论》的说法,在无边无际的宇宙之中,人类居住的世界分为"四大洲","一南赡部洲,二东胜身洲,三西牛货洲,四北俱卢洲"③。《大唐西域记》也称"七山七海,环峙环列;山间海水,具八功德。七金山外,乃咸海也。海中可居者,大略有四洲焉。东毗提诃洲(旧曰弗婆提,又曰弗于逮,讹也)、南赡部洲(旧曰阎浮提洲,又曰剡浮洲,讹也)、西瞿陀尼洲(旧曰瞿耶尼,又曰劬伽尼,讹也)、北拘卢洲(旧曰郁单越,又曰鸠楼,讹也)"④。按照佛教"四大部洲"的假说,不仅中国应当属于"四大部洲"中的"南赡部洲",印度、日本也属于"四大部洲"中的"南赡部洲"。只要我们翻开日本所修《大正新修大

---

① 郑樵:《通志》卷三八《天文略一·天文序·北方》,周密赞成郑樵的观点,见《癸辛杂识》后集《十二分野》,中华书局1988年吴企明点校本,第82页。

② 马端临:《文献通考》卷二七九《象纬考二·二十八宿》,中华书局,1986年,第2215页。

③ 玄奘译:《阿毗达摩俱舍论》卷八《分别世品第三之一》,《大正新修大藏经》29册《毗昙部四》,新文丰出版有限公司,1983年,第41页。

④ 玄奘:《大唐西域记》卷一《三十四国》,上海商务印书馆,1937年,第4页。

藏经》,就会看到有关"赡部洲有佛出世"①"南赡部州中天笁(竺)国"②等语,说明佛教的"南赡部洲"不仅包括中国,还包括天竺在内。此外,日本僧人也常常称自己的国家为"南赡部洲",在《大正新修大藏经》中,有关"娑婆世界南瞻部洲大日本国""南赡部洲大日本国"等记载比比皆是③,说明佛教的"南赡部洲"不仅包括中国、天竺,也包括日本国在内。佛教所赋予"南赡部洲"这一含义,在中国学者的有关论述中也有所反映。比如,朱熹就曾在回答"佛家'天地四洲'之说果有之否"的问题时指出,"佛经有之。中国为南澶部洲,天竺诸国皆在南澶部内;东弗于逮,西瞿耶尼,北郁单越。亦如邹衍所说'赤县'之类。四洲统名'娑婆世界'"④。毫无疑义,朱熹认为佛教所说的"南赡部洲"不仅包括"中国",也包括天竺等国,他所说的"中国为南澶部洲",应是中国属于南赡部洲之意,并无将中国与南赡部洲完全等同的意思。当然,历史上也有人称"南赡部洲"为"中国"⑤,如果按上述所论理解,"南赡部洲"这个"中国"就不是历史上仅指"中原"以及"中原政权"的中国,也不是仅指"华夏"及"华夏汉人政权"的中国,而是指包括天竺等国在内的"中国"。按照佛教"四大部洲"的说法,辽朝亦在"南赡部洲"之内,也就是说辽朝也在包括天竺等国的"中国"之内,辽人在其国号前加称"南赡部洲",既有辽朝属于南赡部洲之意,也有辽朝属于"中国"之意,如果说辽人自称"南赡部洲"就是自称"中国",也是认为"南赡部洲"这一"中国"也应该包括辽朝之意,并非自比

---

① 玄奘等译:《大宝积经》卷四七《菩萨藏会·毗梨耶波罗蜜多品第九之三》,《大正新修大藏经》第11册《宝积部上》,新文丰出版有限公司,1983年,第278页。

② 位光定撰:《传述一心戒文》卷上《荷表与之四条式达殿上文》,《大正新修大藏经》第74册《续诸宗部五》,新文丰出版有限公司,1983年,第637页。

③ 参见《大正新修大藏经》76册《行林》、78册《秘藏金宝钞》、79册《秘钞问答》、80册《圆通大应国师语录》、80册《义堂和尚语录》、81册《佛日真照禅师雪江和尚语录》、81册《大兴心宗佛德广通国师虎穴录》、81册《东阳和尚少林无孔笛》、81册《西源特芳和尚语录》、81册《诸回向清规式》、81册《圆满本地光国师见桃录》、82册《禅林普济禅师语录》等。

④ 黎靖德编:《朱子语类》卷八六《礼·周礼·地官》,中华书局,1994年,第2212页。

⑤ 佛教中也有人认为,南赡部洲为天下之中,可以称"中国"。

中国古代的"天下""中国"观

于郑樵所说的仅为牛女二星所主的"华夏之邦"。

佛教的"南赡部洲"虽非仅指中原地区的"中国",但在佛教"四大部洲"之说传入中国以后,确有人依据"中国"属于"四大部洲"之义,以"南赡部洲"指称中原政权或汉族政权的"中国"。如,唐朝鉴虚曾对唐德宗说:"玄元皇帝(老子),天下之圣人;文宣王(孔子),古今之圣人;释迦如来,西方之圣人;今皇帝陛下,是南赡部洲之圣人。"[①] 即以"南赡部洲"指称唐朝。白居易在其所撰《画弥勒上生帧记》《画弥勒上生帧赞并序》等文中称"南赡部洲大唐国"[②],虽有大唐属于"南赡部洲"之意,也有用"南赡部洲"指称唐朝的意思。辽人在其国号前加称"南赡部洲",与其在国号前加称"大中央"一样,除了具有辽朝属于"南赡部洲"之意以外,也有用"南赡部洲"指称辽朝的意思。如果按此理解,辽人自称"南赡部洲"确有自诩属于"中国"的意思,但辽人在自称"南赡部洲",自诩属于"中国"的同时,并没有否认宋朝也属于"南赡部洲",也就是没有否认宋朝也属于"中国",这种思想无疑是辽人和宋人都属于"南赡部洲",都是"中国"的意思。即使我们退一步讲,仍然按有些人的理解,将"南赡部洲"释为"华夏之邦"的话,也是辽人在自比"华夏之邦"的同时,仍然承认宋朝是"华夏之邦",同样是辽人和宋人都是"华夏之邦"的意思,仍然是辽宋同为"中国"的思想观念。

三

辽人认为,夷人懂礼即为"中国",汉人懂礼亦为"中国",具有华夷懂礼即同为"中国"的思想认识。

历史上的"中国"除了具有"华夏""汉人""中原政权""汉族政权"等含义以外,还是一个文化概念。《礼记·王制篇》说,"中国戎夷,五方之民,皆有其性也,不可推移。东方曰夷,被发文身,有不火食者矣;南方曰

[①] 王谠:《唐语林》卷六《补遗》,上海古籍出版社,1978年,第193页。

[②] 董浩等编:《全唐文》卷六百七十六、卷六百七十七,上海古籍出版社,1990年,第3059、3064页。

蛮，雕题交趾，有不火食者矣；西方曰戎，被发衣皮，有不粒食者矣；北方曰狄，衣羽毛穴居，有不粒食者矣。中国、夷、蛮、戎、狄，皆有安居，和味，宜服，利用，备器。五方之民，言语不通，嗜欲不同"①。将生产和生活方式亦即文化的不同，作为区别"中国"和"四夷"的主要内容。战国时赵公子成说："臣闻之，中国者，聪明睿知之所居也，万物财用之所聚也，贤圣之所教也，仁义之所施也，诗书礼乐之所用也，异敏技艺之所试也，远方之所观赴也，蛮夷之所义行也。"②认为"中国"是文明、进步的象征。孔子十分注意以"礼"区分中国和四夷，并认为中国和四夷可以互相转变。韩愈在概括孔子这一思想时说："孔子之作《春秋》也，诸侯用夷礼则夷之，进于中国则中国之。"③这种用"礼"来区分中国和夷狄以及中国和夷狄可以互相变化的思想，为后来许多思想家所接受，唐朝的皇甫湜曾说，"所以为中国者，以礼义也，所谓夷狄者，无礼义也，岂系于地哉。杞用夷礼，杞即夷矣"④。北宋程颢和程颐也说过，中国"礼一失则为夷狄，再失则为禽兽"⑤，赋予中国和夷狄以文明与野蛮、尊贵与卑贱之意，文化的意义大于种族和地域意义。这种思想对辽人产生了极其重要的影响。

有人认为"契丹人以'蕃'自居，自外于'中国'"⑥。其实并不尽然。辽朝初期，辽人由于对汉儒所说"中国""四夷"的文化意义认识不足，并没有意识到称自己为"蕃"或称自己为"夷"有什么不好，因此，心甘情愿地称自己为"蕃"，为"夷"。那时，辽人在称自己为"蕃"时，也常常称中原政权为"中国"，不过，那时辽人所使用的"中国"概念，多为"中原"

---

① 《礼记》卷一二《王制》，中华书局《十三经注疏》本，1980年，第1338页。
② 刘向著，何建章注释：《战国策》卷一九《赵策二》，中华书局，1990年，第678页。
③ 韩愈撰，朱熹考异：《朱文公校昌黎先生文集》卷一一《原道》，四部丛刊初编本。
④ 皇甫湜：《皇甫持正集》卷二《论序·东晋元魏正闰论》，文渊阁四库全书本，第1078册，第73页。
⑤ 程颢、程颐：《二程遗书》卷二上，文渊阁四库全书本。
⑥ 刘浦江：《德运之争与辽金王朝的正统性问题》，《中国社会科学》2004年第2期。

中国古代的"天下""中国"观

的地理概念，如同三国时期蜀、吴以及五代十国时期的吴越、南唐不称自己为"中国"一样，并非完全自外于"中国"的表现，刘浦江曾指出，在北京房山县北郑村辽塔塔基中发现的"大蕃天显岁次戊戌五月拾三日己未"文字砖中的"大蕃"，"应该是当地汉人对辽朝的尊称，意若'大朝'，而非正式的国号"①。如果按此推论，辽人自称为"蕃"似无贬义，也很难说"契丹人以'蕃'自居"，就是"自外于'中国'"。后来，契丹"颇取中国典章礼义"②"治国建官，一同中夏"③"改服中国衣冠"④"饮食服玩之盛，尽习汉风"⑤，使自己的文化迅速跻身于中国文化之行列。契丹人开始意识到汉儒所说的"蕃""夷"等带有低于汉人甚至被视为禽兽等贬义，开始产生视自己为"蕃""夷"的厌恶心理。如辽圣宗泰和初年，萧和尚"使宋贺正，将宴，典仪者告，班节度使下。和尚曰：'班次如此，是不以大国之使相礼。且以锦服为贶，如待蕃部。若果如是，吾不预宴'"⑥。萧和尚极力反对宋朝像对待"蕃部"一样以低于宋朝之礼对待辽朝使者，说明那时的辽人已经意识到汉儒所说的"蕃"是低于汉人一等甚至几等之人，因此，极力反对宋朝视辽为"蕃部"，以求得与宋朝同等地位。至于辽朝境内深知汉文化"蕃""夷"含义的汉人，在与宋朝交往过程中，更是极力反对称辽人为"蕃"、为"夷"。如刘辉得知宋人欧阳修遵循汉人的夷夏观念修撰《新五代史》，将契丹列入《四夷附录》，十分不满，特上书说："宋欧阳修编五代史，附我朝于四夷，妄加贬訾。且宋人赖我朝宽大，许通和好，得尽兄弟之礼。今反令臣下妄意作史，恬不经意。臣请以赵氏初起事迹，详附国史。"⑦刘辉反对欧阳

---

① 刘浦江：《辽朝国号考释》，《历史研究》2001年第6期。
② 李焘：《续资治通鉴长编》卷二八四，神宗熙宁十年八月己丑条，中华书局，1985年，第6952页。
③ 李焘：《续资治通鉴长编》卷一三八，仁宗庆历二年十月戊辰条，中华书局，1985年，第3319页。
④ 司马光：《资治通鉴》卷二八六，后汉高祖天福十二年正月癸巳条，中华书局，1956年，第9337页。
⑤ 李焘：《续资治通鉴长编》卷一四二，仁宗庆历三年七月甲午条，中华书局，1985年，第3412页。
⑥ 脱脱等：《辽史》卷八六《萧和尚传》，中华书局，1974年，第1326页。
⑦ 脱脱等：《辽史》卷一〇四《刘辉传》，中华书局，1974年，第1455页。

修将契丹列入《四夷附录》，主要是反对欧阳修视契丹为夷狄而卑视契丹的做法，力求取得与宋朝平等甚至高于宋朝的地位。这说明，契丹人反对称自己为"蕃""夷"，主要是反对汉人卑视蕃夷的思想观念，如果认为蕃夷具有与汉人同等地位，并不低下的话，辽人并不反对称自己为"蕃""夷"。如，辽道宗清宁三年（公元1057年），"帝以《君臣同志华夷同风诗》进皇太后"①，同时，懿德皇后又作《君臣同志华夷同风应制诗》②等，大力宣扬"华夷同风"。辽道宗和懿德皇后在这里所说的"夷"，我们可以理解为辽朝境内的少数民族以及辽朝四周的少数民族，也可以理解为主要指契丹人，孟古托力和宋德金先生就认为指契丹人③，如是，则可以看出，早已明确称辽为"中国"的辽道宗并未避讳称自己为"夷"，他认为契丹人与汉人已经"同风"，契丹文化与汉文化已经渐趋一致，基本上没有什么差别，认为具有与"华"文化相等的"夷"并不比"华"低下，应该同等看待，同为"中国"。可见，辽道宗以夷自居并非自外于"中国"的表现。再如，《松漠纪闻》卷上记载："大辽道宗朝，有汉人讲《论语》，……至'夷狄之有君'，疾读不敢讲。（道宗）则又曰：'上世獯鬻、猃狁，荡无礼法，故谓之夷。吾修文物彬彬，不异中华（中国），何嫌之有！'卒令讲之。"④说的也是这个意思，说明辽道宗认为契丹（夷）文明不异于中华，就是"中华"（中国），不必避讳称自己为"夷"，也是没有自外于"中国"的意思。唐朝陈黯曾作《华心》说，"苟以地言之，则有华夷也；以教言之，有华夷乎？夫华夷者辩在乎心，辩心在察其趣向。有生于中州而行戾乎礼义，是形华而心夷也；生

---

① 脱脱等：《辽史》卷二一《道宗纪一》，中华书局，1974年，第255页。

② 道宗所作《君臣同志华夷同风诗》没有保存下来，懿德皇后所作应制诗则保存下来了，其诗为"虞廷开盛轨，王会合奇琛。到处承天意，皆同捧日心。文章通鹿蠡（一作谷蠡或蠡谷），声教薄鸡林。大寓看交泰，应知无古今"。〔见王鼎：《焚椒录》，陶宗仪《说郛》卷一一○，民国十六年（1927年）上海商务印书馆排印本〕。

③ 孟古托力：《辽人"汉契一体"的中华观念述论》，《辽金史论集》第五辑；宋德金：《辽朝正统观念的形成与发展》，《传统文化与现代化》1996年第1期。

④ 洪皓：《松漠纪闻》，赵永春辑注《奉使辽金行程录》（增订本），商务印书馆，2017年，第318页。

中国古代的"天下""中国"观

于夷域而行合乎礼义,是形夷而心华也"[1]。程晏也曾作《内夷檄》称,四夷"虽身出异域,能驰心于华,吾不谓之夷矣。中国之民长有倔强王化,忘弃仁义忠信,虽身出于华,反窜心于夷,吾不谓之华矣。……是知弃仁义忠信于中国者,即为中国之夷矣。……四夷内向,乐我仁义忠信,愿为人伦齿者,岂不为四夷之华乎"[2]? 均认为,不论地域和民族,只要其行为合乎礼义,就是华,就是"中国",中国人弃掉仁义礼智就是"中国之夷",四夷之人的行为合乎礼义,就应该是"四夷之华",这种思想应该是华夷同为"中国"的思想。辽道宗的思想实际上是与陈黯、程晏的思想一脉相承的,也应该是华夷同为"中国"的思想观念。

语出韩愈《原道》的"夷而进于中国则中国之",除了具有夷狄用"中国"之礼即为"中国"之意以外,还应具有夷狄进入"中国"之地即为"中国"的意思。这里的"中国"有时可以理解为"中原",有时可以理解为以"中国"自居的汉族等各个政权,也就是说,只要在"中国"范围之内,不论华夷都是中国。如,宋人刘敞曾说"子欲居九夷,盖徐州莒鲁之间,中国之夷非海外之夷也"[3],即将孔子欲居之"九夷",说成是"中国之夷",并非"海外之夷"。朱熹也曾说过,"古者中国亦有夷狄,如鲁有淮夷,周有伊雒之戎是也"[4],均认为"中国"之内也有"夷",无疑是华夷同处于"中国"一个政权之内即为"中国"的思想。再如,唐人以中国自居,也称四周少数民族为蕃夷,但他们将蕃夷划分为"化外人"和"化内人"两种,化外人是指"声教之外四夷之人"[5],不属于唐朝的"国人",化内人则是指"归化"或"归附"唐朝的少数民族,属于唐朝国内民族,唐朝对"外蕃之人投化

---

[1] 陈黯:《华心》,董诰等辑:《全唐文》卷七六七,中华书局,1983年,第7986页;另见李昉等:《文苑英华》卷三六四《辩论二》,中华书局,1966年,第364页。

[2] 程晏:《内夷檄》,董诰等辑:《全唐文》卷八二一,中华书局,1983年,第8650页;

[3] 刘敞:《公是先生七经小传》卷下·《论语》,四部丛刊续编本。

[4] 黎靖德编:《朱子语类》卷三六《论语·子罕篇上·子欲居九夷章》,中华书局,1994年,第972页。

[5] 长孙无忌等:《唐律疏议》卷一六《擅兴》,中华书局,1983年,第307页。

者"给予"复十年"①的优惠待遇,并规定"凡内附后所生子,即同百姓,不得为蕃户也"②,与唐人同等看待。唐朝是"中国",这些归附的"蕃夷",受唐朝管辖,列入唐朝户籍,也就成了"中国"之人,无疑是在一个政权之内既可以有"华"也可以有"夷"的思想,也就是华夷同为"中国"的思想。这种进入"中国"之境且受"中国"管辖之人,就是"中国"人的思想,应该是中国历史上以"中国"自称的各个政权都是多民族政权的根本所在。历史上各个王朝均有这种思想,契丹人也不例外,他们在唐朝时期,曾一度归附唐朝,成为唐朝的"化内人"。等到契丹人建立政权之后,仍称燕云十六州等地进入辽境之人为汉人、华人,也就是承认他们是"中国"人,同时也认为契丹人的文化与汉文化已无差别,也是"中国",华夷同为"中国"。《辽史·刘辉传》曾记载,"大安末,(刘辉)为太子洗马,上书言:'西边诸番为患,士卒远戍,中国之民疲于飞挽,非长久之策。为今之务,莫若城于盐泺,实以汉户,使耕田聚粮,以为西北之费'"③。刘辉在这里所使用的"中国"一词,就是指辽人,主要指契丹人,而"诸蕃"一词则指辽朝周边的少数民族,"汉户"则主要指进入契丹境内的汉人。在契丹人看来,契丹是"中国",契丹管辖下的汉人也是"中国"人,契丹人没有管辖的汉人也是"中国"人,显而易见,这就是一种华夷同为"中国"的思想。如果我们将"契丹人以'蕃'自居",说成是"自外于'中国'"的话,就等于将中国历史上的少数民族说成不属于"中国",将"中国"政权说成是单一的汉民族政权,这是不符合历史实际的。

以上可以看出,辽人依据自孔子以来汉儒有关"诸侯用夷礼则夷之,进于中国则中国之"的思想学说,在大力张扬夷人懂礼即为"中国"的同时,并没有将汉人或汉政权排除到"中国"之外,而是认为汉人懂礼是"中国",汉人不懂礼也会变成夷狄,不是"中国"。也就是说,辽人已经具有夷人懂礼为"中国",汉人懂礼亦为"中国",不论华夷,只要懂礼即为"中

---

① 杜佑:《通典》卷六《食货六·赋税下》,中华书局,1984年,第33页。
② 唐玄宗等撰,李林甫等注,广池千九郎训诂、内田智雄补订:《大唐六典》卷三《尚书户部》,广池学园事业部,1973年,第69页。
③ 脱脱等:《辽史》卷一〇四《刘辉传》,中华书局,1974年,第1455页。

中国古代的"天下""中国"观

国"的思想观念。这种思想观念显然是一种华夷同为"中国"的思想观念。恐怕这也是辽人在明确称自己为"中国"之时,仍然称宋为"中国"且不避讳称自己为"夷"的原因之一吧。

四

辽人在自称"中国"之初,并没有自称"正统",直到辽圣宗后期才明确地自称"正统",同时,以"五德终始"学说为理论根据,将宋朝列入"非正统"之闰位,不承认宋朝的"正统"地位。辽人虽然不承认宋朝的"正统"地位,但并不否认宋朝也是"中国",具有"中国"与"正统"既有联系又有区别、"正统"与"非正统"都是"中国"的思想观念。

有人认为,辽人自称"正统"就是"中国"意识的觉醒,就是自称"中国",将"中国"和"正统"混为一谈①。其实,"中国"和"正统"并非一对完全相同的概念,而是一对既有联系又有区别的概念。比如,春秋战国时期,东周、鲁、卫、晋、宋、郑、陈、许等国皆称"中国",但并非都正统,后世一直以天子所在的"东周"为正统。西汉王朝与王莽新朝都是"中国",但并非都"正统",人们习惯上以西汉为正统,而以王莽新朝为非正统。魏、蜀、吴三国都是"中国",人们或以魏为正统或以蜀为正统,南朝、北朝皆自称"中国",隋朝按照"五德终始"学说,标榜自己继承北周"木德"以"火德"为运,实际上是承认北朝为"中国正统",但他们在承认北朝为中国正统的同时,也不否认南朝称"中国"。这种"中国"与"正统"并非完全一致的思想,对后世产生了一定影响。如宋末元初文人郑思肖就曾指出,"自古以来,诸国之名仍存之,盖出于天子之所封也"。认为中国历史上的一些朝代可以称"中国",但不能全部称"正统","若论古今正统,则三皇、五帝、三代、西汉、东汉、蜀汉、大宋而已。"认为只有这几个政权可以称正统,而"两晋、宋、齐、梁、陈,可以中国与之,不可列之于正统"。认为这几个政权可以称"中国"但不可以称"正统"。郑思肖又

---

① 刘浦江:《德运之争与辽金王朝的正统性问题》,《中国社会科学》2004 年第 2 期。

试论辽人的"中国"观

认为"李唐为《晋·载记》凉武昭王李暠七世孙,实夷狄之裔",虽有"贞观开元太平气象,东汉而下未之有也",但只能"列之于中国,特不可以正统言",认为唐朝可以称"中国",但不可以称"正统"。又认为"夷狄行中国之事曰'僭',人臣篡人君之位曰'逆',斯二者天理必诛。王莽、曹操为汉臣,逆也;普六茹坚(隋文帝杨坚)乃夷狄,吕后、武后乃妇人,五代八姓乃夷狄盗贼之徒,俱僭也,非天明命也","得中国者,未可以言正统"①,认为这些政权均可以称"中国",但不能称"正统"。郑思肖是一位"华夷之辨"思想十分严重之人,他认为两晋、宋、齐、梁、陈以及隋、唐和五代,都不能称"正统",但都可以称"中国",无疑是一种带有偏见的思想,但他将"中国"和"正统"区别开来,承认少数民族建立的政权也可以称"中国",还是有一定积极意义的。辽人对"中国"和"正统"的认识,就存在这方面的思想倾向。

从上述辽人自称"中国"的情况,可以看出,辽朝建立政权之初,虽然萌生了"中国"意识,以"中国"自称,但并未称"正统"。如,辽圣宗初年,与宋签订"澶渊之盟",只是希望取得与宋朝对等地位,主张与宋互称"南朝""北朝",虽然也产生一些意欲比宋朝为优的思想意识,但实际上并未取得高于宋朝的政治地位,双方仍以"兄弟之国"相称,如景德元年(1004年)十二月七日宋真宗在给辽圣宗的书信中称"章圣皇帝谨致书于弟大辽皇帝阙下"②,辽圣宗还要称宋真宗为兄等等。开泰(1012—1021年)初年,萧和尚出使宋朝,虽以大国相称,但主要的还是反对宋朝用对待"蕃部"之礼对待辽使,也是要取得与宋朝对等地位,并没有高于宋朝的过多企求。

到了太平元年(1021年)七月,辽圣宗"遣骨里取石晋所上玉玺于中京"③,表明辽圣宗开始以"中国正统"自居了。据《辽史·仪卫志》记载,"会同九年(946年),太宗伐晋,末帝表上传国宝一、金印三,天子符瑞于是归辽"。以辽太宗从后晋手中得到的传国宝为"秦始皇作"④。据说,秦始

---

① 郑思肖:《心史·杂文·古今正统大论》,广智书局,1905年,第106-107页。
② 徐梦莘:《三朝北盟会编》卷六引《封氏编年》,上海古籍出版社,1987年,第44页。
③ 脱脱等:《辽史》卷一六《圣宗纪七》,中华书局,1974年,第189页。
④ 脱脱等:《辽史》卷五七《仪卫志三》,中华书局,1974年,第913-914页。

中国古代的"天下""中国"观

皇用蓝田山玉制成一枚玉玺,刻有李斯书"受命于天,既寿永昌"八字,号曰传国玺。汉高祖定三秦,秦王子婴将其献于汉高祖。"王莽篡位,就元后求玺,后乃出以投地,上螭一角缺"①。后传东汉光武帝,汉末军阀割据,孙坚入洛,得传国玺于井中,传于孙权,"后归魏",魏文帝又在此传国玺上用隶书刻写了"大魏受汉传国之宝"几个字。后由魏传晋,"晋怀帝永嘉五年(311年)六月,帝蒙尘平阳,玺入前赵刘聪。至东晋成帝咸和四年(329年),石勒灭前赵,得玺。穆帝永和八年(352年),石勒为慕容俊灭,濮阳太守戴施入邺,得玺,使何融送晋。传宋,宋传南齐,南齐传梁。梁传至天正二年(553年),侯景破梁,至广陵,北齐将辛术定广陵,得玺,送北齐。至北周建德六年(577年)正月,平北齐,玺入周。周传隋,隋传唐"②,唐改名为"受命宝"。历代王朝均以为得秦传国玺者为"中国正统",因此"往往模拟私制"③,据宋人所撰《册府元龟》记载,后周太祖广顺三年(953年)有司曾言,南北朝时期北朝和南朝均传有"神玺"(传国宝),并认为真玺由唐传后梁,后梁传后唐,后唐末帝兵败"以传国宝随身自焚而死,其宝遂亡失",后晋高祖石敬瑭在天福初年"以传国宝为清泰(后唐末帝李从珂)所焚,特置宝一坐",后在辽太宗灭晋时,由晋出帝"皇子延煦等奉国宝并命印三面送与虏主",辽太宗知"其国宝即天福初所造"之假传国宝,称"所进国宝,验来非真传国宝",令晋出帝将"其真宝速进来",晋出帝奏称"真传国宝因清泰末伪主从珂以宝自焚,自此亡失,先帝登极之初,特制此宝,左右臣寮备知,固不敢别有藏匿"④。说明辽人知道他们从晋人手中得到的传国宝是假宝,再加上那时的辽人大约还不知道历史上有关"以得玺者为正统"⑤的说法,或者是那时的辽人根本就没有自称"中国正统"的意图,因此,对所得假传国宝并未十分珍视。直到太平元年(1021年),圣宗萌生

---

① 范晔:《后汉书》卷四八《徐璆列传》,中华书局,1965年,第1621页。
② 司马迁:《史记》卷六《秦始皇本纪》,中华书局,1982年,第227页。
③ 脱脱等:《辽史》卷五七《仪卫志三》,中华书局,1974年,第913页。
④ 王钦若等:《册府元龟》卷五九四《掌礼部·奏议》,中华书局,1960年,第1799页。
⑤ 王圻:《续文献通考》卷一二七《王礼考·符玺·宝玺·郝经传国玺》,明万历三十年刻本。

了称"中国正统"的思想意识,才想起这枚假传国宝,特派遣骨里等"驰驿取石晋所上玉玺于中京(今内蒙古宁城西大明城)"①,并作《传国玺诗》云:"一时制美宝,千载助兴王。中原既失守,此宝归北方。子孙宜慎守,世业当永昌。"② 辽圣宗为何突发奇想,派遣使者将这枚假传国宝取至中京,并作《传国玺诗》? 一定是接受了传统中国以为得到秦朝传国玺即为"中国正统"的思想,就是想利用这枚假传国宝,假戏真做,用以标榜自己从后晋手中得到了传国宝,就应该成为继承后晋正统的"中国正统"王朝。关于辽朝按五德终始学说确立继承后晋为"中国正统"之事,我们可以从金人讨论德运问题时,秘书郎吕贞干等人曾提到"辽以水为德"的问题中得到证实。金章宗泰和年间,为了争正统,开展了一场德运问题大讨论,吕贞干、赵泌等人主张金朝应该继承辽朝为正统,谓"辽以水为德,水生木",金朝应该"承辽运为木德"③。说明辽朝确实曾按照"五德终始学说"以继承后晋"金"德自居,确定自己的德运为"水"德。辽人主张继承后晋为"中国正统",实际上是按"五德终始学说",将后汉、后周以及北宋列入所谓的"非正统"的"闰位",不承认后汉、后周和北宋政权为"中国正统"。这从后来辽圣宗的一些表现中也能看出来。如,辽圣宗太平七年(1027年),萧蕴、杜防等使宋与宋朝馆伴使程琳等争论使者座次时说"大国之卿,当小国之卿,可乎"④? 足见辽人已经不将宋辽平等的"兄弟之国"的规定放在眼里,开始以"大国"自居而卑视宋朝了。说明辽圣宗"驰驿取石晋所上玉玺于中京"之

---

① 脱脱等:《辽史》卷五七《仪卫志三》,中华书局,1974年,第913页。

② 此诗初见宋人孔平仲《珩璜新论》,称"仁宗朝有使北者见北主传国玺诗云",并未明确说明此诗出自辽朝哪位皇帝之手,厉鹗《辽史拾遗》、周春《增订辽诗话》、近人陈衍《辽诗纪事》、陈述《全辽文》以及今人阎凤梧等《全辽金诗》均将此诗列在圣宗名下,陈述《全辽文》加有按语云"检宋仁宗当朝亘四十余年,历辽圣宗、兴宗、道宗三帝,辽主者,不得他证,未可必谓为圣宗也"。此诗虽无他证必为辽圣宗所作,但从圣宗派遣骨里等人驰驿取后晋所上传国宝来看,以其诗为圣宗所作,应当不误。

③ 佚名编:《大金德运图说》,台湾商务印书馆影印文渊阁四库全书本,1986年,第648册,第313页。

④ 李焘:《续资治通鉴长编》卷一〇五,天圣五年四月辛巳条,中华书局,1985年,第2439页。《宋史》卷二八八《程琳传》在记载此事时则称,杜防说:"大国之卿,可以当小国之君。"辽朝以大国自居之语意更加明确。

193

中国古代的"天下""中国"观

时,辽朝就已经以"中国正统"自居了,并非到了辽兴宗以后才自称"中国正统"。

应该说,辽兴宗即位以后,正统意识进一步增强,意欲高于宋朝的愿望与日俱增。重熙七年(1038年),辽兴宗"以《有传国宝者为正统》赋试进士"①,利用辽人从后晋手中得到的这枚假传国宝,为辽人承晋为"中国正统"大造声势。辽人这种正统观念在后来宋辽"增币交涉"时表现得更加突出。据宋人记载,庆历二年(1042年)在宋辽讨论增加岁币之时,辽兴宗提出,宋人向辽交纳岁币,"须于誓书中加一'献'字乃可"。宋人富弼说"'献'字乃下奉上之辞,非可施于敌国。况南朝为兄,岂有兄献于弟乎"?辽兴宗又说"南朝以厚币遗我,是惧我也,'献'字何惜"?既而又说"改为'纳'字如何"?富弼仍然不同意,且于回国之时建议朝廷不要答应辽人的请求,后来,宋仁宗并未听从富弼的意见,"许称'纳'字"②。这是宋人的说法,而在辽人的记载中则说,"会宋遣使增岁币以易十县",刘六符与耶律仁先等使宋,"定'进贡'名,宋难之"。刘六符曰:"本朝兵强将勇,海内共知,人人愿从事于宋。若恣其俘获以饱所欲,与'进贡'字孰多?况大兵驻燕,万一南进,何以御之!顾小节,忘大患,悔将何及!""宋乃从之,岁币称'贡'"③。按辽人的说法,辽人并非要求宋人用"献"或"纳"字,而是向宋人提出用"贡"字,且说宋人已经同意使用"贡"字,与宋人的记载差异很大。无论是辽人说用"贡"字还是宋人说用"献"字或"纳"字,都反映了辽人意欲凌驾于宋人之上以"中国正统"自居的思想愿望。也就是说,辽

---

① 脱脱等:《辽史》卷五七《仪卫志三·符印》,中华书局,1974年,第914页。

② 李焘:《续资治通鉴长编》卷一三七,仁宗庆历二年九月癸亥条,中华书局,1985年,第3292—3293页。

③ 脱脱等:《辽史》卷八六《刘六符传》,中华书局,1974年,第1323页。此外,《辽史》卷一九《兴宗纪二》亦记载说:"宋岁增银、绢十万两、匹,文书称'贡'。"卷九六《耶律仁先传》称:"仁先与刘六符使宋,仍议书'贡'……乃定议增银、绢十万两、匹,仍称'贡'。"卷九六《姚景行传》又记载,姚景行在道宗朝说:"自圣宗皇帝以威德怀远,宋修职贡,迄今几六十年。"称"宋修职贡";《耶律仁先墓志》称辽兴宗在派遣耶律仁先使宋时曾说:"彼(宋)自统和之后,岁贡金帛,迩来国情不诚,汝可往,庶华联命"(向南:《辽代石刻文编·道宗编上·耶律仁先墓志》,河北教育出版社,1995年,第353页),也称北宋所交岁币为"岁贡"。

人早已不满意与宋人对等交往,意欲做宋人的宗主国了,毫无疑问,这种思想应该是辽人有关"正统"在辽而不在宋观念的突出表现。

辽道宗以后,辽人声称自己是中国"正统"的史料更是频繁出现,如辽道宗咸雍八年(1072年)刻石《创建静安寺碑铭》中宣称"今太祖天皇帝,总百年(一作"绍百世")之正统,开万世之丕系"①。寿昌六年(1100年),辽道宗派遣萧好古等前往高丽册封高丽太子,声称"朕荷七圣之丕图,绍百王之正统"②。天祚帝即位后又在册封高丽王的册文中称"朕祗遹先猷,绍隆正统",在给高丽国王的诏书中称"朕绍开正统,奄宅多方"③。就是到了天祚帝被金人俘虏,在其所上投降书中仍然念念不忘表白"伏念臣祖宗开先,顺天人而建业,子孙传嗣,赖功德以守成。奄有大辽,权持正统。拓土周数万里,享国逾二百年,从古以来,未之或有"④。足见,辽圣宗以后,辽人已经明确地以继承后晋为"中国正统"自居,明确地称自己为"中国正统"王朝了。

如前所述,辽人在辽圣宗后期称自己为"正统"以后,仍称宋朝是"中国",但没有称宋朝是"正统",这说明辽人并没有将"中国"和"正统"看成是一回事,而是认为"中国"与"正统"既有联系又有区别,即在各个政权分立割据之时,各个政权都可以称"中国",但不能都称"正统","正统"应该是各个割据政权中占据主导地位的王朝。按此理解,辽人所说的"正统"应该是指中国的正统,"非正统"也是指中国的非正统,无论是"正统"王朝还是"非正统"王朝都可以称中国。显而易见,这种思想观念与后来郑思肖所说的一些王朝可以称中国,但不可以称正统的思想是很有些相似的。

综上所述,可以看出,契丹人受其先祖鲜卑人以及隋唐契丹"化内人"

---

① 向南:《辽代石刻文编·道宗编上·创建静安寺碑铭》,河北教育出版社,1995年,第360页。

② 郑麟趾:《高丽史》卷一一《肃宗世家一》,肃宗五年十月壬子条,朝鲜民主主义人民共和国科学院,1957年,第165页。

③ 郑麟趾:《高丽史》卷一二《肃宗世家二》,肃宗九年四月甲子条,朝鲜民主主义人民共和国科学院,1957年,第173页。

④ 佚名编,金少英校补、李庆善整理:《大金吊伐录》第189篇《辽主耶律延禧降表》,中华书局,2001年,第508页。

中国古代的"天下""中国"观

的影响，建国之后即因袭鲜卑人附会自己为"炎黄子孙"并自称"中国"的观念，开始以"中国"自居了。契丹人自称"中国"之初，并没有自称"正统"，直到辽圣宗后期才萌生了自称"中国正统"的思想意识，并遵循"五德终始"学说，将宋朝列入"非正统"之闰位。辽人在自称"中国"的同时，仍然称宋朝为"中国"，在强调夷人懂礼是"中国"的同时，并不反对汉人懂礼也是"中国"，在自称"正统"的同时，仍然称宋朝是"中国"，具有辽宋同为中国、华夷懂礼同为中国以及"正统"与"非正统"都是"中国"等特点。辽人的这种"中国观"，实际上是一种"中国多元一体"的"中国观"，这种"中国观"对后来的金元等王朝产生了十分重要的影响。

（本文原载《文史哲》2010年第3期，中国人民大学复印报刊资料《宋辽金元史》2010年第4期全文转载）

试论金人的"中国"观

在辽宋夏金并立时期，金人一直自称"中国"，《金史》一书，"中国"一词共出现 14 次，除了 3 次指中原地区以外，其余均指金朝。此外，"中国"一词在元好问《遗山先生文集》一书中共出现 14 次，在元好问《中州集》一书中共出现 4 次，在赵秉文《闲闲老人滏水文集》一书中共出现 5 次，在王若虚《滹南遗老集》一书中共出现 6 次，在李俊民《庄靖集》一书中共出现 2 次，在刘祁《归潜志》一书中共出现 10 次，在《大金德运图说》一书中出现 1 次，在杨奂《还山遗稿》一书中共出现 3 次，在这些金人著作中所出现的"中国"一词，除了指历史上的中原政权以外，全部指金朝。金人如此强烈地自称"中国"，其理论依据是什么，当时金人对"中国"又是如何理解和认识的？这些问题对于我们理解历史上的"中国"以及认识中国历史上的疆域等问题，无疑具有十分重要的意义。学界对金代正统观、华夷观等问题虽然多有研究，[①] 对金人自称"中国"问题也有涉及，但至今还没有全面系统论述金代"中国观"的专文面世。因此，笔者不避浅陋，拟在先贤有关研究的基础上，就金人的"中国观"问题做进一步讨论，不正确之处，敬请读者批评指正。

[①] 有关金代正统观、华夷观的论著主要有：陈学霖：《金国号之起源及其释义》，《辽金史论集》第 3 辑，北京书目文献出版社，1987 年；陈学霖：《中国史上之正统：金代德运仪研究》（英文版），美国西雅图华盛顿大学出版社，1985 年；宋德金：《正统观与金代文化》，《历史研究》1990 年第 1 期；齐春风：《论金人的中州观》，《辽宁师范大学学报》1995 年第 3 期；齐春风：《论金朝华夷观的演化》，《社会科学辑刊》2002 年第 6 期；刘浦江：《德运之争与辽金王朝的正统性问题》，《中国社会科学》2004 年第 2 期；刘扬忠：《论金代文学中所表现的"中国"意识和华夏正统观念》，《吉林大学社会科学学报》2005 年第 5 期等。

中国古代的"天下""中国"观

一

金人自称"中国"的理论依据之一,就是"夷而进于中国则中国之"[1]。"中国"一词在历史上有多种含义,其中之一是用来指称中原和中原政权。春秋战国时期,人们将地处中原地区的周、卫、齐、鲁、晋、宋、郑等看成是中国,而将中原以外的秦、楚、吴、越看成是夷狄。到了秦朝占据中原、统一六国以后,秦又成了中国的代表,此后,人们常常"谓中国人为秦人"[2]。两汉据有中原,也是中国。到了三国时期,因为魏国据有中原,魏国也被看成是中国,蜀国虽然声称继承汉室,也不被看成是中国,吴国更被视为边鄙,比如,孙资就曾说过"数年之间,中国日盛,吴蜀二虏必自罢弊"[3]。诸葛亮也曾对孙权说"若能以吴、越之众与中国抗衡,不如早与之绝"[4]。都承认占据中原的魏国是"中国",甚至有人视吴蜀为夷虏。隋唐都占有中原,也被视为中国。五代十国时期,也是将占据中原的梁、唐、晋、汉、周视为中国,而认为"四夷、十国,皆非中国"[5],后唐、后晋、后汉三个政权虽为少数民族沙陀人建立的政权,但由于他们占据中原,仍被视为中国,十国虽多为汉人建立的政权,但由于他们不在中原,也不被视为中国。继五代之后而起的北宋,占有中原,也被视为中国。可见,中国历史上"中国"一词的一个重要含义就是指中原地区,主要的是一个地域概念,并由此

---

[1] 赵秉文:《闲闲老人滏水文集》卷一四《论·蜀汉正名论》,四部丛刊初编本。原文称"春秋诸侯用夷礼则夷之,夷而进于中国则中国之",此语原出韩愈《原道》。笔者认为,这里的"夷而进于中国则中国之",具有夷狄进入"中国"(中原)即为"中国",夷狄用"中国"之礼即为"中国"等意,本部分取夷狄进入"中国"(中原)即为"中国"之意。

[2] 班固:《汉书》卷九六《西域传下》,中华书局,1962年,第3913页。司马光《资治通鉴》卷二二胡三省注也说"汉时匈奴谓中国人为秦人";卷四七又说"秦威服四夷,故夷人率谓中国人为秦人"。

[3] 陈寿:《三国志》卷一四《魏书·刘放传附孙资传》引《资别传》,中华书局,1959年,第458页。

[4] 陈寿:《三国志》卷三五《蜀书·诸葛亮传》,中华书局,1959年,第915页。

[5] 欧阳修:《新五代史》卷七一《十国世家年谱第十一》,中华书局,1974年,第881页。

引申为中原地区所建立的政权及其所控制的区域。杜荣坤曾指出,历史上"中国"一词"泛指中原王朝所直接管辖的地区"[①],就是这个意思。

金人进据中原以后,即沿袭汉族儒士这种"中原政权即是中国"的传统观念,认为自己占据中原,就是占据"中国",《金史·哀宗纪》所说"太祖、太宗威制中国"以及《金史·兵志》所说"及其得志中国"之中的"中国",就是这个意思。金人张行信所说"魏晋以降,刘、石、燕、秦迭据中国"[②],以及宋人王明清所说"虏人(指金人)议立张邦昌以主中国"[③] 等等,都是用中原及中原政权来代表"中国"。金章宗时,金人曾对宋人说"昔江左六朝之时,淮南屡尝属中国矣"[④],也是以淮南地区在魏晋南北朝时曾屡次归属中原政权等史实,来表达他们用中原政权来代表"中国"的思想。金朝末年,修端曾说"自建炎之后,中国非宋所有"[⑤],认为金人占据了"中国",也是用"中国"一词指称中原。金人以为,他们占据了中原就是占据了"中国",就应该理所当然地称为"中国"。从现存史料来看,金人自称"中国",多依据于这一理念。如,海陵王完颜亮意欲伐宋,其嫡母徒单氏表示反对,曾劝谏说,"国家世居上京(今黑龙江哈尔滨市阿城),既徙中都(今北京),又自中都至汴(今河南开封),今又兴兵涉江、淮伐宋,疲弊中国"[⑥];梁珫则劝完颜亮伐宋,"议者言珫与宋通谋,劝帝伐宋,征天下兵以疲弊中国"[⑦];金世宗时,由于北边蒙古兴起,不断南下骚扰,逐渐成为金朝北边威胁,"朝廷欲发民穿深堑(修界壕)以御之",李石与丞相纥石烈良弼不同意,说"古筑长城备北,徒耗民力,无益于事。北俗无定居,出没不常,惟当以德柔之。若徒深堑,必当置戍,而塞北多风沙,曾未期年,堑已

---

① 杜荣坤:《试论我国历史上的统一与分裂》,翁独健主编《中国民族关系史研究》,中国社会科学出版社,1984年。
② 佚名:《大金德运图说》,文渊阁四库全书本。
③ 王明清:《挥麈录·余话》卷二,中华书局,1961年,第310页。
④ 脱脱等:《金史》卷九三《完颜宗浩传》,中华书局,1975年,第2078页。
⑤ 王恽:《秋涧先生大全文集》卷一〇〇《玉堂嘉话卷之八》,四部丛刊初编本。
⑥ 脱脱等:《金史》卷六三《后妃传·海陵嫡母徒单氏》,中华书局,1975年,第1506页。
⑦ 脱脱等:《金史》卷一三一《梁珫传》,中华书局,1975年,第2808页。

中国古代的"天下""中国"观

平矣。不可疲中国有用之力,为此无益"①;后来,依附于宋朝的吐蕃族系人青宜可等"以宋政令不常,有改事中国之意"② 等。这些史料中所说的"中国",显然都是指占据中原地区的金朝。金章宗时期,宋人韩侂胄为了树立盖世功名,积极准备北伐,而金章宗和一些大臣不相信宋人会败盟,完颜匡说"彼(指宋朝)置忠义保捷军,取先世开宝、天禧纪元(指南宋改年号为"开禧"),岂忘中国者哉"③。独吉思忠也说:"宋虽羁栖江表,未尝一日忘中国,但力不足耳。"④ 毫无疑问,这两条史料所使用的"中国"一词,也是指金人所占据的原北宋的中原之地,并引申为整个金朝。后来,韩侂胄发动北伐战争,宋将吴曦叛宋投金,《金史》说吴曦"恃中国为援"⑤,也是指吴曦要以金朝为援,所说"中国"仍指金朝。金章宗后期,由于金人大量购买宋人茶叶,引起财政紧张,"言事者以茶乃宋土草芽,而易中国丝绵锦绢有益之物,不可也"⑥,将宋与"中国"对举,"中国"一词也是指金朝。后来,蒙古为了进攻金朝而先攻西夏,西夏遣使向金朝求援,金章宗说"敌人相攻,中国之福,吾何患焉",没有答应西夏的请求⑦。金宣宗贞祐初年,"中国仍岁被兵",在蒙古进攻下,金宣宗不敢留驻中都(今北京),赵秉文乘时上书言三事,"一迁都,二导河,三封建。大约谓中国无古北之险则燕塞,车驾幸山东为便"⑧。这几条史料中所使用的"中国"一词,也指金朝。金哀宗时期,面对蒙古的进攻,形势越来越不利,但他们仍然不把宋人放在眼里,哀宗曾说"北兵(指蒙古兵)所以常取全胜者,恃北方之马力,就中国

---

① 脱脱等:《金史》卷八六《李石传》,中华书局,1975年,第1915页。
② 脱脱等:《金史》卷九八《完颜纲传》,中华书局,1975年,第2175页。
③ 脱脱等:《金史》卷九八《完颜匡传》,中华书局,1975年,第2167页。
④ 脱脱等:《金史》卷九三《独吉思忠传》,中华书局,1975年,第2064页。
⑤ 脱脱等:《金史》卷九八《完颜纲传》,中华书局,1975年,第2180页。
⑥ 脱脱等:《金史》卷四九《食货志四》,中华书局,1975年,第1109页。
⑦ 宇文懋昭撰,崔文印校证:《大金国志校证》卷二一《章宗皇帝下》,中华书局,1986年,第288页。
⑧ 元好问:《赵公墓志铭并引》,见赵秉文《闲闲老人滏水文集·附录》,四部丛刊初编本。

之技巧耳。我实难与之敌,至于宋人,何足道哉"①,这里将蒙古、宋人与"中国"对举,"中国"一词无疑指中原地区以及占据中原地区的金朝。后来,金将完颜陈和尚与蒙古战败被俘,不屈而死,一些将士曾说"中国百余年,唯养得一陈和尚耳"②!十分自然地称金朝为"中国"。至于李纯甫著《中庸集解》《鸣道集解》等书,号"中国心学、西方文教"③,以金朝为"中国",更为大家所熟知。可见,金人进入中原地区以后,即继承汉儒有关"中原即中国"的理念,上至皇帝下至一般民众,都以"中国"自居。从中可以看出,金人对金朝即是"中国"的认识,并非一个人两个人的认识,而是金朝上下十分普遍的认识。金人这种以自己进入中原地区即为"中国"的理念,经金末杨奂等人概括,更具理论意义。杨奂主张南北朝时期应以进入中原地区的北魏政权为"正统",他说,"舍刘宋取元魏何也,痛诸夏之无主也。进于中国则中国之也"④,认为北魏进入"中国"(中原)地区就是"中国",应以"正统"视之。同一道理,金人进入"中国"(中原)即为"中国",也应该是理所当然的事情。金人对"中国"的这种认识,虽然不为大多数宋人所接受,但宋人中也有人依据中原即中国的理念,承认金人占据的中原地区是中国,并引申金朝为中国。如陈亮就曾在上孝宗皇帝书中,劝皇帝不要"忘君父之大仇,而置中国于度外",建议经略荆襄,"则可以争衡于中国矣"⑤。陈亮在这里所说的"中国",就是指中原地区以及占据中原地区的金朝。

二

金人自称"中国"的另一理论依据是"夷狄用'中国'(中原)之礼则

---

① 脱脱等:《金史》卷一一九《完颜娄室传》,中华书局,1975年,第2599页。又见王鹗:《汝南遗事》卷二,书中称"鞑靼用兵,所以常取全胜者,恃北地之马力,就中国之伎巧耳。朕实难与之敌,至于宋人,何足道哉。柔懦不武,若妇人然。使朕得甲士三千,可以纵横江淮间"。丛书集成初编本,上海商务印书馆,1935年,第23页。

② 元好问:《遗山先生文集》卷二七《赠镇南军节度使良佐碑》,四部丛刊初编本。

③ 脱脱等:《金史》卷一二六《李纯甫传》,中华书局,1975年,第2735页。

④ 杨奂:《正统八例总序》,见苏天爵《国朝文类》卷三二,四部丛刊初编本。

⑤ 陈亮:《陈亮集》卷一《书疏·上孝宗皇帝第一书》,中华书局,1974年,第4、8页。

中国古代的"天下""中国"观

中国之""有公天下之心，宜称曰汉"①。历史上"中国"一词除了指中原地区以外，还是一个文化概念。关于历史上"中国"一词的文化意义，学者们多有论述，均认为孔子十分注意以"礼"区分中国和四夷，并认为中国和四夷可以互相转变。韩愈在概括孔子这一思想时说："孔子之作《春秋》也，诸侯用夷礼则夷之，进于中国则中国之。"② 也就是说，不管你原来的民族如何，只要遵循中原之礼就是中国华夏，遵循夷礼就是夷狄。这种用"礼"来区分中国和夷狄以及中国和夷狄可以互相变化的思想，为后来许多思想家所接受，董仲舒就曾指出，"《春秋》无通辞，从变而移。今晋变而为夷狄，楚变而为君子"③。唐朝的皇甫湜也说，"所以为中国者，以礼义也，所以为夷狄者，无礼义也，岂系于地哉。杞用夷礼，杞即夷矣"④。北宋李觏也持这一观点，"夷夏奚若？曰：所谓夷者，岂被发衣皮之谓哉？所谓夏者，岂衣冠裳履之谓哉？以德刑政事为差耳。德勉刑中，政修事举，虽夷曰夏可也，反是，则谓之夏可乎"⑤？程颢和程颐也说过，中国"礼一失则为夷狄，再失则

---

　　① 赵秉文：《蜀汉正名论》，见《闲闲老人滏水文集》卷一四，四部丛刊初编本。这里所说的"汉"已从三国时期的蜀汉政权引申为"中国"。宋人朱彧在《萍洲可谈》中说"汉威令行于西北，故西北呼中国为汉，唐威令行于东南，故蛮夷呼中国为唐"（见《萍洲可谈》卷二）；元胡三省为《资治通鉴》作注时说："汉时匈奴谓中国人为秦人，至唐及国朝则谓中国为汉，如汉儿、汉人之类，皆习故而言。"（见《资治通鉴》卷二二）又说"鲜卑谓中国人为汉"（见《资治通鉴》卷一六七）；又称"汉家威加四夷，故夷人率谓中国人为汉人，犹汉时匈奴谓汉人为秦人也"（见《资治通鉴》卷二〇二）；又在为契丹"朝廷制度，并用汉礼"作注时说"北方谓中国为汉"（见《资治通鉴》卷二八五）。说明汉代以后多谓"中国为汉"。胡阿祥认为"域外特别是中亚地区及其以西诸国，往往称汉朝及汉朝以后的中国为汉"，"汉"是"域外有关中国的一种习惯称谓"（见胡阿祥：《中国历史上的汉国号》，《江苏行政学院学报》2005年第5期），所论甚有道理。实际上，不仅域外称中国为"汉"，汉朝以后域内也称"中国为汉"。
　　② 韩愈撰，朱熹考异：《朱文公校昌黎先生文集》卷一一《原道》，四部丛刊初编本。
　　③ 董仲舒：《春秋繁露》卷二《竹林第三》，四部丛刊初编本。
　　④ 皇甫湜：《皇甫持正集》卷二《论序·东晋元魏正闰论》，台湾商务印书馆影印文渊阁四库全书本，1986年，第1078册，第73页。
　　⑤ 李觏：《直讲李先生文集》卷二二《庆历民言三十篇·敌患》，四部丛刊初编本。

为禽兽"①，赋予"中国"以文明之意，文化的意义大于民族意义②。

辽人即接受了这种懂礼即为中国的观点，为学者们所熟知的《松漠纪闻》曾记载，"大辽道宗朝，有汉人讲《论语》"，"至'夷狄之有君'，疾读不敢讲"，道宗曰"上世獯鬻、猃狁，荡无礼法，故谓之夷。吾修文物彬彬，不异中华（中国），何嫌之有"③！即将"礼法""文物"亦即文明视为区分"中国"和"四夷"的标准，认为契丹文明已同"中国"无异，也属于"中国"。

金人继承了这种按文明区分"中国"与"夷狄"的思想，进入中原以后，受汉儒思想影响，有时不将夷狄看成是一种民族，而认为夷狄是汉人所说的野蛮落后的代名词，不愿意称自己为夷。据许亢宗《宣和乙巳奉使金国行程录》记载，宣和七年（1125年），许亢宗等出使金朝祝贺金太宗即位，行至咸州（今辽宁开原），"及赐宴毕，例有表谢"，许亢宗遂按照惯例，拟就一表，其中有"祇造邻邦"一语，金使援引《论语》有关"蛮貊之邦"的记载，认为宋使有"轻我大金国"之意，要求许亢宗改掉"邦"字，重新撰写谢表奉上④。后来，许亢宗虽然没有重新撰写谢表，但从中可以看出，那时的金人已经了解汉儒有关"中国尊贵，夷狄卑贱"的思想，耻言自己为夷

---

① 程颢、程颐：《二程全书·遗书》卷二上，四部备要本，第21页。

② 冯友兰先生曾指出，中国一词在古代文化意义上最甚，民族意义较少，国体意义尚无。忻剑飞也认为，古代区分"中国"与"夷狄"主要强调的是文化，而不是民族。参见忻剑飞：《世界的中国观——近二千年来世界对中国的认识史纲》，学林出版社，1991年，第2页。

③ 洪皓：《松漠纪闻》，吉林文史出版社，1986年，第22页。

④ 许亢宗：《宣和乙巳奉使金国行程录》，见赵永春编注《奉使辽金行程录》，吉林文史出版社，1995年，第153页。该行程录作者，据陈乐素等先生考证，应为钟邦直，考论精确，已为学界所接受。然愚意以为，宋人出使辽金"语录"的实际执笔者，往往并非大使本人，但却以大使名义上奏，如同今日著录论著作者只看论著署名（并非考证实际作者为谁）以及整理古籍多出注尽量不改原文一样，还是遵从有关史书之记载仍署名许亢宗为好。

中国古代的"天下""中国"观

狄蛮貊,开始有了不承认自己落后,认为自己也是"中国"的思想意识。①到了金熙宗即位前后,随着女真汉化的深入,特别是受汉族儒士的影响,金人更是将中国和夷狄看成尊贵和卑贱的代名词。如,《金虏节要》一书曾记载,金熙宗完颜亶,"自童稚时,金人已寇中原,得燕人韩昉及中国(此为宋人的中国观,指汉人及中原王朝)儒士教之。其亶之学也,虽不能明经博古,而稍解赋诗翰,雅歌儒服,烹茶焚香,奕(弈)棋战象,徒失女真之本态耳。由是则与旧大功臣,君臣之道殊不相合,渠视旧大功臣则曰:'无知夷狄也。'旧大功臣视渠则曰:'宛然一汉家少年子'"②。作为女真贵族的完颜亶,因为自己学习汉文化,即自视为尊贵的汉人,视那些没有学习汉文化的女真人为"无知夷狄",而那些没有学好汉文化的女真贵族也视完颜亶为"汉家少年子",即认为完颜亶变成了汉人。显然,金熙宗和女真旧贵族在这里所使用的"汉"和"夷狄"的概念并非民族概念,而是先进与落后的文化概念,"汉"即是"中国"的代名词,也是汉族文明的代名词,夷狄蛮貊则成了野蛮落后的代名词,成了女真由夷变汉以后女真称那些相对落后之人以及少数民族的代名词,有时也成了金人攻击和谩骂南宋等国的代名词。③

完颜亮更是反对以民族为标准来区分尊贵和卑贱,认为应该以文化和事功为标准来区分尊贵和卑贱。他对汉儒中流行的"华夏尊贵,夷狄卑贱"的传统思想十分反感,一天,他对翰林承旨完颜宗秀、参知政事蔡松年说:

---

① 关于金人何时开始出现自称"中国"的思想意识,学界多认为自熙宗和海陵王时期开始,太祖、太宗时期尚无自称中国的思想意识。从此段文字记载来看,太祖末期、太宗初期,金人已经有了自称中国的思想意识。另据辽天祚帝在保大五年(1125年)二月被金人俘获以后向金人所上降表中有"奄有大辽,权持正统"(见《大金吊伐录·辽主耶律延禧降表》)之语,《三朝北盟会编》记载,靖康元年(1126年)正月金人给宋的国书中有"今大金皇帝正统天下"一语,说明金太宗即位之初,受辽人正统思想的影响,已经开始有了继承辽统为正统的思想意识了。

② 徐梦莘:《三朝北盟会编》卷一六六引张汇《金虏节要》,上海古籍出版社,1987年,第1197页。

③ 譬如:金章宗时期,赵秉文在《平章左副元帅谢宣谕赐马铰具兔鹘匹段药物表》中称"提虎旅之三千,破岛夷之数万",将南宋视为"岛夷";在《谢宣谕生擒贼将田俊迈表》中称"丑虏望风而奔",将南宋视为"丑虏"(见《闲闲老人滏水文集》卷一〇,四部丛刊本)等,均为此意。

"朕每读《鲁论》,至于'夷狄虽有君,不如诸夏之亡也',朕窃恶之,岂非渠以南北之区分、同类之比周而贵彼贱我也。"对汉儒视"夷狄"为卑贱的民族大为不满,他认为中原儒士或按照南北地区、或按照民族来区分贵贱尊卑是不对的,主张按文化区分贵贱尊卑,认为被中原汉人视为卑贱的女真人,特别是他这个女真皇帝也是尊贵之人,并不比中原汉人差。史书记载,一天,完颜亮"读《晋书》至《苻坚传》,废卷失声而叹曰:'雄伟如此,秉史笔者不以正统帝纪归之,而以列传第之,悲夫'"①。对史家所修《晋书》没有把苻坚放到记载皇帝之事的《本纪》中去写,而是放到与将相大臣同等地位的《载记》中去写,大为不满,在完颜亮看来,苻坚等少数民族在中原地区建立政权,并取得了"雄伟"的事功,也应该是中国正统。显然,在完颜亮那里,区分中国和夷狄的标准也不是民族,而是文化和事功。

　　金人虽然一再自称为中国正统,但仍不被金朝以外的受"华夷之辨"思想影响很深的一些汉族人士所承认,于是,完颜亮又援引《春秋公羊传》"君子大居正""王者大一统"的"大一统"观念,试图统一全国,让金朝以外的各族人心服口服地承认他是中国的正统皇帝。因此,他曾多次谈到"自古帝王混一天下,然后可为正统"②"天下一家,然后可以为正统"③ 等思想观念和主张,并在这种思想支配下,在条件并不成熟的形势下发动了灭亡南宋的战争。

　　完颜亮攻宋失败以后,金人自称"中国"的思想意识不但没有削弱,反而更加强烈了。到了金朝末年,经赵秉文等人进一步论述,更加理论化和系统化了。

　　赵秉文在《蜀汉正名论》一文中,援引韩愈的话说"春秋诸侯用夷礼,则夷之;夷而进于中国,则中国之"。认为中国采用夷狄之礼就是夷狄,夷狄采用中国之礼就是中国。在此基础之上,赵秉文又进一步提出了"有公天下之心,宜称曰汉。汉者,公天下之言也"④ 的区别中国正统和非正统的理

---

① 徐梦莘:《三朝北盟会编》卷二四二,引张棣《正隆事迹记》,上海古籍出版社,1987年,第1740页。
② 脱脱等:《金史》卷八四《耨盌温敦思忠传》,中华书局,1975年,第1883页。
③ 脱脱等:《金史》卷一二九《李通传》,中华书局,1975年,第2783页。
④ 赵秉文:《蜀汉正名论》,见《闲闲老人滏水文集》卷一四,四部丛刊初编本。

中国古代的"天下""中国"观

论。赵秉文在这里所说的"汉",就是"中国"。他认为,是否应该称曰"汉"以及是否应该称为中国正统,标准在于是否"有公天下之心",不管你民族如何,只要"有公天下之心"即是"汉",认为应该以"道德"作为区分中国正统和非正统的标准。可见,赵秉文进一步发挥了用文化来区别中国正统和非正统的理论,亦即发挥了用文化区别中国和夷狄的思想。金末元初的杨奂,也大体上提出了与赵秉文相同的理论,他认为,"王道之所在,正统之所在也",即认为,只要行"王道"即可以称中国正统,反对"以世系土地为之重",即反对用民族世系和占有地域的多少作为区别中国正统和非正统的标准。所论"王道",强调得"天下臣民之心""敦道义之本"①,显然与赵秉文所论"有公天下之心"即为中国正统的思想,具有异曲同工之意。

以上可以看出,金人反对以民族区分中国和夷狄,主张按文化区分中国与夷狄,认为,夷狄只要懂礼,由后进变为先进,就可以称为"中国",反之,"中国"也就变成了夷狄。金人认为他们懂礼,就应该称"中国",这就是金人自称"中国"的另一理论依据。

三

有人认为,金人自称"中国",将其他政权排除在"中国"之外,陷入"非华即夷""非夷即华"的二元悖论中,不能确立共同为"华"、平等相待的意识,具有一定的狭隘性和历史局限性。② 其实,这是一种误解,金人虽然援引历史上"中原即中国""懂礼即中国"等思想和主张,极力称自己为"中国",但并没有将汉人、懂礼的各族人以及中原等其他政权排除在"中国"之外。

众所周知,金人元好问曾将自己编撰的有金一代诗歌总集命名为《中州集》。元好问在这里所用的"中州"一词并非源于他的诗作"中州万古英雄

---

① 杨奂:《正统八例总序》,见《国朝文类》卷三二,四部丛刊初编本。
② 参见刘扬忠:《论金代文学中所表现的"中国"意识和华夏正统观念》,《吉林大学社会科学学报》2005年第5期;董迪:《论金代政治文化的勃兴》,《江海学刊》2005年第3期。

气,也到阴山敕勒川",而是取历史上"中州"即为"中国"之意。《尔雅疏》卷七释"中州"时说"犹言中国也"。《汉书》记载,司马相如所作《大人赋》有"世有大人兮,在乎中州"一语,唐颜师古注曰"中州,中国也"①。北宋邢昺为《尔雅》作注疏时也曾说"中州,犹言中国也"②。元好问将其编撰的诗歌总集命名为《中州集》,显然寓有金朝就是"中国"之意。元好问虽然以金朝为"中国",但他并未将金朝以外的有关人物排除到"中国"之外。据由宋入元的南宋遗民家铉翁所说,元好问不仅将那些"生乎中原,奋乎齐鲁汴洛之间者"视为"中州人物",也将那些"生于四方,奋于遐外,而道学文章为世所宗,功化德业被于海内"的人物视为"中州人物",认为"壤地有南北,而人物无南北,道统文脉无南北,虽在万里外,皆中州也"。说明元好问不仅以中原为中国,以金朝为中国,还按照"道统文脉"的文化标准,将那些"虽在万里外",但"道学文章为世所宗",有"功化德业"者称为"中国",并没有按照南北地域观念去区分中国。按照这一思想认识,元好问在他的《中州集》中不仅收录金朝诗人的作品,也收录了"宋建炎以后",出使金朝被留以及"留而得归者"的作品。家铉翁对元好问"生于中原而视九州四海之人物犹吾同国之人,生于数十百年后而视数十百年前人物犹吾生并世之人",十分感慨,曾满怀深情地说"若元子者,可谓天下士矣!数百载之下,必有谓予言为然者"③。从家铉翁的论述中,可以看出,元好问不仅用"中州"指中国(金朝),也用"中州"指"九州四海",指"天下"等,赋予"中州""中国"以"九州四海"及"天下"之义。充分说明,元好问虽然以金朝为"中国",但他并没有将金朝以外的政权排除在"中国"之外。

王若虚也是一位主张以金朝为正统,但并不将金朝以外的政权排除在"中国"之外的学者。学界均认为,金朝争正统的意识十分强烈,其实,金人争正统,并不是为了将同时存在的其他政权排除在"中国"之外,不过是为金朝争得一定的政治地位,以便得到各个政权的承认,更有利于他们的统

---

① 班固:《汉书》卷五七下《司马相如传》,中华书局,1962年,第2592页。
② 邢昺:《尔雅疏》卷七《释地第九》,四部丛刊初编本。
③ 家铉翁:《题中州诗集后》,见苏天爵《国朝文类》卷三八,四部丛刊初编本。

207

中国古代的"天下""中国"观

治而已。纵观中国古代历史上的正统之争,均是如此,并非中国和外国之争,① 而是"中国"内部各个政权的政治地位及其所谓的政权合法性之争。比如,班固《汉书》以汉朝为"正统",以王莽的新朝为"非正统",并非认为王莽的新朝不属于"中国"。隋朝以继北朝为中国正统,并非认为南朝不是中国。实际上,古人所说的正统多指中国正统,非正统则是指中国的非正统,除一些持少数民族政权为非正统亦非中国观点的汉族儒士以外,多认为,无论是正统还是非正统,都属于中国。就连华夷之辨思想比较严重的宋末元初文人郑思肖也表达了这方面的思想。他曾指出,有些朝代可以称"中国",但不能称"正统",如,"三皇、五帝、三代、西汉、东汉、蜀汉、大宋"可以称正统,"两晋、宋、齐、梁、陈,可以中国与之,不可列之于正统",唐朝也"不可以正统言",认为夷狄所建政权可以称"中国",但不能称正统,"夷狄行中国之事曰僭"②。明确表示包括少数民族在内的非正统政权也可以称中国,但不能称正统。其实,早在郑思肖之前,司马光等人就从另一角度表达了分裂时期各个政权都是"中国"的思想,比如,他在《资治通鉴》一书中就曾指出,"苟不能使九州合为一统,皆有天子之名而无其实者也。虽华夷仁暴,大小强弱,或时不同,要皆与古之列国无异,岂得独尊奖一国谓之正统,而其余皆为僭伪哉"③! 认为在政权分立割据之时,不必区分正统与非正统,对待各个政权应该像对待"古之列国"如春秋时期的周、卫、齐、鲁、晋、宋等政权皆被视为"中国"一样,也应该承认这些政权的合法性。司马光的"分裂时期不必区分正统与非正统"的思想,可以解释成分裂时期的各个政权都不是正统,也可以解释成都是正统,即承认这些政权的合法性,实质上是一种多统思想,也就是说,司马光已将分裂时期的各个政权,都看成是中国内部的分裂政权了。金人王若虚对司马光的这一论述十分赞赏,谓"天下非一人之所独有也,此疆彼界,容得分据而并立,小事

---

① 当然,也有人认为,中国历史上的正统和非正统之争是中国与外国之争,如梁启超在总结历代正统之辨的标准时,就曾将"以中国种族(主要指华夏汉族)为正,其余为伪也"作为区别正统与非正统的标准之一(梁启超:《饮冰室文集》第三集《新史学·论正统》,云南教育出版社,2001年,第1640页)。

② 郑思肖:《心史·杂文·古今正统大论》,广智书局,1905年,第106-107页。

③ 司马光:《资治通鉴》卷六九,黄初二年三月条,中华书局,1956年,第2187页。

大,大保小,亦各尽其道而已。有罪则伐,无罪则已,自三代以来莫不然,岂有必皆扫荡使归于一统者哉"①!宣称"正闰之说,吾从司马公"②,认为天下非一人之天下,允许有分立割据之时,而分立割据时期的各个政权都有存在的合理性,不应该区分正统与非正统。可见,王若虚也没有将分立割据时期的各个政权排除在中国合法政权之外。

实际上,这一认识并非仅仅是元好问、王若虚两个人的认识,而是金朝大多数人的认识。从史书记载来看,金人自从建立政权之始,就没有将辽、宋排除在"中国"之外。

据《大金德运图说》记载,金朝后期,章宗和宣宗曾组织"德运"问题大讨论,"秘书郎吕贞干、校书郎赵泌以为,圣朝先辽国以成帝业,辽以水为德,水生木,国家宜承辽运为木德",明确提出金朝应该继承辽朝水德以为木德的观点,这不仅说明金人已经明确地自称中国正统,也说明吕贞干等人承认辽朝的中国正统地位,并没有将辽朝排除在"中国"之外。当时,持金朝应该承辽统以为正统观点的人虽然不多,但也反映出这种思想仍有一定影响,就连金章宗都曾表示"吕贞干所言继辽底事,虽未尽理,亦可折正"③。实际上,金朝前期一直以辽朝的继承者自居。据《三朝北盟会编》记载,金政权建立不久,就曾"遣人使大辽,以求封册"④,无疑是对辽政权的一种承认。金人灭亡辽朝,辽天祚帝耶律延禧在其所上降表中称"伏念臣祖宗开先,顺天而建业;子孙传嗣,赖功德以守成。奄有大辽,权持正统"⑤,公开以中国正统自居。那时的金人也应该从辽人那里接触到有关中国"正统"的观念并开始以取代辽朝正统而自居了,这从天会四年(1126年)金军攻至北宋首都东京(今河南开封)给宋钦宗的国书中称"今皇帝正统天下,

---

① 王若虚:《滹南遗老集》卷二六《君事实辨》,四部丛刊初编本。
② 王若虚:《滹南遗老集》卷三〇《议论辨惑》,四部丛刊初编本。
③ 佚名:《大金德运图说》,文渊阁四库全书本。
④ 徐梦莘:《三朝北盟会编》卷三,重和二年正月十日条,上海古籍出版社,1987年,第22页。
⑤ 佚名编,金少英校补、李庆善整理:《大金吊伐录校补》第198篇《辽主耶律延禧降表》,中华书局,2001年,第508页。

中国古代的"天下""中国"观

高视诸邦"①等记载中完全可以看出来。此后,金朝多数人都没有放弃继承辽朝的立场。陈学霖认为金章宗在泰和二年(1202年)十一月"更定德运为土"②之前,曾一度以水德为运,可能是袭用辽朝之水德。③刘浦江认为"袭用前朝之德运在五运说上是讲不通的",但他在此论之前讲述辽承晋统之时,说"唐为土德",五代时的后唐"中兴唐祚,重兴土运",在此论之后讲述北魏承继曹魏之统时,又引用何德章的观点说"一说(北魏)尚土德的真正原因是曹魏承汉火德为土德,故北魏亦从土德之运"④,既然历史上已有袭用德运之说,那么,在金初金人对德运学说尚缺乏深入理解的情况下袭用辽朝水德以表达其继承辽朝正统的思想也不是不可能的。其实,刘浦江所承认的金朝前期以"金德"为运,也没有按五运学说去承袭,在五运学说上也是讲不通的。刘浦江虽然反对陈学霖"金朝前期承辽"的观点,但他又注意到,按照中国史学的传统观念,某个王朝纂修前朝的历史,就无异于承认本朝是前朝法统的继承者。金朝曾两度纂修《辽史》,其中第二次从大定二十九年(1189年)至泰和七年(1207年),前后竟达18年之久。据金朝末年的修端说,章宗"选官置院,创修《辽史》,后因南宋献礼告和,臣下奏言靖康间宋祚已绝,当承宋统,上乃罢修《辽史》"⑤。这里将金章宗罢修《辽史》的原因说成是金人欲承宋统。说明在此之前,金朝有很多人主张不论所继或继承辽统,而以继承辽统为相当有影响的说法,不然不会再有"欲承宋统"之说。直至金朝灭亡的那一年(1234年),几位金朝遗民在讨论将来应该如何修撰国史时,修端极力反对将辽、金二史附于宋史以为载记的观点,认为"辽自唐末,保有北方,又非篡夺,复承晋统,加之世数名位,远兼五

---

① 佚名编,金少英校补、李庆善整理:《大金吊伐录校补》第34篇《回札子》,中华书局,2001年,第117页。

② 脱脱等:《金史》卷一一《章宗纪三》,中华书局,1975年,第259页。金章宗时期的"德运"讨论,曾想否定金人继承辽朝为正统的观点,但仍存在不同意见。

③ 陈学霖:《宋金二帝弈棋定天下——〈宣和遗事〉考史一则》,《刘子健博士颂寿纪念宋史研究论集》,同朋舍,1989年。

④ 刘浦江:《德运之争与辽金王朝的正统性问题》,《中国社会科学》2004年第2期。

⑤ 修端:《辩辽宋金正统》,见苏天爵《国朝文类》卷四五,四部丛刊初编本。

季,与前宋相次而终,当为北史;宋太祖受周禅,平江南,收西蜀,白沟迤南悉臣于宋,传至靖康,当为宋史;金太祖破辽克宋,帝有中原百余年,当为北史;自建炎之后,中国非宋所有,宜为南宋史"①。修端认为将来修史时,辽史应为"北史",金史也应为"北史",就是一种金继辽为正统的思想。可见,自金人建立政权之初直至金末,一直有人主张金朝应该继承辽统,这不仅表明金人以中国正统自居,也说明金人承认辽朝的中国正统地位,就是在金章宗御定金朝继承宋统以后,仍然有人主张金朝应该继辽为正统,仍然没有将辽朝排除在"中国"之外。

金人在承认辽朝为中国以及自称中国的同时,也没有将宋朝排除在"中国"之外。据史书记载,金人在初起之时,一直以北宋为中国,如:金人进据燕山(今北京)以后,宋使赵良嗣再次使金向金太祖请求归还宋燕山等地,金太祖回答说"我自入燕山,今为我有,中国安得之"?宋使"又索云中(今山西大同)一路",金人则回答说"云中久为我有,中国安得之"②?后经宋金反复交涉,金人同意将燕京等地交还北宋,但要将燕地人户北迁,遂于"宣和五年(1123年),驱燕山士庶,多有归中京、辽水者,云:'我与中国约,同取燕云,中国得其地,我得其人'"③。这几条史料所说的中国,都指北宋。金人灭辽以后,虽然开始以继承辽朝正统自居,但仍称北宋为中国。如:金人第二次攻宋,完颜希尹等主张先取两河,再取北宋首都东京(今河南开封),宗翰不同意说,"东京,中国之根本,我谓不得东京,两河虽得而莫守"④。可见,金人在灭辽以后仍然称北宋为中国,表明金人不仅承

---

① 修端:《辩辽宋金正统》,见苏天爵《国朝文类》卷四五,四部丛刊初编本。关于修端《辩辽宋金正统》之系年,学界有不同认识,李治安依据文中有"今年春正月,攻陷蔡城"一语,考订其文撰于元太宗六年甲午(1234年),即金朝灭亡的那一年(李治安:《修端〈辩辽宋金正统〉的撰写的年代及正统观考述》,《内陆亚洲历史文化研究》,南京大学出版社,1996年),今从其说。

② 徐梦莘:《三朝北盟会编》卷一六,引蔡绦《北征纪实》,上海古籍出版社,1987年,第112页。

③ 徐梦莘:《三朝北盟会编》卷二四,引《金虏节要》,上海古籍出版社,1987年,第181页。

④ 徐梦莘:《三朝北盟会编》卷五七,引《金虏节要》,上海古籍出版社,1987年,第425页。

中国古代的"天下""中国"观

认辽朝的中国正统地位,也承认北宋的中国正统地位。金人灭亡北宋以后,自称中国正统的意识不断强化,但仍以北宋为中国,同时,南宋是北宋继承者的事实,又使他们意识到很难将南宋排除到中国之外。海陵王完颜亮曾说,"自古帝王混一天下,然后可为正统",实际上等于说,没有统一南宋,就不能成为正统,无疑是他对南宋不得不承认的一种哀叹。世宗虽然声称"我国家绌辽、宋主,据天下之正"①,意欲向天下表明,金朝没有统一南宋,也可以称正统,但他也没有将南宋排除在中国之外,如:大定八年(1168年)金世宗在册命皇太子的《册命仪》中说"绍中国之建储,稽礼经而立嫡"②,无疑是在说金人学习"中国"的立太子制度,所说"中国"绝不会指女真,应该指汉人,汉人只有建立政权才会有立太子制度,因此,这里的"中国"应该指汉人政权,北宋是汉人建立的政权,南宋也是汉人建立的政权,按此理解,金世宗在这里所说的"中国"就应该指包括南宋在内的一切汉人建立的政权,应该不会将南宋排除在外。金章宗倒想将南宋排除在正统之外,在他组织的"德运"问题大讨论中,甚至有人主张越过北宋直接继承唐朝为正统,将北宋也列入闰位。金人争正统,无非是想将自己的政权纳入华夏正统传承序列之中,与汉文化接轨,以便让各个政权承认金朝的合法地位,但他们将自己曾经承认过正统地位的北宋政权排除到正统序列之外,显然有失金人争夺正统地位之旨意,不会为大多数人所接受。至于将南宋排除到正统之外,倒符合金章宗的主旨,但如何割断北宋与南宋的联系,又成了难题。因此,章宗时期的德运讨论虽然轰轰烈烈,但一些人试图将南宋排除到"中国正统"之外的观点,并未为大多数人所接受。大多数人都没有将南宋排除在"中国"之外。比如,金末刘祁曾说,显宗完颜允恭"高明绝人,读书喜文,欲变夷狄风俗,行中国礼乐如魏孝文"③,刘祁在这里所说的"中国",有文化之含义,但不会指女真文化,而是指"汉文化",汉文化就是汉人及其所建政权的文化,南宋是汉人建立的政权,所创建的文化应该属于汉文化范围,按此理解,刘祁所说的"中国"应该是指包括南宋在内的汉人及

---

① 脱脱等:《金史》卷二八《礼志一》,中华书局,1975年,第694页。
② 张玮:《大金集礼》卷八《大定八年册命仪》,文渊阁四库全书本。
③ 刘祁:《归潜志》卷一二《辩亡》,中华书局,1983年,第137页。

汉人建立政权的文化,如此说来,刘祁在这里所说的"中国"也没有将南宋排除到中国之外。再如,历史上的正统之争,多寓为现实政治服务之义,葛兆光先生曾指出"宋代特别是南宋","几乎一致地帝蜀寇魏"①,以为北宋"几乎一致地帝蜀寇魏"似乎不确,但以为南宋"几乎一致地帝蜀寇魏",无疑是一种远见卓识。因为北宋立国中原,在其没有完成统一"十国"之时,与曹魏相似,"故北宋诸儒,皆有所避,而不伪魏",多主"魏正蜀闰"之论,而南宋则偏居南方,与当年的蜀汉相似,所以多主"蜀正魏闰"之说,"纷纷起而帝蜀"②,皆具有为自己争正统之意。在南宋时期兴起的魏蜀正闰讨论中,金人并没有反对南宋人的观点,也多持"蜀正魏闰"之说。赵秉文就在《蜀汉正名论》中,极力反对陈寿等人"以魏为正,以蜀为闰"的观点,认为蜀汉"上则为三王之学,下不失为汉光武",有"公天下之心",虽为"僻陋之国",但仍为中国正统。③ 金末杨奂也主"蜀正魏闰"之说,④ 据说,杨奂读司马光《资治通鉴》,"至论汉魏正闰,大不平之"⑤,对司马光"《通鉴》帝魏"大为不满,⑥"遂修《汉书》,驳正其事。因作诗云:风烟惨淡驻三巴,汉烬将燃蜀妇髽。欲起温公问书法,武侯入寇寇谁家"。后来,杨奂见到朱熹的《通鉴纲目》已将司马光《资治通鉴》"以魏为正"改为"以蜀为正","其书乃寝"⑦。由于杨奂没有完成其驳正司马光《资治通鉴》"以魏为正"的论著,我们无从知道他在其书中是如何论述自己的观点的,

---

① 葛兆光:《宋代"中国"意识的凸显——关于近世民族主义思想的一个远源》,《文史哲》2004年第1期。

② 永瑢等:《四库全书总目提要》卷四五《史部·三国志》,中华书局,1965年,第403页。

③ 赵秉文:《蜀汉正名论》,见《闲闲老人滏水文集》卷一四,四部丛刊初编本。

④ 实际上,杨奂反对正统之说,认为"正统之说,祸天下后世甚矣"。(杨奂:《正统八例总序》,见苏天爵《国朝文类》卷三二,四部丛刊初编本)

⑤ 司马光虽然表示国家分裂之时不分正闰,"与古列国无异",但他取魏、宋、齐、梁、陈纪年以纪诸国之事,且有"诸葛亮将入寇"等书法,实际上仍以曹魏、宋、齐、梁、陈等国为正统。

⑥ 永瑢等:《四库全书总目提要》卷八八《史部·通鉴问疑》,中华书局,1965年,第752页。

⑦ 陶宗仪:《南村辍耕录》卷二四《汉魏正闰》,中华书局,2008年,第291页。

中国古代的"天下""中国"观

但从他所作《正统八例总序》中可以看出,杨奂反对以"世系土地"作为区别正统与非正统的标准,主张以"王道"作为区别正统与非正统的标准,认为"(王)莽(曹)操之恶均",都应该列入闰位,可历史上多"却莽而纳操"①,以曹魏为正统,是不公平的,主张以蜀汉为正统。赵秉文和杨奂都是视金朝为正统之人,但他们又都主张"蜀正魏闰",无疑含有并不否定南宋之意。直至金朝灭亡的那一年,金朝遗民在讨论将来如何修撰国史时,仍然有人认为"自唐已降,五代相承,宋受周禅,虽靖康间二帝蒙尘,缘江淮以南,赵氏不绝",仍主张以宋(包括南宋)为正,以金为闰,"金于宋史中亦犹刘、石、苻、姚一载记尔"②,即主张将来撰写辽宋金历史时,应以两宋为正统,像《晋书》一样,将辽金列入载记。说明,金章宗意欲将南宋排除在正统之外的做法并没有收到预期效果,仍然有人主张以南宋为正统,以金朝为非正统。实际上,即使金章宗等人意欲将南宋排除在正统之外的主张为多数金人所接受,也没有将南宋排除在"中国"之外,因为中国古代历史上的正统之争并非"中国"和外国之争,所论正统皆指中国正统,非正统则指中国非正统,正统和非正统都是中国,历史上的莽汉正闰之争、魏蜀正闰之争等均含此义,直至金朝灭亡的那一年仍有金朝遗民主张金朝是非正统,也是这个意思,并非说金朝不是中国。从这一思路和认识出发,我们可以看出,金朝虽然有人主张将宋朝排除到正统之外,但并非将宋朝排除到"中国"之外。

实际上,这时的金人已经萌生了多统意识,即比较宽泛的"中国"意识。金朝初年,在他们对华夏正统思想没有深刻认识的情况下,附会华夏正统思想,以继承辽朝正统自居,但同时又不否认宋朝为中国正统,就是一种多统意识。金人灭亡北宋以后,仍以继承辽朝正统自居,虽然有人主张以继承北宋正统为正统,但似乎没有占据主流,社会上仍然无法否定南宋的正统地位,也是一种多统意识。后来,随着金人对正统思想理解的深入,出现了章宗试图变多统为一统的"德运"问题大讨论,并下诏以继承北宋之统自居,但并没有收到预期效果,因此又有了宣宗时期的"德运"问题的再次大

---

① 杨奂:《正统八例总序》,见苏天爵《国朝文类》卷三二,四部丛刊初编本。
② 修端:《辨辽宋金正统》,见苏天爵《国朝文类》卷四五,四部丛刊初编本。

讨论，也以不了了之而告终。直至金朝灭亡的那一年，修端提出以辽史、金史为《北史》，北宋史为《宋史》，南宋史为《南宋史》的修史方案，正式提出了辽、宋、金均为"正统"的多统思想。这种思想对元朝产生了重要影响，元朝几经争论之后，终于由脱脱拍板确立了辽、宋、金"三国各与正统，各系其年号"[①]的修史方案。脱脱等人所确立的辽、宋、金均为正统的多统思想，是对金人多统意识的继承和发展，实质是对辽、宋、金都是中国的一种承认。

综上所述，可以看出，金人虽然援引"中原即中国""懂礼即中国"等汉儒学说和理论，自称中国，但他们并没有将辽、宋排除到中国之外。作为分立对峙政权，他们承认辽、宋、金分别是各自独立的不同政权，各有自己的国号，互为"外国"。但作为"中国"，他们又认为辽、宋、金都是"中国"。这就是中国古代比较宽泛的"中国"意识，或称"大中国"意识，也就是我们常说的"中国多元一体"意识，或称"中华多元一体"意识。金人的这种认识，无疑具有进步意义。

（本文原载《中国边疆史地研究》2009年第4期，中国人民大学复印报刊资料《宋辽金元史》2010年第2期全文转载）

[①] 权衡撰，任崇岳笺证：《庚申外史笺证》卷上，中州古籍出版社，1991年，第44页。

金人的中国历史认同：
以《大金德运图说》为中心的讨论

为了彰显金朝正统地位，并试图将金朝排列到中国正统发展谱系之中，金章宗拾取汉文化中的"五德终始"学说，于明昌四年（1193年）十二月、承安四年（1199年）十二月、承安五年（1200年）二月召集众多官员三次大规模讨论金朝德运问题，并于泰和元年（1201年），将三次大规模讨论金朝德运问题的议论文字编成六大册封存。泰和二年（1202年）十一月，金章宗批准了尚书省有关金朝继承北宋火运为"土德"的建议，下诏"更定德运为土"。金宣宗继位之后，又于贞祐二年（1214年）选定朝官22人，再次对金朝德运问题进行大规模讨论，仍然众说纷纭，莫衷一是。金章宗时期三次大规模讨论德运问题的六大册资料，今已不存。宣宗时期曾将当时官员讨论金朝德运问题的议状以及金人编制的中国历代王朝德运承袭图等集中到一起，编辑成册，后来也有所散佚。清人在编写《四库全书》时，将金宣宗时期朝官讨论德运问题的奏议、金宣宗时尚书省官员撰写的金章宗时期德运问题讨论概述（"省判"）、中国历代王朝德运承袭图以及"省札""省奏"等从《永乐大典》中辑出，由乾隆皇帝亲自作序，以成《大金德运图说》[①]

[①] 今传《大金德运图说》的版本，除《四库全书》本以外，尚有1884年刊行的《碧琳琅馆丛书》本和1935年刊行的《芋园丛书》本，《芋园丛书》本依据《碧琳琅馆丛书》本刊行，实际为一种版本。两个丛书本的书名均称《金德运图说》，无"大"字，书前无乾隆《御题〈大金德运图说〉》序文，除列有四库全书"《大金德运图说》提要"以外，又列有同治十三年（1874年）姜敏修所作序文一篇，声称其书是姜敏修手抄张传纶家藏本之抄本。书中虽有"金章宗钦定""诸臣奏议"等小目，与四库全书本"省判""议"等小目不同，但从内容来看，仍有删改四库全书本"省判""议"等内容之嫌。书中将四库全书本小目"省判"改作"金章宗钦定"，将"贞祐二年"至"自国初至今"叙述金章宗、金宣宗于何年用以及哪些官员参加德运讨论的文字共336字，改作"臣太子太傅张行简（阙），本朝"10字，致使金朝讨论德运问题的时间以及参加人员等情况模糊不清，且将李愈的观点误作张行简的观点。其书又将四库全书本"议"改作"诸臣奏议"，保留有四库馆臣改译的人名等，可证其书出于四库全书本无疑，且删掉一些有用资料，实不足取。台北新文丰出版公司《丛书集成续编》据《芋园丛书》本影印，任文彪又据四库全书本辑注附于《大金集礼》之后。也就是说，今传本不见于现存《永乐大典》，而各传本皆出于四库全书。因此，本文选用文渊阁四库全书本为底本进行讨论，兼用他本进行校勘补正。

一书。

《大金德运图说》虽然主要是金朝为了彰显其正统地位并试图将金朝排列到中国正统发展谱系之中而对金朝德运进行讨论的历史文献，但其中也反映出金人的"中国"历史认同观念。学界对金人依据"五德终始"学说自称"中国"正统问题多有研究，① 但还没有探讨金人中国历史认同问题的专文面世。因此，笔者不避浅陋，拟在铸牢中华民族共同体意识视域下，以唐代历史为分水岭，对《大金德运图说》所反映出来的金人的"中国"历史认同问题进行初步探讨和研究。不正确之处，敬请读者批评指正。

一、金人对唐代以前中国历史发展谱系的认同

《大金德运图说》收录一幅金人绘制的中国历代王朝德运承袭图（或称中国正统承袭图），实质则是中国历史发展谱系图（见图1），充分反映出金人对唐代以前中国历史发展谱系和"中国"历史认同观念。为了便于说明问题，特引用该图如下：

---

① 涉及金代正统观问题的研究成果主要有：饶宗颐：《中国史学上之正统论》，上海远东出版社，1996年；Chan Hok-lam（陈学霖），*Legitimation in Imperial China: Discussions under the Jurchen-Chin Dynasty*（1115—1234）（《中国史上之正统：金代德运仪研究》），University of Washington Press，1984；宋德金：《正统观与金代文化》，《历史研究》1990年第1期；刘浦江：《德运之争与辽金王朝的正统性问题》，《中国社会科学》2004年第2期；刘扬忠：《论金代文学中所表现的"中国"意识和华夏正统观念》，《吉林大学社会科学学报》2005年第5期；赵永春：《试论金人的"中国观"》，《中国边疆史地研究》2009年第4期；赵永春：《关于辽金的"正统性"问题——以元明清辽宋金"三史分修"问题讨论为中心》，《学习与探索》2013年第1期；赵永春：《金人自称"正统"的理论诉求及其影响》，《学习与探索》2014年第1期；赵永春：《10—13世纪民族政权对峙时期的"中国"认同》，《陕西师范大学学报（哲学社会科学版）》，2018年第1期；熊鸣琴：《金人"中国"观研究》，上海古籍出版社，2014年；许倬云：《说中国：一个不断变化的复杂共同体》，广西师范大学出版社，2015年；姚大力：《追寻"我们"的根源：中国历史上的民族与国家意识》，生活·读书·新知三联书店，2018年，等等。

中国古代的"天下""中国"观

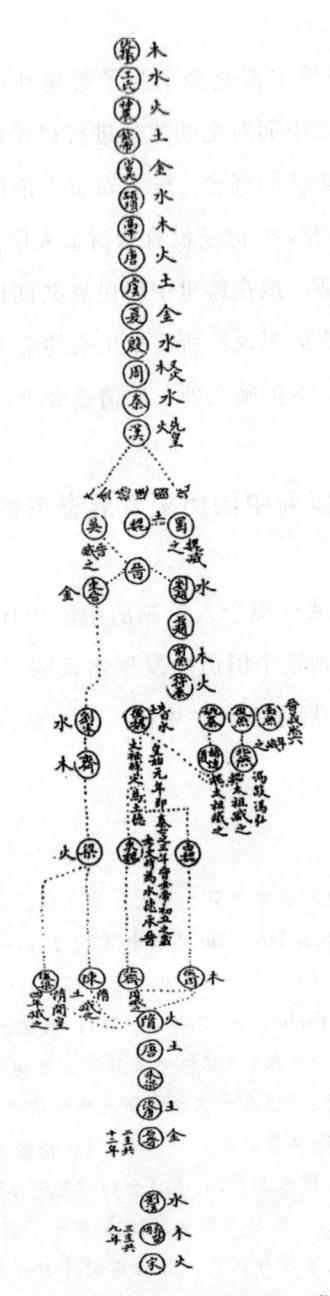

图1 中国历代王朝德运承袭图

资料来源:《大金德运图说》,台湾商务印书馆影印文渊阁四库全书本,第648册,1986年,第305-306页。

金人的中国历史认同：以《大金德运图说》为中心的讨论

这幅中国历代王朝德运承袭图，基本上是依据中国历史上的"五德终始"学说和各个朝代所确定的德运及其各个朝代以及金人对德运问题的认识而绘制的。

"五德终始"学说是战国时期阴阳学家邹衍等首创的一种学说。"五德"，是指他们认为的土、木、金、火、水"五行"各具德性，因称"五德"。按阴阳家的说法，土、木、金、火、水五行是世界万事万物起源与变化的基本元素，五行之间存在循环的"相生""相克"关系，以至世界万事万物都按照这一循环往复关系发展和变化。阴阳学家又运用这种五行"相生""相克"引起万事万物发展变化的学说解释社会的发展变化和王朝更替，形成"五德终始"学说。即认为某一王朝只有获得"五德"之中的一德之运，才会成为受天明命进入五德循环往复发展谱系之中的王朝，才会成为合理合法的正统王朝。如果没有按照五行"相生""相克"关系获得五德之运，就没有进入五德循环往复之发展谱系，就是不合法的王朝，就会被列入中国正统发展谱系之中的闰位（非正统之位），成为中国历史上未受天命的不合理不合法的政权。

秦始皇是最早采纳邹衍有关"终始五德之运"学说并应用于朝代更替之人。据《吕氏春秋·应同》记载，先秦时期按五行相克关系排列王朝德运，黄帝之时"土气胜"得土德，夏禹之时"木气胜"得木德，商汤之时"金气胜"得金德，周文王之时"火气胜"得火德，"代火者必将水"，继周者将以"水气胜"得水德。[①] 秦始皇遂取五行相克关系，以继承周王朝火德自居，确立秦朝以水德为运。

西汉王朝建立以后，张苍曾主张不承认秦朝的正统地位，由汉王朝直接继承周朝火德之运而为水德之运。公孙臣、贾谊等人不赞成其说，认为汉王朝不应该远承周王朝火德之运，而应该直接继承秦朝水德之运而为土德之运。汉武帝时，正式以汉土克秦水的观念改汉朝为土德之运。

汉武帝以后，刘向、刘歆认为西汉王朝不应该承袭秦朝之德运，而应该承袭尧后火德之运，以汉朝为火德。于是，他们改变原来按土、木、金、

---

① 吕不韦等著，许维遹集释、梁运华整理：《吕氏春秋集释》卷一三《应同》，中华书局《新编诸子集成》本，2009年，第284页。

中国古代的"天下""中国"观

火、水五行相克顺序排列古帝王和各个正统王朝的方法,重新按照木、火、土、金、水五行相生顺序排列古帝王和各个王朝的正统谱系及其德运,确立了以伏羲(太昊)为木德,神农(炎帝)为火德,黄帝为土德,少昊为金德,颛顼为水德,高辛(帝喾)为木德,唐尧为火德,虞舜为土德,夏禹为金德,殷商为水德,周(西周东周)为木德,汉为火德的正统传承谱系。在这样一个排列正统王朝顺序的谱系之中,没有秦王朝,也是因为秦王朝是由西戎发展而来的王朝而不承认其为正统王朝的意思,但秦王朝毕竟是一个建立了大一统的王朝,完全抹除似乎不太合适,于是,他们又想出了一个在木、火之间设置一个闰水之位的办法,安置秦王朝,并按照五行循环关系,将他们找到的共工和帝挚安置到上溯的闰水之位,形成了一个完整的有关古帝王和各个王朝正统传承谱系的中国历史发展谱系正闰图,正式形成了中国古代历史上的正闰观。王莽夺取西汉王朝最高权力建立新朝以后,采纳了刘向、刘歆按照五行相生编排的五德终始学说,并按五行相生的关系,以王莽新朝继承西汉火德而自为土德之说,颁行天下。王莽重新颁行的"终始五德之运",除了东汉不承认王莽新朝的正统地位,直接以西汉火德自居以外,一直为后世所沿袭。

东汉以后,曹魏以汉朝火德继承者自居,按火生土的关系确定曹魏政权为土德。西晋政权又继承曹魏土德,并按土生金的关系而确立西晋政权的德运为金德。

东晋自称与西晋是一个政权,仍以金德自居。东晋之后的宋、齐、梁、陈则以东晋继承者自居,分别按照五行相生的关系确立自己政权的德运为水德、木德、火德和土德。同时,北方的前后赵也以西晋金德的继承者自居,按金生水的关系,确立自己政权的德运为水德。前燕继承前后赵水德而自为木德,前秦则以继承前燕木德而自为火德。北魏先继承前秦火德而自为土德,孝文帝以后又改为直接继承西晋的金德而为水德。东魏、西魏均标榜自己与北魏是一个政权,仍为水德,北齐、北周则以魏政权水德的继承者自居,按水生木的关系,都确立自己政权的德运为木德。隋朝继承北周木德而自为火德,唐朝则继承隋朝火德而为土德。

金人认同中国历史上的"五德终始"学说以及上述中国正统发展谱系,并依据"五德终始"学说和中国历史上各个朝代自己确定的德运编制成了这

金人的中国历史认同：以《大金德运图说》为中心的讨论

幅德运承袭图（中国正统承袭图），颁发给参与德运讨论的朝官，供他们讨论德运时使用。

这幅德运承袭图的编制，充分反映了金人的中国历史认同观念。

首先，这幅德运承袭图，西晋以前主要采纳了刘向、刘歆父子的看法以及王莽颁布的德运承袭谱系和东汉不承认王莽新朝为正统的认知编绘而成，魏晋南北朝隋唐时期则是采纳各个朝代自行确定的德运进行编绘，与上述中国历史上各个朝代自行确定的德运承袭基本一致，也以伏羲（太昊，木德）—工氏（共工，水德）—神农（炎帝，火德）—黄帝（土德）—少昊（金德）—颛顼（水德）—高辛（帝喾，木德）—唐尧（火德）—虞舜（土德）—夏（金德）—殷（商，水德）—周（木德）—汉（火德）—魏（土德）—西晋（金德）—东晋（金德）—刘宋（水德）—齐（木德）—梁（火德）—陈（土德），西晋（金德）—刘赵（水德）—石赵（水德）—前燕（木德）—苻秦（火德）—后魏（先为土德，后改为水德，东魏、西魏袭用后魏的德运仍为水德）—后周（木德，北齐也以继承北魏水德自居而为木德）—隋（火德）—唐（土德）①等为中国历史上所谓的上承和下传的正统王朝发展谱系（实质是中国历史发展谱系图）。说明金人对中国历史上各个朝代自行确定的德运和历史上综合各朝德运的传统看法形成的中国正统发展谱系和中国历史发展谱系具有高度认同意识。

其次，这幅德运承袭图虽然主要是依据历史上对各朝德运的传统看法编绘而成，表明金人对中国正统发展谱系（中国历史发展谱系）具有高度认同意识，但从该图的编绘来看，也有与传统看法不尽相同之处，更能表明金人

---

① 东汉对王莽德运承袭的调整，主要是不承认王莽新朝为正统王朝，同时以东汉袭用西汉的火德之运。图中的"工氏""汉火"旁边的"先皇"，《芋园丛书》本作"共工氏""先曰土"。图中的"后魏土"及旁边的"先曰水"，《芋园丛书》本则在"后魏"旁边列"先曰土水"，不确，根据下文"太祖时定为土德，孝文时为水德，承晋"，应改为"后魏水"旁边小字注"先曰土"。任文彪点校《大金集礼》后附《大金德运图说》改正正确，但注释的说明解释似乎不太准确。《大金德运图说》所列图表与中国历史上讨论德运的记载基本吻合，说明此图是对中国历史上有关德运问题讨论的高度概括和总结。中国历史典籍对各个朝代德运问题讨论的记载虽然很多，但未见有任何一种典籍列出这一简单明了的德运承袭图，金人列出这一德运承袭图，具有首创之功。

221

中国古代的"天下""中国"观

对中国历史的认同意识。

西晋灭亡以后，中国历史进入东晋十六国和南北朝民族政权并立时期，用单线性发展的"五德终始"学说阐释东晋十六国和南北朝时期的正统承袭，无疑遇到了难题。金人则采取认同各个王朝自己确定德运的办法，将这一时期的正统承袭分成两个分支：一支是西晋（金德）—东晋（金德）—刘宋（水德）—齐（木德）—梁（火德）—陈（土德）的南线正统发展谱系；另一支则为（西晋，金德）—刘赵（水德）—石赵（水德）—前燕（木德）—苻秦（火德）—后魏（先为土德，后改为水德，东魏、西魏袭用后魏的德运仍为水德）—后周（木德，北齐也以继承北魏水德自居而为木德）的北线正统发展谱系，又以隋朝继承后周、按木生火的关系确定隋朝的德运为火德，可以看出，金人认同隋朝自己确定的火德德运。如果按照"五德终始"学说的单线传承理论去认识问题的话，隋朝继承后周（木德）的德运，没有继承南朝陈（土德）的德运，即表明南朝的德运已绝。但此图并未按"五德终始"的单线性正统发展理论，将北线的十六国和北朝正统发展谱系列为单线的中国正统发展谱系而将南线的东晋和南朝发展谱系列入闰位，而是将南线的东晋和南朝发展谱系以及北线的十六国和北朝发展谱系都列入中国正统发展谱系，都视作隋朝所继承的中国正统王朝。实际上是将"五德终始"学说的单线性发展模式改为复线性发展模式，不仅认同以汉族为统治者建立的三国、东晋、南朝的历史为中国历史的组成部分，也认同以少数民族为统治者建立的十六国和北朝的历史为中国历史的组成部分，对历史上少数民族及其政权不能称正统的传统观念提出挑战。

该图虽然主要依据"五德终始"学说的中国历史单线性发展模式进行绘制，但在运用"五德终始"学说的单线性发展模式排列历代正统王朝的同时，也将一些非正统王朝标注其中，掺杂有中国历史复线性发展的内容。如金人编制的这幅德运承袭图，将汉代以来被列入闰水之位的共工和秦王朝一并列入正统王朝发展谱系之中，唯独没有将帝挚排列到高辛与唐尧中间，与汉以后所排列的德运承袭图稍有不同。图中没有明确标明所列古帝王和各个王朝的正、闰之位，我们从所列五行相生的承袭关系中虽然能够看出该图仍然承认共工和秦王朝的闰水地位，但却将共工和秦王朝排列在中国历史单线性发展谱系之中，上有所承，下有所传，成为中国历史单线性发展不可或缺

金人的中国历史认同：以《大金德运图说》为中心的讨论

的环节，说明金人对共工和秦王朝的历史地位也具有认同意识，对历史上一些人关于秦王朝由少数民族西戎发展而来不能称正统的观念有所修正。有关三国时期魏、蜀、吴何为正统的问题，历来争议很大，有人主张以魏为正统，有人主张以蜀为正统，等等。此图在叙述魏、蜀、吴三国历史时，虽以魏继承汉朝火德为土德之运，仍然承认魏国的正统地位，但同时又将蜀、吴平行列入魏国两边（没有列出其德运，具有将蜀、吴放在闰位的用意），还是具有将被一些人列入闰位的蜀、吴二国纳入中国历史发展谱系之中的意思，也是金人对蜀、吴等国具有认同意识的表现。此图还在西晋以后南北两个正统分支旁边标注有不在南北两个正统分支单线性发展谱系之中的南燕、后燕、北燕、姚秦、赫连夏等政权，表明金人也认同这些政权是中国历史上建立的政权。说明金人不仅认同单线性发展的正统王朝的历史为中国历史的组成部分，也认同列于闰位的所谓非正统王朝的历史为中国历史的组成部分，具有正统和非正统都是"中国"的思想观念。这种观念，与"五德终始"学说的单线性发展理论也不相符。

从金人所列德运承袭图来看，金人对该图所列的中国正统发展谱系，以及包括被列入闰位的秦、蜀、吴等王朝的中国历史发展谱系具有高度认同意识。金人认同中国历史上的德运承袭以及中国历史发展谱系，就是要在认同这些列入中国历史发展谱系中的各个政权都是"中国"的基础之上，将金政权说成是"中国"的继承者，并试图将金政权纳入中国正统发展谱系和中国历史发展谱系之中。这与金人自称"中国"和定期祭祀伏羲、黄帝等前代帝王的思想是完全吻合的。

据《金史·礼志》记载，"诸前代帝王，三年一祭，于仲春之月祭伏牺于陈州，神农于亳州，轩辕（黄帝）于坊州，少昊于兖州，颛顼于开州，高辛于归德府，陶唐于平阳府，虞舜、夏禹、成汤于河中府，周文王、武王于京兆府"[①]，对伏羲、黄帝等"前代帝王"实行三年一祭之礼。金章宗时期，在"三皇、五帝、四王，已行三年一祭之礼"外，又对"夏太康，殷太甲、太戊、武丁，周成王、康王、宣王，汉高祖、文、景、武、宣、光武、明

---

① 脱脱等：《金史》卷三五《礼志八》，中华书局，1975年，第818页。

中国古代的"天下""中国"观

帝、章帝，唐高祖、文皇一十七君"① 一并致祭。金朝所祭"前代帝王"，与《大金德运图说》所列德运承袭图中的"前代帝王"大体吻合，完全可以说明，金人对这一中国历史发展谱系中的各个政权均是中国历史上的政权，持高度认同态度。

《大金德运图说》所列德运承袭图，在金章宗和宣宗时期德运大讨论时，颁发给参与讨论的省、台、寺、监七品以上官员和著名学者，其传播范围恐怕要超过这一范围。据史书记载，章宗曾亲自出"日合天统"② 的科举试题，恐怕也寓有论述金朝正统的意思。说明有关金朝正统问题，几乎成为当时士人普遍关注的一个重要问题。据《大金德运图说》的记载透露，在如此众多的官员和学者之中，几乎没有人对唐代以前的德运承袭提出过不同看法，说明金人对唐代以前的中国历史发展谱系具有高度认同意识。

唐代以后，中国历史进入五代、两宋与辽、金并立的一个新的复线历史发展时期，用"五德终始"学说这一单线性正统发展理论阐释新的复线性发展的历史，又遇到了新的挑战。因此，金人的德运讨论才出现了"继唐土运为金德""继辽水运为木德""继宋火运为土德""不论所继只为金德"等"继唐""继辽""继宋"等多种观点的分歧。这些观点的分歧，一方面反映出金人对这几个朝代历史的不同看法以及他们对这几个朝代历史的不同认知，另一方面则从某种程度上反映出他们对唐代历史、辽代历史和宋代历史均具有认同意识。

二、"继唐"与金人对唐朝历史的认同

唐朝建立后，以继承隋朝火德自居，按火生土的关系确定唐朝的德运为土德。金人德运问题大讨论时，持"继唐土运为金德"的学者，即是认为金朝可以直接继承唐朝的土德之运进入中国正统发展谱系。持这种观点的人，不仅认同唐代历史是中国历史发展谱系中一个朝代，同时也认为金朝是继唐

---

① 脱脱等：《金史》卷一二《章宗纪四》，中华书局，1975年，第267-268页。
② 刘祁：《归潜志》卷一〇，中华书局，1983年，第111页。另见《还山遗稿》卷上、《金史》卷九九《贾铉传》。

金人的中国历史认同：以《大金德运图说》为中心的讨论

朝之后中国历史发展谱系中的一个朝代，视唐代历史为金朝所继承的中国历史。

（一）继唐观念的提出

从《大金德运图说》"省判"对金章宗时期德运大讨论的概述中可以知道，金章宗时期三次大规模讨论金朝德运时，意见不一，主要有"不论所继只为金德""继唐土运为金德""继辽水运为木德""继宋火运为土德"等几种观点。其中，"继唐土运为金德"，即是认为金朝可以直接继承唐朝德运进入中国正统发展谱系。持这种观点的人，不仅具有认同唐朝历史为中国历史发展谱系中一个朝代的意思，也蕴含有金朝也是继唐朝之后中国历史发展谱系中一个朝代的意思，具有视唐朝历史为金朝所继承之中国历史的意思。

由于金章宗时期三次大规模讨论金朝德运的资料没有保存下来，我们只知道户部尚书孙铎、侍读学士张行简、太常卿杨庭筠等人持"继唐土运为金德"的观点，虽然无法确知持这种观点的实际人数，但估计不会太少。这种"继唐土运为金德"的观点，曾被金章宗敕旨"继唐底事，必定难行"[①] 所否定，但在金宣宗时期上有议状的18位官员中，仍然有3人持"继唐土运为金德"的观点。[②] 他们认为北宋自己所确定的承唐土德、后唐土德、后晋金德、后汉水德、后周木德而自为"火德"的排列顺序有误，谓：

> 后唐三姓，俱非李氏子孙，岂得仍为土运？石晋一纪、刘汉四年，

[①]《大金德运图说·省判》，台湾商务印书馆1986年影印文渊阁四库全书本，第648册，第313页。

[②] 据《大金德运图说》记载，金宣宗时期，参与德运问题讨论的官员共有22人，《四库全书总目提要》称"其中独上议状者六人，合具议状者八人，连署四人。其集议有名而无议状者太子太傅张行简，太子太保富察乌叶，修撰富珠哩阿拉、费摩诺达登四人，疑原书尚有所脱佚"。在上议状的18人之中，持"继宋火运为土德"者有完颜乌楚、王仲元、赵秉文、崔伯祥4人，持"继宋土运（认为宋以火为运自失其序）为金德"者有穆颜乌登、纳塔谋嘉、阿里哈希卜苏、富察伊尔必斯、完颜伊尔必斯、完颜伯特6人，持"不论所继只为金德"者有舒穆噜世绩、吕子羽、李和甫、赫舍哩乌噜、田庭芳5人，持"继唐土运为金德"者有黄裳、张行信、吕祥卿3人，宣宗时期德运讨论有名而无议状的张行简，在章宗时期也持"继唐土运为金德"的观点，如果加上张行简，持这种观点的官员应为4人。

中国古代的"天下""中国"观

> 本史各不载其所王之德，谓之金与水者，无所考据。盖赵氏篡周，不能越近承远，既继周木，猥称火德，必欲上接唐运，以自夸大，故逆推而强配之，以汉为水，以晋为金，而续后唐之土，是皆妄说附会，不可信也。[1]

他们认为，北宋仅将梁、唐、晋、汉、周五代中的后梁列于闰位，是不正确的，后唐并非唐朝李氏后裔，也应该列入闰位，至于后晋、后汉、后周，也不具备正统资格，都是非正统，也应该列入闰位。如是，北宋自称火德，则是"前无所承，失其行次，自为五行之闰位，不足继也"[2]，即认为北宋之前的五代都是非正统，北宋继后周就是"失其行次"，也应该列入闰位。因此，金朝就可以越过五代和北宋，直接上承唐朝土德之运而为金德之运。

持"继唐土运为金德"观点之人，具有认同唐朝历史的意识，是确定无疑的。其实，没有持"继唐土运为金德"之人，也没有否认唐朝历史的意思。因为，不论是主张"继辽"、还是主张"继宋"者，都主张由辽、宋上承唐朝，仍然是认同唐朝历史的意思。说明无论是持"继唐土运为金德"、还是没有持"继唐土运为金德"之人，都认同唐朝历史为金朝所继承的中国历史，是金人对唐朝历史具有高度认同、没有丝毫异议的表现。这从金王朝一直以唐朝为榜样，意欲比隆汉唐的奋斗目标中，完全可以看出来。

（二）金人对唐朝历史的认同

《金史》作者认为，金章宗"欲跨辽宋而比迹于汉唐"[3]。确实，金人具有超越辽宋而比隆于汉唐之志，虽也学习辽、宋，但以学习唐制为多，主要表现在以下四个方面。

一是官制改革方面。据史书记载，天眷二年（1139年），金朝大臣在向熙宗《奏请定官制札子》中称，"当唐之治朝，品位爵秩，考核选举，其法

---

[1] 《大金德运图说·右谏议大夫吏部侍郎张行信议》，台湾商务印书馆1986年影印文渊阁四库全书本，第648册，第318—319页。

[2] 《大金德运图说·右谏议大夫吏部侍郎张行信议》，台湾商务印书馆1986年影印文渊阁四库全书本，第648册，第318—319页。

[3] 脱脱等：《金史》卷一二《章宗纪·赞》，中华书局，1975年，第285页。

号为精密"①,主张在"法唐"的基础上制定金朝各项典章制度。绍兴四年(1134年),金人李聿兴曾对宋朝使臣魏良臣、王绘等人说:"自古享国之盛,无如唐室,本朝目今制度,并依唐制。"②绍兴十四年(1144年),宋朝使者宋之才曾问金朝馆伴使张浩曰:"上国(指金朝)官制莫多用唐朝否?"张浩回答说:"多用唐制。有三省六部,无枢密院,政事尽归都省。"③说明金熙宗时期的官制改革,主要是以唐朝为榜样,学习唐制为多。

二是法律建设方面。据《金史》记载,金章宗时期修成的《泰和律》"凡十有二篇:一曰《名例》,二曰《卫禁》,三曰《职制》,四曰《户婚》,五曰《厩库》,六曰《擅兴》,七曰《贼盗》,八曰《斗讼》,九曰《诈伪》,十曰《杂律》,十一曰《捕亡》,十二曰《断狱》。实《唐律》也"④。称金《泰和律》"实《唐律》也",即认为金朝法律主要沿袭唐律。

三是礼制方面。金代礼制虽然具有多源特点,但还是以学习唐制为多。据《金史》记载,金朝"沿用唐宋故事,置所,讲议礼乐"⑤,并在沿用唐宋礼乐制度的基础上,制定了金朝礼乐制度。在为祖先上尊谥的字数方面,熙宗时大臣程寀曾说,唐朝"追尊高祖以下,谥号或加至十八字。前宋大中祥符间亦加至十六字,亡辽因之"⑥。世宗时一些大臣也说,"唐二十帝,谥号或四字、五字,或七字、九字,惟宣宗十八字,字数各不同"⑦。也就是说,唐朝为祖先上尊谥最高字数为18字,而宋朝和辽朝皇帝为祖先上尊谥最高字数则为16字。金熙宗毫不犹豫地选择了唐朝为祖先上尊谥的最高字数,

---

① 洪皓:《松漠纪闻》,赵永春辑注《奉使辽金行程录》,商务印书馆,2017年,第329页。徐梦莘《三朝北盟会编》卷一六六引《金国闻见录》记载基本相同。

② 王绘:《绍兴甲寅通和录》,赵永春辑注《奉使辽金行程录》,商务印书馆,2017年,第305页。另见《三朝北盟会编》卷一六三,上海古籍出版社,1987年,第1177页;《建炎以来系年要录》卷八一,中华书局,1988年,第1341页。

③ 宋之才:《使金贺生辰还复命表》,赵永春辑注《奉使辽金行程录》,商务印书馆,2017年,第365页。

④ 脱脱等:《金史》卷四五《刑志》,中华书局,1975年,第1024页。

⑤ 脱脱等:《金史》卷三九《乐志上·雅乐》,中华书局,1975年,第882页。

⑥ 脱脱等:《金史》卷一〇五《程寀传》,中华书局,1975年,第2308页。

⑦ 张暐(玮)撰,任文彪点校:《大金集礼》卷四《大定十九年奉上孝成皇帝谥号》,浙江大学出版社,2019年,第67页。

中国古代的"天下""中国"观

为金太祖上18字尊谥,充分反映了金熙宗意欲比隆汉唐的意愿。

四是科举制度方面。金朝在科举选士等方面,也学习唐制,《金史》称,"金承辽后,凡事欲轶辽世,故进士科目兼采唐、宋之法而增损之"①。认为金朝科举制度是在学习唐朝和宋朝科举制度的基础之上创立的。

可见,金朝虽然以历代中国王朝为学习对象,但多以唐朝为榜样,以学唐为多,并取得了重要成就。金朝文史大家元好问曾说:"金源氏有天下,典章法度几及汉唐。"②认为金王朝所取得的成就,可以与汉唐媲美。金元之际的郝经也称大定明昌时期的金王朝"国无弊政,亦无冤民,粲粲一代之典,与唐汉比隆"③。号称金人张师颜撰写的《南迁录》也称,"视昔帝王之盛,汉唐之隆,惟金继之"④,清朝四库馆臣认为《南迁录》是一部伪书,"出于宋人雪愤之词"⑤,出于宋人雪愤之词都能作出如此评价,更能说明金朝确有比隆汉唐之势。

金人一直以唐朝为自己学习的榜样,认同唐朝,学习唐朝,比隆唐朝,与《大金德运图说》所透露出来的认同中国唐朝历史的思想观念完全一致。

---

① 脱脱等:《金史》卷五一《选举志一》,中华书局,1975年,第1129-1130页。

② 脱脱等:《金史》卷一二六《元好问传》,中华书局,1975年,第2742页。此语源自郝经《遗山先生墓铭》,原文称元好问"每以著作自任,以金源氏有天下,典章法度几及汉唐,国亡史兴,已所当为"(周烈孙、王斌校注:《元遗山文集校补》附录,巴蜀书社,2013年,第1395页)。有人认为其语是郝经"对元好问评价之语",并非元好问所言。其实,郝经在这里所说的意思是,"元好问是文章大家,以著作为己任,他(元好问)认为,金源氏有天下,典章法度几及汉唐,金国灭亡了,但金朝历史不能灭亡,元好问认为自己有责任承担起撰写金史的任务"。足见其语并非郝经对元好问评价之语,而是郝经叙述的元好问之语。《金史》完全引自郝经《遗山先生墓铭》,并没有说其语是郝经评价元好问之语,也不会是《金史》作者对元好问评价之语,显然是元好问的思想认识,即元好问之语。

③ 郝经撰,秦雪清点校,张儒审校:《郝文忠公陵川文集》卷三〇《删注刑统赋序》,山西人民出版社,2006年,第416页。

④ 张师颜:《南迁录·序》,见《中国野史集成》第10册影印学海类编本,巴蜀书社,2000年,第385页。

⑤ 永瑢等:《四库全书总目》卷五二《史部·杂史类存目》,中华书局,1965年,第473页。

三、"继辽"与金人对辽朝历史的认同

辽朝是以契丹族为统治者建立的王朝,也自称"中国"和"中国正统",并以继承五代时期石晋(后晋)的金德自居,按金生水的关系确定辽朝为水德。

(一)金人"继辽"观念的提出

据《大金德运图说》"省判"记载,金章宗时期进行德运大讨论时,"秘书郎吕贞干、校书郎赵泌以为圣朝(金朝)先(克)辽国以成帝业,辽以水为德,水生木,国家宜承辽运为木德"[1],明确提出金朝应该继承辽朝德运的"继辽"的观念。吕贞干、赵泌等人主张金朝"继辽水运为木德",就是具有认同辽朝历史为中国历史的意识,不仅认同辽朝为中国正统王朝,也认同金朝是继承辽朝法统的正统王朝,不仅将辽朝排列到中国历史发展谱系之中,也将金朝排列到继辽之后的中国历史发展谱系之中。

金人这种以继承辽朝正统为正统的思想,很早就已经出现了。据史书记载,金政权建立之后,就曾"遣人使大辽,以求封册"[2],就是承认辽朝的正统地位,并希望通过得到辽朝册封,取得合法地位。金人灭亡辽朝以后,就开始以取代辽朝正统自居了。天会四年(1126年)金军攻至北宋首都东京(今河南开封),给宋钦宗的国书中称"今皇帝正统天下,高视诸邦"[3],明确称金政权是继承辽朝正统的正统政权。陈学霖认为金章宗在泰和二年(1202年)十一月"更定德运为土"[4] 之前,曾一度以水德为运,可能是袭用辽朝之水德,[5] 就

---

[1] 《大金德运图说·省判》,台湾商务印书馆1986年影印文渊阁四库全书本,第648册,第313页。

[2] 徐梦莘:《三朝北盟会编》卷三,重和二年正月十日条,上海古籍出版社,1987年,第22页。

[3] 佚名编,金少英校补、李庆善整理:《大金吊伐录校补》第34篇《回札子》,中华书局,2001年,第117页。

[4] 脱脱等:《金史》卷一一《章宗纪三》,中华书局,1975年,第259页。金章宗时期的"德运"讨论,曾想否定金人继承辽朝为正统的观点,但仍存在不同意见。

[5] 陈学霖:《宋金二帝弈棋定天下——〈宣和遗事〉考史一则》,《刘子健博士颂寿纪念宋史研究论集》,同朋舍,1989年。

中国古代的"天下""中国"观

是认为金朝在金章宗之前一直以继承辽朝正统自居的意思。刘浦江认为"袭用前朝之德运在五运说上是讲不通的",而他所主张的金章宗之前以金德为运的说法,在五运学说上也是讲不通的。其实,历史上袭用前朝德运的事例很多,不能据此完全否定陈学霖有关金承辽运的说法。

刘浦江认为在金章宗"更定德运为土"之前,就已经确定以"金德"为运的主要根据有二:一是章宗时讨论德运,翰林学士承旨党怀英主张"宜依旧为金德"①。宣宗朝再议德运,应奉翰林文字黄裳说:"泰和之初,……改金为土。"② 二是大定十五年(1175年)金世宗册封长白山册文有云:"阙惟长白,载我金德。"③ 这两个根据均有值得商榷之处。

刘浦江所说章宗时期,党怀英主张"宜依旧为金德"④,作为金章宗之前金朝以金德为运的证据,但随后就为自己的论述所否定。据《大金德运图说》记载,党怀英所说"宜依旧为金德"的"旧",是附会金太祖建国以金为国号即是以金为德运的意思,党怀英所说"宜依旧为金德"的原文是主张"遵太祖之圣训,有自然之符应,谓宜依旧为金德"⑤,在党怀英看来,金朝建国,以金为国号,既有"太祖之圣训",又"有自然之符应",自然是以金德为运了。党怀英的这种观点与金章宗时期参加德运讨论的朝官李愈的观点完全相同,并被《大金德运图说·省判》的作者作为与李愈观点相同的一种观点而直接书写在李愈的观点之后。而李愈的观点恰是刘浦江所否定的观点,刘浦江称李愈所说"本朝太祖以金为国号,又自国初至今八十余年,以丑为腊(即以金德为运)"⑥的说法"当时即已遭到有力反驳",认为金朝建

---

① 《大金德运图说·省判》,台湾商务印书馆 1986 年影印文渊阁四库全书本,第 648 册,第 312 页。
② 《大金德运图说·应奉翰林文字黄裳议》,台湾商务印书馆 1986 年影印文渊阁四库全书本,第 648 册,第 317 页。
③ 脱脱等:《金史》卷三五《礼志八》,中华书局,1975 年,第 820 页。
④ 《大金德运图说·省判》,台湾商务印书馆 1986 年影印文渊阁四库全书本,第 648 册,第 312 页。
⑤ 《大金德运图说·省判》,台湾商务印书馆 1986 年影印文渊阁四库全书本,第 648 册,第 312 页。
⑥ 《大金德运图说·省判》,台湾商务印书馆 1986 年影印文渊阁四库全书本,第 648 册,第 312 页。

金人的中国历史认同：以《大金德运图说》为中心的讨论

国以金为国号"非关五行之叙"。而李愈所说"自国初至今八十余年，以丑为腊"的说法"也得不到史料支持"。也就是说金太祖建国以"金"为国号，并非按五行之叙确立金朝为"金德"之运，李愈等以金太祖以"金"为国号即是确立为"金德"之运的说法，没有任何史料依据。他们在这里所说的"八十余年"，显然是指金自建国至章宗讨论德运之时。在章宗讨论德运之时，党怀英的观点与李愈相同，既然李愈的观点被否定，那么党怀英的观点也应该被否定，怎么又拿出来作为金人以"金德"为运的证据呢！至于所说金宣宗时黄裳说"泰和之初，……改金为土"，则是指泰和二年（1202年）十一月金章宗在众多朝官讨论德运之后，采纳尚书省建议"更定德运为土"①，根本不能用作金章宗之前金朝以"金"德为运的证据。黄裳虽持继唐土运为金德的观点，但在认为金朝应该以金德为运的问题上，与李愈的观点完全相同，是刘氏其后所说田庭芳"拾李愈之牙慧"之语，因为黄裳也认为"我太祖之兴也，当收国改元之初，谓凡物之不变，无如金者，且完颜部色尚白，则金之正色，自今本国可号大金。神哉斯言……自丑日为腊以来，……干戈偃息者八十余年"②，即认为金朝建国以后即以"金德"为运了，在金朝应该以"金德"为运的问题上，与李愈所论如出一辙，无疑也是"拾李愈之牙慧"之论。被刘氏自己否定的观点，又拿出来作为金人以"金德"为运的证据，自然没有什么说服力。既然李愈等"八十余年，以丑为腊"的说法被否定，那么，"以丑为腊"也就不能作为金世宗时期已经以金德为运的证据了。

世宗册封长白山文"阙惟长白，载我金德"③一语，倒可以算是一个证据。因为，我们可以将这里所说的"金德"理解成五运学说中的"金德"。但是，除这种解释之外，我们还可以将这里的"金德"解释为"金朝之仁德"或"有德之金朝"的意思，"阙惟长白，载我金德"，即是"巍巍长白山，载我金朝之仁德"或"巍巍长白山，载我有德之金朝"的意思，按照这种解释，这里所说的"金"就不是五运学说中的"金德"，而是指金王朝了。

---

① 脱脱等：《金史》卷一一《章宗纪三》，中华书局，1975年，第259页。金章宗时期的"德运"讨论，曾想否定金人继承辽朝为正统的观点，但仍存在不同意见。

② 《大金德运图说·应奉翰林文字黄裳议》，台湾商务印书馆1986年影印文渊阁四库全书本，第648册，第316－317页。

③ 脱脱等：《金史》卷三五《礼志八》，中华书局，1975年，第820页。

中国古代的"天下""中国"观

这种解释与金世宗一直强调"有德"者为正统,大力倡导仁德,主张以仁治国的一贯思想主张高度吻合①。此外,金人张行信在宣宗朝讨论德运时曾说"本朝始祖已肇迹于东气,王于长白,祚衍于金源,奕世载德,遂集大统"②。张行信所说"王于长白""奕世载德"几乎与世宗长白山册文"阙惟长白,载我金德"之意完全一致。如是,我们完全可以认为,金世宗长白山册文里所说的"金德",与五运学说中的"金德"没有任何关系③。

(二)金章宗之前"继辽"观念的应用

"继辽"观念虽然是在金章宗德运讨论时正式提出,但其观念在金代社会中应用则是很早的事情。上述金太祖建国时请辽册封、金太宗灭辽以后声称"今皇帝正统天下"④,即是"继辽"观念的应用,金熙宗以后两次修《辽史》,也是"继辽"观念的应用。

据《金史》记载,金朝第一次修《辽史》是在金熙宗皇统年间,先由移

---

① 赵永春:《金人自称"正统"的理论诉求及其影响》,《学习与探索》2014年第1期。
② 《大金德运图说·右谏议大夫吏部侍郎张行信议》,台湾商务印书馆1986年影印文渊阁四库全书本,第648册,第319页。
③ 其实,金章宗之前,金朝官方并没有按照"五德终始"学说确定金朝的"德运",如果说金世宗时期已经确定了金德之运,那么,金章宗时期为什么还要大规模讨论金朝德运呢?难道是金章宗不满意金德之运吗?从现存史料完全看不出金章宗不满意金德之运的记述,反而能看出金章宗之前没有确定德运的痕迹。正由于金章宗以前没有确定"德运",才出现了各种各样的说法,如有人说金朝以"金德"为运(金章宗和金宣宗德运讨论时,李愈、党怀英、黄裳、田庭芳等人称金朝建国以金为国号就是以"金德"为运,见《大金德运图说》,台湾商务印书馆影印文渊阁四库全书本,第648册,第312、316、320页);有人说金朝以"水德"为运(徐梦莘:《三朝北盟会编》卷二四四,引张棣《金虏图经》,上海古籍出版社,1987年,第1752页;《宣和遗事·前集》,王云五主编《丛书集成初编》,商务印书馆,1939年,第3889册,第48页。另见《新编宣和遗事·前集》,《丛书集成新编》,台北新文丰出版公司。1980年,第81册,第546页),还有人说金朝以"火德"为运(脱脱等:《金史》卷一〇七《张行信传》记载,参议官王浍尝言"本朝初兴,旗帜尚赤,其为火德明矣",中华书局,1975年,第2366页)等等,不过是个别人或部分人,包括皇帝、大臣以及民间的没有文本依据的各种附会的说法而已。
④ 佚名编,金少英校补、李庆善整理:《大金吊伐录校补》第34篇《回札子》,中华书局,2001年,第117页。

剌固负责修《辽史》，后由萧永祺负责，并于皇统八年（1148年）修成。①刘浦江虽然主张金世宗时期已经以"金德"为运，不赞成金朝以继承辽朝正统为正统的观点，但他在同一篇文章里又说"按照中国史学的传统观念，某个王朝纂修前朝的历史，就无异于承认本朝是前朝法统的继承者，金朝曾两度纂修《辽史》，其中第二次从大定二十九年（1189年）至泰和七年（1207年），前后竟达18年之久"，又据金朝末年修端《辩辽宋金正统》所说，章宗"选官置院，创修《辽史》，后因南宋献缄告和，臣下奏言靖康间宋祚已绝，当承宋统，上乃罢修《辽史》"等有关记述，认为金朝修《辽史》就是继承辽朝法统，而罢修《辽史》则是因为金朝改为继承北宋火德而为土德之运。②按照刘氏这种金修《辽史》就是承认金朝是辽朝法统继承者、罢修《辽史》就是不承认其是辽朝法统继承者的说法，在金章宗泰和七年（1207年）罢修《辽史》之前金朝持继承辽朝正统而自为正统的思想就是确定无疑之事了。刘浦江虽然反对金承辽运而认为金章宗之前已经确立了"金德"之运，他又通过这些论述，将自己所说的金世宗时期已经确立"金德"之运的说法彻底否定了。

　　实际上，不仅金章宗之前没有否定继承辽朝正统的意思，就是金章宗在德运讨论之初也没有否定继承辽朝正统的意思，他曾说"吕贞干所言继辽底事，虽未尽理，亦可折正"③，认为吕贞干所提出的"继辽水运为木德"的观点也可以讨论，就是没有否定吕贞干等人主张的"继辽"的观点。直至泰和二年（1202年），章宗采纳一些尚书省官员继承北宋正统的意见以后，虽有否定继承辽统的意思，但并未完全否定继承辽统，直至泰和七年（1207年）罢修《辽史》，才真正有了否定继承辽朝正统的意思。

（三）金章宗之后"继辽"观念的存续

　　金章宗泰和二年（1202年）"更定德运为土"、泰和七年（1207年）罢修《辽史》，虽然否定了金朝继承辽朝正统的观点，但持继承辽朝正统观点的金人仍

---

① 脱脱等：《金史》卷四《熙宗纪》、卷八九《移剌子敬传》、卷一二五《萧永祺传》，中华书局，1975年，第84、1988、2720页。
② 以上所引刘浦江的观点，均见《德运之争与辽金王朝的正统性问题》，《中国社会科学》2004年第2期。
③ 《大金德运图说·议》，台湾商务印书馆1986年影印文渊阁四库全书本，第648册，第315页。

中国古代的"天下""中国"观

然大有人在。如贞祐二年（1214年）金宣宗重新讨论德运时，黄裳虽持越辽、宋而继唐的观点，未持金朝应该继承辽统为正统之说，但他并未否定辽朝的历史地位。他曾说，北宋"与契丹通好，其实事之"，认为北宋曾服事契丹，辽与北宋地位应该平等，不应认为辽朝低于北宋，因称"辽亦尝灭晋而得中原矣，本朝实先取辽，何独不继哉？既闰辽矣，而宋独不可闰乎"①？即认为，金朝先取辽，按理说应该继承辽统。既然没有选择继承辽统，将辽朝列入闰位，那么，也不应该继承北宋之统，也应该将北宋列入闰位，而直接继承唐统。这种对辽、宋同等看待的思想，显然是没有否定辽、宋历史地位的意思，也蕴含有认同辽朝历史的意思。另据修端《辩辽宋金正统》记载，金朝灭亡的那一年（1234年），几位金朝遗民在讨论将来应该如何修撰金朝历史时，有人主张将辽、金二史附于宋史，以为载记。修端则坚决反对，谓"辽自唐末，保有北方，又非篡夺，复承晋统，加之世数名位，远兼五季，与前宋相次而终，当为北史；宋太祖受周禅，平江南，收西蜀，白沟迤南悉臣于宋，传至靖康，当为宋史；金太祖破辽克宋，帝有中原百余年，当为北史；自建炎之后，中国非宋所有，宜为南宋史"②。修端主张，将来修史时，辽史和金史一并为"北史"，就是一种以金继辽为正统的思想。足见，金自建国直至金末，一直有人主张金朝应该继承辽统，这是金人认同辽朝历史为中国历史的一种表现，与金人多所承辽的历史实际相吻合。

（四）金人对辽朝历史的认同

金人虽欲越辽、宋而比隆汉唐，但对辽朝历史也具有认同意识，并多所承袭。史称，"金制多仍辽旧"③"立国之初，多沿辽制"④"朝廷议制度礼

---

① 《大金德运图说·应奉翰林文字黄裳议》，台湾商务印书馆1986年影印文渊阁四库全书本，第648册，第316—317页。

② 修端：《辩辽宋金正统》，苏天爵《国朝文类》卷四五《杂著》，张元济等辑《四部丛刊初编》，商务印书馆，1922年，第2028册，第5页B面。关于修端《辩辽宋金正统》之系年，学界有不同认识，李治安依据文中有"今年春正月，攻陷蔡城"一语，考订其文撰于元太宗六年甲午（1234年），即金朝灭亡的那一年（参见李治安：《修端〈辩辽宋金正统〉的撰写的年代及正统观考述》，南京大学元史研究室编《内陆亚洲历史文化研究·韩儒林先生纪念文集》，南京大学出版社，1996年，第243页），今从其说。

③ 《钦定续文献通考》卷二八《土贡考》，《万有文库·十通》第八种，商务印书馆，1936年，第1册，第3045页。

④ 宇文懋昭撰，崔文印校证：《大金国志校证》卷三五《诰敕》，中华书局，1986年，第507页。

乐，往往因仍辽旧"①"袭辽制，建五京，置十四总管府"②"燕山既下，循辽制立枢密院于广宁府"③"立法设刑，悉遵辽制"④"金之制度，大抵多袭辽旧"⑤，科举考试"以经传子史内出题，次又令逐年改一经，亦许注内出题，以《书》《诗》《易》《礼》《春秋》为次，盖循辽旧也"⑥"大定以后，杂用辽制"⑦，礼俗也多"因辽旧俗"⑧"印玺之传，尚循于辽旧"⑨"国初就用辽宝"⑩"金初因辽诸抹而置群牧"⑪"与夏约和，用辽故礼"⑫，与高丽交往"一依事辽旧制"⑬，等等。说明金人对辽朝历史也具有认同意识，这与《大金德运图说》所反映的辽朝历史认同意识，是完全一致的。

四、"继宋"与金人对宋朝历史的认同

北宋政权建立后，在认同唐朝土德的基础上，不承认后梁为正统，按后唐袭用唐朝土德、后晋继承后唐土德为金德、后汉继承后晋金德为水德、后周继承后汉水德为木德的排列顺序，以北宋继承后周木德自居，按木生火的关系确定北宋为火德（如图1所示）。

---

① 脱脱等：《金史》卷七〇《完颜宗宪传》，中华书局，1975年，第1615页。
② 脱脱等：《金史》卷二四《地理志上》，中华书局，1975年，第549页。
③ 脱脱等：《金史》卷四四《兵志》，中华书局，1975年，第1002页。
④ 徐梦莘：《三朝北盟会编》卷二四四引张棣《金虏图经》，上海古籍出版社，1987年，第1754页。
⑤ 苏天爵：《滋溪文稿》卷四《金进士盖公墓记》，中华书局，1997年，第55页。
⑥ 李世弼：《金登科记序》，王恽《玉堂嘉话》卷五，中华书局，2006年，第129页。
⑦ 元好问：《辅国上将军京兆府推官康公神道碑铭》，张金吾《金文最》卷一〇三《墓碑》，中华书局，1990年，第1496页。
⑧ 脱脱等：《金史》卷三五《礼志八》，中华书局，1975年，第826页。
⑨ 佚名撰，任文彪点校：《大金集礼》卷三〇《舆服下·宝》，浙江大学出版社，2019年，第299页。
⑩ 脱脱等：《金史》卷三一《礼志四》，中华书局，1975年，第765页。
⑪ 脱脱等：《金史》卷四四《兵礼》，中华书局，1975年，第1004页。
⑫ 脱脱等：《金史》卷八三《张汝弼传》，中华书局，1975年，第1870页。
⑬ 脱脱等：《金史》卷一三五《高丽传》，中华书局，1975年，第2885页。

中国古代的"天下""中国"观

（一）金人"继宋"观念的提出

在金章宗和宣宗时期的德运讨论中，持"继宋火运为土德"观点之人，就是认同北宋历史为中国历史的突出表现。据《大金德运图说·省判》记载，金章宗时期的德运讨论，持"继宋火运为土德"观点的人，主要是太常丞孙人杰，他认为"宋运已绝。礼官所以言不及宋，而委曲拟承唐者，意以为宋犹未绝，岂彼之心不欲以绝宋乎"[①]？意思是说，金灭北宋以后，北宋的德运也随之灭绝。有一些人主张直接继承唐朝德运，恐有认为宋运未绝之意，是不是这些人不愿意绝断宋运呢？因此，他主张继承北宋火运而为土德，同时将南宋列入非正统之闰位。持此观点的人还有大理卿完颜萨喇、直学士温特赫大兴、应奉完颜恩（乌）楚、弘文校理珠嘉珠敦[②]、郭仲容、孙人鉴[③]等人。章宗采纳了这一派人的意见，于泰和二年（1202年）下诏"更定德运为土"。

（二）"继宋"观念的坚守

章宗虽然做出了金朝以承宋火德而为土德的决定，但由于"土德"与金朝国号之"金"、女真尚白以及太祖时期的符瑞等不相符合，那些主张金朝应该以"金德"为运之人仍有异议。于是，宣宗又重新组织一次德运大讨论。

宣宗时期的德运讨论，从五德学说方面看，主要演变成"土德"与"金德"之争。如果从继承关系方面看，当时主要形成"继唐""继宋""继伪齐"和"不论所继只为金德"几种意见。章宗时期吕贞干等人提出的"继辽"的观点，宣宗时较少有人提及；"继伪齐"的观点，即以伪齐继承北宋火德为土德，金朝再继承伪齐土德而为金德，其观点也很少有人认同；"不论所继只为金德"的观点，即是不去考虑继承历史上的任何朝代，干脆独断

[①]《大金德运图说·省判》，台湾商务印书馆1986年影印文渊阁四库全书本，第648册，第313页。

[②]《大金德运图说·省判》，台湾商务印书馆1986年影印文渊阁四库全书本，第648册，第313页。

[③]《大金德运图说·翰林待制兼侍御史完颜乌楚议》称郭仲容、孙人鉴在章宗时期持"继宋火运为土德"观点，台湾商务印书馆1986年影印文渊阁四库全书本，第648册，第317页。

金朝为金德的意思,这种观点,在金宣宗时期的德运讨论中,虽然呈上升趋势,但这种观点不讲究继承关系,我们无法从中窥视金人的中国历史认同观念。因此,从继承关系方面看,宣宗时期的德运讨论,主要的还是表现为"继唐"和"继宋"之争,我们可以从中窥视出金人对中国唐朝历史和宋朝历史的认同观念。

由于金章宗曾说过"继唐底事,必定难行"①,主张继唐之人明显减少,而主张继承北宋之人则明显增多。在宣宗时期上议状的18人之中,只有3人持"继唐土运为金德"的观点,加上章宗时期持此观点、宣宗时期又参与讨论但不见所上议状的张行简,也只有4人。而持继宋观点的人则有10人之多,超过19人中的一半。

在持"继宋"观点的10人之中,完颜乌楚、王仲元、赵秉文、崔伯祥4人主张"继宋火运为土德",谓"宋为火德,火德已绝,火生土,我为土德"②,又谓"圣朝(金朝)之兴,并灭辽、宋,俘宋二主,迁其宝器,宋为已灭。章宗皇帝宸断,以土继火,已得中当"③。认为北宋火德已经绝灭,主张沿袭章宗"继承北宋火德而为土德"的宸断,不必更改金朝的土德之运。这种"继宋"观念的坚守,虽然为一些人所赞赏,但所确定的土德与金朝国号之"金"则不相统一,仍为一些人所诟病。

(三)"继宋"的新思路

为了解决"继宋"与"金德"不相统一的问题,穆颜乌登、纳塔谋嘉、阿里哈希卜苏、富察伊尔必斯、完颜伊尔必斯、完颜伯特6人,又提出了一种新的"继宋"方案。他们虽然也主张"继宋",但他们认为北宋自己确定的德运承袭谱系,即唐承隋为土德、后唐因袭唐朝的德运也为土德、后晋则承后唐土德为金德、后汉承后晋金德为水德、后周承后汉水德为木德、北宋承后周木德为"火德"的承袭顺序有误而"自失其序",谓:

---

① 《大金德运图说·议》,台湾商务印书馆1986年影印文渊阁四库全书本,第648册,第314页。"省判"也有相同记载。

② 《大金德运图说·翰林待制兼侍御史完颜乌楚议》,台湾商务印书馆1986年影印文渊阁四库全书本,第648册,第317页。

③ 《大金德运图说·翰林直学士、中大夫兼太常少卿、提点司天台赵秉文议》,台湾商务印书馆1986年影印文渊阁四库全书本,第648册,第318页。

中国古代的"天下""中国"观

> 李唐王以土德,其后,朱梁不能混一天下,不得附于正统,诚为然矣。而后唐本姓朱邪,非李唐之苗裔,而强附于土德,究其失,则后唐当为金,石晋为水,刘汉为木,后周为火,亡宋为土","今若正其宋失,更火为土,则本朝取宋,自为金德。①

即认为五代时期的后梁不列入正统是正确的,但后唐为沙陀人李存勖父子所建,并非李唐苗裔,不应该因袭唐朝的土德之运,而应该按土生金的相生关系确定为金德之运,后晋则应以继承后唐金德的关系而为水德之运,后汉则应以继承后晋水德的关系而为木德之运,后周应以继承后汉木德的关系而为火德之运,北宋则应以继承后周火德的关系而为"土德"(北宋自己确定为"火德"是自失其序)之运,金朝则以继承北宋土德的关系而为金德之运。这种观点虽然也是主张金朝应以金德为运,但从继承关系方面看,则属于金朝"继宋"的观点。这种继宋的观点,并非继承北宋自己所确定的火德之运,而是继承他们所更改的北宋应为的土德之运,按照土生金的关系,金朝自然就是金德之运了。这种试图通过改变北宋自己所确定火德的办法以使金朝继宋而为金德的观点,实际上就是想方设法将继宋的观点附会为金朝应该以金德为运的观点,将继宋与金德统一起来,并与金朝国号之"金"、女真尚白、太祖时期出现符瑞等现象相呼应。

从金宣宗时期的德运讨论来看,不仅主张承宋的穆颜乌登等人认为北宋自为"火德"是"自失其序",就连持其他观点的人,也有人认为北宋自为"火德"是"自失其序"。比如,持"继唐土运为金德"观点的黄裳就认为北宋"妄为火德"②,张行信也认为,"宋昧于所承,自称火德,逆统失次"③,持"不论所继只为金德"观点的右拾遗田庭芳,也认为北宋"继柴周以为火

---

① 《大金德运图说·朝请大夫应奉兼编修穆颜乌登等议》,台湾商务印书馆1986年影印文渊阁四库全书本,第648册,第319-320页。

② 《大金德运图说·应奉翰林文字黄裳议》,台湾商务印书馆1986年影印文渊阁四库全书本,第648册,第316页。

③ 《大金德运图说·右谏议大夫吏部侍郎张行信议》,台湾商务印书馆1986年影印文渊阁四库全书本,第648册,第319页。

德,是其自失唐之正统之序""宋已失序,固非为火之正"①。这些人虽然没有持金朝应该继承北宋德运的观点,但认为北宋自定火德已失其序的理念,仍为持金朝应该"继宋土德(认为宋以火德为运自失其序)为金德"之观点提供了一些理论依据。

(四) 金人对宋朝历史的认同

实际上,无论是主张"承宋火德为土德",还是主张"承宋土德为金德",都主张金朝的德运应该继承北宋的德运,无疑是对北宋是中国正统王朝的一种承认,是金人认同北宋历史为中国历史的一种突出表现。

持"承宋火德为土德"观点之人,确有承认北宋为中国正统而否认南宋为中国正统的意思,但持其他观点之人似乎并没有全部否认南宋的中国正统地位。比如,在金朝德运问题讨论时,有人就提出那些反对继承宋运的人是"意以为宋犹未绝,岂彼之心不欲以绝宋乎"②? 即认为那些反对继承宋运的人认为宋运未绝,仍为南宋所沿袭,无疑是对南宋也是中国正统的一种承认。到金章宗确定继承北宋火德为土德之后,似乎不承认南宋为中国正统的观点就已经形成为定论,但实际情况亦非完全如此,在金朝大臣中仍然存在不同认识。如在金朝灭亡的那一年(1234年),几位金朝遗民在讨论将来应该如何修撰金朝历史时,有人主张将辽、金二史附于宋史,无疑是对包括南宋在内的宋朝是中国正统的一种承认。而那些反对将辽、金二史附于宋史的人,则主张以北宋的历史为《宋史》,"自建炎之后"的历史为"南宋史"③,也没有否定南宋的中国正统地位。说明金章宗确定继承北宋德运以后,仍然有人在认同北宋为中国正统王朝的同时,也认同南宋为中国正统王朝。

金人虽有"欲跨辽、宋而比迹于汉唐"④ 之志,但金朝受宋朝的影响还

---

① 《大金德运图说·右拾遗田庭芳议》,台湾商务印书馆 1986 年影印文渊阁四库全书本,第 648 册,第 320-321 页。

② 《大金德运图说·省判》,台湾商务印书馆 1986 年影印文渊阁四库全书本,第 648 册,第 313 页。

③ 修端:《辩辽宋金正统》,苏天爵《国朝文类》卷四五《杂著》,张元济等辑《四部丛刊初编》,商务印书馆,1922 年,第 2028 册,第 5 页 B 面。

④ 脱脱等:《金史》卷一二《章宗纪·赞》,中华书局,1975 年,第 285 页。

中国古代的"天下""中国"观

是很大的。史称"熙宗颁新官制及换官格,除拜内外官,始定勋封食邑入衔,而后其制定。然大率皆循辽、宋之旧"①"金有国七十年,礼乐刑政因辽、宋旧制"②。章宗即位以后,曾"诏有司稽考典故,许引用宋事"③,对学习宋朝文化,谈论宋事均不加禁止。"金章宗明昌五年(1194年)置所讲议礼乐,尺律仍用宋大晟乐制"④,章宗曾说"观宋人论乐,以为律主于人声,不当泥于其器,要之在声和而已","于是,命礼部符下南京,取宋旧工,更铸辰钟十有二"⑤。可见,金朝的典章礼乐制度,都是在学习宋朝典章礼乐制度的基础上完成的,说明金朝对宋朝历史一直具有认同意识。这与《大金德运图说》所反映出来的金人认同宋朝历史为中国历史的思想观念,也完全吻合。

五、结 语

金人自称"中国"和"中国正统",并试图按照"五德终始"学说,将自己排列到中国历史发展谱系和中国正统发展谱系之中。毫无疑问,金人试图承袭的历史发展谱系和正统发展谱系就应该属于他们所认同的中国历史发展谱系和中国正统发展谱系。

战国以来,构建了一种单线性中国历史发展谱系的"五德终始"学说,为各个朝代所沿袭。各个朝代为了说明自己政权的合法性,都想方设法把自己排列到这一谱系之中,形成了中国历史单线性发展模式。这种由"五德终始"学说构建的中国历史单线性发展谱系,获得了金人的赞赏和认同。《大金德运图说》收录的中国历代王朝德运承袭图,就是金人在归纳和总结中国历史上各个朝代德运承袭的基础上编制成的一幅中国历史发展谱系图。金人编制的这幅中国历史发展谱系图,基本上符合中国历史上各个朝代所确定的

---

① 脱脱等:《金史》卷五五《百官志一》,中华书局,1975年,第1216页。
② 脱脱等:《金史》卷七三《完颜守贞传》,中华书局,1975年,第1689页。
③ 脱脱等:《金史》卷九《章宗纪一》,中华书局,1975年,第209页。
④ 《钦定续文献通考》卷一○六《乐考·律吕制度》,商务印书馆,1936年,第3733页。
⑤ 脱脱等:《金史》卷三九《乐志上·雅乐》,中华书局,1975年,第883页。

德运及其承袭关系，说明金人对中国历史发展谱系具有高度认同意识。金人虽然认同中国历史上按照"五德终始"学说构建的中国历史单线性发展谱系，但从他们编制的这幅中国历史发展谱系图来看，又不完全赞成中国历史单线性发展模式，而是夹杂一些复线性发展模式的内容。

金人编制的德运承袭图，在叙述魏晋南北朝德运承袭之时，不仅将华夏、汉族王朝列入中国正统发展谱系之中，也将一些少数民族政权列入中国正统发展谱系之中，将"五德终始"学说的单线性发展模式改为复线性发展模式。不仅认同以汉族为统治者建立的三国、东晋、南朝的历史为中国历史的组成部分，也认同以少数民族为统治者建立的十六国和北朝的历史为中国历史的组成部分，具有少数民族也可以称正统的思想观念。该图将蜀、吴平行列在魏国（正统）两边，又在西晋以后南北两个正统分支旁边标注有不在南北两个正统分支单线性发展谱系之中的南燕、后燕、北燕、姚秦、赫连夏等政权，表明金人也认同这些政权是中国历史上建立的政权，具有正统与非正统都是"中国"的思想观念，与"五德终始"学说的单线性发展模式也不相符。

隋唐之后，中国历史的单线性发展模式又遇到了新的冲击和挑战。金人为了彰显自己政权的合法性，拾取历史上的"五德终始"理论，试图将金政权也纳入"五德终始"这一单线性历史发展谱系之中，与辽宋金复线历史发展实际发生了冲突，因此，在如何将金朝纳入单线性历史发展谱系之中的问题上，出现意见分歧。有人主张金朝应该通过继承唐朝德运进入中国历史发展谱系，有人主张通过继承宋朝德运进入中国历史发展谱系，还有人主张通过继承辽朝德运进入中国历史发展谱系，等等。后来，章宗不顾学者和官员们意见分歧，毅然决定通过继承北宋德运进入中国历史发展谱系，并以"更定德运为土"诏告天下，将本属于复线性发展的中国历史，强行纳入单线性历史发展谱系之中。金章宗试图通过诏告天下的方式，统一国人有关中国历史单线性发展谱系的认识，但实际上并没有收到预期效果，金人对金朝德运问题仍然存有不同意见，于是，又出现宣宗时期德运问题的继续讨论。

金人在德运讨论时分别形成继唐、继宋、继辽的不同意见，表面上看，似乎是一些人分别仅仅认同唐朝历史、宋朝历史和辽朝历史，同时排斥其他朝代历史的中国历史单线性发展的问题。但实际情况并非完全如此，比如，

241

中国古代的"天下""中国"观

持"继唐土运为金德"观点的学者和官员，具有认同唐朝为中国正统的意识是没有任何疑问的，但从他们相关论述中，虽然具有否定五代和辽、宋是"正统"王朝的意思，但并没有否定这些政权在中国历史中的地位。如黄裳就曾指出，"汴宋尝帝中原"，并没有否定北宋曾是中原大国的意思。又说"辽亦尝灭晋而得中原矣"，北宋"与契丹通好，其实事之"，也没有否定辽朝历史地位的意思。说明，黄裳虽然主张将宋、辽列入"五德终始"学说单线性中国历史发展谱系中的非正统之闰位，但仍然承认宋、辽在中国历史中的地位。孙人杰也曾认为那些主张承唐者，"意以为宋犹未绝，岂彼之心不欲以绝宋乎"？也认为持继唐观点的人没有否定宋朝的意思。持"继宋火德为土德"观点的人，主张由宋上承唐朝，都承认唐朝的正统地位。持这种观点之人虽然具有将辽列入闰位的意思，但又承认章宗之前两修《辽史》以及事实上多所承辽之事实，亦没有否认辽朝历史地位的意思。持"继辽水德为木德"观点的人，也承认唐朝的正统地位。虽有将宋朝列入闰位的意思，但也没有否认宋朝是中原大国、金朝多所承宋的历史事实。因此，到了金朝末年，仍然有人主张以辽金历史为北史、两宋史为宋史和南宋史的多统观点，显然是认同唐、宋、辽历史都是中国历史发展谱系中一员的意思。说明这一时期的历史并非单线性发展谱系而是复线性发展谱系。也就是说，金人在讨论德运问题时出现的继唐、继宋、继辽的不同意见，表面上看分属于认同唐朝历史、宋朝历史、辽朝历史的问题，实质则是对唐朝历史、宋朝历史和辽朝历史均具有认同意识的一种表现，是对当时的中国历史并非单线性发展而是复线性发展的历史实际的认同。金章宗和宣宗时期的德运讨论，试图将"五德终始"学说这一单线性中国历史发展谱系强加于复线性历史发展实际之中，出现了"五德终始"学说这一单线性中国历史发展谱系的理论对复线性发展的中国历史实际解释的苍白和矛盾，才使这一大规模德运讨论出现严重分歧，并出现持"不论所继只为金德"一派的观点呈上升趋势，最终导致"五德终始"学说这一单线性中国历史发展模式的理论逐步走向终结。

（本文以《中华民族共同体视域下金人的"中国"历史认同——以《大金德运图说》为中心的讨论》为题，发表于《陕西师范大学学报》2022年第1期）

辽宋夏金时期"中国"认同的
主要特征及其发展趋势

辽宋夏金时期是民族政权并立时期,各个政权的"中国观"和"中国认同"不仅关系到各个政权的"中国性"问题,还关系到统一的多民族的"中国"及其疆域的形成问题。近年来,有关辽宋夏金的"中国观"及"中国认同"问题,逐渐引起学者关注,发表一系列文章[①],是十分可喜的现象。但这些研究多就某一政权的"中国观"或"中国认同"问题进行探讨,少有对这一时期的"中国观"及"中国认同"问题进行综合论述的文章问世,且在各个政权的自我"中国"认同问题尤其是各个政权对同时存在的"他者"的不同政权的认同问题等方面,还存在这样和那样的不同认识,等等。因此,有必要对辽宋夏金这一历史时期的"中国"认同问题进行综合考察,从中总结出这一历史时期"中国"认同的特点及其发展趋势。

一、辽宋夏金都自我认同为"中国"

辽宋夏金时期虽然是民族政权并立且经常打得不可开交的时期,但却出现

---

① 近年来发表的辽宋夏金"中国观"和"中国认同"的论著和文章主要有:赵永春:《试论辽人的"中国"观》(《文史哲》2010年第3期);王明荪:《北宋的中国观:以"中国"词称为主的讨论》(《宋学研究集刊》第二辑,浙江大学出版社,2010年)、《南宋及金朝的"中国观"》(《第三届海峡两岸宋代社会文化学术研讨会论文集》,浙江大学出版社,2013年);赵永春:《试论金人的"中国"观》(《中国边疆史地研究》2009年第4期);熊鸣琴:《金人"中国"观研究》(上海古籍出版社,2014年)、《金人"中国"观特质新论》(《江西社会科学》2014年第8期),等等。

中国古代的"天下""中国"观

了一个十分有趣的现象,那就是辽、宋、夏、金各个政权都自我认同为"中国"。

辽人自建国伊始就自我认同为"中国"。他们自称"炎黄子孙"[1],辽太祖耶律阿保机慕汉高祖刘邦,故改契丹耶律氏为刘氏,又"以乙室、拔里比萧相国(萧何),遂为萧氏"[2],认同刘氏和萧氏为其先祖。辽太祖曾经问大臣:"受命之君,当事天敬神。有大功德者,朕欲祀之,何先?"大臣们多主张先敬祀佛教。辽太祖不同意,说:"佛非中国教。"辽太祖长子耶律倍说:"孔子大圣,万世所尊,宜先。"辽太祖听后,非常高兴,立即"建孔子庙,诏皇太子春秋释奠"[3]。在这里,辽太祖明确表达了佛非中国教,中国人不能首先尊崇佛教。我们是中国人,应该尊崇中国的大圣人孔子创立的儒教的思想。自我认同为"中国"的意思十分明显。辽道宗时期,大臣刘辉曾上书说:"西边诸番为患,士卒远戍,中国之民疲于飞挽,非长久之策。为今之务,莫若城于盐泺,实以汉户,使耕田聚粮,以为西北之费。"[4] 即用"中国"一词指称契丹人。辽天祚帝时期刻写的《鲜演大师墓碑》中有"大辽中国"一语,[5] 也称大辽为"中国"。说明辽人一直自我认同为"中国"。

北宋和南宋自我认同为历史上汉族政权和中原政权的接续者,一直自称"中国",并无疑义。如,北宋大臣苏洵说"国家分十八路,河朔、陕右、广南、川峡实为要区。何朔、陕右,二虏之防,而中国之所恃以安"[6]。所说"国家分十八路",即指北宋天圣年间以后设置的18路,所使用"中国"一词,与"二虏"对举,无疑是指北宋国家十八路管辖地区,用以指称北宋"国家"的意思十分清楚。宋仁宗"尝服美玉带,侍臣皆注目。上还宫,谓内侍曰:'侍臣目带不已,何耶?'对曰:'未尝见此奇异者。'上曰:'当以遗虏主。'左右皆曰:'此天下至宝,赐外夷可惜。'上曰:'中国以人安为宝,此何足惜!'

---

[1] 赵永春:《契丹自称"炎黄子孙"考论》,《西南大学学报》2012年第6期。
[2] 脱脱等:《辽史》卷七一《后妃传序》,中华书局,1974年,第1198页。
[3] 脱脱等:《辽史》卷七二《义宗倍传》,中华书局,1974年,第1209页。
[4] 脱脱等:《辽史》卷一〇四《刘辉传》,中华书局,1974年,第1455页。
[5] 向南:《辽代石刻文编·天祚编·鲜演大师墓碑》,河北教育出版社,1995年,第668页。
[6] 苏洵著,曾枣庄、金成礼笺注:《嘉祐集笺注》卷四《衡论·重远》,上海古籍出版社,1993年,第100页。"何朔",宋刻本作"河朔",是。此处作"何",误。

臣下皆呼万岁"①。宋仁宗欲将天下至宝"美玉带"赠送"虏主",谓"中国以人安为宝,此何足惜"! 所说"中国"无疑是指北宋。北宋末年,方腊在起兵反宋时曾说:"岁赂西北二虏银绢以百万计,皆吾东南赤子膏血也。二虏得此益轻中国,岁岁侵扰不已。"② 文中称契丹、西夏为"二虏",所说"中国"也是指北宋。南宋人李心传在《建炎以来朝野杂记》一书中列举了张俊、陈思恭、吴玠、韩世忠、杨沂中、刘锜、李宝、邵宏渊、虞允文、张子盖等南宋将领自建炎三年(1129年)十二月以来,率军打败金人的一些战役以后,说"此皆渡江以来中国胜捷之可称者也"③,即是称渡江而南并建都于临安的南宋为"中国"。南宋中后期,权臣韩侂胄北伐金国,宋将吴曦叛附金国,李道传十分愤怒,遣其客间道持书遗安抚使杨辅曰:"彼素非雄才,犯顺首乱,人心离怨,因人心而用之,可坐而缚也。诚决此举,不惟内变可定,抑使金知中国有人,稍息窥觊。"④ 称捕获叛臣吴曦可以使金朝知道"中国有人",所说"中国"无疑是指南宋。南宋后期,大臣乔行简曾说"金有必亡之形,中国宜静以观变"⑤,真德秀也曾上疏说"金有必亡之势,亦可为中国忧。盖金亡则上怙下嬉,忧不在敌而在我,多事之端恐自此始"⑥。所说"中国"与"金"对举,无疑都指南宋。可见,北宋和南宋自始至终都自我认同为"中国"。

李元昊建立的西夏,虽然没有明确地自称"中国",但自我认同为"中国"的思想意识时时隐现。如,建立西夏政权的李元昊曾说"臣祖宗本出帝胄,当东晋之末运,创后魏之初基"⑦,自称其先祖为北魏拓跋氏,因袭北魏

---

① 王明清:《挥麈录·前录》卷一,引李和文《遗事》,中华书局,1961年,第6页。
② 方勺:《青溪寇轨》,《全宋笔记》第二编第8册,大象出版社,2006年,第236页。
③ 李心传:《建炎以来朝野杂记》甲集卷一九《边防一·十三次战功》,中华书局,2000年,第449页。
④ 脱脱等:《宋史》卷四三六《李道传传》,中华书局,1977年,第12945页。
⑤ 脱脱等:《宋史》卷四一七《乔行简传》,中华书局,1977年,第12489页。
⑥ 脱脱等:《宋史》卷四三七《真德秀传》,中华书局,1977年,第12958页。
⑦ 脱脱等:《宋史》卷四八五《夏国传》上,中华书局,1977年,第13995页。《西夏书事》卷一三记载相同;司马光《涑水记闻》卷一一作"臣本自祖宗出于帝胄,当东晋之末运,创后魏之初基"(中华书局,1989年,第212页);李焘《续资治通鉴长编》卷一二三宝元二年正月辛亥条作"臣祖宗本后魏帝赫连之旧国,拓跋之遗业也"(中华书局,1985年,第2893页)。所记文字稍异。

中国古代的"天下""中国"观

孝文帝"改姓为元氏"① 而"改姓元氏"②。建立北魏政权的拓跋鲜卑，自称黄帝子"昌意少子"之后，谓"黄帝以土德王，北俗谓土为托，谓后为跋"③，因称自己为鲜卑拓跋氏。鲜卑拓跋氏一直自称"炎黄子孙"，李元昊自称拓跋鲜卑之后，也就是自称"炎黄子孙"，就是要效仿拓跋鲜卑建立北魏政权而称帝建国。西夏使者贺九言明确表达了这方面的意思，他说"元昊为众所推，盖循拓跋之远裔，为帝图皇，又何不可"④？范仲淹写信给李元昊，称："大王又以拓跋旧姓之后，且尧、舜、禹、汤固有后裔，复可皆立为帝。若大王之国，有强族称单于鲜卑之后，俱思自立，大王能久安乎？此大王未思之甚也。"⑤ 表达了即使是"炎黄子孙"，也不能每个人都要建立政权的思想。说明西夏李元昊确实曾自称拓跋鲜卑之后，自称"炎黄子孙"。学界对西夏拓跋氏族源是否为鲜卑拓跋氏问题，存有不同看法，有人认为西夏自我认同为拓跋鲜卑之后是"高攀"，是"冒认"，等等。但无论怎么说，都说明西夏对拓跋鲜卑具有同祖认同意识，具有自己也是"炎黄子孙"的认同意识。拓跋鲜卑建立北魏政权，已经明确自称"中国"⑥，李元昊自称拓跋鲜卑之后并效仿北魏建立政权，也自然有自称"中国"的认同意识。史金波曾依据榆林窟第15窟西夏天赐礼盛国庆五年（1073年）的汉文题记"愿惠聪等七人及供衣粮行婆真顺小名安和尚……并四方施主，普皆命终于后，心

---

① 魏收：《魏书》卷七《孝文帝纪下》，中华书局，1974年，第179页。
② 欧阳修：《归田录》卷一，中华书局，1981年，第6页。有人不赞成李元昊"改姓元氏"之说，认为李元昊改姓"嵬名"（于弥）等。
③ 魏收：《魏书》卷一《序纪》，中华书局，1974年，第1页。
④ 李焘：《续资治通鉴长编》卷一二五宝元二年闰十二月，中华书局，1985年，第2950页。
⑤ 李焘：《续资治通鉴长编》卷一三〇庆历元年正月，中华书局，1985年，第3087页。
⑥ 北魏自称"中国"的史料很多，如，北魏太和十六年（492年），宕昌王弥机朝于北魏，"殊无风礼"，朝罢，北魏孝文帝对大臣们说："夷狄之有君，不如诸夏之亡也。宕昌王虽为边方之主，乃不如中国一吏。"（魏收：《魏书》卷一〇一《宕昌羌传》，中华书局，1974年，第2242页）所说"中国"虽有历代中原或汉族王朝的含义，但这里实际上是将宕昌王不如北魏的官吏说成是"不如中国一吏"，用"中国"指称北魏的意思是很明显的。

不颠倒,免离地狱,速转生于中国"①,谓"这也直接表明当时西夏人认为西夏属于中国"②。此外,西夏以"夏"为国号,"乃西夏人纯窃中国禹称大夏,或因赫连勃勃昔称大夏之故地,遂袭用之"③。也就是说,西夏定国号为"夏",就是袭用历史上"夏"的国号,寓有继承华夏、汉族政权之意,表达了他们的"中国"认同思想。

以女真人为统治者建立的金朝,进入中原以后,便依据"中原即中国""懂礼即中国"的传统"中国"观念,自我认同为"中国"。如《金史》记载,完颜亮嫡母徒单氏激烈反对完颜亮发兵攻宋,说"国家世居上京(今黑龙江阿城),既徙中都(今北京),又自中都至汴(今河南开封),今又兴兵涉江、淮伐宋,疲弊中国"④,认为完颜亮发兵攻宋会在物质和人力等方面给金朝带来沉重负担而导致金朝疲惫不堪,所说"中国",不会指宋朝,应该是指金朝。金朝后期,文史大家元好问在为人撰写神道碑时说:"公大夫士仕于中国全盛时,立功立事,易于取称,故大定明昌间多名臣。"⑤"大定"是金世宗年号,"明昌"是金章宗年号,认为"大定明昌"时期是"中国全盛时",无疑是称金朝为"中国"。金哀宗即位,元好问撰《贺登宝位表》,称"中国之有至仁,无思不服,圣人之得,大宝咸与维新"⑥,称赞金哀宗为"中国"圣人,也是称金朝为"中国"。金末名儒李俊民在其所撰《郡侯段正卿祭孤魂碑》中说:"春秋法,自中国雅废以来,天道在北,日寻干戈,无

---

① 史金波:《西夏佛教史略·附录一·榆林窟汉文题记》,宁夏人民出版社,1988年,第305页。

② 史金波:《西夏对中国认同》线上讲座课件。

③ 王静如:《西夏国名考》,见白滨《西夏史论文集》,宁夏人民出版社,1984年,第660页。

④ 脱脱等:《金史》卷六三《后妃传·海陵嫡母徒单氏》,中华书局,1975年,第1506页。

⑤ 元好问:《遗山先生文集》卷二〇《资善大夫吏部尚书张公神道碑铭并引》,《四部丛刊初编》,商务印书馆,1922年,第1364册,第115-116页。

⑥ 元好问:《遗山先生文集》卷一五《拟贺登宝位表》,《四部丛刊初编》,商务印书馆,1922年,第1363册,第48页。

中国古代的"天下""中国"观

异于春秋之时。"① 称蒙古兴兵攻金以后,有如春秋战乱"中国雅废"之时,所说"中国"虽然有指称"中国文化"之含义,但也有用来指称金朝的意思。可见,金人进入中原以后,一直自我认同为"中国"。

以上可以看出,辽宋夏金各个政权均自称"炎黄子孙",自称"中国",这是他们"中国"认同的一种表现,无疑是"中国"具有无穷魅力并得到各族各政权青睐的表现。

二、辽宋夏金都自我认同为"正统"

辽宋夏金各个政权在自称"炎黄子孙"、自称"中国"的同时,为了表明自己所建政权的合法性及其重要地位,都自我认同为"正统"。有人认为,中国古代自我认同为"中国"与自我认同为"正统"是一回事,也就是说,自我认同为"正统"就是自我认同为"中国"。应该说,二者确实有一定的关联性,但并非完全是一回事,"中国"和"正统"作为两个词汇,细分起来,仍然是两个概念。② 辽宋夏金各个政权在自我认同为"中国"与自我认同为"正统"方面,就存在着同步与不同步的差异。

辽人自建国初就自称"炎黄子孙",自称"中国",但并没有自称"正统"。据史书记载,辽太宗灭亡后晋之时,从后晋手中得到了冒称"秦始皇作"的假的传国玺,大约那时的辽人还不清楚历史上有关"以得玺者为正统"③ 的说法以及他们还没有自称"正统"的想法等原因,他们对这枚传国玺并未重视。直至太平元年(1021年),辽圣宗萌生了称"正统"的思想,才"遣骨里取石晋所上玉玺于中京(今内蒙古宁城西大明城)"④,并作《传国玺诗》云:"一时制美宝,千载助兴王。中原既失守,此宝归北方。子孙

---

① 张金吾:《金文最》卷八三《碑·郡侯段正卿祭孤魂碑》,中华书局,1990年,第1221页。

② 赵永春:《试论辽人的"中国"观》,《文史哲》2010年第3期。

③ 王圻:《续文献通考》卷一二七《王礼考·符玺·宝玺·郝经传国玺》,明万历三十年刻本。

④ 脱脱等:《辽史》卷一六《圣宗纪七》,中华书局,1974年,第189页。

宜慎守,世业当永昌。"① 正式自我认同为"正统"。重熙七年(1038年),辽兴宗又"以《有传国宝者为正统》赋试进士"②,将辽人承后晋为"正统"的思想观念发展到高潮。此后,辽人一直以"正统"自居,并在各个方面表现出试图凌驾于北宋之上的趋势。

北宋王朝自中原起家,继承中原政权为"中国正统"的传统思想观念,建国以后一直以"中国正统"自居,自我认同为"中国"与自我认同为"正统",表现出高度的一致性。史书记载,宋太祖即位不久,有司即按照中国古代有关正统学说的最重要的理论根据"五德终始"学说,上奏朝廷,"言国家受周禅,周木德,木生火,当以火德王,色尚赤,腊用戌。从之"③,宋太祖采纳了有司建议,正式确立了北宋继承后周木德而为火德的正统思想和国策,后来虽然有人在"五运"学说上即是否继承后周木德的问题上存有不同认识,但以北宋为正统王朝的思想观念则根深蒂固,从来没有出现异议。金灭北宋,宋高宗重建宋朝,命幕府官属聚议讨论南宋改元所用年号问题,耿南仲等人认为宋高宗"再造王室",应该继承北宋,重兴宋朝,谓"宋以炎(炎即火)德王",南宋所使用的年号应该有"炎"字。黄潜善即主张"定为炎兴",耿南仲认为"炎兴"是蜀国用过的年号,不能使用,谓"艺祖(宋太祖)开基,改元建隆,累圣相授,逮至靖康,乃遭中微,殿下绍隆,益光前烈,南仲等请改元为建炎"。即取宋太祖"建隆"年号之"建"字以及取北宋以火德为正统的"火"字,定年号为"建炎",以突出南宋是北宋"中国正统"继承者的内涵。宋高宗采纳了耿南仲的建议,下诏改元说"朕惟火德中微,天命未改。考光武纪元之制,绍建隆开国之基,用赫丕图,益光前烈,可以靖康二年五月一日改为建炎元年"④。宋高宗改元"建炎",主要是因为北宋"火德中微",要中兴北宋正统,于是使用了两个"火"字的

---

① 孔平仲:《珩璜新论》卷四,《丛书集成新编》本,台北新文丰出版公司,1980年,第310页。

② 脱脱等:《辽史》卷五七《仪卫志三·符印》,中华书局,1974年,第914页。

③ 李焘:《续资治通鉴长编》卷一,建隆元年三月壬戌条,中华书局,1979年,第10页。

④ 徐梦莘:《三朝北盟会编》卷一〇一,改元建炎元年大赦天下条,上海古籍出版社,1987年,第741-742页。

中国古代的"天下""中国"观

"炎"字，具有重新兴复北宋"正统"王朝的强烈愿望。① 宋高宗所确立的兴复北宋"正统"王朝的国策，一直为后人所沿袭。不管南宋如何偏安一隅并一度向金朝称臣，南宋自我认同为"中国正统"的理念却一直没有放弃，相反则日加强烈。

西夏没有进入中原，历来被视为局促一隅的区域性政权，没有被列入"正统"王朝系列。但西夏为了争取其政权的合法地位，也自我认同为"正统"。据史书及考古文献记载，西夏还有一个用西夏文称呼的国名。这个西夏文国名译作汉文为何？学者们存在不同看法。多数人将出土的西夏文碑铭以及各种西夏文文献中所出现的西夏人自称的国名译作"白上国"或"大白上国"，近年又根据西夏汉文佛经《佛说圣大乘三归依经》题记等文献中有汉译国名"白高"字样，认为西夏国名应该正确译作"白高国"或"大白高国"。夏人自称"白上国"或"白高国"的含义是什么，学者们认识也不一致。吴天墀认为，西夏自命"西朝"，在中国五行相配学说中，西方属金，主白色，因喜好白色，故以色尚称国。西夏称自己的政权为"白上国"是为了适应其政治需要，包含了深刻的意思。② 王炯、彭向前进一步发挥了吴天墀的观点，认为西夏以色尚称国名为"白高国"或"大白高国"，"意在标榜继大唐王朝的土德之后取金德为正统，显示与其他并立政权的对等性"③，即认为西夏定国名为"白高国"是他们具有自我认同为"正统"的意思。另据史金波等先生介绍，西夏还有"南赡部洲大白高国"的称呼。④ 南赡部洲是佛教有关世界地理体系构想的"四大部洲"之一，不仅包括中国，还包括天竺等国在内。因其处于天下之中，有人也称其为"中国"。但也有人依据"中国为南澹部洲"⑤之义，用"南赡部洲"指称华夏之邦。郑樵即认为"释

---

① 李心传：《建炎以来朝野杂记》甲集卷三《年号》，中华书局，2000年，第92页。
② 吴天墀：《西夏史稿》，四川人民出版社，1980年，第34—37页。
③ 王炯、彭向前：《"五德终始说"视野下的"大白高国"》，《青海民族学院学报》2009年第3期。
④ 史金波：《西夏社会》（上册），上海人民出版社，2007年，第14页。
⑤ 黎靖德编：《朱子语类》卷八六《礼·周礼·地官》，中华书局，1994年，第2212页。

辽宋夏金时期"中国"认同的主要特征及其发展趋势

氏谓华夏为南赡部洲"①。夏人自称"南赡部洲"不管是指包括天竺等国在内的"中国",还是仅指华夏之邦的"中国",都有西夏属于"南赡部洲"即是属于"中国"的意思,也就是说,西夏所称"正统",也具有"中国正统"的意思。如是,则可以看出,西夏在辽宋夏金对峙时期,也自我认同为"正统",以标榜所建政权的合法性,目的是要在各民族政权并立时期争得一席之地。

与辽人先自称"中国"后自称"正统"不同,金人则是先自称"正统"后自称"中国"。据史书记载,金人起兵反辽建立政权之后,即派遣使者赴辽请求辽朝册封,试图让世人承认女真所建政权的合法性,也就是承认辽朝具有"正统"地位。到了金朝灭亡辽朝以后,金人开始以继承辽朝"正统"而自居,并向宋人宣示:"今皇帝(指金太宗)正统天下,高视诸邦。"② 说明金太宗时期已经明确地自称"正统"了,不过,那时金人所自称的"正统",还不是整个"中国"的"正统",只是继承了属于"夷狄"的辽政权的半壁江山的"正统"。到了金熙宗时期,迫使南宋向金朝称臣纳贡,不再满足于继承辽朝半壁江山的正统,开始依据金政权在"封贡体系"中的优势地位,明确地自称"中国",并将金政权重新塑造成为整个中国的正统王朝。海陵王完颜亮不满足金朝已经令南宋等政权俯首称臣的地位,又依据"自古帝王混一天下,然后可为正统"③ "天下一家,然后可以为正统"④ 等理论思想,发动了灭亡南宋的战争,试图让整个"天下"都承认金政权的"中国正统"地位。到了金世宗时期,不再强调"混一天下"才能称"正统",他认为,金朝虽然没有灭亡南宋,但"我国家绌辽、宋主,据天下之正"⑤,仍然可以称"正统"。金世宗除了像金熙宗一样根据金朝在"封贡体系"中的优势地位自称"正统"以外,还强调"有功有德"⑥ 者应该为"正统",向天下

---

① 郑樵:《通志》卷三八《天文略一·北方》,中华书局,1987年,第528页。
② 佚名编,金少英校补、李庆善整理:《大金吊伐录校补》第34篇《回札子》,中华书局,2001年,第117页。
③ 脱脱等:《金史》卷八四《耨盌温敦思忠传》,中华书局,1975年,第1883页。
④ 脱脱等:《金史》卷一二九《李通传》,中华书局,1975年,第2783页。
⑤ 脱脱等:《金史》卷二八《礼志一》,中华书局,1975年,第694页。
⑥ 张玮等:《大金集礼》卷四《大定十九年奉上孝成皇帝谥号》,《丛书集成初编》本,商务印书馆,1936年,第60页。

中国古代的"天下""中国"观

宣示,金朝皇帝是"有功有德"的皇帝,应该称"正统"。到了金章宗时期,又因袭历史上影响最大且意义深远的"五德终始"的"正统"理论学说,为金人寻找自称"正统"的新的理论支撑,遂大规模开展了"德运"问题大讨论,并以"继宋火德为土德"的金朝是北宋"正统"王朝的继承者的身份诏告天下,"更定德运为土"①。金宣宗时期,金人由于不满意有关"继宋火德为土德"的"正统"定位,在蒙古已开始攻金的形势下,又对金代"德运"问题重新进行大讨论,后来虽然因为全力应付蒙古攻金战争而不了了之,但也反映了金人自我认同为"中国正统"的强烈愿望。以上充分说明,金朝自始至终都没有放弃"正统"地位的追求。

三、辽宋夏金时期他者视野中的"中国"认同

辽宋夏金时期,各个政权都自我认同为"中国",自我认同为"正统",但能否得到他者的认同则是另外一回事。也就是说,在辽宋夏金时期,辽宋夏金各个政权之间对其他政权自我认同为"中国"、自我认同为"正统"持什么态度,或者说各个政权之间是否也认同对方的自我认同?这是一个十分复杂且十分棘手的问题。笔者通过查阅史料,发现辽夏金在自我认同为"中国"的同时,并不反对宋朝称"中国",但在是否认同宋朝为"正统"的问题上存有不同认识。宋人既不认同辽夏金为"中国",也不认同辽夏金为"正统"。

(一)辽夏金在自我认同为"中国"、自我认同为"正统"的同时,并不反对宋朝称"中国",但在是否认同宋朝为"正统"的问题上存在不同认识

首先,辽夏金在自我认同为"中国"的同时,并不反对宋朝称"中国",也认同宋朝为"中国"。

历史上,主要以中原和中原政权、华夏汉族和华夏汉族政权为"中国",两宋是中原政权和汉族建立的政权,符合"中原及其中原政权是中国""汉族及其所建政权是中国"的传统认识,自称为"中国",没有疑义。而少数民族及其所建政权自我认同为"中国",则属于违反传统"中国"观念的另类认识,常常被视为"攀附""冒充",等等。既然是"攀附""冒充",就无

---

① 脱脱等:《金史》卷一一《章宗纪三》,中华书局,1975年,第259页。

辽宋夏金时期"中国"认同的主要特征及其发展趋势

法否定他们所"攀附""冒充"的对象,也就是说,他们在自我认同为"中国"的同时,无法否认握有传统"中国"观念优势的两宋政权的"中国性",常常在自我认同为"中国"的同时,也承认宋朝是"中国"。如辽、夏在自称"炎黄子孙"的同时,都没有否定宋人也是"炎黄子孙";夏人在自称"西朝"的同时,称宋朝为"东朝""东国"或"南朝",就隐含有"西朝""东朝"是一家,同为"中国"的意思;辽人在自称"北朝"的同时,称北宋为"南朝",金人在自称"北朝"的同时,称南宋为"南朝",也具有"南朝""北朝"是一家,同为"中国"的意思,都没有否定宋朝"中国性"[①] 的意思。此外,辽夏金在他们自称"中国"之前及在他们自称"中国"之后,都认同宋朝为"中国"的史料,也频繁见于史书。

　　辽朝自建国初就以"中国"自居,但他们仍然称宋朝为"中国",这方面的史料屡见不鲜。有人不赞成辽人自建国初就以"中国"自居的观点,认为辽人直至辽兴宗以后"中国"意识觉醒,才开始自称"中国",并得到了学界的普遍赞同。就是按照这种观点,也能看出辽人在自称"中国"的同时,也承认宋朝是"中国",因为辽兴宗自称"中国"以后,称宋朝为"中国"的史料仍然频繁见于史书。比如:辽兴宗重熙十七年(1048年),宋人韩综出使契丹,称其父韩亿曾经出使过契丹,辽兴宗非常高兴,说"与中国通好久,父子继奉使,宜酌我"[②]。辽兴宗在这里所说的"中国",无疑是指宋朝。辽兴宗的继任者辽道宗是一个明确称辽为"中国"的皇帝,这种认识已经成为学界的普遍共识,但他在自称"中国"的同时,也称宋朝为"中国"。如,辽道宗曾向宋朝表示,愿意看到宋仁宗"御容",宋朝按照辽道宗的要求,派人将宋仁宗画像送到辽朝,辽道宗"盛仪卫亲出迎,一见惊肃,再拜,语其下曰:'真圣主也,我若生中国,不过与之执鞭捧盖,为一都虞候耳'"[③]。辽道宗在这里所说的"中国",无疑是指宋朝。再如,辽道宗大安二年(宋元祐元年,1086年),辽人听说宋人起用司马光为相,"敕其边吏

　　[①] 赵永春:《辽人自称"北朝"考论》,《史学集刊》2008年第5期。
　　[②] 李焘:《续资治通鉴长编》卷一六三,仁宗庆历八年二月壬午条,中华书局,1985年,第3919页。
　　[③] 邵博:《邵氏闻见后录》卷一,中华书局,1983年,第4页。

中国古代的"天下""中国"观

曰：'中国相司马矣，切无生事开边隙'"①。辽人在这里所说的"中国"，也应该是指宋朝。辽道宗大康八年（1082年），宋朝派遣韩忠彦出使辽朝，这时，宋夏之间重燃战火，辽朝参知政事王言敷在陪同韩忠彦宴会时曾问："夏国何大罪，而中国兵不解也。"② 指责宋朝对夏用兵，这里所说的"中国"，毫无疑问是指宋朝。大安八年（宋元祐七年，1092年），辽道宗因西夏屡次遣使求援，"拟遣枢密使牛温仁泛使中国，诘问兵端"，一些大臣对辽道宗说，"其非中国敌，岂可因之弃吾旧盟"，认为西夏不是宋朝的对手，不能因为西夏的请求而影响辽宋之间的友好关系。辽道宗听了大臣们的议论，觉得很有道理，遂"罢温仁不遣"③。辽人在这里所说的"中国"也指宋朝。可见，在学界普遍认同辽兴宗已经自我认同为"中国"以后，辽人仍然称宋朝为"中国"。说明辽人在自我认同为"中国"的同时，并没有把宋朝排除到"中国"之外。

据上文所述，夏人也有自我认同为"中国"的思想意识，但夏人自始至终都称宋朝为"中国"。如：宋人从夏人李继捧手中得到绥、银、夏等州以后，宋太宗"诏绥、银、夏等州官吏，招引没界外民归业"。李继捧族弟李继迁害怕部下人心涣散，对亲信张浦说："我宗社久墟，蕃众饥敝。今中国以财粟招抚流民，亲离众散，殆不可支。"张浦说："宋兵遍驻银、夏，势难与争。"④ 从张浦所说"宋兵"来看，李继迁说的"中国"就是指宋朝。李元昊时期，数次与宋朝发生边境冲突，李元昊从父山遇向李元昊劝谏说："中国地大兵多，关中富饶，环庆、鄜延据诸边险要，若此数路城池尽修攻守之备，我弓马之技无所施，牛羊之货无所售，一二年间必且坐困，不如安守藩

---

① 李焘：《续资治通鉴长编》卷三八七，哲宗元祐元年九月丙辰条，中华书局，1985年，第9415页。

② 李焘：《续资治通鉴长编》卷三二九，神宗元丰五年八月辛未条，中华书局，1986年，第7923页。

③ 吴广成：《西夏书事》卷二九，元祐七年十一月条，续修四库全书本，上海古籍出版社，2002年，第526页。

④ 吴广成：《西夏书事》卷三，太平兴国八年十二月条，续修四库全书本，上海古籍出版社，2002年，第317页。

臣，岁享赐遗之厚，国之福也。"① 希望李元昊与宋朝保持友好关系。李元昊不听山遇劝谏，后来准备进攻镇戎等地，与张元等商议，张元说："中国精骑并聚诸边，关中少备。若重兵围胁边城，使不得出战，可乘间深入，东阻潼关，隔绝两川贡赋，则长安在掌中矣。"② 李元昊临终时曾遗言说"异日势衰力微，宜附中国，誓不可胁从契丹。中国仁爱而契丹负心，若附中国，则子孙安宁，又得官爵；若为契丹所胁，则吾族被戮无孑遗矣"③。夏人山遇、张元、李元昊所说的"中国"，都是指宋朝。西夏惠宗大安八年（宋元丰五年，1082年），夏国南都统嵬名济遣所得俘囚赍书于宋，称："夫中国者，礼义之所存，出入动止，猷为不失其正。苟听诬受间，肆诈穷兵，侵人之土疆，残人之黎庶，事乖中国之体，岂不为外夷之羞哉？"④ 西夏崇宗天仪治平二年（宋元祐二年，1087年），西夏权臣梁乙逋听说宋朝将在兰州城西关堡筑龛谷寨，移牒宋朝言："界内朱梁川系本国地土，中国不得擅有兴筑。"⑤ 梁乙逋独断专权，曾夸耀于众曰："嵬名家人有如此功否，中国曾如此畏否？"⑥ 西夏崇宗贞观三年（宋崇宁二年，1103年），崇宗庶弟察哥曾向西夏朝廷建议说"羌部弓弱矢短，技射不精。今宜选蕃、汉壮勇，教以强弩，兼以摽牌，平居则带弓而锄，临戎则分番而进。以我国之短，易中国之长，如此则无敌于天下矣"⑦。嵬名济、梁乙逋、察哥所说的"中国"，都指宋朝。

---

① 吴广成：《西夏书事》卷一二，宝元元年九月条，续修四库全书本，上海古籍出版社，2002年，第392页。

② 吴广成：《西夏书事》卷一六，庆历二年闰九月条，续修四库全书本，上海古籍出版社，2002年，第420页。

③ 李焘：《续资治通鉴长编》卷三一二，神宗元丰四年四月丙子条，中华书局，1990年，第7568页。

④ 李焘：《续资治通鉴长编》卷三三一，神宗元丰五年十一月是月条，中华书局，1990年，第7979页。

⑤ 吴广成：《西夏书事》卷二八，元祐二年四月条，续修四库全书本，上海古籍出版社，2002年，第514页。

⑥ 吴广成：《西夏书事》卷二九，绍圣元年十月条，续修四库全书本，上海古籍出版社，2002年，第528页。

⑦ 吴广成：《西夏书事》卷三一，崇宁二年九月条，续修四库全书本，上海古籍出版社，2002年，第546页。

中国古代的"天下""中国"观

以上可以看出，夏人无论是在萌生"中国"认同意识之前还是萌生"中国"认同意识之后，始终都认同宋朝是"中国"。

金人在自称"中国"之前，一直称北宋为"中国"，到了金熙宗时期，金人开始自我认同为"中国"，其后，金人虽然主要称金朝为"中国"，但有时也承认南宋是"中国"。如，金熙宗皇统四年（1144年），宋人宋之才赴金祝贺金熙宗生日，在其所撰《使金贺生辰还复命表》中记载，金熙宗曾问他"宋国，大国，小国"？宋之才回答说："非大国，非小国，乃中国耳。"① 文中没有记载金熙宗对宋朝自称"中国"表示反感，说明金熙宗在他们自称"中国"的同时，并没有反对宋人称"中国"。海陵王完颜亮时期，金人自称"中国"的史料频繁见于史书，但完颜亮仍然称宋朝为"中国"。比如，金天德三年（宋绍兴二十一年，1151年），宋朝派遣巫伋等赴金祈请山陵及宋钦宗等，完颜亮在巫伋回答完请归宋钦宗仍称"皇帝"以后，说："此是汝中国事，当自理会。"② 完颜亮在这里所说的"中国"无疑是指宋朝。说明完颜亮在自称"中国"的同时，也称宋朝为"中国"。大定八年（1168年），金世宗在册命皇太子《册命仪》中称："绍中国之建储，稽礼经而立嫡。"③ 这句话的意思是说，金人学习"中国"的立太子制度，按照《礼经》的思想立嫡子为太子。所说的"中国"不会指女真，应该指汉人，汉人只有建立政权才会有立太子制度，因此，这里的"中国"应该指汉人政权，北宋是汉人建立的政权，南宋也是汉人建立的政权，按此理解，金世宗在这里所说的"中国"似乎没有将南宋排除在"中国"之外的意思。金朝末年，刘祁曾说，显

---

① 王理孚修，符璋、刘绍宽纂：《平阳县志》卷六三《文征内编》，成文出版社1970年影印本，第640页。

② 徐梦莘：《三朝北盟会编》炎兴下帙卷一一九，大化书局排印袁祖安光绪四年（1878年）活字本，1979年，第254页。上海古籍出版社影印许涵度光绪三十四年（1908年）《三朝北盟会编》刻本（1987年，第1574页）"中国"作"国中"。据学者研究，许涵度光绪三十四年（1908年）刻本所据彭元瑞家藏抄本，是四库全书所用底本，查文渊阁四库全书本（台北商务印书馆影印本，1982年，第352册，252页），此处也作"中国"，似许涵度光绪三十四年（1908年）刻本有误，应以袁祖安光绪四年（1878年）活字本和四库全书本的记载为准。

③ 张玮：《大金集礼》卷八《大定八年册命仪》，《丛书集成初编》本，商务印书馆，1936年，第99页。

辽宋夏金时期"中国"认同的主要特征及其发展趋势

宗完颜允恭"高明绝人,读书喜文,欲变夷狄风俗,行中国礼乐如魏孝文"①,刘祁在这里所说的"中国",有文化的含义,但不会指女真文化,而是指"汉文化",汉文化就是汉人及其所建政权的文化,南宋是汉人建立的政权,其文化也应该属于汉文化范围,如是,刘祁在这里所说的"中国"似乎也没有将南宋文化排除到中国文化之外的意思。说明,金人在自我认同为"中国"的同时,也认同宋朝为"中国",并没有将南宋排除到"中国"之外的意思。

其次,辽夏金自我认同为"正统",但在是否认同宋朝为"正统"的问题上则存在不同认识。

辽朝建国初即自我认同为"中国",但没有自称"正统",直至辽圣宗时才自我认同为"正统"。那时,辽人应该对中国古代按照木、火、土、金、水五行相生或相克关系确定"正统"的"五德终始"学说有所了解,称"正统"以后,就将宋朝打入闰位,不承认宋朝为"正统"。这从史书中在辽人自我认同为"正统"以后,不见辽人称宋朝为"正统"的相关记载,相反倒频繁见到辽人试图凌驾于宋朝之上的相关记载中就能看出来。比如,庆历二年(1042年),宋辽讨论每年宋朝给辽增加岁币问题,在宋人留下的史料中称,辽兴宗提出"须于誓书中加一'献'字乃可",后来又"改为'纳'字",宋人富弼不同意用"献"字也不同意用"纳"字,但宋仁宗则"许称'纳'字"②。在辽人留下来的史料中则称,当时双方所争是"贡"字,③并非"献"字或"纳"字。无论当时所争是"贡"字还是"献"字或"纳"字,都说明那时的辽人已经有了凌驾于宋人之上的企图,即产生了自己称"正统"但不承认宋朝是"正统"的思想意识。

夏人则不同,他们虽然也产生了自我认同为"中国"、自我认同为"正统"的思想意识,但一直承认宋朝是"中国"、是"正统"。也就是说,夏人在自我认同为"正统"的同时,并没有将宋朝打入闰位,而是承认宋朝的

---

① 刘祁:《归潜志》卷一二《辩亡》,中华书局,1983年,第137页。
② 李焘:《续资治通鉴长编》卷一三七,仁宗庆历二年九月癸亥条,中华书局,1985年,第3292-3293页。
③ 参见《辽史》卷八六《刘六符传》,第1323页;卷一九《兴宗纪二》,第227页;卷九六《耶律仁先传》,第1395页;卷九六《姚景行传》,第1403页。

中国古代的"天下""中国"观

"正统"地位。据史书记载,夏人也想独立,并取得与宋朝对等的地位,但一直没有获得完全独立,建立政权之后一直接受宋朝册封,向宋朝"称臣,禀正朔"①,与宋朝国书往来不能书写西夏年号,如果书写西夏年号,就会受到宋朝的谴责,等等。说明夏人一直承认宋朝的"正统"地位。

金人最初承认辽朝的"正统"地位,后来以取代辽朝"正统"而自为"正统"。熙宗重塑"正统",但并未按照"五德终始"学说确立金朝"正统"的承继关系,似乎仍然承认宋朝为"正统"。金章宗大规模地开展德运问题大讨论,最后以"继宋火德为土德"诏告天下,明确了承继北宋"正统"为"正统"的关系,即承认了北宋的"正统"地位,但没有承认南宋的"正统"地位,而将南宋降至非正统地位。宣宗时,由于人们对"继宋火德为土德"即承继北宋"正统"为"正统"存有不同认识,又重新展开德运问题大讨论,后来,虽然因为蒙古进攻而没有更改金朝"土德"的德运,但仍然反映出金人对是否应该承继北宋"正统"为"正统"的问题并没有形成一致意见。章宗和宣宗时期"德运"问题的讨论,确有将南宋排除到"正统"之外的意图,但从后来朝野议论的情况来看,仍然有人承认南宋的"正统"地位。

通过以上梳理,可以看出,辽夏金在自我认同为"中国"、自我认同为"正统"的同时,都没有将宋朝排除到"中国"之外,但在是否承认宋朝为"正统"的问题上则存有不同认识:辽人不承认宋朝为"正统",夏人承认宋朝为"正统",金人承认北宋为"正统",但在是否承认南宋为"正统"的问题上存在不同认识。

(二)宋人既不认同辽夏金为"中国",也不认同辽夏金为"正统"

辽宋夏金时期,辽夏金对宋人自我认同为"中国"表示认同,但在是否承认宋朝为"正统"的问题上存在不同认识。而宋朝对辽夏金自我认同为"中国"、自我认同为"正统",基本上都持不承认态度。

北宋是汉人建立的政权,控制了包括中原在内的广大地区,多抱着只有汉人及其政权、中原及其政权才是"中国"、才是"正统"的传统观念不放,不承认辽夏是"中国"、是"正统"。南宋所建立的政权,虽然只是偏安于淮水以南一隅,但他们多抱着只有汉人及其政权才是"中国"才是"正统"的

---

① 王称:《西夏事略》,《丛书集成初编》本,商务印书馆,1939年,第5页。

传统观念不放，仍然强调自己是汉人建立的政权，强调他们是北宋"中国正统"的继承者，并自诩为"中国"道统的传承人，以老大自居，独据"中国"及"正统"地位，他们虽然一度向金朝称臣，但仍然不承认金朝是"中国"、是"正统"。

从宋人留下的浩如烟海的史籍之中，我们随处可见宋人坚持"内中国，外夷狄"[①]及强调"华夷之辨""用夏变夷"等传统认识的记录，随处可见称辽夏金为"夷"、为"狄"、为"戎"或"夷狄""戎夷"等记载，随时可见宋人自称"中国"的记录，唯独不见宋人称辽夏金为"中国"、为"正统"的记录，充分说明宋人不承认辽夏金为"中国"，更不承认辽夏金为"正统"。

四、辽宋夏金"中国"认同的发展趋势及其对后世的影响

辽宋夏金时期，各个政权都自我认同为"中国"，虽然辽夏金在是否认同宋朝为"正统"的问题上存有不同认识，宋人仍然抱着汉人及其政权是"中国"、是"正统"的传统观念不放，不承认辽夏金为"中国"、为"正统"，但仍然出现一些值得重视的新现象。

首先，辽宋夏金都自我认同为"中国"，出现了多"中国"并存即复数"中国"的现象，并出现逐渐获得他者认同的发展趋势。

罗志田先生曾依据春秋战国时期周、卫、齐、鲁、晋、宋等国都称"中国"的现象指出："居天下之中的'中国'概念"，"有一个由复数到单数的过程"，到了秦统一以后，复数的"中国"变成了单数的"中国"，"中国"主要是指"华夏人居住"的"政教所及之区"[②]，不包括少数民族的"夷狄"。辽宋夏金时期，各个政权都自我认同为"中国"，其居住范围超越了华夏地区，不但说明辽宋夏金时期仍然存在复数"中国"的现象，还打破了"中国"仅指华夏人居住的"政教所及之区"而不包括"夷狄"的认识。这一时

---

① 张大亨：《春秋通训》卷六《襄公》，文渊阁四库全书本；高闶：《春秋集注》卷二三《宣公》，文渊阁四库全书本。

② 罗志田：《先秦的五服制与古代的天下中国观》，《学人》第10辑，江苏文艺出版社，1996年；收入氏著《民族主义与近代中国思想》，东大图书股份有限公司，1998年，第1-34页。

中国古代的"天下""中国"观

期,辽夏金在自我认同为"中国"的同时,也认同宋人为"中国",出现了辽宋夏金同为"中国"的思想认识。当时,宋人虽然不认同辽夏金是"中国",但到后来也出现了一些细微变化,出现了个别宋人在自我认同宋朝为"中国"的同时,又自觉不自觉地偶尔称金朝为"中国"的现象。如宋人陈亮就曾在上孝宗皇帝书中,劝宋孝宗不要"忘君父之大仇,而置中国于度外",建议宋朝经略荆襄,"以争衡于中国"①,所说"中国",既有依据传统的"中原即中国"的理念称中原地区为"中国"的意思,也有称占据中原地区的金朝为"中国"的意思,无疑是对金朝也是"中国"的一种承认。台湾学者王明荪认为宋人杨存中在完颜亮南侵,金世宗在东京(今辽宁辽阳)自立时所说"葛王(金世宗)既立于尔邦,西兵已兴于中国"②;洪迈在接伴金使期间对金朝使者所说"唯界首一事,旧以淮为境,至中国取接"③;倪思在宋光宗不肯向太上皇宋孝宗问安期间出使金朝,行前请示光宗时所说"陛下屡愆问安之期,中国犹知有疾也,脱虏酋以为问,臣将何辞"④ 等宋人所说的"中国",也有用中原指称"中国"并进而用占据中原地区的金朝指称"中国"的意思,⑤ 所说甚有道理。这种辽宋夏金都是"中国"的思想,极大地冲击了只有汉族及其政权才是"中国"的传统认识,并出现了辽宋夏金互相认同以及后来也有人承认一些少数民族政权也可以称"中国"的发展趋势。比如,由宋入元的家铉翁即对金人元好问"生于中原而视九州四海之人物犹吾同国之人"等赋予"中州""中国"以"九州四海"及"天下"之义

---

① 陈亮:《陈亮集》卷一《书疏·上孝宗皇帝第一书》,中华书局,1974年,第4-8页。

② 徐梦莘:《三朝北盟会编》卷二四七《行宫宿卫使杨存中檄完颜亮一行将吏等书》,上海古籍出版社,1987年,第1776页。大化书局本、四库全书本"西兵"作"而大兵",似是。

③ 徐梦莘:《三朝北盟会编》卷二五〇《洪迈充通金人使副书》,上海古籍出版社,1987年,第1790页。大化书局本"充"作"先",似是。

④ 魏了翁:《鹤山先生大全文集》卷八五《显谟阁学士特赠光禄大夫倪公墓志铭》,《四部丛刊初编》,商务印书馆,1922年,第1257册,第15页。

⑤ 王明荪:《南宋及金朝的"中国观"》,《第三届海峡两岸"宋代社会文化"学术研讨会论文集》,浙江大学出版社,2013年,第8-24页。

表示赞赏,[①] 无疑也有了认同金朝为"中国"的思想倾向。同为由宋入元的郑思肖更是提出了少数民族政权也可以称"中国"的新的认识。他在其所撰《心史》中认为"普六茹坚(隋文帝杨坚),乃夷狄"所建立的隋朝,"实夷狄之裔"的李渊李世民所建立的李唐王朝,"五代八姓乃夷狄盗贼之徒"所建立的五代政权,都可以"列之于中国",但"不可以正统言"[②]。郑思肖虽然不承认这些属于"夷狄之裔"所建立的政权为"正统",但承认他们是"中国",出现了承认一些少数民族所建政权也可以称"中国"的发展趋势。原本华夷之辨思想比较严重的朱元璋,到了他建立了统一的大明王朝以后,在给高丽国王的书信中,将辽、金、元帝王与汉、魏、晋、隋、唐的帝王并列而共同称为"中国帝王"[③],并没有将辽金排除到"中国"之外,也就是说,辽宋夏金自我认同为"中国"获得了朱元璋的认同。[④] 说明,不仅辽宋夏金时期出现了辽夏金认同宋朝为"中国"以及个别宋人认同金朝为"中国"的发展趋势,后世也出现了一部分人认同辽宋夏金都是"中国"的发展趋势。

其次,辽宋夏金都自我认同为"正统",虽然在他者视野的认识中不尽相同,但仍出现了多"正统"并存现象,并出现逐步获得世人和后人认同的发展趋势。

秦汉以来形成的以"五德终始"为理论基础的"正统"学说,讲求上承下传,是一种上承只能承一个政权,下传也只能传一个政权的单线性的终始循环的"正统"发展模式。辽宋夏金时期,开始出现打破这种单线性发展模式的趋势,萌生了"正统"可以是多个的思想观念,不仅各个政权都自我认同为"正统",就是一个政权对"正统"的认识也出现了"正统"可以是一个也可以是多个的思想认识。我们从以上论述中可以看出,西夏有自称"正统"的愿望,

---

[①] 家铉翁:《题中州诗集后》,见苏天爵《国朝文类》卷三八,《四部丛刊初编》,商务印书馆,1922年,第2026册,第65页。

[②] 郑思肖著,陈福康校点:《郑思肖集·心史·杂文·古今正统大论》,上海古籍出版社,1991年,第134页。

[③] 郑麟趾:《高丽史》卷一三七《辛禑传》,朝鲜民主主义人民共和国科学院,1958年,第756页。

[④] 赵永春、马溢澳:《也论中国古代历史上的"双边疆"》,《陕西师范大学学报》2016年第3期。

中国古代的"天下""中国"观

但西夏同时向宋朝和辽朝称臣纳贡,既承认宋朝是"正统",也承认辽朝是"正统",无疑是一种多"正统"模式。宋人司马光在论述魏晋南北朝多政权并立的历史时,曾说"苟不能使九州合为一统,皆有天子之名而无其实者也。虽华夷仁暴,大小强弱,或时不同,要皆与古之列国无异,岂得独尊奖一国谓之正统,而其余皆为僭伪哉"①?认为在多政权并立时期,不能仅仅确定一个国家为"正统",而视其他国家为"非正统",应该像对待"古之列国"一样,同等对待。要称"正统"的话就应该都承认他们是"正统",如果不称"正统"的话就都不是"正统"。这种思想认识,无疑是一种无"正统"或多"正统"的思想认识。金人王若虚在"正统"问题上宣称"正闰之说,吾从司马公"②,认为"天下非一人之所独有也,此疆彼界,容得分据而并立……,岂有必皆扫荡使归于一统者哉"③,也是一种多"正统"的思想认识。

确实,金人对"正统"的认识,一直存在多"正统"的观念。金人最初承认辽朝为"正统",建国之初即派遣使者请求辽朝册封。灭辽以后又标榜取代辽朝"正统"为"正统",实际上是承认辽朝为"正统"。金熙宗重塑"正统"以后,似乎也没有否定辽朝的"正统"地位。"按照中国史学的传统观念,某个王朝纂修前朝的历史,就无异于承认本朝是前朝法统的继承者",金熙宗皇统年间曾诏令耶律固、萧永祺等人撰修《辽史》。章宗即位之初又命移剌履等重修《辽史》,泰和六年(1206年)又敕翰林直学士陈大任"专修《辽史》"④,等等。说明金熙宗至金章宗时期一直承认辽朝是"正统",但同时也没有将宋朝排除到"正统"之外的意思。他们灭亡辽朝和北宋,强调"辽宋郡邑,归我版图"⑤,官制改革"大率皆循辽宋之旧"⑥,称皇统年

---

① 司马光:《资治通鉴》卷六九,黄初二年三月条,中华书局,1956年,第2187页。

② 王若虚:《滹南遗老集》卷三〇《议论辨惑》,《四部丛刊初编》,商务印书馆,1922年,第1356册,第149页。

③ 王若虚:《滹南遗老集》卷二六《君事实辨》,《四部丛刊初编》,商务印书馆,1922年,第1356册,第67-68页。

④ 脱脱等:《金史》卷一二《章宗纪》,中华书局,1975年,第277页。

⑤ 徐梦莘:《三朝北盟会编》卷一七八引《金虏节要》,上海古籍出版社,1978年,第1289页。

⑥ 脱脱等:《金史》卷五五《百官志一》,中华书局,1975年,第1216页。

间撰成的《皇统制》"参辽宋之法"①，等等，均强调金朝的各项制度及其文化在承袭辽朝的同时，也承袭宋朝。表明金人在以辽朝"正统"继承者自居的同时，也以宋朝"正统"继承者自居。到金章宗通过德运问题大讨论确立金朝以承宋火德为土德以后，明确了金朝继承北宋"正统"的关系，并试图将辽朝和南宋排除到"正统"之外，但在朝野之中仍然有人不愿意将辽朝和南宋排除到"正统"之外。到了金朝灭亡那一年，几位金朝遗民讨论将来如何修国史的问题，有人主张采用《晋书》体例，以两宋为"正统"，将辽金列入载记。修端等人强烈反对，认为宋和辽是南朝和北朝的关系，南宋向金"称臣侄"，不能仅以两宋为"正统"，如果"以居中土者为正""以有道者为正"，都不能将辽金排除到"正统"之外。因此，他主张，将来修史时应仿照李延寿《南史》和《北史》的体例，以辽金历史为《北史》，以两宋历史为《宋史》和《南宋史》，②既承认辽金为"正统"，也承认北宋和南宋是"正统"，打破了传统的"正统"单线性发展模式，正式提出了"正统"也可以是多个的多线性发展的思想和主张。

修端等人提出的辽宋金都应该是"正统"的思想和主张，对后世产生了十分重要的影响。元朝灭亡南宋以后，元朝皇帝屡次下令纂修辽宋金三史，都因为对辽宋金"正统性"认识不一，编修体例确定不下来，而无法展开真正的修史工作。到了元至正三年（1343年），右丞相脱脱再次请修三史，最后拍板确定"三国各与正统，各系其年号"③的修史方案，承认了辽宋金"各与正统"的地位，使辽宋夏金时期出现的"正统"不一定是单线性发展，

---

① 脱脱等：《金史》卷四五《刑志》，中华书局，1975年，第1015页。
② 修端：《辩辽宋金正统》，见苏天爵《国朝文类》卷四五，《四部丛刊初编》本。关于修端《辩辽宋金正统》之系年，学界有不同认识，饶宗颐依据文中"书讨论此事，岁在甲午"，按"可能是至元三十一年（1294年）"（参见饶宗颐：《中国史学上之正统论》，上海远东出版社，1996年，第53页）。李治安依据文中有"今年春正月，攻陷蔡城"一语，考订其文撰于元太宗六年甲午（1234年），即金朝灭亡的那一年（参见李治安：《修端〈辩辽宋金正统〉的撰写年代及正统观考述》，《内陆亚洲历史文化研究——韩儒林先生纪念文集》，南京大学出版社，1996年）。
③ 权衡撰，任崇岳笺证：《庚申外史笺证》卷上，中州古籍出版社，1991年，第44页。

中国古代的"天下""中国"观

也可以是多线性发展的思想和主张得以实施，不仅打破了少数民族不是"中国"的传统认识，也打破了少数民族政权不可以为"正统"的传统看法。后世对这种多"正统"发展模式虽然存在不同认识，但都将元朝按照多"正统"模式修撰的《辽史》和《金史》列入"中国正史"系列，无疑是对辽宋金都是"中国"、都是"正统"这种多线性发展模式的认可。

综上所述，可以看出，辽宋夏金时期，各个政权均自我认同为"中国"、自我认同为"正统"，虽然没有得到他者的完全认同，但出现了部分他者逐渐认同的发展趋势。辽夏金在自我认同为"中国"的同时，也认同宋朝为"中国"，但在是否认同宋朝为"正统"问题上存在不同认识：辽人不承认宋朝为"正统"，夏人则承认宋朝为"正统"，金人承认北宋为"正统"，但在是否承认南宋为"正统"的问题上存在不同认识。宋人既不认同辽夏金为"中国"，也不认同辽夏金为"正统"。宋金后期，金人中出现一部分人承认辽宋金都是"正统"的现象，宋人中也出现个别人承认金朝为"中国"的现象。元修辽宋金三史，在辽宋夏金出现复数"中国"和"多统"思想的基础上，承认了辽宋金都是"中国"、都是"正统"的历史地位，打破了少数民族不能称"中国"、不能称"正统"的单线性发展模式，创立了"中国"和"正统"的多线性发展模式。中国古代的"中国"一词，不仅具有"一国之中心""天下之中心"的含义，还具有聪明、睿智、文化水平高即"文化中心"的含义，还是一个"以我为中心"的政治理念，[1] 是一个美称。[2] 作为"天下中心""文化中心"的"中国"，极具吸纳性和包容性，再加上中国古代没有一个政权用"中国"作为自己政权的正式国号，"中国"一词并没有成为哪一个民族或政权的专有名词，因此，中国古代的各个民族和政权都可以称"中国"，都可以享用这一美称。辽宋夏金均自我认同为"中国"并得到部分他者认同的发展趋势，说明中国古代的"中国"这一美称极具魅力、极具吸引

---

[1] 陈玉屏认为"'中国'之'中'，并非源自地域位置，而是源自'以我为中心'的政治理念"。参见氏著《略论中国古代的"天下""国家"和"中国"观》，《民族研究》2005年第1期。

[2] 胡阿祥认为"先秦时期文化概念的'中国'是种美称"，《何谓历史？何谓中国？》，《新世纪图书馆》2012年第8期，第11页。其实，"中国"的各种概念，尤其是"天下中心"和"文化中心"的概念，都是一种美称。

力，不仅成为汉族及其政权引以为自豪的自称，也成为少数民族试图跻身"天下中心"和"文化中心"的行列所向往的对象。正是这一魅力，才使各个民族和政权逐步凝聚到"中国"这一旗帜之下，形成了统一的多民族的"中国"。

（本文与王观合作，以《10—13世纪民族政权对峙时期的"中国"认同》为题，发表于《陕西师范大学学报》2018年第1期，《中国社会科学文摘》2018年第6期论点摘要栏目摘录论点，《高等学校文科学术文摘》2018年第3期学术卡片栏目摘录论点）

中国古代的"天下""中国"观

二十世纪五六十年代年代中国民族理论构建的探索与反思

二十世纪五十年代和六十年代所进行的汉民族形成问题大讨论,被誉为中国古代史研究"五朵金花"之一。学界对这一时期民族形成问题大讨论,主要关注点在于汉民族形成问题,很少有人从民族理论构建视角进行探讨。其实,这一时期民族问题大讨论,表面上看是要解决汉民族形成问题,实际上否定了斯大林有关民族形成于"资本主义上升时代"和民族四个特征"都具备时才算是一个民族"的理论,构建了我们自己的"民族形成于古代"的理论,在学界产生了广泛影响。下面即对二十世纪五十年代和六十年代所进行的民族形成问题大讨论做一简要回顾和反思。不正确之处,敬请读者批评指正。

一、二十世纪五十年代中国民族理论构建的探索

"民族"是近代以来形成的概念。1903年,梁启超把欧洲政治理论家布伦奇理(伯伦知理、布伦奇利)提出的民族具有八种特征的民族概念介绍给国人以后,引起了国人对民族问题探讨的兴趣。1913年,斯大林提出了"民族是人们在历史上形成的一个有共同语言、共同地域、共同经济生活以及表现于共同文化上的共同心理素质的稳定的共同体"[①] 的民族定义,同时提出民族四个特征"只要缺少一个,民族就不成为其民族""只有一切特征都具

---

① 斯大林:《马克思主义和民族问题》,《斯大林全集》第二卷,人民出版社,1953年,第294页。

二十世纪五六十年代年代中国民族理论构建的探索与反思

备时才算是一个民族",以及"民族不是普通的历史范畴,而是一定时代即资本主义上升时代的历史范畴,封建制度消灭和资本主义发展的过程同时就是人们形成民族的过程"①等观点。即认为民族形成于资本主义上升时期。资本主义出现之前,只有部族,没有民族。

中华人民共和国建立以后,接受了斯大林的民族理论,但对斯大林所强调的民族四个特征全部具备才算是一个民族,以及民族形成于"资本主义上升时代"等相关论述存有疑问,开始了构建我们自己的民族理论的历程。

1950年,《新建设》杂志第2卷第1期刊登了张志仁和刘桂五有关民族"问题与解答"的文章,张志仁提出汉民族"在资本主义上升时代"以前是否可以称为民族的问题,刘桂五对张志仁的问题进行了回答,认为斯大林所说的民族是"资本主义上升时代的历史范畴","资本主义上升时代"以前的"各民族虽然没有完全具备民族的特征,但仍然可以称之为民族。不过它不是资本主义时代的民族,而是正在朝向这个方向发展着,直到鸦片战争以后,资本主义工业开始萌芽,汉族才逐渐成为资本主义时代的民族"②。实际上,刘桂五在这里已经表达了与斯大林不甚一致的民族形成的思想。华岗在1951年重新修订出版的《中国民族解放运动史·绪论》的中国古代历史部分使用了"民族"一词,也表达了与斯大林民族形成于"资本主义上升时代"不相一致的民族形成的思想。陈郊对华岗在《中国民族解放运动史》一书中讲述中国古代历史时使用"民族"概念提出疑义。他认为"中国的民族和民族解放运动,也形成和出现在外国资本主义的侵入使封建社会解体并刺激了中国资本主义成长的时期,即鸦片战争时代,而不能在它以前"③。华岗在《答陈郊先生》一文中强调斯大林"只说资产阶级民族是'兴盛的资本主义时代底产物',并没有说在封建社会内就没有形成民族的可能"。认为"中国自秦汉以后,由于国防的利益,即抵御外族侵略的必要,便已出现过中央集权,有了国内市场,有了经济、领土、语言、文化的共同性,因而也就出现

---

① 斯大林:《马克思主义和民族问题》,《斯大林全集》第二卷,人民出版社,1953年,第295-301页。
② 刘桂五:《问题·解答》,《新建设》1950年第2卷第1期。
③ 陈郊:《关于〈中国民族解放运动史〉中一个基本问题的讨论》,《新建设》1952年5月号。

中国古代的"天下""中国"观

了以汉族为主体的中华民族"①。

新中国成立之初,虽然有人对斯大林有关民族形成于"资本主义上升时代"的论述表示怀疑,但并没有否定斯大林的民族定义,而是在斯大林的相关论述中寻求适合自己观点的答案,再加上大多数人维护斯大林的相关论述,致使"理论界一致认为,民族这种人们共同体形成于资本主义上升时期","在当时的历史唯物主义教科书中,阐述'马克思主义民族理论'时,都是这样讲的"②。因此,新中国成立初期,一些学者试图构建我们自己的民族理论并没有引起学界的普遍关注。

1953年,苏联学者格·叶菲莫夫发表了《论中国的民族形成》一文③,维护斯大林的民族形成于"资本主义上升时代"的观点,认为在"资本主义上升时代"以前不可能有民族,"中国民族曾具有半殖民地国家资产阶级民族所固有的许多特点,它是在19世纪与20世纪之间形成的"。即认为中国汉民族的形成过程是与本国资本主义的发展和外国资本主义入侵的过程同步,是作为受压迫的民族而形成的。在此之前,中国只存在部族,不存在民族。1954年,范文澜发表《试论中国自秦汉时成为统一国家的原因》④一文,不赞成格·叶菲莫夫有关中国民族形成于19世纪与20世纪之间的观点,提出了中国的汉民族形成于秦汉之际的观点,正式拉开了构建我们自己的民族理论的序幕。

范文澜虽然不同意斯大林和叶菲莫夫等人有关民族形成于"资本主义上升时代"的观点,但他并不反对斯大林的民族定义,认为斯大林所说的民族四个基本特征可以作为基本原理来衡量中国汉民族的形成,并认为在中国秦汉时期,民族四个特征初步具备了。他认为中国汉民族在秦汉之际早已定居在长城以内广大地域,符合斯大林所说的民族具有共同地域的特征;而中国

---

① 华岗:《答陈郊先生》,《新建设》1952年5月号。
② 施正一:《关于民族形成问题的争论》,《中央民族学院学报》1979年第3期。
③ 格·叶菲莫夫:《论中国的民族形成》,《历史问题》1953年第10期,中译文刊载于我国《民族问题译丛》1954年第2期。
④ 《历史研究》1954年第3期。该文后经作者修改,标题改为《自秦汉起中国成为统一国家的原因》,收入《中国通史简编》(修订本)第一编《绪言》之七,人民出版社,1955年。

古代文献所记载的春秋战国至秦汉之际所形成的"书同文",可以理解为共同语言的形成;"车同轨",反映的是一种共同的经济生活;"行同伦","是儒家思想的主要部分,即祖先崇拜与孝道,是汉民族的共同心理"。他认为秦汉时期,国内交通发达,商品流通在经济生活中占有重要地位,国内大小市场已经形成,具备斯大林所说的民族四个基本特征。因此,他认为中国的汉民族是"在独特社会条件下形成的独特民族,它不待资本主义上升而四个特征就已经脱离萌芽状态","具备着民族条件和民族精神",汉民族在秦汉之际已经形成。

范文澜的文章发表以后,在社会上引起了强烈反响,迅速形成有关汉民族形成问题讨论高潮。1954年11月,中国科学院历史研究所第三所举行学术讨论会,就范文澜所提出的汉民族形成于秦汉之际的观点进行讨论。多数人不同意范文澜的观点。有人认为范文澜把资本主义时代的民族特征拿到封建时代去找,很难吻合;有人认为秦汉时代方言仍占优势,并没有形成统一的语言,不过是只有统一的书面语而已;有人认为秦汉时代统一的民族市场并没有形成,不具备民族共同经济生活的特征等等。[1]

虽然大多数人不赞成范文澜的观点,但在具体论述汉民族形成问题时,也发生了一些变化。如杨则俊即认为,汉民族的形成是一个过程,这个过程的起点是资本主义的出现。他认为"十六世纪后期中国社会商品货币关系的进一步发展,以及在此基础上的资本主义的萌芽和民族市场的出现是汉族由部族转变为民族过程的起点"[2],即认为汉民族是从十六世纪中国资本主义萌芽开始逐步形成的。张正明也认为明代后期,由于资本主义的简单协作和工场手工业的发展,民族市场的雏形已经形成。标志着资本主义与封建制度新旧交替的开始,汉民族应该是在这个时期形成的。[3] 杨则俊、张正明虽然维护斯大林的民族理论,但在具体表述上与斯大林的认识也有所不同。章冠英则发表文章,公开支持范文澜的观点,他认为中国封建社会的地主经济与欧

---

[1] 蔡美彪:《汉民族形成的问题——记中国社会科学院历史研究所第三所的讨论》,《科学通报》1955年2月号。

[2] 杨则俊:《关于汉民族形成问题的一些意见——与范文澜同志和格·叶菲莫夫同志商榷》,《教学与研究》1955年第6期。

[3] 张正明:《试论汉民族的形成》,《历史研究》1955年第4期。

中国古代的"天下""中国"观

洲封建社会的"国家分裂为各个独立的公国"的领主经济具有不同特点，中国大一统的中央集权国家的出现，是共同经济生活的反映，"在中国，可以把地主经济、中央集权和民族三者联系起来"进行分析，也认为中国的汉民族在秦汉时期形成。他认为秦汉以后形成的民族是"独特民族"，鸦片战争以后形成的民族是"资产阶级民族"，中国人民革命胜利以后形成的民族是"社会主义民族"①。

由范文澜开创的构建我们自己的民族理论的学术讨论，虽然获得一部分人的支持，但大多数人仍然维护斯大林有关民族形成于"资本主义上升时代"的观点。二十世纪五十年代，有关中国自己的民族理论构建并没有完成。

二、二十世纪六十年代中国民族理论构建的探索

范文澜提出的中国的汉民族形成于秦汉之际的观点，虽然获得了部分学者的支持，但还是遭到众多学者的反对。到了五十年代末期，就在一些人想为这一时期颇具声势的有关汉民族形成问题的大讨论以及范文澜的错误画上句号之时，又出现了新的问题。

1958年，中国科学院民族研究所在主持编写《中国少数民族简史》时，需要解决中国各个少数民族的起源和形成问题。如果按照斯大林有关民族形成于"资本主义上升时代"的观点，这些少数民族在中华人民共和国建立之前几乎都处于资本主义以前的历史发展阶段，都不能称之为"民族"，"只能称之为'部族'"。当时，"在我国少数民族广大群众中特别是在少数民族出身的干部和知识分子中"，对于称新中国建立之前的本民族为"部族"，特别反感，"有人认为，不承认历史上的少数民族是'民族'，而名之为'部族'，这是对少数民族的歧视，绝对不能接受"②。致使有关民族形成问题的学术讨

---

① 章冠英：《关于汉民族何时形成的一些问题的商榷》，《历史研究》1956年第11期。

② 牙含章、孙青：《建国以来民族理论战线的一场论战——从汉民族形成问题谈起》，《民族研究》1979年第2期。

论，隐现出了演化为政治问题的趋势。

为了解决这一问题，牙含章以及中国科学院民族研究所的学者们进行了多年探讨，认为五十年代出现的有关汉民族形成问题的大论战，主要是由于马克思、恩格斯、列宁、斯大林等外文著作中"民族"一词翻译得不科学和不严密造成的，遂于1962年春召开了"民族"一词译名统一问题的座谈会。牙含章在会议上指出，汉语表示"民族"这一特定含义的词只有一个，而在英语、德语和俄语中则有较多同类语。如俄语中的"нация、народ、народность"，都可以作为"民族"一词使用，"在列宁和斯大林的前期的俄文原著中，他们讲到民族时，对这几个词一般是通用的，但略带有一点倾向性，即讲到现代民族时，多用'нация'这个词，讲到资本主义以前的民族时，多用'народность'"①。而我们在五十年代以前，多将"народность"一词译成"部族"，而将"нация"一词译成"民族"。牙含章建议取消"部族"的译名，将"народность、нация"二词都译成"民族"，或将"народность"一词译成"资本主义以前的民族"，"нация"一词译成资本主义时期的民族或现代民族。这样就可以解决少数民族不愿意称本民族为"部族"的问题了。

会后，牙含章（笔名章鲁）连续发表《关于民族一词的使用和翻译情况》《关于民族的起源和形成问题》②两篇文章，指出马克思主义在"民族形成问题上的基本观点是民族形成于古代，恩格斯在《劳动在从猿到人转变过程中的作用》一文中就说过'部落发展成了民族（nation）和国家'"，明确提出了民族"是由部落发展而来的观点"，"部落是原始社会时代的产物，说明民族最早起源和形成于原始社会的部落时代"③。同时，他又认为，恩格斯关于民族形成于原始社会时期的观点和斯大林关于民族形成于"资本主义上升时代"的观点并不矛盾，认为恩格斯讲的是一般民族的起源和形成的问题，而斯大林讲的是"现代民族"亦即"资产阶级民族"的形成问题，两种

---

① 牙含章、孙青：《建国以来民族理论战线的一场论战——从汉民族形成问题谈起》，《民族研究》1979年第2期。
② 分别刊载于《人民日报》1962年6月14日；《人民日报》1962年9月14日。
③ 牙含章、孙青：《建国以来民族理论战线的一场论战——从汉民族形成问题谈起》，《民族研究》1979年第2期。

中国古代的"天下""中国"观

看法都是正确的。涉及汉民族形成问题,牙含章则认为"汉族这个民族可能是在夏代就已经形成的一个古老民族"①,所论与其认为民族形成于原始社会部落时代的观点并不一致,也就是说,牙含章认为民族的形成和汉民族的形成并不是一回事,两者不一定同时形成。牙含章从民族译名入手,结合马克思和恩格斯的相关论述,试图解决少数民族不愿意称本民族为"部族"的合理性问题,亦即从理论上解决民族形成问题,并进而解决汉民族的形成问题。文章发表以后,引发了民族形成问题讨论的第二次高潮,中国民族理论构建进入了一个新的发展时期。这次民族形成问题讨论高潮与五十年代主要讨论汉民族形成问题不同,主要是讨论具有普遍意义的民族形成问题兼及汉民族形成问题。

施正一、浩帆等人赞成牙含章有关由部落发展成为最初的民族的观点,认为"氏族和部落是在血缘关系的基础上形成的,而民族则是在地缘关系的基础上形成的,这就是氏族部落和民族在本质上的不同"②。他们认为民族形成于原始社会末期,并非在阶级社会产生和确定以后才出现。③ 方德昭、文传洋虽然同意牙含章有关民族形成于古代的观点,但不同意民族形成于原始社会时期的观点,认为民族形成于阶级社会初期,随着阶级和国家的产生而产生。方德昭在论述汉民族形成问题时说"我国在唐尧虞舜之时已经出现了强大的部落联盟,这是形成民族的第一步,但还不是民族。后来,以这些强大的部落联盟为核心,不断地壮大发展,不断地归并同化其他部落,经过了几百年时间,到了夏商周诸朝,才形成了民族——我国汉民族的几个族源"。方德昭试图将民族形成和汉民族形成问题作同步论述,但在论述中又出现了不同步的现象。文传洋认为中国的民族出现在原始社会末期和阶级社会初

---

① 章鲁(牙含章):《关于民族的起源和形成问题》,《人民日报》1962年9月14日;《致方德昭同志》,《学术研究》1963年第3期;《关于民族形成问题的一些意见》,《学术研究》1964年第3期。

② 浩帆:《关于"民族形成问题"的一些意见——并与杨堃先生商榷》,《学术研究》1964年第3期。

③ 施正一:《论原始民族——并与方德昭同志商榷》,《学术研究》1964年第1期;浩帆:《关于"民族形成问题"的一些意见——并与杨堃先生商榷》,《学术研究》1964年第3期。

期,"汉民族正是顺着夏、商、周这条民族发展的源流,在历史上不断的融合与民族同化的过程中,到了秦汉中央集权统一国家的建立而正式形成",认为汉民族到秦汉时期正式形成,实际上对中国民族的形成与汉民族的形成也做了不同步的论述。① 岑家梧、蔡仲淑也赞成民族形成于古代的观点,但不同意牙含章等人有关原始社会已经形成民族的观点,与方德昭等人有关民族形成于阶级社会初期的观点也有所不同,他们认为民族形成于阶级和国家出现以后。认为汉民族虽然出现在秦汉时期,但它的"早期阶段华夏族则形成于西周到春秋时期"。认为春秋时代的华夏族和羌狄"言语不达",生产方式和经济生活也有很大的不同,"裔不谋夏,夷不乱华"的华夷之辨,体现了共同文化心理素质的差异,认为我国古代的华夏族具有共同的语言和表现在共同文化特点上的心理素质②。岑家梧和蔡仲淑虽然将华夏族作为汉族的早期阶段来论述,但他们认为中国的华夏族已经形成为一个民族,并将华夏族的形成和汉民族的形成分开讨论,无疑是在民族形成问题讨论中提出了一种新的思路。

林耀华指出,"马克思和恩格斯把原始时代形成的包括氏族部落在内的人们共同体称为民族","一般说来,在历史上民族和国家大约同时产生,都是私有制和阶级的产物。而在阶级和国家产生以前的人们共同体,和民族Nation 却有本质上的不同"。他认为虽然马克思和恩格斯将古代人们共同体称为"民族",但和现代人们共同体存在本质上不同③。

熊锡元、杨堃、杨毓才等人不赞成牙含章等人有关"民族形成于古代"的认识,仍然赞成斯大林有关民族形成于"资本主义上升时代"的观点。他们认为人类社会发展经历了氏族、部落、部族共同体、民族等不同的发展阶段,氏族的存在和发展相当于原始社会阶段,部落的存在与发展相当于原始

---

① 方德昭:《关于民族和民族形成问题的一些意见》,《学术研究》1963 年第 7 期;《复牙含章同志》,《学术研究》1963 年第 1 期。文传洋:《不能否定古代民族》,《学术研究》1964 年第 5 期。

② 岑家梧、蔡仲淑:《关于民族形成问题的一些意见》,《学术研究》1964 年第 4 期。

③ 林耀华:《关于"民族"一词的使用和译名的问题》,《历史研究》1963 年第 2 期。

中国古代的"天下""中国"观

社会末期和奴隶制社会阶段,部族存在于奴隶社会和封建社会两个阶段,民族则是产生与形成于资本主义时期。他们认为民族只有资产阶级民族和社会主义民族两种类型,在资本主义之前不可能产生民族。熊锡元认为中国的汉民族是伴随着"中国资本主义因素萌芽和资本主义经济逐渐发展的过程"而逐步形成的。他认为汉民族共同地域的完全形成是在明代;共同经济生活是在外国资本帝国主义入侵破坏了中国封建社会的自然经济和近代民族工商业产生的情况下形成的;汉民族同一切已经取得独立和正在争取独立的半殖民地、殖民地的民族一样,在反抗民族压迫的斗争中,表现出充分的民族觉醒,崇高的爱国主义情感,形成了共同的心理素质。[①]

二十世纪六十年代有关民族形成问题的大讨论,主要是由牙含章的两篇文章所引发,并由五十年代主要探讨汉民族形成问题转向重点探讨具有普遍意义的民族形成问题,兼及汉民族形成问题。牙含章的初衷是想通过民族译名解决民族形成问题,虽然多数人认为民族译名并不能解决民族形成问题,但牙含章等人从马克思和恩格斯的著作中找到了民族是由部落发展而来的相关论述,这就为他的民族形成于古代的观点提供了十分有力的证据,并赢得了多数人的赞赏。这一时期,虽然也有人坚持维护斯大林有关民族形成于"资本主义上升时代"的观点,但在学界已不占主流,"民族形成于古代"的认识得到广泛传播。也就是说,二十世纪五六十年代一些学者所构建的"民族形成于古代"的理论,逐渐为学界所接受,几乎成为二十世纪中后期中国民族理论构建的普遍共识。[②]

[①] 熊锡元:《民族形成问题探讨》,《学术研究》1962年第2期;杨堃:《关于民族和民族共同体的几个问题——兼与牙含章同志和方德昭同志商榷》,《学术研究》1964年第1期;杨毓才:《向牙含章、方德昭二同志请教》,《学术研究》1964年第1期。

[②] 二十世纪后期,尤其是八十年代,学者们持续不断地进行民族理论构建,虽然有人对斯大林民族定义产生怀疑,但在"民族形成于古代"的问题上则获得了普遍认同。如果说有分歧的话,只是在民族形成上限的问题上存在不同认识,有人主张民族形成于原始社会蒙昧时代中级和高级阶段的氏族部落时期;有人主张民族形成于野蛮时代中级到高级阶段,早于国家的产生;有人主张民族形成于原始社会野蛮时代的高级阶段至阶级社会确立时期,与国家大体上同时产生;也有人主张民族形成于阶级和国家产生以后。有关华夏族和汉民族形成问题则有形成于五帝时期、夏朝、商朝、西周、春秋战国、秦朝、秦汉之际、西汉、东汉和南北朝等各种不同说法,但一致认为华夏族和汉族形成于古代。

三、二十世纪五六十年代中国民族理论构建的成绩与不足

（一）二十世纪五六十年代中国民族理论构建的成绩

从二十世纪五六十年代中国民族理论构建中可以看出，新中国成立以后，我们虽然采用斯大林的民族理论处理民族事务，但并非全盘照搬、盲目顺从斯大林的民族理论，而是从一开始就有人对斯大林的民族形成于"资本主义上升时代"的观点持怀疑态度，后经范文澜、牙含章两次引领民族形成问题大讨论，基本上否定了斯大林有关民族形成于"资本主义上升时代"的民族理论，构建了我们自己的"民族形成于古代"民族理论，在中外民族理论界产生了重大影响①。

二十世纪五六十年代中国学者进行民族理论构建时，虽然不反对斯大林的民族定义，但对斯大林的民族定义也没有盲目地、教条地全部照搬，而是结合我国的民族问题实际，灵活运用。比如，我国在新中国成立初期所进行的民族识别工作，虽然是以斯大林的民族定义为指导，但并没有遵照斯大林所说的民族四个特征"只要缺少一个，民族就不成为其民族""只有一切特征都具备时才算是一个民族"②的认识去机械地生搬硬套，而是根据我国历史实际，抓住各个民族中的最主要的或一个、或二个、或三个、或四个与其他民族不完全相同的特征及风俗习惯，顺利地完成了民族识别工作，③这也是对斯大林民族理论进行了调整和改造。对中国古代民族的认识也是这样，既没有强调民族的四个特征缺一不可，也没有强调民族的四个特征都要达到

---

① 那时，我国学者在有关中国古代史、中国古代民族史和中国古代民族关系史中普遍使用"民族"一词。一些外国学者在研究中国古代历史时，也曾使用过"民族"一词，说明，那时中国的民族理论建构对中国学者和一些外国学者产生了一定影响。

② 斯大林：《马克思主义和民族问题》，《斯大林全集》第二卷，人民出版社，1953年，第295页。

③ 有人认为新中国成立初期的民族识别工作是错误的。笔者不赞成这种观点，因为当时的民族识别工作是对当时客观上存在的一些具有语言和风俗习惯等不同特征人群的理性承认，并非人为地主观构建了"民族"。在这些民族的不同特征不同程度地存在、还没有完全融合在一起时，过早地宣布民族消亡，也是不合适的。

中国古代的"天下""中国"观

斯大林所说的民族所应该达到的水平和高度。而是根据民族由低级向高级不断发展变化的性质,对各个不同时期民族的四个特征的发展水平和程度作出不同程度的评估,没有对各个历史发展阶段民族的四个特征的发展水平和程度同等看待,而是进行一定程度的区别。比如,对华夏民族形成的地域条件就不一定要求达到"长城以内"的广大范围,而对汉民族的形成则要求达到"长城以内"的地域条件,对匈奴、羌等少数民族的形成则没有要求他们的地域范围要达到汉民族地域范围那么广大等等。实际上,新中国成立以后,我国所进行的民族识别工作和对古代民族的认识,就是在没有否定斯大林民族定义而灵活运用斯大林民族理论的基础上进行的,成为灵活运用马克思、恩格斯、斯大林民族理论(即马克思和斯大林民族理论"中国化")的典范。

可见,新中国成立以后,我们虽然采用了斯大林的民族理论,但并未完全迷信斯大林的民族理论,而是大胆地否定了斯大林的民族形成于"资本主义上升时代"的观点,对斯大林民族四个特征必须全部"具备时才算是一个民族"的理论也进行了调整和改造。并在此基础之上构建了我们自己的"民族形成于古代"的民族理论。为中国民族理论建设作出了不可磨灭的贡献。

(二) 二十世纪五六十年代中国民族理论构建的不足

二十世纪五六十年代,中国学者虽然取得了否定斯大林民族形成于"资本主义上升时代"的理论,构建了"民族形成于古代"的中国民族理论建设的重大成绩,但也存在一定的不足和有待于进一步讨论的问题。

首先,二十世纪五六十年代对民族形成问题虽然讨论热烈,但对民族可以区分为广义民族和狭义民族的认识不足。

在二十世纪五六十年代有关民族形成问题大讨论时,也有学者提出过广义民族和狭义民族的概念及其划分问题。如杨堃就曾指出,"民族一词具有广狭二义,广义的民族或民族共同体","包括氏族、部落、部族和民族四种型类","狭义的民族,却仅指资产阶级民族和社会主义民族两种类型而言"[①]。应该说,杨堃将民族区分为广义民族和狭义民族是具有远见卓识的认

---

① 杨堃:《关于民族和民族共同体的几个问题——兼与牙含章同志和方德昭同志商榷》,《学术研究》1964年第1期。

识，但他将"氏族、部落、部族和民族四种类型"说成是广义民族，而将"资产阶级民族和社会主义民族两种类型"说成是狭义民族，等于将马克思和恩格斯所说的从"部落发展成了民族和国家"的"古代民族"和斯大林所说的"资产阶级民族和社会主义民族"说成是广义民族，而将斯大林所说的"资产阶级民族和社会主义民族"说成是狭义民族。不知"社会主义民族"中的"中华民族"和中华民族内部的56个民族是否都是狭义民族？如是，这种划分广义民族和狭义民族的方法虽然对解决民族形成问题有一定启迪，但对我们认识不同民族的问题仍然无所补益，解决不了民族形成问题，当时就曾受到了浩帆等人的指责。[①] 后来仍然有人按照这种方法划分广义民族和狭义民族，如吴仕民等人就认为"广义的民族概念，是指人们在历史上形成的、处于不同社会发展阶段的各种人们共同体（如古代民族、近代民族、现代民族等）；或作为多民族国家内所有民族的总称（如中华民族）；或作为一个地域内所有民族的统称（如美洲民族、非洲民族、阿拉伯民族等）。狭义的民族概念，则专指资本主义民族和社会主义民族"[②]。按照这种划分，不知在狭义的资本主义民族和社会主义民族中是否包含有广义的现代民族、中华民族、美洲民族等，如果包含的话，恐怕还是混淆了广义民族和狭义民族的区别。何叔涛则将民族划分为"单一民族"和"复合民族"，是十分可取的，但他也赞成杨堃将古代民族说成是广义民族，将资产阶级民族和社会主义民族说成是狭义民族的观点，[③] 不知古代的单一民族如汉族以及金朝境内所包括的汉族、女真族、契丹族、渤海族等多民族的金朝民族（即国族）的复合民族是否都可以称为广义民族，而近现代的单一民族如汉族以及中华民族的复合民族是否都可以称之为狭义民族，如是，其有关"单一民族"和"复合民族"的划分又失去了意义。

翁独健等人也提到广义民族和狭义民族问题，他们认为"可以把民族区

---

① 浩帆：《关于"民族形成问题"的一些意见——并与杨堃同志商榷》，《学术研究》1964年第3期。

② 吴仕民主编：《民族问题概论》，四川人民出版社，2007年，第3页。

③ 何叔涛：《民族概念的含义与民族研究》，《民族研究》1988年第5期；《汉语"民族"概念的特点与中国民族研究的话语权——兼谈"中华民族""中国各民族"与当前流行的"族群"概念》，《民族研究》2009年第2期。

中国古代的"天下""中国"观

分广义的和狭义的。广义的民族指具有或某种程度地具有民族特征的人们共同体，不管它处于原始社会、阶级社会，还是社会主义社会。狭义的民族是在原始社会末期或原始社会向阶级社会过渡期形成的，国家的产生则是它形成的标志"[1]。翁独健等人认为广义的民族是指具有或某种程度地具有民族特征的人们共同体，是可取的，但他们将狭义的民族限制在原始社会末期或原始社会向阶级社会过渡期，恐怕就有些问题了，因为，按照这种认识，不仅原始社会向阶级社会过渡期以后不会再有新的狭义民族的形成，就连有些学者所提出的广义民族如"原始民族、蒙昧民族、野蛮民族、文明民族"也都成了狭义民族，这样的划分也容易混淆广义民族和狭义民族的区别。

近年来，叶江曾指出"中华民族人们共同体是一个由多民族（ethnic groups）共同构成的民族（nation），而汉民族与构成中华民族的其他少数民族是在同一层次上的人们共同体"，他认为"当年汉民族形成问题讨论"，"忽视了称之为汉民族的人们共同体仅仅只是构成中华民族这一更大的人们共同体的一分子而不是全部，而只有中华民族才是与建立统一国家——中国直接相关的'民族'（нация/nation）"[2]。叶江提出第一层次的民族（nation）与第二层次的民族（ethnic groups）的概念，并认为中华民族与汉民族是两个层次上的民族，是一种具有远见卓识的认识。但他并没有使用广义民族和狭义民族的概念，又忽视了中华民族形成的问题，认为"只有中华民族才是与建立统一国家——中国直接相关的'民族'"，不知将建立统一国家的夏朝的华夏族和建立统一国家汉朝的汉族是否视为汉族还是视为中华民族？如果将建立统一国家汉朝的汉族视为中华民族，那么，华夏族或汉族与中华民族是不是又回到同一个层次上来了吗？此外，叶江在讲到两个层次的民族时，忽视了汉族和中华民族以外的其他民族，是不全面的。

据此，我们认为应该将民族区分为广义民族和狭义民族两种，"狭义民族"应该指具备斯大林所说的民族四大特征的具体的某一个民族共同体，如华夏族、汉族、匈奴族、鲜卑族、蒙古族、满族等等。广义民族则指具有或

---

[1] 翁独健：《中国民族关系史纲要》，中国社会科学出版社，2001年，第5页。
[2] 叶江：《对50余年前汉民族形成问题讨论的新思索》，《民族研究》2009年第2期。

某种程度具有民族特征的包括两个狭义民族以上的多个狭义民族的人们共同体。① 也就是说，广义民族应该包括处于不同社会发展阶段的各种人们共同体，如古代民族、近代民族、现代民族、原始民族、奴隶社会民族、封建社会民族、前资本主义民族、资本主义民族、社会主义民族、蒙昧民族、野蛮民族（其实，马克思和恩格斯所说的蒙昧民族和野蛮民族，是指蒙昧时期的人类和野蛮时期的人类）、文明民族等等；包括某一语系的民族，如汉藏语系民族、阿尔泰语系民族、印欧语系民族、斯拉夫语系民族、拉丁语系民族等等；包括某一种经济类型的民族，如采集民族、渔猎民族、游牧民族、农业民族、工业民族、商业民族等等；包括某一区域的民族，如山区民族、滨海民族、航海民族、东北民族、西北民族、南方民族、亚洲民族、美洲民族、大洋洲民族等等；包括某一政治地位的民族，如统治民族、被统治民族、压迫民族、被压迫民族等等；也包括某一个国家政权内部的多个狭义民族，如唐朝民族、宋朝民族、元朝民族、清朝民族、中华民族、印度民族、美利坚民族等等，这些国家政权的民族并非都由一个狭义民族构成，而是由多个狭义民族构成，王明珂将这些国家政权的民族称之为"国族"②，应该是有一定道理的，但我们觉得，"国族"只能称以国号为代表的各个国家政权的民族，只是广义民族中的一种类型，无法涵盖其他各种广义民族，因此，还是用"广义民族"的概念进行概括为好。叶江在谈到"当年汉民族形成问题讨论中争论双方的失误"时曾指出，当年汉民族形成问题讨论的失误"在于将两个外延和内涵不同的'民族'概念相互混淆的同时，把外延较小的汉

---

① 翁独健：《中国民族关系史纲要》，中国社会科学出版社，2001年，第5页。
② 王明珂：《论攀附：近代炎黄子孙国族建构的古代基础》，《历史语言研究所集刊》73本3分册，2002年；《英雄祖先与弟兄民族：根基历史的文本与情境》，中华书局，2009年。英国学者安东尼·吉登斯根据世界各国历史发展状况，将国家分为传统国家、绝对主义国家（16—17世纪出现于欧洲）、现代民族国家三种类型（参见安东尼·吉登斯著，胡宗泽、赵立涛译，王铭铭校：《民族—国家与暴力》，生活·读书·新知三联书店，1998年）。笔者以为国家可以分为古代国家、近代国家和现代国家三种类型。中国古代的国家主要指各个王朝的国家（也称"王权国家"），或称"帝制国家"，等等。既然中国古代存在以国号为代表的各个王朝国家，就应该有各个王朝的"国族"。

中国古代的"天下""中国"观

民族概念当作外延较大的中华民族概念来进行讨论"[1]，应该是认识到了广义民族和狭义民族的不同，但他并未按广义民族和狭义民族的概念进行论述，又仅仅认为当年民族形成问题大讨论是将汉族和中华民族两个概念混淆了，实际上，当年有关民族形成问题大讨论，不仅将汉族和中华民族两个概念混淆了，而是将整个广义民族的概念和狭义民族的概念混淆了。有人探讨的是广义的民族的形成，如蒙昧民族、野蛮民族、古代民族、资本主义民族的形成等等，有人探讨的则是狭义民族的形成，如华夏民族的形成、汉民族的形成等等，将两种本来不属于同一种类型的概念放到一起讨论，自然不会形成统一认识。因此，我们主张对狭义民族和广义民族的形成问题应该有所区别地进行讨论。

按照这种广义民族和狭义民族的认识，我们认为，中华民族属于广义民族中的"国族"（作为"国族"的中华民族，只能是一个）；而中华民族内部的56个民族则属于狭义民族（狭义民族可以是多个）。也就是说，作为一个"国族"（广义民族）的中华民族，是由多个狭义民族构成的。[2] 广义民族和狭义民族虽然都称作民族，但民族的层次含义是清楚的："民族"是指具有普遍意义的全部民族的概念，而广义民族和狭义民族则是具体地指称某一些民族的概念，三者之间的关系并未混淆。如同我们称"马"一样，并没有混淆"白马"和"黑马"的区别，我们将中华民族和中华民族内部56个民族都称为"民族"，也不会混淆广义民族和狭义民族的区别。如同不应该得出"白马非马"的结论一样，也不应该说广义民族或狭义民族不是民族。这样，既不会混淆汉族和中华民族两个不同层面上的民族，也不会造成民族概念的上下位混乱与矛盾了。

---

[1] 叶江：《对50余年前汉民族形成问题讨论的新思索》，《民族研究》2009年第2期。
[2] 20世纪，顾颉刚和费孝通等人有关"中华民族是一个"还是由"多元"构成"一体"的讨论，混淆了狭义民族和广义民族的区别。顾颉刚所讨论的是广义民族中的"国族"，作为"国族"的中华民族，当然是一个。费孝通所强调的则是狭义民族以及狭义民族与广义民族中"国族"的关系，认为一个国家中的狭义民族有多个，狭义民族与广义民族中"国族"的关系是由"多元"构成"一体"。由于双方所讨论的"民族"不是同一层次上的"民族"，当然不会形成一致认识。但双方所持观点都没有错误，一个强调的是广义民族中的"国族"是一个，一个强调的则是一个国家内部的狭义民族是多个。

其次，二十世纪五六十年代有关民族形成问题大讨论，由于未能对民族做出广义民族和狭义民族的区分，混淆了华夏族、汉族和中华民族的区别。

华夏族、汉族和中华民族具有一定的联系性，这是没有问题的，但三者之间是否还存在一定差异呢？这是一个值得探讨的问题。在二十世纪五六十年代有关民族形成问题大讨论时，有一些学者在探讨中国民族的形成时，常常依据华夏族是汉族的前身或汉族是华夏族的改称、汉族是中华民族的前身或中华民族是在汉族发展基础之上形成的相关认识，将华夏民族的形成、汉民族的形成和中华民族的形成视为同一个问题进行讨论，认为华夏民族的形成就是汉民族的形成，汉民族的形成也就是华夏民族的形成，甚至有人将华夏民族的形成、汉民族的形成说成是中华民族的形成等等。混淆了华夏族、汉族和中华民族形成的区别。其实，无论是狭义的各个民族，还是广义的各个民族，都存在一定程度的不同，都有自己的形成条件、途径和特点，也就是说，各个狭义民族和广义民族的形成是不一样的。我们应该依据具有普遍意义的民族定义，有所区别地去认识各个不同的狭义民族和各个不同的广义民族的形成。

华夏民族和汉民族都属于狭义民族。诚然，华夏民族是汉民族的前身，汉民族是华夏族的改称，但二者并非一回事，如同肃慎族、挹娄族、勿吉族、靺鞨族、女真族是满族的前身，满族是肃慎族、挹娄族、勿吉族、靺鞨族、女真族的改称，我们就说肃慎族的形成就是满族的形成、满族的形成就是肃慎族的形成一样，是不合适的。实际上，华夏族与汉族形成的条件和途径多有不同，正如有的学者所指出的那样，二者有着"实质性内涵"的不同。[①] 确实，华夏族是在以中原炎、黄集团为主体，融合了东方一部分夷人集团和南方一部分苗蛮集团的基础上于夏代形成的，而汉民族则是在以华夏民族为主体，经过春秋战国融合大量蛮、夷、戎、狄等少数民族的基础上于汉代形成的，二者所融合的部落和民族是不相同的，所占有的共同地域和共同的经济生活也存在着一定程度的不同，也就是说，二者的实质性内涵是不相同的。因此，我们在讨论民族形成问题时，应该将华夏民族的形成和汉民族的形成分开进行讨论。

---

① 王景义：《论汉民族的形成和发展》，《学术交流》1998年第4期。

中国古代的"天下""中国"观

中华民族属于广义民族中的"国族",与华夏族、汉族属于不同类型的民族,其民族的形成不会与华夏族、汉族完全相同。

二十世纪五六十年代有关民族形成问题的大讨论,有一些学者依据斯大林民族四特征的民族概念去认识中华民族的形成,但常常将中华民族与华夏民族和汉民族混为一谈,认为华夏民族和汉民族的形成就是中华民族的形成。近年来,有一些学者依据"政治共同体"的民族概念(实际是广义的"国族"概念)去认识中华民族的形成,不承认华夏民族和汉民族是民族,或认为中华民族形成于中华民国建立之后,或认为"中华民族""是在抗击日本帝国主义侵略的斗争中最终实现的"[1],或认为"中华民族在国歌声中诞生"[2],即认为中华民族在中华人民共和国建立之后形成,等等,不一而足。

实际上,"中华民族"应该形成于中华民国建立之前,因为早在中华民国建立之前的1902年,梁启超就在《新民丛报》上发表的《论中国学术思想变迁之大势》一文中使用了"中华民族"一词。[3] 据冯天瑜研究,梁启超最初使用的"中华民族"一词,"从语境分析约指华夏—汉族"[4]。但梁启超随即又在1903年发表的《政治学大家伯伦知理之学说》一文中称"吾中国言民族者,当于小民族主义之外,更提倡大民族主义。小民族主义者何?汉族对于国内他族是也。大民族主义者何?合国内本部属部之诸族以对于国外之诸族是也"[5]。认为汉族是小民族,国内各民族是大民族。所说"大民族"即是"中华民族",已经将"汉族"和"中华民族"进行了区分,所说"中华民族"与我们今天说的"中华民族"的概念基本一致。说明中华民族的民

---

[1] 周平:《再论中华民族建设》,《思想战线》2016年第1期。

[2] 徐杰舜:《中华民族从多元走向一体论纲》,《中国农业大学学报》2008年第4期。

[3] 梁启超是较早使用"中华民族"概念的学者之一,他在使用"中华民族"概念之前就曾使用过"中国民族"概念。他所使用的"中国民族"的概念和"中华民族"的概念大体上是相同的。参见金冲及:《中华民族是怎样形成的》,《江海学刊》2008年第1期;大江:《谁最先提出了中华民族概念?》,《兰台内外》2014年第2期;周平:《中华民族的性质和特点》,《学术界》2015年第4期。

[4] 冯天瑜:《"中国""中华民族"语义的历史生成》,河南大学学报2012年第6期。

[5] 梁启超:《政治学大家伯伦知理之学说》,《饮冰室合集》第5册《文集之十三》,中华书局,1936年,第75页。

族实体在中华民国建立之前就已经存在了。梁启超于1902—1903年最早使用了"中华民族"一词，说明那时的梁启超已经开始认识到"中华民族"的存在，按照这种认识，我们是不是应该将"中华民族"的形成确定在1902—1903年呢？恐怕也不是，因为在此之前，中华民族的实体已经存在，只是人们没有认识到而已，梁启超不过是最早对"中华民族"这一实体有了认识而已。如此说来，"中华民族"的形成必定在梁启超对这一民族实体有了认识之前，也就是梁启超最早使用"中华民族"一词之前。也就是说，中华民族从多元走向一体的"国族"的实体，必定形成在梁启超使用"中华民族"一词之前。

中华民族属于广义民族中的"国族"，具有一定的政治内涵，当然与狭义不具有政治内涵的华夏族和汉族有所不同。① "国族"，顾名思义，就是指一个国家的民族，也就是说，只要有国家，就会有"国族"。中华民国是国家，中华民国就有自己的国族，即中华民族。中华民国之前的清朝也是国家，② 也应该有"国族"，即人们经常用"清人"所指称的清朝的国族。清朝

---

① 斯大林在提出民族四特征的民族定义之后，梅什柯夫、柯瓦里楚克等人也曾向斯大林建议，"给民族的四个特征，加上第五个特征，这就是：具有自己的单独的国家"。斯大林不同意，批评梅什柯夫等人说："你们所提出的、给'民族'概念加上新的第五个特征的那个公式，是大错特错的，不论在理论上或者在实践上——政治上都不能证明是对的。"（斯大林：《民族问题与列宁主义——答梅什柯夫、柯瓦里楚克及其他同志》，《斯大林全集》第11卷，人民出版社，1955年，第287页）说明斯大林的民族定义，不具有"一个民族一个国家"的含义，没有强调民族的政治属性，也就是说，斯大林的民族定义并非"一个政治共同体"的定义，不是一个"政治化"的概念，而是"一个历史——文化概念"（参见翟胜德：《"民族"译谈》，《世界民族》1999年第2期），也就是说，狭义民族原来就是一个文化概念，不用"去政治化"。

② 英国学者安东尼·吉登斯根据世界各国历史发展状况，将国家分为传统国家、绝对主义国家（16—17世纪出现于欧洲）、现代民族国家三种类型（参见安东尼·吉登斯著，胡宗泽、赵力涛译，王铭铭校：《民族—国家与暴力》，生活·读书·新知三联书店，1998年）。笔者以为国家可以分为古代国家、近代国家和现代国家三种类型。有人称中国古代国家为"王朝国家"（王权国家）或"帝制国家"，甚至有人认为中国古代自宋朝开始可以称之为民族国家，等等，都认为中国古代存在国家。既然中国古代存在国家，清朝是一个国家就不应该成为问题。

中国古代的"天下""中国"观

自称"中国",清朝的国族就是"中国的国族","中国的国族"就是"中国民族","中国民族"就是后来被称为"中华民族"的"国族"。

我们对广义民族中"国族"形成的认识,不应该与狭义民族完全一致。如上所述,"狭义民族是指具备斯大林所说的民族四大特征的具体的某一个民族共同体,广义民族则指具有或某种程度具有民族特征的包括两个狭义民族以上的多个狭义民族的人们共同体",也就是说作为广义民族中的"国族"的形成,不要求民族的四大特征完全具备,只要某种程度具有民族特征就可以了。

按照这一理论去认识中华民族的形成,我们认为,清朝经过几代人的努力,到了乾隆时期,最终完成了国家的统一,清人"东极三姓所属库页岛,西极新疆疏勒至于葱岭,北极外兴安岭,南极广东琼州之崖山"① 的"共同地域"的民族特征已经形成;作为"国族",境内各狭义民族可以使用不同语言,清朝统治者也曾大力提倡和推行满语,但并未改变汉语成为全国人民通用语言的情形,②"共同语言"的一些民族特征也有所表现;清朝乾隆时期,是我国疆域最后确立时期,在这一疆域内生活的人们,已经打开原来各个国家和民族之间的互相防范的壁垒,长城不再是民族交往的障碍,各个民族在这一"共同地域"之内的经济文化交往不再受到限制,经济交流日益频繁,经济生活互相影响,趋同性逐步增强,"共同的经济生活"这一民族特征也在逐渐形成;清朝统治者反对"华夷之辨",倡导"华夷一体",到了乾隆时期,经过清人正统形象的塑造,清人自称"中国"意识增强,各民族"中国"认同意识得到进一步发展和强化。喀尔喀蒙古不投附俄罗斯而归附

---

① 赵尔巽等:《清史稿》卷五四《地理志》,中华书局,1977年,第1891页。

② 早在金朝时期,各民族就存在使用不同语言的情形,但那时就已经形成了以汉语为通用语的情况。据许亢宗《宣和乙巳奉使金国行程录》记载,宋朝使者许亢宗出使金朝至东北黄龙府(今吉林农安)六十里处的托撒孛董寨一带,称那里"南有渤海、北有铁离、吐浑、东南有高丽、靺鞨,东有女真、室韦,东北有乌舍,西北有契丹、回纥、党项、西南有奚,故此地杂诸国风俗。凡聚会处,诸国人语言不能相通晓,则各以汉语为证,方能辨之"(参见赵永春辑注:《奉使辽金行程录》,商务印书馆,2017年,第219页)。是知金朝时期各民族分别使用本民族语言的同时,又以汉民族语言为各个民族的通用语言。

清朝、土尔扈特部在其首领渥巴锡的率领下不远万里回归祖国，就是这种认同的突出表现。随着各民族认同意识增强，各族人民认为自己是"清人"或者认为自己是清朝管辖下一员的观念深入人心，表明"表现于共同文化上的共同心理素质"的民族特征也已经具备。这说明，到了清朝统一全国以后，统一的"清朝国家民族"的"国族"正式形成。据历史记载，清朝的国号虽然称"大清"，但他们又自称"中国"①，因此，"清朝国家的民族"也就成了"中国民族"，"中国民族"就是"中华民族"。表明清朝统一全国以后，"中华民族"实体已经正式形成。

综上所述，可以看出，二十世纪五六十年代所进行的民族形成问题大讨论，最突出的成就是否定了斯大林民族形成于"资本主义上升时代"和民族四个特征缺一不可的民族理论，构建了我们自己的"民族形成于古代"的民族理论。说明，我国在二十世纪五六十年代虽然袭用斯大林的民族理论，但并未将斯大林的民族理论看成和"圣经"一样不可怀疑和动摇，并未对斯大林的民族理论机械地生搬硬套，而是对其思想和理论进行了调整和改造，并在其基础之上构建了我们自己的民族理论，应该是十分可取的。二十世纪五六十年代民族形成问题大讨论的最大不足是未能将民族划分为广义民族和狭义民族，混淆了华夏族、汉族和中华民族的区别，这值得今后进一步探讨和研究。

（本文与王观合作，发表于《西南民族大学学报》2017年第12期）

---

① 乾隆曾对臣下与缅甸往来文书中写有劝缅甸"归汉"之语，十分不满，谓"传谕外夷，立言亦自有体，乃其中数应归汉一语，实属舛谬。夫对远人颂述朝廷，或称天朝，或称中国，乃一定之理。况我国家中外一统，即蛮荒亦无不知大清声教，何忽撰此归汉不经之语，妄行宣示，悖诞已极"（《清高宗实录》卷七八四，乾隆三十二年五月庚午条，中华书局，1985年，第643页）。认为大清王朝可以称"中国"，可以称"天朝"，但不能称"汉"。对"汉"与"中国"进行了明确区分，即认为"汉"只能是指"汉族"或"汉文化"，而"中国"（大清王朝）则是指包括汉族在内的多民族国家。不仅说明清人"中国"认同意识增强，也能看出乾隆所强调的清朝人即有"中国民族"的意思，"中华民族"已见端倪。

后 记

刚刚进入 2022 年，长春师范大学副院长刘海洋教授来电，准备为我们出一本论文集，这是一件好事，我自然十分高兴。随后，我就将近些年发表的《中国古代的"天下""中国"观》(《社会科学》2021 年第 4 期)、《多民族的"中国"：中国古代的"中国"观》(中国社会科学报 2021 年 10 月 11 日)、《中国历史不应等同于汉民族发展史》(《东岳论丛》2018 年第 11 期)、《继承性中国：从后人看"中国"中认识"中国"》(《社会科学辑刊》2018 年第 6 期)、《最早的"中国"：夏、商、西周时期的"中国"观》(《西南民族大学学报》2021 年第 6 期)、《多民族"中国"的构建：司马迁〈史记〉的"中国"观》(《西南民族大学学报》2020 年第 2 期)、《辽宋夏金时期"中国"认同的主要特征及其发展趋势》(《陕西师范大学学报》2018 年第 1 期)、《金人的中国历史认同：以〈大金德运图说〉为中心的讨论》(《陕西师范大学学报》2022 年第 1 期) 等文重新整理一番，收入本书。为了尽量体现中国古代"天下""中国"观这一研究课题的完整性和系统性，我又将以前发表并收入《历史上的"中国"与中国历史疆域研究》(吉林大学出版社，2017 年) 一书的《从复数"中国"到单数"中国"——试论统一多民族中国及其疆域的形成》(《中国边疆史地研究》2011 年第 3 期)、《试论辽人的"中国"观》(《文史哲》2010 年第 3 期)、《试论金人的"中国观"》(《中国边疆史地研究》2009 年第 4 期) 三篇文章以及与本研究课题无直接关系但有密切联系的《二十世纪五六十年代中国民族理论构建的探索与反思》(《西南民族大学学报》2017 年第 12 期) 一文，收入本书。

由于本书所收入的文章各自独立成篇发表，因此，各文章之间多有重复之处，因时间关系，收入本书时未能全部删改。各篇文章收入本书时，多采用各篇文章底本的电子版，并进行一些调整和修订，可能与正式发表文章的

后 记

文字有所出入。

有关中国古代"天下""中国"观问题，是一个十分重要且十分复杂的问题，也是我们研究中国历史、中国民族关系史、中外关系史无法回避的问题。对于这样一个重大课题，只有学界同人共同努力，才能取得重要成果。我们深知，仅仅依靠我们的绵薄之力，很难对这一问题的研究取得重要突破。本书所收入有关中国古代"天下""中国"观的文章，仅仅是我们对这一问题研究的初步思考，一定会存在这样和那样的错误，非常希望读者给予批评指正。

本书在结集、整理和出版过程中，马溢澳、李玉君、李西亚、徐洁、孙红梅、郝素娟、王观、王姝、刘月、迟安然、李思宇等同志协助我录入文字、核对史料和书稿校对等，长春师范大学姜维公、刘海洋、薛刚、毕元辉、刘喜涛教授等以及长春出版社孙振波等师友为本书出版耗费了大量心血。借本书出版之际，一并表示衷心感谢！

赵永春
2022 年 3 月